税务筹划 108 招

梅松讲税 著

图书在版编目(CIP)数据

税务筹划108招/梅松讲税著.—上海：立信会计出版社，2023.2(2025.1重印)
(梅松讲税丛书)
ISBN 978-7-5429-7221-7

Ⅰ.①税… Ⅱ.①梅… Ⅲ.①企业管理－税收筹划 Ⅳ.①F810.423

中国国家版本馆CIP数据核字(2023)第018888号

策划编辑　　孙　勇
责任编辑　　孙　勇
助理编辑　　胡蒙娜

税务筹划108招
SHUIWU CHOUHUA 108 ZHAO

出版发行	立信会计出版社			
地　　址	上海市中山西路2230号	邮政编码	200235	
电　　话	(021)64411389	传　　真	(021)64411325	
网　　址	www.lixinaph.com	电子邮箱	lixinaph2019@126.com	
网上书店	http://lixin.jd.com		http://lxkjcbs.tmall.com	
经　　销	各地新华书店			
印　　刷	济南巨丰印刷有限公司			
开　　本	787毫米×1092毫米　1/16			
印　　张	28.5			
字　　数	590千字			
版　　次	2023年2月第1版			
印　　次	2025年1月第5版			
书　　号	ISBN 978-7-5429-7221-7/F			
定　　价	139.80元			

如有印订差错,请与本社联系调换

修 订 说 明

本书自 2023 年 2 月出版至今，广受读者喜爱。因图书出版后，国家相关部门又出台多项税收优惠延期政策，为使读者及时了解新政策，不产生误解，本书著作团队特对本书进行以下方面修订。

一、全书范围新增《中华人民共和国增值税法》相关内容

2024 年 12 月 25 日，十四届全国人大常委会第十三次会议表决通过《中华人民共和国增值税法》，自 2026 年 1 月 1 日起施行。本书针对增值税税率及征收率部分的政策依据，全部更新为《中华人民共和国增值税法》的相关规定。

涉及修订的主要是第 1 招、第 2 招、第 3 招、第 4 招、第 6 招、第 8 招、第 19 招、第 11 招、第 15 招、第 17 招、第 22 招、第 28 招、第 30 招。

二、更新小型微利企业最新税收优惠政策

根据《财政部 税务总局关于进一步支持小微企业和个体工商户发展有关税费政策的公告》（财政部 税务总局公告 2023 年第 12 号）的规定，对小型微利企业减按 25% 计算应纳税所得额，按 20% 的税率缴纳企业所得税政策，延续执行至 2027 年 12 月 31 日。

涉及修订的主要是第 35 招、第 54 招、第 57 招。

三、新增印花税税目税率表

根据 2021 年 6 月 10 日颁布的《中华人民共和国印花税法》相关内容，新增印花税税目税率表。

涉及修订的主要是第 100 招。

此次修订出版，感谢各位读者朋友提供的宝贵意见，深表谢意！

梅松讲税

2025 年 1 月 1 日

序　言

我一直想写一本既通俗易懂，又专业深入的书，让企业家、财务人、税务中介，甚至我老东家税务机关里的朋友们，都能开卷有益。我也希望这本书能够成为他们认可的可作为案头工具的实用的税务筹划书。这一想法也许听上去有些不自量力，但我只顾尽力而为。

税务筹划，历来颇具争议，有人视其故作玄虚、不实用，有人吹嘘可以通过税务筹划节省万金。作为一名税务老兵，我觉得它既没有那么玄妙，也没有那么夸张。和其他所有的工作一样，它就是一项专业的技术工作，自有其基本的规律和方法。基于多年的税务实战经验和有关税收法律的研究心得，我尝试编写了这本《税务筹划108招》，不求面面俱到，惟愿精准实用。

本书中税务筹划的每一招都分为4个部分。

1. 业税分析

企业对税务筹划方案之选择最终大多落实为对业务方式之选择，因此，本书把业务与税收及其相互关系做成流程图，并配以业务点睛之解读、税务点睛之解读，以及附注解释，内容较为清晰流畅，易于快速掌握。

2. 实战案例

本书力求将每个案例尽量呈现得简洁、通俗易懂，易于读者快速沉浸式体会。我希望通过本书给读者一种方式方法的启发，而非故作复杂高深。对不同筹划方案，本书采用最简洁的表格展示税务处理结果，结论明确，简明扼要。

3. 政策依据

遵从税法是税务筹划的前提，本书对每一个筹划方案所涉及的税法依据力求全面展示，以便读者查阅和参考。

4. 小贴士

本书针对每一招都提供了小贴士，内容一般涉及风险提示、筹划要点、可行性、注意事项和启发等。

我从事税务相关工作三十余年，从税务机关、税务中介机构到企业税务岗，都有从业经历，较全面了解各方需求与职责，能够从多个角度来解读税务筹划方案，虽水平有限，但尽力而为，还请读者不吝赐教。最后，衷心希望这是一本您喜欢的案头工具书。

秦梅松

目　录

序言 1

第1章　增值税税务筹划

❶ 花落谁家——巧选供应商降低税负 2
❷ 横看成岭——巧选进场费名目降低税负 6
❸ 与众不同——巧用会员制更节税 11
❹ 改弦更张——优选盈利方式降低税负 15
❺ 因地制宜——分别核算更节税，不同单位有话说 18
❻ 标新立异——闲置房产要租赁，仓储服务获空间 22
❼ 别出心裁——干租光租税负高，湿租程租更节税 26
❽ 改头换面——会议场地要出租，转化性质降税率 30
❾ 因人而异——融资性租赁方式善选择 34
❿ 多此一举——残值资产慎处置，直接销售税更低 39
⓫ 泾渭分明——不同税率项目分别核算税负低 43
⓬ 桥归桥路归路——分别报关退税多 47
⓭ 淮橘为枳——准确注明折扣金额降低销项税 51
⓮ 兼权熟计——优选促销方式 55
⓯ 置身事外——代垫运费无需缴纳增值税 59
⓰ 合久必分——巧选加工模式降税负 63
⓱ 造福于人——兼用于集体福利全额抵扣进项税 67
⓲ 不成功便成仁——据实抵扣和公式抵扣之间做选择 71
⓳ 选贤举能——实物返利开专票，抵扣进项降税负 75
⓴ 箭在弦上——临期存货正常损失抵进项 79
㉑ 四门大开——优选劳务派遣计税方式 82
㉒ 简繁得当——通过平衡点选择清包工计税方式 86
㉓ 各取所需——关联借款税不同，统借统还低利率 90
㉔ 单枪匹马——个人名义转让金融产品免征税 94
㉕ 独木成林——重点群体要创业，个体经营享优惠 97
㉖ 塞翁失马——安置残疾人享优惠降税负 101

㉗ 据为己有——家政公司员工制模式免征增值税 …… 106
㉘ 牵线搭桥——勤工俭学方式多，改变模式享优惠 …… 110
㉙ 一清二楚——软件产业分别核算享受即征即退 …… 114
㉚ 左右权衡——放弃免税权也节税 …… 118
㉛ 另立门户——分立方式设立公司更节税 …… 122
㉜ 异曲同工——来料和进料加工巧选择 …… 126
㉝ 因材施教——自营出口、外贸出口巧选择 …… 131
㉞ 适逢其会——申报期限有不同，按月按季要选好 …… 136

第2章 企业所得税税务筹划 …… 140
㉟ 因势利导——巧选分支机构省企税 …… 141
㊱ 按图索骥——巧选预缴方式享递延 …… 146
㊲ 力挽狂澜——预计汇率有变动，外汇所得要筹划 …… 150
㊳ 取法于上——企业理财，风险收益需统筹 …… 154
㊴ 一箭双雕——企业增资变借款，降低税负增收益 …… 158
㊵ 转弯抹角——融资回租或回购，利息全额税前扣 …… 162
㊶ 相得益彰——巧用“薪酬＋股息”降税负 …… 166
㊷ 黄道吉日——巧选清算日降税负 …… 170
㊸ 通权达变——增加宣传手段降税负 …… 174
㊹ 一石二鸟——巧选利息支付方式降低员工借款税负 …… 178
㊺ 化私为公——巧签租车协议降低税负 …… 182
㊻ 谋而后动——合理安排公益性捐赠的时间降税负 …… 186
㊼ 另辟蹊径——利用个人进行公益捐赠减轻税负 …… 190
㊽ 随机应变——巧选存货计价方法 …… 194
㊾ 随事而制——资本化或是费用化，依据经营做选择 …… 198
㊿ 对症下药——合理处置使用情况不同的固定资产降税负 …… 201
(51) 按部就班——先分股利后转让，增加税后净利润 …… 205
(52) 齐心协力——集团企业有亏损，关联交易降税负 …… 209
(53) 弃暗投明——不征税收入巧处理 …… 213
(54) 大事化小——拆分业务变公司享受优惠政策 …… 217
(55) 亲力亲为——巧选新品研发方式，降低税负 …… 221
(56) 第一桶金——合理规划首笔收入减轻税负 …… 225
(57) 天壤之别——小微企业把握临界点可降税负 …… 229
(58) 恰如其分——找准优惠区域，降低企业税负 …… 233
(59) 通力合作——“公司＋农户”模式享受减免 …… 237
(60) 量入为出—— 一次扣除或分期扣除巧选择 …… 241

(61) 见机行事——正常折旧或加速折旧善选择 …… 245
(62) 非此即彼——股权收购对价支付方式巧选择 …… 249

第 3 章 个人所得税税务筹划 …… 254
(63) 独一无二—— 一人有限公司和个人独资企业巧选择 …… 255
(64) 移花接木——高管纳税注意转换方式 …… 260
(65) 比权量力——巧选计税方法降低财产所得税负 …… 264
(66) 必居其一——优选征税方式降低限售股转让税负 …… 268
(67) 锦上添花——年终奖计税方法要选好 …… 272
(68) 公私兼顾——巧用实物分配股利省个税 …… 277
(69) 能者多劳——夫妻双方专项附加扣除的分摊要选好 …… 281
(70) 各得其所——合同签订有讲究，灵活费用巧约定 …… 286
(71) 善择时机——巧选房屋修缮时间降低个人所得税 …… 290
(72) 来日方长——跨年支付劳务报酬降个税 …… 294
(73) 六亲不认——房屋赠与变销售省个税 …… 298
(74) 分文不取——亲属间股权转让巧定价 …… 302
(75) 整齐划一——巧用企业名义处理通讯费 …… 305
(76) 面面俱到——午餐福利要慎重，各项税费要考虑 …… 310
(77) 公私分明——巧选经营费用核算方式降低税负 …… 314
(78) 应势而谋——巧选费用扣除项目降个税 …… 318
(79) 独善其身——技术成果投资选择递延纳税可减轻个税负担 …… 322
(80) 不二之选——优选持股期限降税负 …… 326
(81) 高低有致——巧选捐赠扣除顺序 …… 330
(82) 百里挑一——善选捐赠途径省个税 …… 334

第 4 章 土地增值税税务筹划 …… 339
(83) 灵活变通——巧用代建协议定向开发降税负 …… 340
(84) 他山之石——巧用经纪公司降税负 …… 344
(85) 分劳赴功——巧用装修公司精装销售节税多 …… 350
(86) 群分类聚——普通住宅和豪华住宅的博弈 …… 355
(87) 度长絜大——巧选利息扣除方式降税负 …… 359
(88) 更进一步——巧用生地开发增加扣除 …… 363
(89) 权衡利弊——优选项目代收费核算方式增加扣除 …… 367
(90) 分门别类——辅助人员费用多，编入项目增扣除 …… 371
(91) 吃亏是福——适当增加公共配套设施降税负 …… 375
(92) 合作共赢——巧用分立免土地增值税 …… 380

第5章 其他税种税务筹划 ········ 384

- ⑨③ 自力更生——自行加工应税消费品减轻税负 ········ 385
- ⑨④ 另请高明——巧选委托加工对象降税负 ········ 389
- ⑨⑤ 别具一格——以应税消费品出资，先售后投更节税 ········ 393
- ⑨⑥ 隔山打牛——巧用经销商销售降税负 ········ 396
- ⑨⑦ 田忌赛马——先销后包降低成套销售税负 ········ 400
- ⑨⑧ 大相径庭——把握税率临界巧定价 ········ 404
- ⑨⑨ 借风使船——巧用国际转移定价降关税 ········ 408
- ⑩⓪ 一分为二——分别记载节省印花税 ········ 411
- ⑩① 化整为零——巧签承包合同省印花税 ········ 415
- ⑩② 以简驭繁——巧用穿透抵债省契税 ········ 419
- ⑩③ 以物易物——巧用房产互换降税负 ········ 423
- ⑩④ 事缓则圆——巧选公司分立方式降税负 ········ 427
- ⑩⑤ 不拘常次——巧用资产划转省契税 ········ 431
- ⑩⑥ 混为一谈——出租房屋减除水电费更节税 ········ 435
- ⑩⑦ 择优劣汰——善选房屋出租优惠形式降低税负 ········ 439
- ⑩⑧ 有约在先——事先约定交付时间递延纳税 ········ 443

第1章

增值税税务筹划

增值税在我国众多税种中一直占据重要地位,涉及各个领域。根据我国《增值税暂行条例》及其实施细则规定,纳税人销售、进口货物,提供加工、修理修配劳务以及销售服务获得收入时,均应当缴纳增值税。

增值税作为流转税,尽管企业可以将其转嫁给他人负担,不会对企业的利润水平产生直接影响,但增值税在一定程度上会占用企业现金流,从而影响企业的项目决策。因此,适当进行增值税筹划对企业是有利的。

在企业日常生产经营过程中,不同的业务模式适用不同的增值税税目及税率。而在某些时候,虽然企业通过不同的业务模式能够达到相同的经营效果,但适用的税目及税率可能有所不同,这就给增值税筹划提供了空间。除此之外,我国目前增值税的优惠政策包括直接免税、减征税款、即征即退等方式,涉及各行各业。因此,利用好税收优惠政策,也能够大大降低企业的增值税税负。

本章内容围绕增值税的税制要素及特点,列举了增值税筹划方法共计34招(第1招至第34招),主要包括纳税人身份筹划(第1招)、税目税率筹划(第2招至第12招)、销项筹划(第13招至第15招)、进项税筹划(第16招至第20招)、计税方法筹划(第21招至第22招)、税收优惠筹划(第23招至第33招)、申报筹划(第34招)等7个方面的内容。

扫码听课

❶ 花落谁家

——巧选供应商降低税负

📚 业税分析

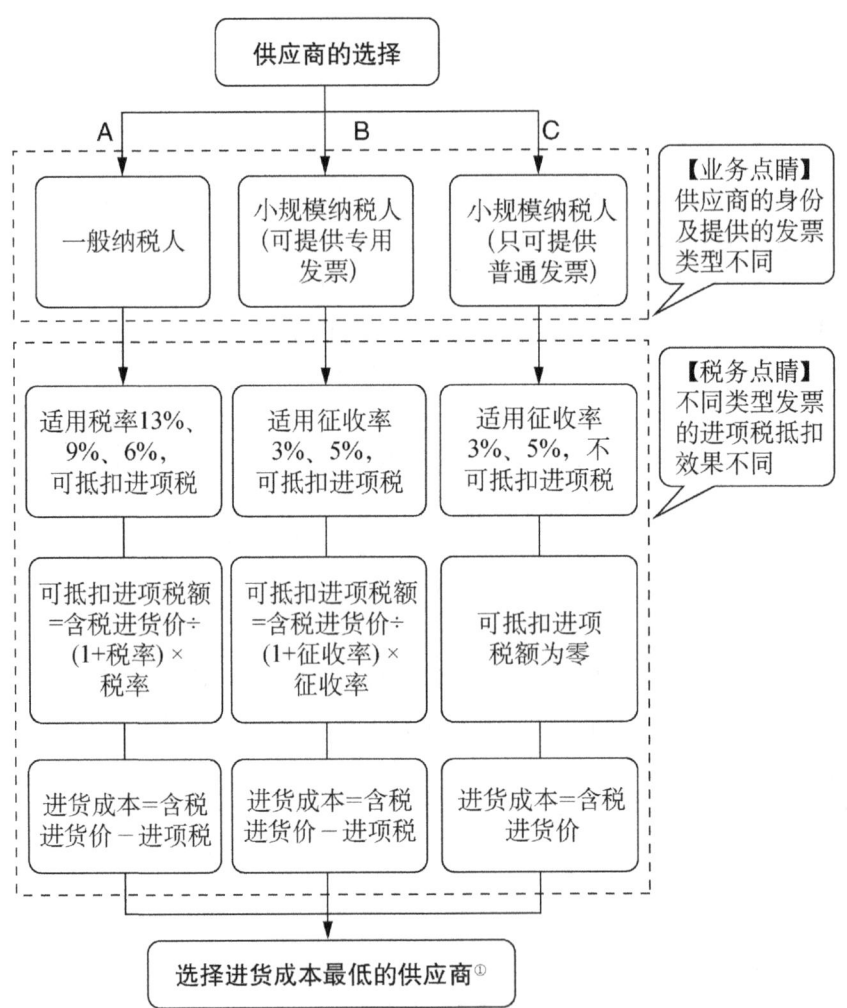

【附注】

注①：企业可以借助"进货成本临界点"选择进货成本最低的供应商，详见小贴士表1-2。

实战案例

梅松公司是一家生产和销售各种速食品的公司,属于增值税的一般纳税人,适用13%的增值税税率。梅松公司每年都需要采购大量食品材料用于速食品的生产与加工。临近季度末,生产部门提交了下一季度的采购指标。公司总经理赵总对指标做了审批后,采购部门准备根据指标安排采购。采购部门从公司的供应商库里锁定了3个供应商。由于3个供应商的纳税身份不同,赵总找来公司的财务部梅经理,让她分析一下不同的供应商身份是否会对公司的税负产生影响。梅经理随即出具了方案并做了分析。

【备选方案】

方案一:选择一般纳税人A公司。A公司原材料报价为含税价格300万元,可以开具税率为13%的增值税专用发票。

方案二:选择小规模纳税人B公司。B公司原材料报价为含税价格285万元,可以开具税率为3%的增值税专用发票。

方案三:选择小规模纳税人C公司。C公司原材料报价为含税价格270万元,只能开具税率为3%的增值税普通发票。

【分析】

假设梅松公司当年销售收入500万元,销项税65万元,不考虑其他业务及税种,则上述三种方案对企业的影响如表1-1所示。

表1-1 三种方案的纳税情况及采购成本

单位:万元

方案	进货成本	增值税	利润总额
方案一	$300÷(1+13\%)=265.49$	$65-300÷(1+13\%)×13\%=30.49$	$500-265.49=234.51$
方案二	$285÷(1+3\%)=276.7$	$65-285÷(1+3\%)×3\%=56.7$	$500-276.7=223.3$
方案三	270	$65-0=65$	$500-270=230$

方案一进货成本最低,企业获得的利润最高,且增值税税负最低。

政策依据

《中华人民共和国增值税法》第十条、第十一条、第十二条、第二十二条

第十条 增值税税率:

（一）纳税人销售货物、加工修理修配服务、有形动产租赁服务，进口货物，除本条第二项、第四项、第五项规定外，税率为百分之十三。

（二）纳税人销售交通运输、邮政、基础电信、建筑、不动产租赁服务，销售不动产，转让土地使用权，销售或者进口下列货物，除本条第四项、第五项规定外，税率为百分之九：

1. 农产品、食用植物油、食用盐；

2. 自来水、暖气、冷气、热水、煤气、石油液化气、天然气、二甲醚、沼气、居民用煤炭制品；

3. 图书、报纸、杂志、音像制品、电子出版物；

4. 饲料、化肥、农药、农机、农膜。

（三）纳税人销售服务、无形资产，除本条第一项、第二项、第五项规定外，税率为百分之六。

（四）纳税人出口货物，税率为零；国务院另有规定的除外。

（五）境内单位和个人跨境销售国务院规定范围内的服务、无形资产，税率为零。

第十一条　适用简易计税方法计算缴纳增值税的征收率为百分之三。

第十二条　纳税人发生两项以上应税交易涉及不同税率、征收率的，应当分别核算适用不同税率、征收率的销售额；未分别核算的，从高适用税率。

第二十二条　纳税人的下列进项税额不得从其销项税额中抵扣：

（一）适用简易计税方法计税项目对应的进项税额；

（二）免征增值税项目对应的进项税额；

（三）非正常损失项目对应的进项税额；

（四）购进并用于集体福利或者个人消费的货物、服务、无形资产、不动产对应的进项税额；

（五）购进并直接用于消费的餐饮服务、居民日常服务和娱乐服务对应的进项税额；

（六）国务院规定的其他进项税额。

小贴士

1. 风险提示

（1）由于信息不对称，企业可能对商品的质量和底价了解不完全或存在偏差，这会导致企业做出错误抉择。

（2）低成本很可能对应着短账期，若企业当前资金紧张，则其可能需要放弃低成本，转而选择账期长的供应商。

2. 进货价格临界点

表1-2展示了一般纳税人和小规模纳税人在不同税率/征收率情况下的进货价格临界点，其中，附加税（城建税、教育费附加、地方教育附加）税率按10%计算。

表 1-2 价格优惠临界点

一般纳税人税率	小规模纳税人可抵扣征收率	进货价格临界点(含税)
13%	3%	90.24%
13%	0	87.35%
9%	3%	93.93%
9%	0	90.92%
6%	3%	96.88%
6%	0	93.77%

选择依据：

(1) 小规模纳税人的销售价格＞一般纳税人的销售价格×进货价格临界点，选择一般纳税人供应商。

(2) 小规模纳税人的销售价格＜一般纳税人的销售价格×进货价格临界点，选择小规模纳税人供应商。

(3) 小规模纳税人的销售价格＝一般纳税人的销售价格×进货价格临界点，无差别。

3. 对照自检

企业所需原材料是否为非垄断性质？市场上是否存在多家供应商？企业是否建立了供应商库？

❷ 横看成岭

——巧选进场费名目降低税负

业税分析

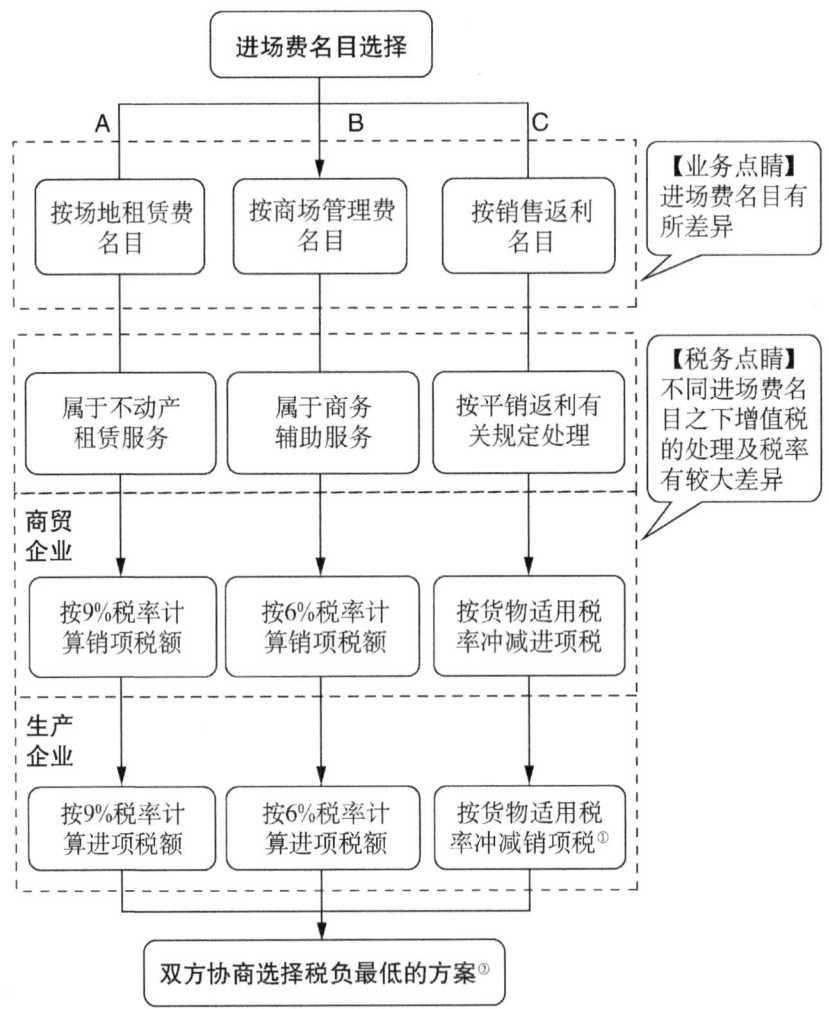

【附注】

注①：生产企业需按照有关规定开具红字增值税专用发票。

注②：对商贸企业来说，按照商场管理费收取进场费（方案B）更节税；对生产企业来说，按照平销返利的方式收取进场费(方案C) 更节税。

因此，企业应结合自身的垄断地位和议价能力，进行沟通协商确定；此外企业进行方案选择时，还需考虑不同方案对企业利润的影响。

实战案例

梅松公司是一家大型服装零售商场(以下简称"梅松商场"),税台公司是当地一家从事童装生产和销售的企业。为扩大销售,两家公司洽谈了合作进场销售的相关事宜,但对于进场费的收取形式还未确定。

梅松商场的赵总,曾多次参加税务相关培训课程,树立了良好的纳税筹划思维,为降低企业税负,他要求财务部梅经理对进场费的收取形式出具筹划意见。

梅经理了解了基本情况后,对进场费的收取形式提出三种备选方案并做了分析。

【备选方案】

方案一:按照"场地租赁费"的名目收取。
方案二:按照"商场管理费"的名目收取。
方案三:按照"销售返利"的名目收取。

【分析】

假设梅松商场与税台公司均为增值税一般纳税人,梅松商场计划每月收取税台公司30万元的含税费用,则三种方案下双方的增值税缴纳情况及对企业利润的影响如表1-3所示。

表 1-3　三种方案的对比

单位:万元

方案	征税规定	梅松商场		税台公司	
		增值税	对企业利润的影响	增值税	对企业利润的影响
方案一	按照不动产租赁服务计征增值税;税率9%	销项税:30÷(1+9%)×9%=2.48	增加收入:30−2.48=27.52	进项税:30÷(1+9%)×9%=2.48	增加成本:30−2.48=27.52
方案二	按照商务辅助服务计征增值税;税率6%	销项税:30÷(1+6%)×6%=1.7	增加收入:30−1.7=28.3	进项税:30÷(1+6%)×6%=1.7	增加成本:30−1.7=28.3
方案三	按照平销返利有关规定冲减进项或销项	冲减进项税:30÷(1+13%)×13%=3.45	冲减成本:30−3.45=26.55	冲减销项税:30÷(1+13%)×13%=3.45	冲减收入:30−3.45=26.55

结论

（1）对于梅松商场,采取方案二产生的销项税最少,同时多增加企业利润。

（2）对于税台公司,采取方案三可冲减销项税多,同时利润高于方案一、二。

（3）最终方案需要梅松商场与税台公司进行洽谈,站在梅松商场的立场上,争取采用方案二。

政策依据

一、《财政部 国家税务总局关于全面推开营业税改征增值税试点的通知》(财税〔2016〕36号)附件1《营业税改征增值税试点实施办法》所附《销售服务、无形资产、不动产注释》第一条第六款第五项、第八项

一、销售服务

销售服务,是指提供交通运输服务、邮政服务、电信服务、建筑服务、金融服务、现代服务、生活服务。

……

(六)现代服务。

现代服务,是指围绕制造业、文化产业、现代物流产业等提供技术性、知识性服务的业务活动。包括研发和技术服务、信息技术服务、文化创意服务、物流辅助服务、租赁服务、鉴证咨询服务、广播影视服务、商务辅助服务和其他现代服务。

……

5.租赁服务。

......

经营租赁服务,是指在约定时间内将有形动产或者不动产转让他人使用且租赁物所有权不变更的业务活动。

按照标的物的不同,经营租赁服务可分为有形动产经营租赁服务和不动产经营租赁服务。

......

8. 商务辅助服务。

商务辅助服务,包括企业管理服务、经纪代理服务、人力资源服务、安全保护服务。

(1)企业管理服务,是指提供总部管理、投资与资产管理、市场管理、物业管理、日常综合管理等服务的业务活动。

......

二、《中华人民共和国增值税法》第十条、第十一条

第十条 增值税税率:

(一)纳税人销售货物、加工修理修配服务、有形动产租赁服务,进口货物,除本条第二项、第四项、第五项规定外,税率为百分之十三。

(二)纳税人销售交通运输、邮政、基础电信、建筑、不动产租赁服务,销售不动产,转让土地使用权,销售或者进口下列货物,除本条第四项、第五项规定外,税率为百分之九:

1. 农产品、食用植物油、食用盐;

2. 自来水、暖气、冷气、热水、煤气、石油液化气、天然气、二甲醚、沼气、居民用煤炭制品;

3. 图书、报纸、杂志、音像制品、电子出版物;

4. 饲料、化肥、农药、农机、农膜。

(三)纳税人销售服务、无形资产,除本条第一项、第二项、第五项规定外,税率为百分之六。

(四)纳税人出口货物,税率为零;国务院另有规定的除外。

(五)境内单位和个人跨境销售国务院规定范围内的服务、无形资产,税率为零。

第十一条 适用简易计税方法计算缴纳增值税的征收率为百分之三。

三、《国家税务总局关于商业企业向货物供应方收取的部分费用征收流转税问题的通知》(国税发〔2004〕136号)

一、商业企业向供货方收取的部分收入,按照以下原则征收增值税或营业税:

(一)对商业企业向供货方收取的与商品销售量、销售额无必然联系,且商业企业向供货方提供一定劳务的收入,例如进场费、广告促销费、上架费、展示费、管理费等,不属于平销返利,不冲减当期增值税进项税金,应按营业税的适用税目税率征收营业税。

（二）对商业企业向供货方收取的与商品销售量、销售额挂钩（如以一定比例、金额、数量计算）的各种返还收入，均应按照平销返利行为的有关规定冲减当期增值税进项税金，不征收营业税。

二、商业企业向供货方收取的各种收入，一律不得开具增值税专用发票。

三、应冲减进项税金的计算公式调整为：

当期应冲减进项税金＝当期取得的返还资金/(1＋所购货物适用增值税税率)×所购货物适用增值税税率

四、本通知自2004年7月1日起执行。本通知发布前已征收入库税款不再进行调整。其他增值税一般纳税人向供货方收取的各种收入的纳税处理，比照本通知的规定执行。

小贴士

1. 风险提示

商贸企业收取的"进场费"若与商品数量、销售额无必然联系，则不能按照"平销返利"的方式进行处理。

2. 对照自检

（1）企业是否存在类似业务模式？

_____

_____

（2）企业是如何收取/支付进场费的，习惯约定是什么？

_____

_____

（3）企业所处的行业地位和议价能力如何，能否进行有效协商？

_____

_____

❸ 与众不同

——巧用会员制更节税

业税分析

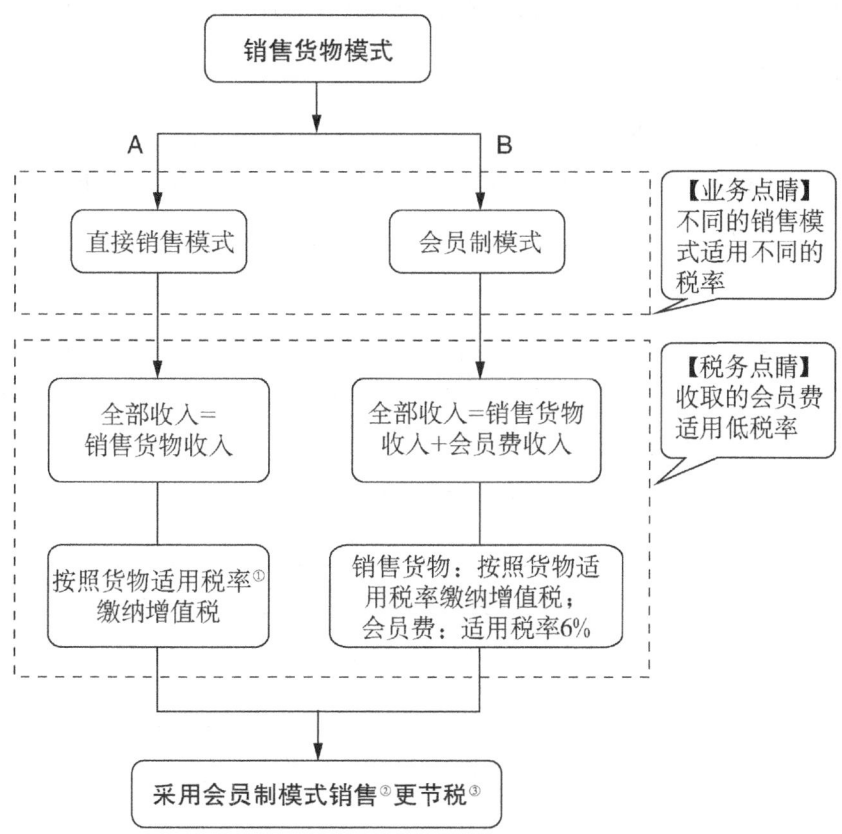

【附注】

注①：销售一般货物增值税的适用税率为13%，粮食、食用植物油等特殊货物的适用税率为9%。

注②：此处假设两种方案可取得相同的销售额（含税）。

注③：设置过高的会员费会影响销售，企业还应该根据自身销售货物的特点和市场情况选择是否采用"会员制"销售模式。

实战案例

梅松公司是业内知名的服装公司,主要从事名牌服装的生产和销售。在2020年度总结大会上,总经理赵总提出,2021年公司的明星产品——"逐梦"的销售指标为1 000万元(含税销售额)。为了更好地完成指标,营销推广该品牌,销售部对"逐梦"的销售模式进行了讨论,制定了两种方案,但对于采用哪种方式更节税,销售部难以确定,于是找来了财务部梅经理帮他们出谋划策。

梅经理根据销售部提供的数据,对两种营销模式的税务处理进行了分析。

【备选方案】

方案一:按照原价直接销售。

方案二:采用会员制模式销售,对客户每年收取一定会员费,并对购买商品的会员给予一定折扣。

【分析】

假设两种方案均可实现1 000万元(含税)的销售指标,其中,在方案二下,公司可取得会员费200万元(含税),销售货物取得含税销售额800万元,则两种方案的增值税纳税情况及对企业利润的影响如表1-4所示。

表1-4 两种方案的对比

单位:万元

方案	征税规定	增值税(销项税)	对企业利润影响
方案一	全部收入按照13%计征增值税	1 000÷(1+13%)×13%=115.04	增加收入: 1 000-115.04=884.96
方案二	销售商品适用13%税率,会员费适用6%的税率	800÷(1+13%)×13%+200÷(1+6%)×6%=103.36	增加收入: 800+200-103.36=896.64

采用会员制模式(方案二),可以少缴纳增值税11.68(115.04-103.36)万元,同时比方案一多增加企业收入11.68(896.64-884.96)万元。

政策依据

一、《财政部 国家税务总局关于全面推开营业税改征增值税试点的通知》(财税〔2016〕36号)附件1《营业税改征增值税试点实施办法》所附《销售服务、无形资产、不动产注释》第二条

销售无形资产,是指转让无形资产所有权或者使用权的业务活动。无形资产,是指不具实物形态,但能带来经济利益的资产,包括技术、商标、著作权、商誉、自然资源使用权和其他权益性无形资产。

技术,包括专利技术和非专利技术。

自然资源使用权,包括土地使用权、海域使用权、探矿权、采矿权、取水权和其他自然资源使用权。

其他权益性无形资产,包括基础设施资产经营权、公共事业特许权、配额、经营权(包括特许经营权、连锁经营权、其他经营权)、经销权、分销权、代理权、会员权、席位权、网络游戏虚拟道具、域名、名称权、肖像权、冠名权、转会费等。

二、《中华人民共和国增值税法》第十条、第十一条

第十条 增值税税率:

(一)纳税人销售货物、加工修理修配服务、有形动产租赁服务,进口货物,除本条第二项、第四项、第五项规定外,税率为百分之十三。

(二)纳税人销售交通运输、邮政、基础电信、建筑、不动产租赁服务,销售不动产,转让土地使用权,销售或者进口下列货物,除本条第四项、第五项规定外,税率为百分之九:

1.农产品、食用植物油、食用盐;

2.自来水、暖气、冷气、热水、煤气、石油液化气、天然气、二甲醚、沼气、居民用煤炭制品;

3.图书、报纸、杂志、音像制品、电子出版物;

4.饲料、化肥、农药、农机、农膜。

(三)纳税人销售服务、无形资产,除本条第一项、第二项、第五项规定外,税率为百分之六。

(四)纳税人出口货物,税率为零;国务院另有规定的除外。

(五)境内单位和个人跨境销售国务院规定范围内的服务、无形资产,税率为零。

第十一条 适用简易计税方法计算缴纳增值税的征收率为百分之三。

小贴士

1. 风险提示

(1) 设置过高的会员费会影响销售额,企业应该根据自己销售货物的特点和市场情况选择是否采用会员制模式,切勿影响销售状况而因小失大。

(2) 企业采用"会员制",若不能做好后续的会员服务,很可能对企业品牌造成不利的影响。

2. 对照自检

(1) 企业建立会员制,是否会增加企业的服务成本?

_____

_____

(2) 根据企业自身特点,会员制销售是否有利于提高用户黏性?

_____

_____

❹ 改弦更张

——优选盈利方式降低税负

业税分析

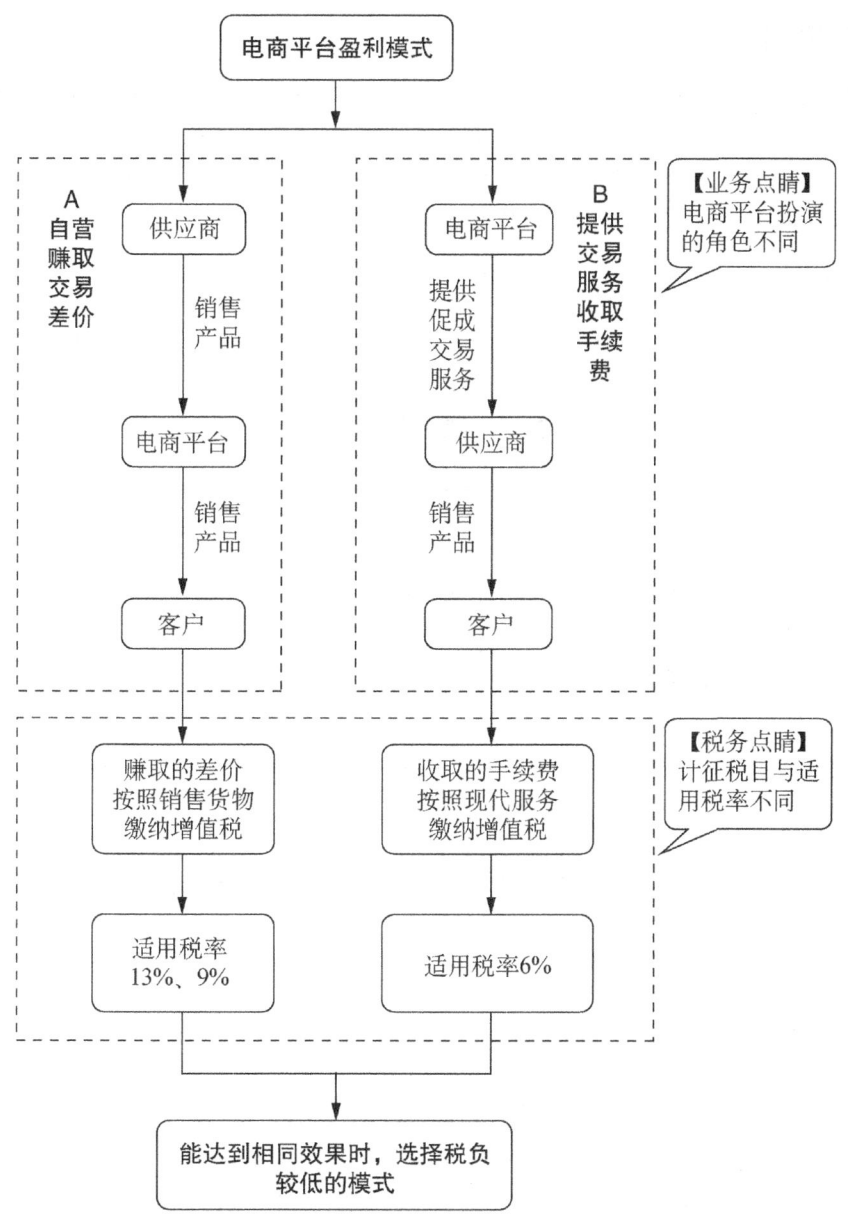

📊 实战案例

梅松公司是一家新成立的电商企业,由于市场上电商企业数量较多,竞争比较激烈,赵总及其他几个股东暂时还没有确定好以何种形式经营业务。

赵总查阅资料后发现,电商企业有不同的盈利模式,于是找来财务部的梅经理商量确定经营模式。梅经理针对不同的经营模式,从税收的角度进行了纳税情况测算及分析。

【备选方案】

方案一:从上游供应商买入产品后再卖给下游的客户,整个交易在平台上完成。假设年进货支出为500万元(含税),年含税销售额为1 000万元。

方案二:供应商在平台上展示销售产品,消费者在平台上寻找供应商,平台提供促成交易的服务,假设可取得年含税服务费500万元。

【分析】

假设两种方案均无其他可抵扣进项税,企业其他成本为20万元,则两种方案的增值税缴纳情况及对企业利润的影响如表1-5所示。

表1-5 两种方案的对比

单位:万元

方案	税务处理	适用税率	增值税	企业利润
方案一	平台赚取的差价按照销售货物缴纳增值税	13%	[1 000÷(1+13%)−500÷(1+13%)]×13%=57.52	1 000÷(1+13%)−500÷(1+13%)−20=422.48
方案二	平台收取的手续费按照信息系统增值服务缴纳增值税	6%	500÷(1+6%)×6%=28.3	500÷(1+6%)−20=451.7

结论

方案二比方案一少缴纳增值税29.22(57.52−28.3)万元,同时增加企业利润29.22(451.7−422.48)万元。

📄 政策依据

一、《中华人民共和国增值税法》第十条、第十一条

第十条 增值税税率:

(一)纳税人销售货物、加工修理修配服务、有形动产租赁服务,进口货物,除本

条第二项、第四项、第五项规定外,税率为百分之十三。

(二)纳税人销售交通运输、邮政、基础电信、建筑、不动产租赁服务,销售不动产,转让土地使用权,销售或者进口下列货物,除本条第四项、第五项规定外,税率为百分之九:

1. 农产品、食用植物油、食用盐;

2. 自来水、暖气、冷气、热水、煤气、石油液化气、天然气、二甲醚、沼气、居民用煤炭制品;

3. 图书、报纸、杂志、音像制品、电子出版物;

4. 饲料、化肥、农药、农机、农膜。

(三)纳税人销售服务、无形资产,除本条第一项、第二项、第五项规定外,税率为百分之六。

(四)纳税人出口货物,税率为零;国务院另有规定的除外。

(五)境内单位和个人跨境销售国务院规定范围内的服务、无形资产,税率为零。

第十一条 适用简易计税方法计算缴纳增值税的征收率为百分之三。

二、《财政部 国家税务总局关于全面推开营业税改征增值税试点的通知》(财税〔2016〕36号)附件1《营业税改征增值税试点实施办法》所附《销售服务、无形资产、不动产注释》第一条第六款第二项

2. 信息技术服务。

信息技术服务,是指利用计算机、通信网络等技术对信息进行生产、收集、处理、加工、存储、运输、检索和利用,并提供信息服务的业务活动。包括软件服务、电路设计及测试服务、信息系统服务、业务流程管理服务和信息系统增值服务。

……

(5)信息系统增值服务,是指利用信息系统资源为用户附加提供的信息技术服务。包括数据处理、分析和整合、数据库管理、数据备份、数据存储、容灾服务、电子商务平台等。

💬 小贴士

1. 风险提示

企业利用电商平台盈利模式的转变来降低税负,一定要从源头上改变盈利的模式,而不能仅停留在发票的开具形式和会计核算层面,后者存在税务风险。

2. 对照自检

企业是否属于电商行业?企业是否能够转换盈利模式?

❺ 因地制宜

——分别核算更节税，不同单位有话说

📚 业税分析

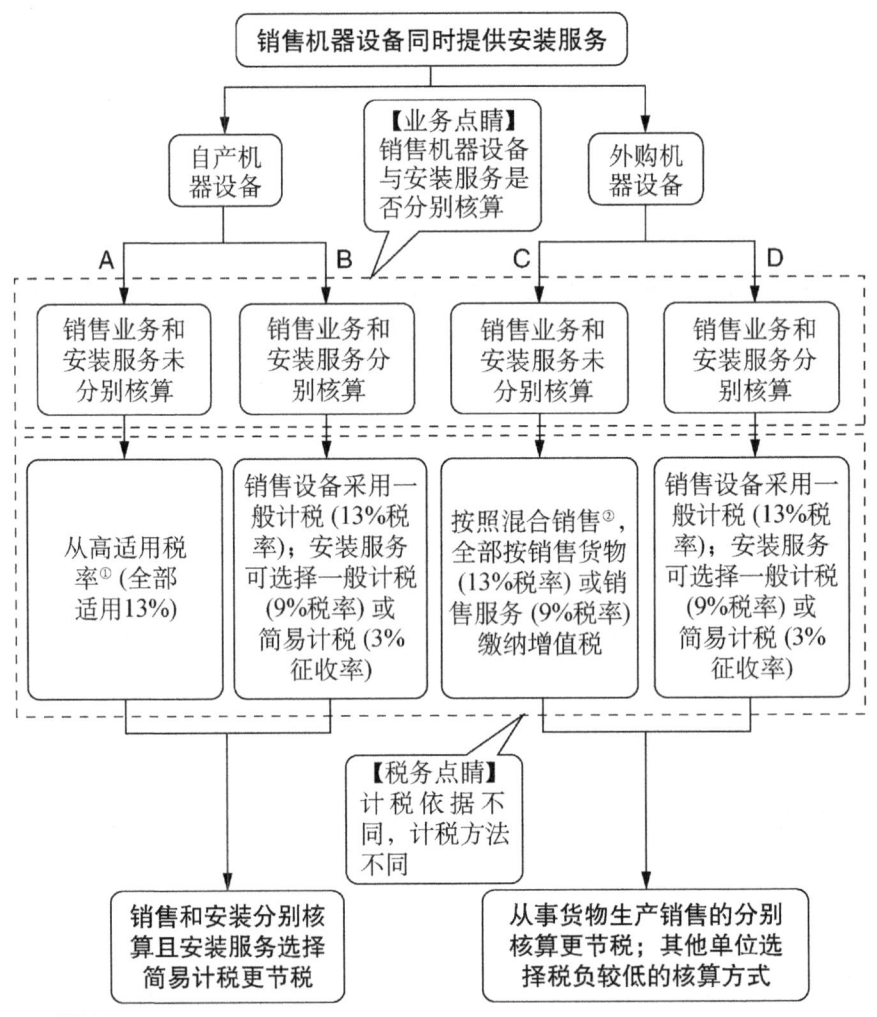

【附注】

注①：纳税纳税人销售自产机器设备并提供安装服务不属于混合销售，应分别核算，未分别核算的，从高适用税率。

注②：纳税人销售外购机器设备并提供安装服务未分别核算的，应按照混合销售，根据主业确定其适用税目和税率。

实战案例

梅松公司是一家主营电梯销售的商贸企业,销售电梯的同时提供安装服务。自成立之初起,公司的理念就是专注为客户提供满意的产品和服务,因此,其销售的产品和服务也得到客户的广泛认可,销量一直领先于同行其他企业。公司总经理赵总在欣喜于成绩的同时,也发现了公司的税负较高,因此,赵总把财务部梅经理叫来办公室,想听听她对此事的意见和建议。

梅经理经过查阅了相关法规文件,针对购进电梯销售并提供安装服务的业务提出了三种方案并做了分析。

【备选方案】

方案一:只签订销售合同,合同业务包含销售电梯和安装服务,安装服务不单独定价。

方案二:销售电梯和安装服务分别签订合同,安装服务选择一般计税方法。

方案三:销售电梯和安装服务分别签订合同,安装服务选择简易计税方法。

【分析】

假设梅松公司为增值税一般纳税人,电梯年含税销售额为 1 000 万元,安装服务年含税销售额 200 万元,企业取得的可抵扣进项税为 60 万元,其中安装服务对应的进项为 10 万元,则三种方案增值税纳税情况及对企业利润的影响如表 1-6 所示。

表 1-6 三种方案的对比

单位:万元

方案	增值税税务处理	增值税	对企业利润影响
方案一	销售业务和安装服务未分别核算,按照混合销售适用13%税率计征增值税	(1 000＋200)÷(1＋13%)×13%－60＝78.05	(1 000＋200)÷(1＋13%)＝1 061.95
方案二	销售业务和安装服务分别核算,销售设备适用税率13%;安装服务适用税率9%	1 000÷(1＋13%)×13%＋200÷(1＋9%)×9%－60＝71.56	1 000÷(1＋13%)＋200÷(1＋9%)＝1 068.44
方案三	销售业务和安装服务分别核算,销售设备适用税率13%;安装服务适用征收率3%	1 000÷(1＋13%)×13%＋200÷(1＋3%)×3%－50＝70.87	1 000÷(1＋13%)＋200÷(1＋3%)－10＝1 069.13

销售与安装服务分别签订合同并选择简易计税(方案三),缴纳的增值税最少,同时可多增加企业利润。

政策依据

一、《财政部 国家税务总局关于全面推开营业税改征增值税试点的通知》(财税〔2016〕36号)附件1《营业税改增值税试点实施办法》第四十条

一项销售行为如果既涉及服务又涉及货物,为混合销售。从事货物的生产、批发或者零售的单位和个体工商户的混合销售行为,按照销售货物缴纳增值税;其他单位和个体工商户的混合销售行为,按照销售服务缴纳增值税。

本条所称从事货物的生产、批发或者零售的单位和个体工商户,包括以从事货物的生产、批发或者零售为主,并兼营销售服务的单位和个体工商户在内。

二、《国家税务总局关于明确中外合作办学等若干增值税征管问题的公告》(国家税务总局公告2018年第42号)第六条

一般纳税人销售自产机器设备的同时提供安装服务,应分别核算机器设备和安装服务的销售额,安装服务可以按照甲供工程选择适用简易计税方法计税。

一般纳税人销售外购机器设备的同时提供安装服务,如果已经按照兼营的有关规定,分别核算机器设备和安装服务的销售额,安装服务可以按照甲供工程选择适用简易计税方法计税。

纳税人对安装运行后的机器设备提供的维护保养服务,按照"其他现代服务"缴纳增值税。

三、《国家税务总局关于进一步明确营改增有关征管问题的公告》(国家税务总局公告2017年第11号)第一条

纳税人销售活动板房、机器设备、钢结构件等自产货物的同时提供建筑、安装服务,不属于《营业税改征增值税试点实施办法》(财税〔2016〕36号文件印发)第四十条规定的混合销售,应分别核算货物和建筑服务的销售额,分别适用不同的税率或者征收率。

四、《财政部 国家税务总局关于全面推开营业税改征增值税试点的通知》(财税〔2016〕36号)附件2《营业税改征增值税试点有关事项的规定》第一条第七款第二项

一般纳税人为甲供工程提供的建筑服务,可以选择适用简易计税方法计税。

甲供工程,是指全部或部分设备、材料、动力由工程发包方自行采购的建筑工程。

小贴士

1. 举一反三

企业销售设备同时提供免费的安装服务、培训服务等的,可以将服务单独定价,降低产品的价格。服务单独核算,适用6%税率,个别服务还能简易计税,税负更低。

2. 对照自检
(1) 企业业务类型属于"兼营"还是"混合销售"?
_____
_____

(2) 企业是否能够准确分别核算不同业务收入及成本等?
_____
_____

❻ 标新立异

——闲置房产要租赁,仓储服务获空间

业税分析

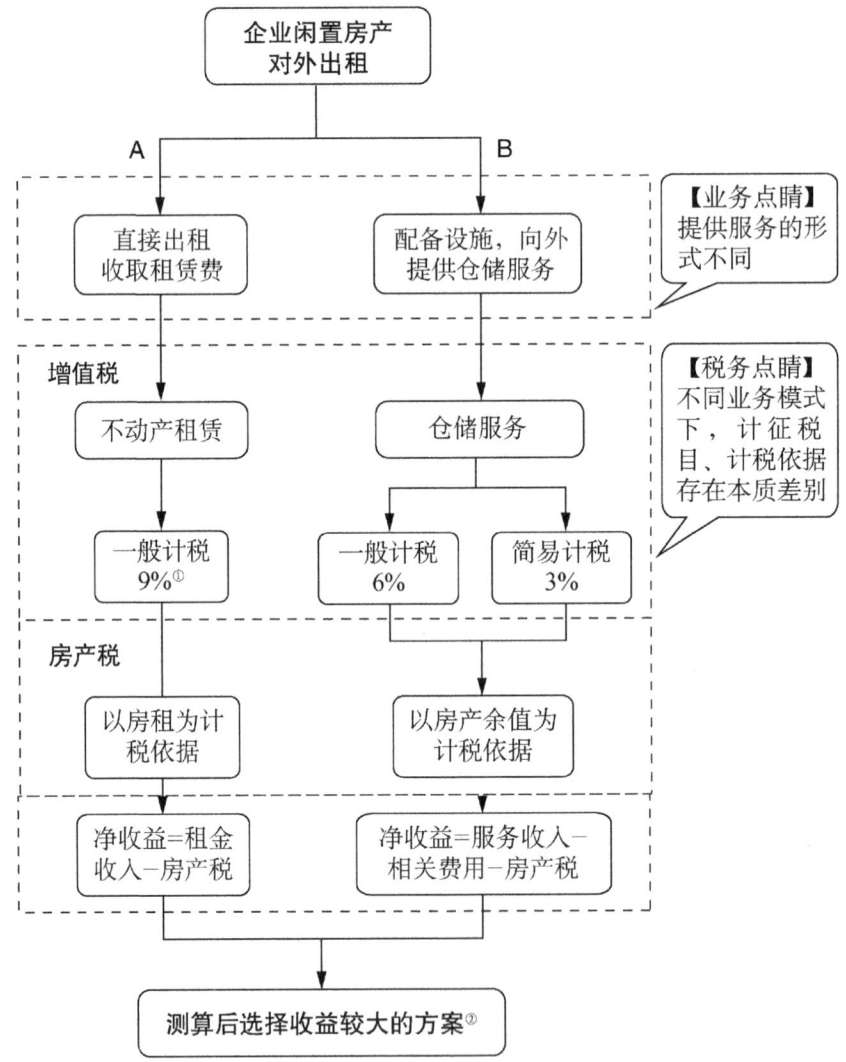

【附注】

注①:若属于在2016年4月30日以前取得的房产,可选择简易计税,适用征收率5%。

注②:对于小规模纳税人,两种方案均为简易计税,其中方案A按5%征收率计税;方案B按3%征收率计税。

实战案例

梅松公司地处相对偏僻的郊区,拥有大量车间、厂房及库房,形成了一片工业园,账面价值 2 000 万元。由于园区周围目前配套设施不完善,暂时无法引进工业生产企业。于是公司负责人赵总召开了管理层会议,研究如何利用园区内空置的厂房来增加公司的收益。会上,业务部门提出,可以出租该厂房,也可以将厂房改为仓库,同时配备保管人员,为客户提供仓储服务。赵总觉得两种方案都可行,于是想让财务部梅经理针对其中的税务事项发表意见建议。

梅经理根据业务部门提供的资料,指出两种方案在增值税和房产税的缴纳上都有所不同,并做了具体分析。

【备选方案】

方案一:将闲置库房出租,收取租赁费,年含税租金收入为 300 万元。

方案二:将库房改为仓库,配备保管人员,为客户提供仓储服务,收取仓储费,假设年含税仓储收入为 300 万元,保管人员工资 15 万/年,采用一般计税方法计税。

【分析】

假设梅松公司为增值税一般纳税人,每年取得的可抵扣进项税额为 10 万元,当地房产税的扣除比例为 30%,则两种方案的纳税情况及对企业利润的影响,如表 1-7 所示。

表 1-7 两种方案的对比

单位:万元

方案	增值税	附加税	房产税	对企业利润的影响
方案一	300÷(1+9%)×9%−10=14.77	14.77×(7%+3%+2%)=1.77	300÷(1+9%)×12%=33.03	300÷(1+9%)−1.77−33.03=240.43
方案二	300÷(1+6%)×6%−10=6.98	6.98×(7%+3%+2%)=0.84	2 000×70%×1.2%=16.8	300÷(1+6%)−0.84−16.8−15=250.38

结论

方案二比方案一少缴纳税款 24.95(14.77+1.77+33.03−6.98−0.84−16.8)万元,多增加企业利润 9.95(250.38−240.43)万元。

政策依据

一、《中华人民共和国房产税暂行条例》第三条、第四条

第三条 房产税依照房产原值一次减除10%至30%后的余值计算缴纳。具体减除幅度,由省、自治区、直辖市人民政府规定。

没有房产原值作为依据的,由房产所在地税务机关参考同类房产核定。

房产出租的,以房产租金收入为房产税的计税依据。

第四条 房产税的税率,依照房产余值计算缴纳的,税率为1.2%;依照房产租金收入计算缴纳的,税率为12%。

二、《中华人民共和国增值税法》第十条、第十一条

第十条 增值税税率:

(一)纳税人销售货物、加工修理修配服务、有形动产租赁服务,进口货物,除本条第二项、第四项、第五项规定外,税率为百分之十三。

(二)纳税人销售交通运输、邮政、基础电信、建筑、不动产租赁服务,销售不动产,转让土地使用权,销售或者进口下列货物,除本条第四项、第五项规定外,税率为百分之九:

1. 农产品、食用植物油、食用盐;
2. 自来水、暖气、冷气、热水、煤气、石油液化气、天然气、二甲醚、沼气、居民用煤炭制品;
3. 图书、报纸、杂志、音像制品、电子出版物;
4. 饲料、化肥、农药、农机、农膜。

(三)纳税人销售服务、无形资产,除本条第一项、第二项、第五项规定外,税率为百分之六。

(四)纳税人出口货物,税率为零;国务院另有规定的除外。

(五)境内单位和个人跨境销售国务院规定范围内的服务、无形资产,税率为零。

第十一条 适用简易计税方法计算缴纳增值税的征收率为百分之三。

小贴士

1. 风险提示

(1)企业提供仓储业务必须具备相应的资质,须取得专门从事或者兼营仓储业务的营业许可证。

(2)企业提供仓储业务须对储存货物承担责任,一旦发生毁损,需要承担相应的赔偿责任。

(3)企业提供仓储业务须考虑必要的人力物力成本,若所需成本过大,则会导致

筹划失败。

2. 对照自检

(1) 企业是否存在一定的闲置房产？企业计划如何使用该房产？
_____
_____

(2) 企业是否具备相应的提供仓储服务的资质？
_____
_____

(3) 企业提供仓储服务是否会增加大量的人力成本？
_____
_____

❼ 别出心裁

——干租光租税负高，湿租程租更节税

业税分析

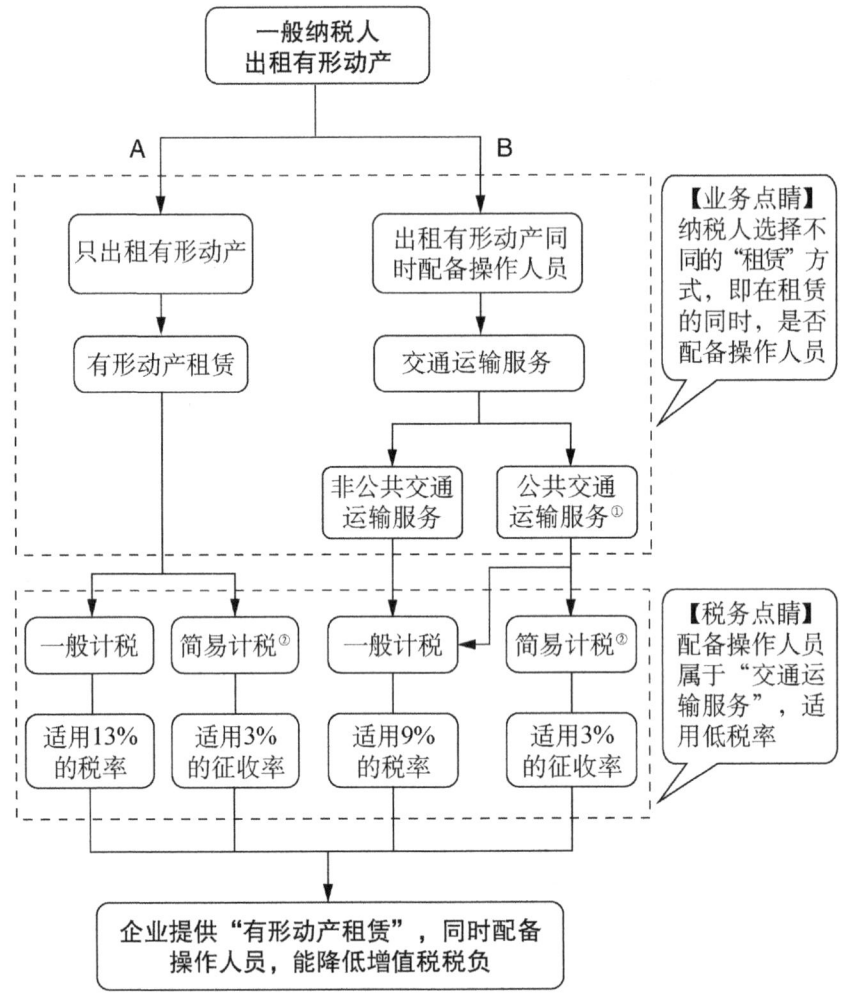

【附注】

注①：公共交通运输服务，包括轮客渡、公交客运、地铁、城市轻轨、出租车、长途客运、班车。

注②：纳税人在本地区"营改增"试点之前购进或自制的有形动产，才可以选择简易计税。

实战案例

梅松公司的赵总在闲暇时间,与其他几个公司的老板成立了一家小型游艇租赁公司。成立初期阶段,只对外提供游艇租赁服务,但随着业务越来越好,赵总发现承担的税负也逐渐增加。于是便找来了公司的财务部梅经理,想让她从税收角度上提供一些建议。

梅经理了解到具体的情况后,很快就给了赵总答复,建议他改变公司业务模式,并进行了分析。

【备选方案】

方案一:只提供小型游艇租赁服务。

方案二:提供小型游艇租赁服务,同时配备游艇驾驶员。

【分析】

假设梅松公司为增值税一般纳税人,选择一般计税方法,预计当年取得含税收入600万元,每年取得的可抵扣进项税额为20万元,雇佣驾驶员每年工资15万元,则两种方案的纳税情况及对企业利润的影响如表1-8所示。

表1-8 两种方案的对比

单位:万元

方案	增值税	附加税	对企业利润的影响
方案一	600÷(1+13%)×13%−20=49.03	49.03×(7%+3%+2%)=5.88	600÷(1+13%)−5.88=525.09
方案二	600÷(1+9%)×9%−20=29.54	29.54×(7%+3%+2%)=3.54	600÷(1+9%)−3.54−15=531.92

结论

方案二比方案一少缴纳税款21.83(49.03+5.88−29.54−3.54)万元,多增加企业利润6.83(531.92−525.09)万元。

政策依据

一、《财政部 国家税务总局关于全面推开营业税改征增值税试点的通知》(财税〔2016〕36号)附件1《营业税改征增值税试点实施办法》所附《销售服务、无形资产、不

动产注释》第一条第一款、第六款

（一）交通运输服务。

交通运输服务，是指利用运输工具将货物或者旅客送达目的地，使其空间位置得到转移的业务活动。包括陆路运输服务、水路运输服务、航空运输服务和管道运输服务。

......

水路运输的程租、期租业务，属于水路运输服务。

程租业务，是指运输企业为租船人完成某一特定航次的运输任务并收取租赁费的业务。

期租业务，是指运输企业将配备有操作人员的船舶承租给他人使用一定期限，承租期内听候承租方调遣，不论是否经营，均按天向承租方收取租赁费，发生的固定费用均由船东负担的业务。

......

航空运输的湿租业务，属于航空运输服务。

湿租业务，是指航空运输企业将配备有机组人员的飞机承租给他人使用一定期限，承租期内听候承租方调遣，不论是否经营，均按一定标准向承租方收取租赁费，发生的固定费用均由承租方承担的业务。

......

（六）现代服务。

......

5.租赁服务。

......

（2）经营租赁服务，是指在约定时间内将有形动产或者不动产转让他人使用且租赁物所有权不变更的业务活动。

按照标的物的不同，经营租赁服务可分为有形动产经营租赁服务和不动产经营租赁服务。

将建筑物、构筑物等不动产或者飞机、车辆等有形动产的广告位出租给其他单位或者个人用于发布广告，按照经营租赁服务缴纳增值税。

车辆停放服务、道路通行服务（包括过路费、过桥费、过闸费等）等按照不动产经营租赁服务缴纳增值税。

水路运输的光租业务、航空运输的干租业务，属于经营租赁。

光租业务，是指运输企业将船舶在约定的时间内出租给他人使用，不配备操作人员，不承担运输过程中发生的各项费用，只收取固定租赁费的业务活动。

干租业务，是指航空运输企业将飞机在约定的时间内出租给他人使用，不配备机组人员，不承担运输过程中发生的各项费用，只收取固定租赁费的业务活动。

小贴士

1. 风险提示

企业将有形动产租赁转变为交通运输服务而适用低税率时,须考虑由此而增加的人工成本,若人工成本大于节省的税负,则会导致筹划失败。

2. 对照自检

企业转换经营模式,是否会存在较高的雇佣操作人员的成本?

❽ 改头换面

——会议场地要出租,转化性质降税率

业税分析

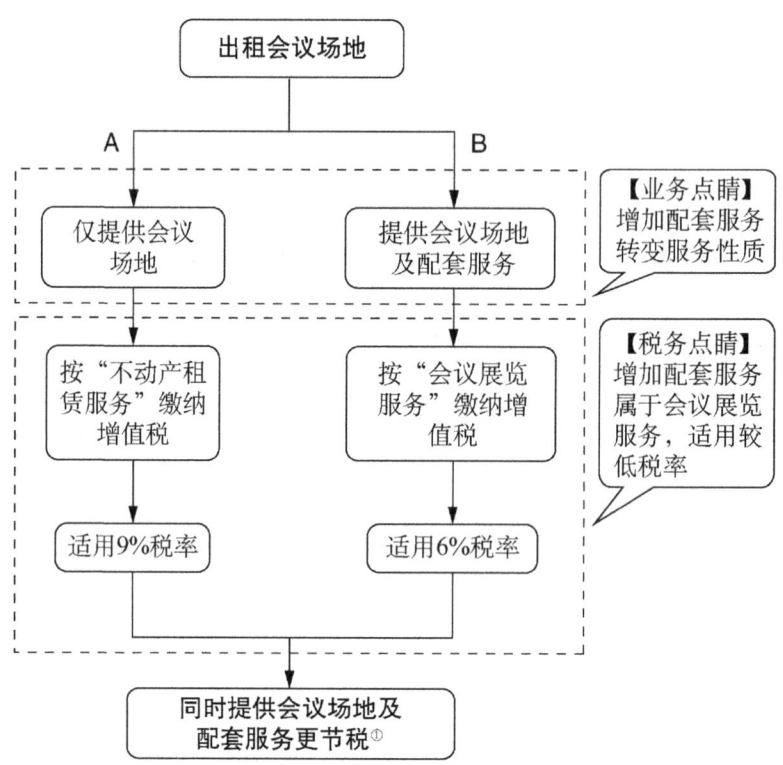

【附注】

注①：企业进行方案选择时，还需考虑不同方案对企业利润的影响。

实战案例

梅松公司为当地一家酒店，主营业务为住宿、餐饮服务。近期，市场部发现，因会议和培训需要，当地许多企业需要租赁会议场地，于是便建议增加会议场地出租业务。但对于以哪种方式开展该业务，仅提供场地还是同时提供配套服务，市场部经理拿不定主意。

公司负责人赵经理找来财务部梅经理一起商讨。梅经理了解基本情况后，对两种方案进行了具体分析。

【备选方案】

方案一：只提供会议场地，签订不动产租赁服务合同。
方案二：提供会议场地及配套服务，签订会议服务合同。

【分析】

假设梅松公司为增值税一般纳税人，预计该业务的年含税销售收入均为500万元，增加配套服务的年成本为10万元，则两种方案的增值税缴纳情况及对企业利润的影响如表1-9所示。

表1-9 两种方案的对比

单位：万元

方案	增值税税务处理	增值税（销项税）	对企业利润的影响
方案一	按不动产租赁服务缴纳增值税，适用9%税率	$500 \div (1+9\%) \times 9\% = 41.28$	$500 - 41.28 = 458.72$
方案二	按会议展览服务缴纳增值税，适用6%税率	$500 \div (1+6\%) \times 6\% = 28.3$	$500 - 28.3 - 10 = 461.7$

结论

方案二比方案一少缴纳增值税12.98（41.28－28.3）万元，多增加企业利润2.98（461.7－458.72）万元。

政策依据

一、《财政部 国家税务总局关于全面推开营业税改征增值税试点的通知》（财税〔2016〕36号）附件1《营业税改征增值税试点实施办法》所附《销售服务、无形资产、不动产注释》第一条第六款第五项

5. 租赁服务。

租赁服务,包括融资租赁服务和经营租赁服务。

……

(2)经营租赁服务,是指在约定时间内将有形动产或者不动产转让他人使用且租赁物所有权不变更的业务活动。

按照标的物的不同,经营租赁服务可分为有形动产经营租赁服务和不动产经营租赁服务。

二、《财政部 国家税务总局关于明确金融房地产开发 教育辅助服务等增值税政策的通知》(财税〔2016〕140号)第十条

宾馆、旅馆、旅社、度假村和其他经营性住宿场所提供会议场地及配套服务的活动,按照"会议展览服务"缴纳增值税。

三、《中华人民共和国增值税法》第十条、第十一条

第十条 增值税税率:

(一)纳税人销售货物、加工修理修配服务、有形动产租赁服务,进口货物,除本条第二项、第四项、第五项规定外,税率为百分之十三。

(二)纳税人销售交通运输、邮政、基础电信、建筑、不动产租赁服务,销售不动产,转让土地使用权,销售或者进口下列货物,除本条第四项、第五项规定外,税率为百分之九:

1. 农产品、食用植物油、食用盐;

2. 自来水、暖气、冷气、热水、煤气、石油液化气、天然气、二甲醚、沼气、居民用煤炭制品;

3. 图书、报纸、杂志、音像制品、电子出版物;

4. 饲料、化肥、农药、农机、农膜。

(三)纳税人销售服务、无形资产,除本条第一项、第二项、第五项规定外,税率为百分之六。

(四)纳税人出口货物,税率为零;国务院另有规定的除外。

(五)境内单位和个人跨境销售国务院规定范围内的服务、无形资产,税率为零。

第十一条 适用简易计税方法计算缴纳增值税的征收率为百分之三。

小贴士

1. 风险提示

企业进行方案选择时,应注意增加配套服务的项目及成本,避免成本过高影响企业的整体收益。

2. 会计提示

(1)企业提供会议服务,应在合同中明确说明会议时间、会议地点等情形。

（2）接受会议服务的企业，会议费进行列支税前扣除时，需要保存完整的会议费证明材料，包括但不限于会议邀请函、出席人员名单、发票、支付凭证、会议合同、会议照片等。

3. 对照自检

（1）企业是否具备提供会议服务的能力，如场地、人员等？

_____

_____

（2）企业的营业范围是否包含"会议服务"？

_____

_____

❾ 因人而异

——融资性租赁方式善选择

📚 业税分析

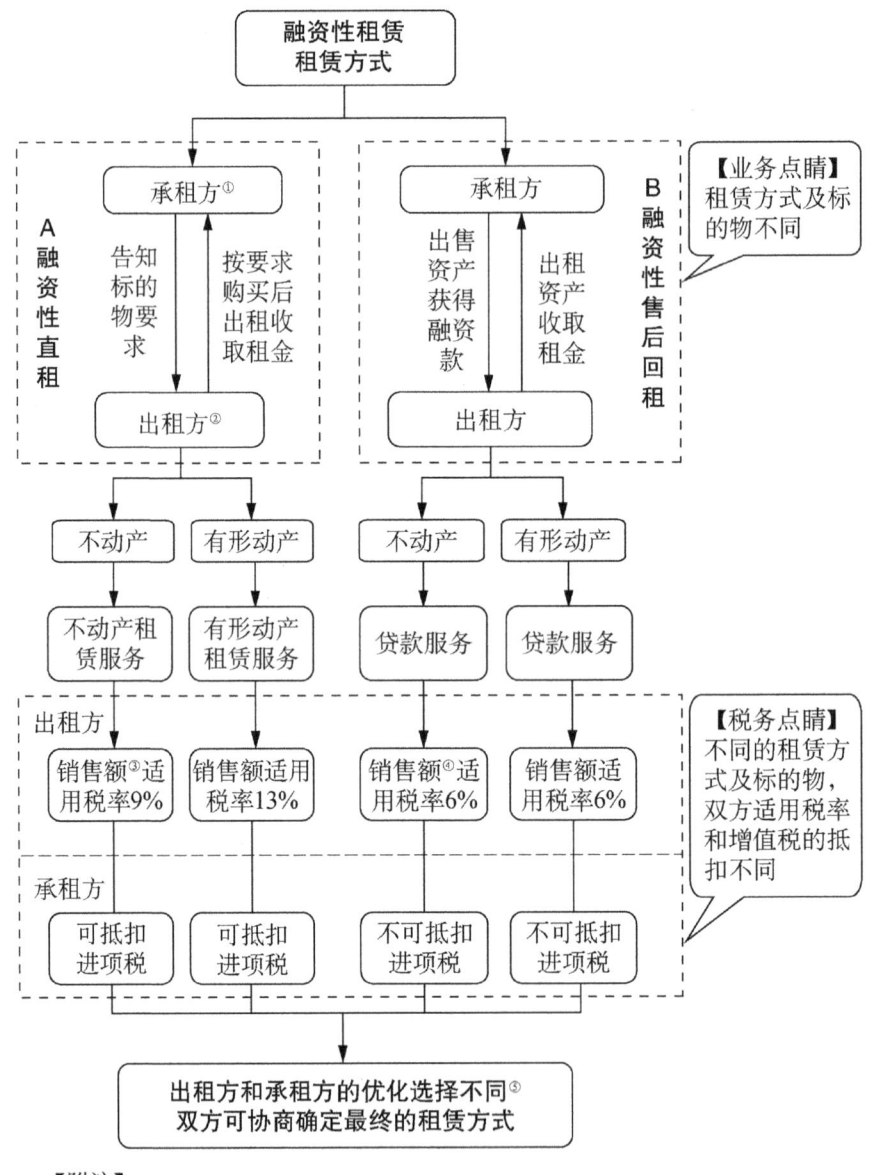

【附注】

注①~⑤：具体说明详见小贴士。

实战案例

梅松公司是一家融资租赁公司,最近公司的老客户税台公司急需一台设备用于生产,但缺乏资金,欲与梅松公司签订融资租赁协议。但关于融资租赁方式的选择,两家公司暂时还未确定最终的方案。梅松公司总经理赵总找来了财务部梅经理,让她给出意见建议。

梅经理了解了基本情况后,随即提出了两种融资性租赁方案并做了分析。

【备选方案】

方案一:融资性直租模式。由梅松公司按照税台公司要求向甲公司购买设备,设备的销售价格为1 200万元,然后梅松公司再向税台公司出租该设备,5年后收取租金1 500万元,设备的所有权归税台公司。

方案二:融资性售后回租模式。税台公司自甲公司购买需要型号的设备,采购价格为1 200万元,并采用延期付款方式。然后税台公司与梅松公司签订售后回租协议,使用梅松公司支付的融资款1 200万元归还所欠甲公司的货款。5年后梅松公司收取租金1 500万元,设备的所有权归税台公司。

【分析】

假设梅松公司和税台公司均为增值税一般纳税人,则两种方案下,该业务对双方企业的纳税情况的具体分析如表1-10所示。

表1-10 两种方案的纳税情况分析

单位:万元

方案	增值税税务处理	梅松公司 增值税应纳税额	税台公司 可抵扣进项税
方案一	按照有形动产租赁服务计征增值税,适用13%的税率;出租方应税销售额为收取的租金;承租方支付的租金可抵扣进项税	$1\,500 \div (1+13\%) \times 13\% - 1\,200 \div (1+13\%) \times 13\% = 34.51$	$1\,500 \div (1+13\%) \times 13\% = 172.57$
方案二	按照贷款服务计税,适用6%的税率;出租方的应税销售额不含本金;承租方将设备出售给出租方时,不属于增值税应税项目,不缴纳增值税,支付的租金属于购进贷款服务,不能抵扣进项税	$[1\,500 \div (1+6\%) - 1\,200] \times 6\% = 12.91$	$1\,200 \div (1+13\%) \times 13\% = 138.05$

结论

(1) 对于梅松公司,采用方案二可少缴增值税21.60(34.51－12.91)万元。

(2) 对于税台公司,采用方案一可多抵扣进项税34.52(172.57－138.05)万元。

(3) 最终方案需要双方协商后共同决定。

政策依据

一、《财政部 国家税务总局关于全面推开营业税改征增值税试点的通知》(财税〔2016〕36号)附件1《营业税改征增值税试点实施办法》所附《销售服务、无形资产、不动产注释》第一条第五款第一项、第一条第六款第五项

(五)金融服务

1. 贷款服务。

贷款,是指将资金贷与他人使用而取得利息收入的业务活动。

各种占用、拆借资金取得的收入,包括金融商品持有期间(含到期)利息(保本收益、报酬、资金占用费、补偿金等)收入、信用卡透支利息收入、买入返售金融商品利息收入、融资融券收取的利息收入,以及融资性售后回租、押汇、罚息、票据贴现、转贷等业务取得的利息及利息性质的收入,按照贷款服务缴纳增值税。

融资性售后回租,是指承租方以融资为目的,将资产出售给从事融资性售后回租业务的企业后,从事融资性售后回租业务的企业将该资产出租给承租方的业务活动。

……

(六)现代服务

……

5. 租赁服务。

租赁服务,包括融资租赁服务和经营租赁服务。

(1)融资租赁服务,是指具有融资性质和所有权转移特点的租赁活动。即出租人根据承租人所要求的规格、型号、性能等条件购入有形动产或者不动产租赁给承租人,合同期内租赁物所有权属于出租人,承租人只拥有使用权,合同期满付清租金后,承租人有权按照残值购入租赁物,以拥有其所有权。不论出租人是否将租赁物销售给承租人,均属于融资租赁。

按照标的物的不同,融资租赁服务可分为有形动产融资租赁服务和不动产融资租赁服务。

融资性售后回租不按照本税目缴纳增值税。

……

二、《财政部 国家税务总局关于全面推开营业税改征增值税试点的通知》(财税〔2016〕36号)附件2《营业税改征增值税试点有关事项的规定》第一条第三款第五项

5. 融资租赁和融资性售后回租业务。

(1) 经人民银行、银监会或者商务部批准从事融资租赁业务的试点纳税人,提供融资租赁服务,以取得的全部价款和价外费用,扣除支付的借款利息(包括外汇借款和人民币借款利息)、发行债券利息和车辆购置税后的余额为销售额。

(2) 经人民银行、银监会或者商务部批准从事融资租赁业务的试点纳税人,提供融资性售后回租服务,以取得的全部价款和价外费用(不含本金),扣除对外支付的借款利息(包括外汇借款和人民币借款利息)、发行债券利息后的余额作为销售额。

……

三、《关于融资性售后回租业务中承租方出售资产行为有关税收问题》(国家税务总局公告2010年第13号)第一条

根据现行增值税和营业税有关规定,融资性售后回租业务中承租方出售资产的行为,不属于增值税和营业税征收范围,不征收增值税和营业税。

四、《中华人民共和国增值税法》第十条、第十一条

第十条 增值税税率:

(一)纳税人销售货物、加工修理修配服务、有形动产租赁服务,进口货物,除本条第二项、第四项、第五项规定外,税率为百分之十三。

(二)纳税人销售交通运输、邮政、基础电信、建筑、不动产租赁服务,销售不动产,转让土地使用权,销售或者进口下列货物,除本条第四项、第五项规定外,税率为百分之九:

1. 农产品、食用植物油、食用盐;

2. 自来水、暖气、冷气、热水、煤气、石油液化气、天然气、二甲醚、沼气、居民用煤炭制品;

3. 图书、报纸、杂志、音像制品、电子出版物;

4. 饲料、化肥、农药、农机、农膜。

(三)纳税人销售服务、无形资产,除本条第一项、第二项、第五项规定外,税率为百分之六。

(四)纳税人出口货物,税率为零;国务院另有规定的除外。

(五)境内单位和个人跨境销售国务院规定范围内的服务、无形资产,税率为零。

第十一条 适用简易计税方法计算缴纳增值税的征收率为百分之三。

五、《财政部 国家税务总局关于全面推开营业税改征增值税试点的通知》(财税〔2016〕36号)附件1《营业税改征增值税试点实施办法》第二十七条第六款

第二十七条 下列项目的进项税额不得从销项税额中抵扣:

……

(六) 购进的旅客运输服务、贷款服务、餐饮服务、居民日常服务和娱乐服务。

六、《财政部 税务总局 海关总署关于深化增值税改革有关政策的公告》(财政部 税务总局 海关总署公告2019年第39号)第六条第二款

六、纳税人购进国内旅客运输服务,其进项税额允许从销项税额中抵扣。

……

(二)《营业税改征增值税试点实施办法》(财税〔2016〕36号印发)第二十七条第(六)项和《营业税改征增值税试点有关事项的规定》(财税〔2016〕36号印发)第二条第(一)项第5点中"购进的旅客运输服务、贷款服务、餐饮服务、居民日常服务和娱乐服务"修改为"购进的贷款服务、餐饮服务、居民日常服务和娱乐服务"。

小贴士

1. 流程图附注

注①:两种租赁方式中,承租方均有权按照残值购入租赁物。

注②:在融资性直租中,出租方需按照承租方要求,从其他企业购入标的物。

注③:融资性直租,以取得的全部价款和价外费用,扣除支付的借款利息(包括外汇借款和人民币借款利息)、发行债券利息和车辆购置税后的余额为销售额。

注④:融资性售后回租,以取得的全部价款和价外费用(不含本金),扣除对外支付的借款利息(包括外汇借款和人民币借款利息)、发行债券利息后的余额作为销售额。

注⑤:对于出租方,融资性售后回租适用税率更低,更节税;对于承租方融资性直租可抵扣进项税,双方需协商确定最终租赁方式。

2. 对照自检

(1)企业租赁的目的及标的物是什么?租赁目的是"融资"还是"租物"?

(2)企业是否能够自行选择租赁方式;若可,是直租还是售后回租?

❿ 多此一举

——残值资产慎处置,直接销售税更低

业税分析

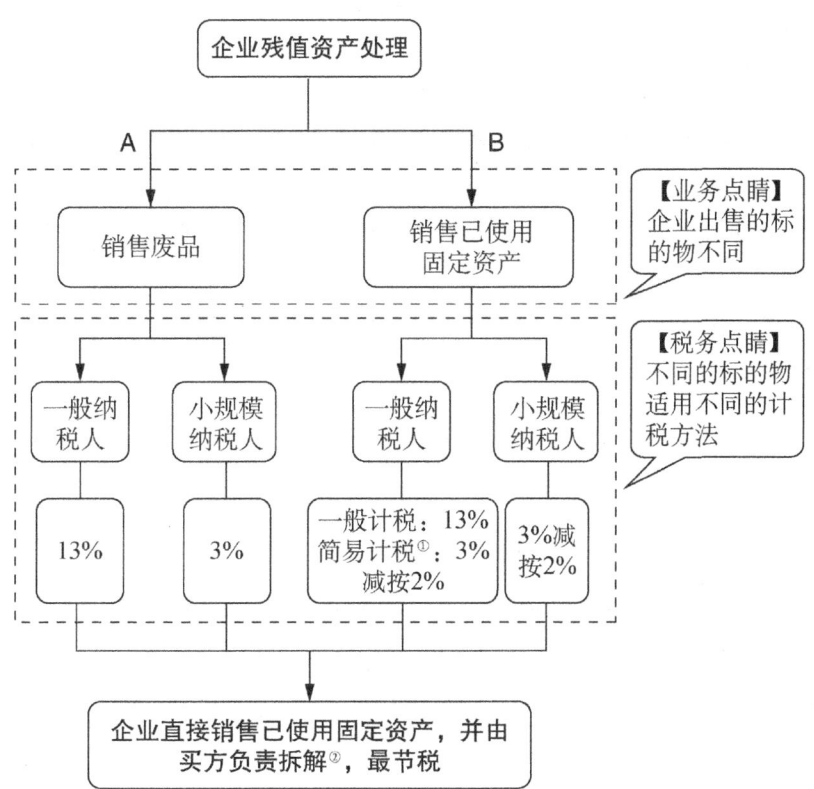

【附注】

注①:2008年12月31日以前未纳入扩大增值税抵扣范围试点的纳税人,销售自己使用过的2008年12月31日以前购进或者自制的固定资产以及2008年12月31日以前已纳入扩大增值税抵扣范围试点的纳税人,销售自己使用过的在本地区扩大增值税抵扣范围试点以前购进或者自制的固定资产,可选择简易计税的办法。

注②:一般来说,企业自行拆解,会将人工费计入到废品销售额中,从而增大增值税计税基数,因此直接由买方拆解更节税。

实战案例

梅松公司是当地一家大型的化工企业，近几年来，企业面临着升级转型，企业很多大型的生产线都面临着更新换代。管理层会议上，公司的负责人赵总提议对企业的固定资产做一次全面的清理，并由财务部梅经理全权负责此事。

梅经理接到任务后，一刻也不敢松懈，马上对企业的固定资产进行盘点。经过两天的盘点，最终确定了公司需要清理的生产线的公允价值共计1 500万元，其中包括2009年1月1日之前购进的固定资产1 000万元。

梅经理针对上述情况，提出了四种方案并进行了分析。

【备选方案】

方案一：直接拆除生产线，销售废品1 500万元，并收取拆解劳务费100万元。

方案二：由买方派人直接拆除生产线，销售废品1 500万元。

方案三：先销售固定资产，售价1 500万元，然后再自行拆除，并收取拆解劳务费100万元。

方案四：先销售固定资产，售价1 500万元，由买方负责拆除。

【分析】

假设梅松公司为增值税一般纳税人，拆解成本为100万元，开具劳务费发票适用税率6%，则四种方案的增值税纳税情况及对企业利润的影响如表1-11所示。

表1-11 四种方案对比

单位：万元

方案	2009年1月1日以前购入的固定资产	2009年1月1日以后购入的固定资产	劳务费用增值税	增值税合计	对企业利润的影响
方案一	1 000÷(1+13%)×13%=115.04	500÷(1+13%)×13%=57.52	100÷(1+6%)×6%=5.66	115.04+57.52+5.66=178.22	1 500+100−178.22−100=1 321.78
方案二	1 000÷(1+13%)×13%=115.04	500÷(1+13%)×13%=57.52	0	115.04+57.52=172.56	1 500−172.56=1 327.44
方案三	1 000÷(1+3%)×2%=19.42	500÷(1+13%)×13%=57.52	100÷(1+6%)×6%=5.66	19.42+57.52+5.66=82.6	1 500+100−82.6−100=1 417.4

续 表

方案	2009年1月1日以前购入的固定资产	2009年1月1日以后购入的固定资产	劳务费用增值税	增值税合计	对企业利润的影响
方案四	1 000÷(1+3%)×2%=19.42	500÷(1+13%)×13%=57.52	0	19.42+57.52=76.94	1 500−76.94=1 423.06

结论

采用方案四的方式,先销售再拆除,并由买方负责拆解,税负最低,同时企业利润最大。

政策依据

一、《财政部 国家税务总局关于部分货物适用增值税低税率和简易办法征收增值税政策的通知》(财税〔2009〕9号)第二条第一款

纳税人销售自己使用过的物品,按下列政策执行:

1. 一般纳税人销售自己使用过的属于条例第十条规定不得抵扣且未抵扣进项税额的固定资产,按简易办法依4%征收率减半征收增值税。

一般纳税人销售自己使用过的其他固定资产,按照《财政部国家税务总局关于全国实施增值税转型改革若干问题的通知》(财税〔2008〕170号)第四条的规定执行。

一般纳税人销售自己使用过的除固定资产以外的物品,应当按照适用税率征收增值税。

2. 小规模纳税人(除其他个人外,下同)销售自己使用过的固定资产,减按2%征收率征收增值税。

小规模纳税人销售自己使用过的除固定资产以外的物品,应按3%的征收率征收增值税。

二、《财政部 国家税务总局关于全国实施增值税转型改革若干问题的通知》(财税〔2008〕170号)第四条

自2009年1月1日起,纳税人销售自己使用过的固定资产(以下简称已使用过的固定资产),应区分不同情形征收增值税:

(一)销售自己使用过的2009年1月1日以后购进或者自制的固定资产,按照适用税率征收增值税;

(二)2008年12月31日以前未纳入扩大增值税抵扣范围试点的纳税人,销售自己使用过的2008年12月31日以前购进或者自制的固定资产,按照4%征收率减半征收增值税;

（三）2008年12月31日以前已纳入扩大增值税抵扣范围试点的纳税人，销售自己使用过的在本地区扩大增值税抵扣范围试点以前购进或者自制的固定资产，按照4%征收率减半征收增值税；销售自己使用过的在本地区扩大增值税抵扣范围试点以后购进或者自制的固定资产，按照适用税率征收增值税。

本通知所称已使用过的固定资产，是指纳税人根据财务会计制度已经计提折旧的固定资产。

三、《财政部 国家税务总局关于简并增值税征收率政策的通知》（财税〔2014〕57号）第一条、第四条

一、《财政部国家税务总局关于部分货物适用增值税低税率和简易办法征收增值税政策的通知》（财税〔2009〕9号）第二条第（一）项和第（二）项中"按照简易办法依照4%征收率减半征收增值税"调整为"按照简易办法依照3%征收率减按2%征收增值税"。

《财政部国家税务总局关于全国实施增值税转型改革若干问题的通知》（财税〔2008〕170号）第四条第（二）项和第（三）项中"按照4%征收率减半征收增值税"调整为"按照简易办法依照3%征收率减按2%征收增值税"。

四、本通知自2014年7月1日起执行。

小贴士

1. 风险提示

企业销售2009年1月1日以前取得的固定资产，才可以适用简易计税办法。

2. 对照自检

企业需处理的残值资产是否适用简易计税办法？买方是否愿意承担拆解费用？

⓫ 泾渭分明

——不同税率项目分别核算税负低

业税分析

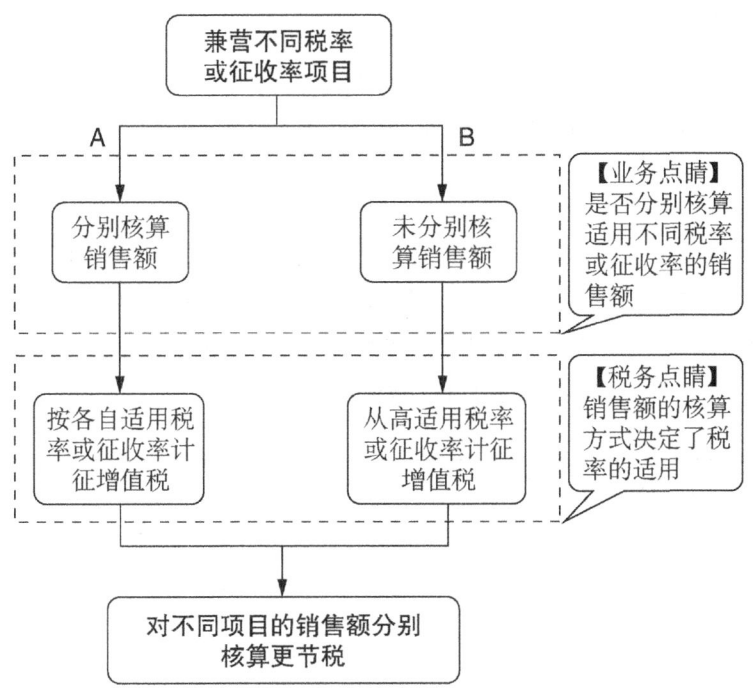

【附注】

注①：兼营是指增值税纳税人发生的经济业务有两项或两项以上销售行为。但是这二项或两项以上行为没有直接的关联和从属关系，而是互相独立的。

注②：混合经营是指一项销售行为既涉及货物也涉及服务，且二者之间有直接关联或互为从属关系。从事货物的生产、批发或者零售的单位和个体工商户的混合销售行为，按照销售货物缴纳增值税；其他单位和个体工商户的混合销售行为，按照销售服务缴纳增值税。

实战案例

临近2021年汇算清缴,梅松集团临时成立了内部审计小组,由集团的财务部梅经理带队,对集团旗下各个子公司进行审计并提出整改意见。审计小组在审计税台公司时发现,税台公司是一家新设立的物流公司,为增值税一般纳税人,主营运输服务、运输代理服务和装卸搬运服务,但是其账务上对于这三种服务并未分开核算。

最终,在内审总结会议上,梅经理针对税台公司收入核算问题,对不同方案的纳税情况进行了分析说明,这让税台公司的财务人员受益匪浅。

【备选方案】

方案一:各项收入混合在一起,不分别核算。
方案二:分别核算不同项目的收入。

【分析】

假设税台公司2021年12月取得含税收入共645万元,其中,含税货物运输收入327万元,含税运输代理服务收入212万元,含税装卸搬运服务收入106万元,则两种方案下增值税纳税情况及对企业利润的影响如表1-12所示。

表1-12 两种方案的对比

单位:万元

方案	征税规定	增值税(销项税)	对企业利润的影响
方案一	从高适用税率	645÷(1+9%)×9%=53.26	增加收入: 645-53.26=591.74
方案二	按不同税率分别计算	327÷(1+9%)×9%+212÷(1+6%)×6%+106÷(1+6%)×6%=45	增加收入: 327+212+106-45=600

分别核算销售额(方案二)比不分别核算(方案一)少缴增值税8.26(53.26-45)万元,同时多增加企业收入8.26(600-591.74)万元。

政策依据

一、《中华人民共和国增值税法》第十条、第十一条
第十条 增值税税率:
(一)纳税人销售货物、加工修理修配服务、有形动产租赁服务,进口货物,除本

条第二项、第四项、第五项规定外,税率为百分之十三。

(二)纳税人销售交通运输、邮政、基础电信、建筑、不动产租赁服务,销售不动产,转让土地使用权,销售或者进口下列货物,除本条第四项、第五项规定外,税率为百分之九:

1. 农产品、食用植物油、食用盐;
2. 自来水、暖气、冷气、热水、煤气、石油液化气、天然气、二甲醚、沼气、居民用煤炭制品;
3. 图书、报纸、杂志、音像制品、电子出版物;
4. 饲料、化肥、农药、农机、农膜。

(三)纳税人销售服务、无形资产,除本条第一项、第二项、第五项规定外,税率为百分之六。

(四)纳税人出口货物,税率为零;国务院另有规定的除外。

(五)境内单位和个人跨境销售国务院规定范围内的服务、无形资产,税率为零。

第十一条 适用简易计税方法计算缴纳增值税的征收率为百分之三。

二、《中华人民共和国增值税暂行条例》第三条、第十六条

第三条 纳税人兼营不同税率的项目,应当分别核算不同税率项目的销售额;未分别核算销售额的,从高适用税率。

……

第十六条 纳税人兼营免税、减税项目的,应当分别核算免税、减税项目的销售额;未分别核算销售额的,不得免税、减税。

三、《财政部 国家税务总局关于全面推开营业税改征增值税试点的通知》(财税〔2016〕36号)附件1《营业税改征增值税试点实施办法》第三十九条、第四十一条

第三十九条 纳税人兼营销售货物、劳务、服务、无形资产或者不动产,适用不同税率或者征收率的,应当分别核算适用不同税率或者征收率的销售额;未分别核算的,从高适用税率。

……

第四十一条 纳税人兼营免税、减税项目的,应当分别核算免税、减税项目的销售额;未分别核算的,不得免税、减税。

💬 小贴士

1. 会计提示

企业在经营过程中,存在兼营行为时,应该对不同项目的销售额分别核算,包括签订的合同、会计入账都应体现分别核算。

2. 对照自检

(1) 企业目前的经营范围是什么?企业是否存在兼营行为?

（2）企业能够准确区分"兼营"和"混合销售"？

⑫ 桥归桥路归路

——分别报关退税多

业税分析

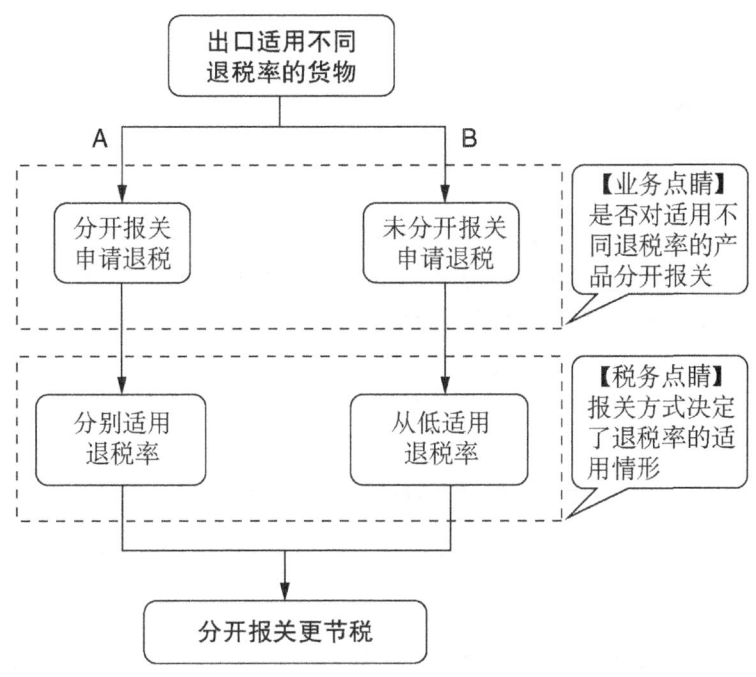

实战案例

梅松公司是一家生产企业,从事多种产品的生产销售。最近公司的负责人赵总遇到了点难事,原来由于业务发展需要,公司需要申请自营出口,但由于是第一次接触此类业务,对于各项流程如何操作并不熟悉。于是赵总便让财务部梅经理去学习相关流程及税务处理办法。

通过学习,梅经理了解到,公司的货物适用不同的出口退税率,因此,采用不同的报关方式就会面临着不同的退税结果。梅经理随即向赵总进行了汇报退税方案,并做了分析。

【备选方案】

方案一:货物不分开报关。
方案二:货物分开报关。

【分析】

假设梅松公司为增值税一般纳税人,出口货物的征税税率为13%,适用的退税率分别为10%、9%。当月外购原材料准予抵扣的进项税额为26万元(用于生产甲产品的为20万元,用于乙产品的为6万元),上月无留抵税款。本月内销货物不含税销售额为100万元(其中,甲产品75万,乙产品25万元),出口货物的销售额折合人民币200万元(其中,甲产品150万,乙产品50万元),则两种方案增值税的税务处理如表1-13所示。

表1-13 两种方案增值税的税务处理

单位:万元

步骤	方案一	方案二 甲产品	方案二 乙产品
第一步:计算不得免征和抵扣税额	当期不得免征与抵扣税额=200×(13%−9%)=8	当期不得免征与抵扣税额=150×(13%−10%)=4.5	当期不得免征与抵扣税额=50×(13%−9%)=2
第二步:计算当期应纳税额	当期应纳税额=100×13%−(26−8)=−5	当期应纳税额=75×13%−(20−4.5)=−5.75	当期应纳税额=25×13%−(6−2)=−0.75
第三步:计算当期免抵退税额	当期免抵退税额=200×9%=18	当期免抵退税额=150×10%=15	当期免抵退税额=50×9%=4.5
第四步:计算应退税额和免抵税额	当期末留抵税额5小于免抵退税额18:①本期应退税额=5 ②免抵税额=18−5=13	当期末留抵税额5.75小于免抵退税额15:①本期应退税额=5.75 ②免抵税额为15−5.75=9.25	当期末留抵税额0.75小于免抵退税额4.5:①本期应退税额=0.75 ②免抵税额为4.5−0.75=3.75

第1章 增值税税务筹划

> **结论**
>
> 方案二分别报关,比方案一可多取得退税1.5(5.75+0.75-5)万元,故方案二最节税。

📄 政策依据

《财政部 国家税务总局关于出口货物劳务增值税和消费税政策的通知》(财税〔2012〕39号)第三条第三款、第五条第一款

三、增值税出口退税率

……

(三)适用不同退税率的货物劳务,应分开报关、核算并申报退(免)税,未分开报关、核算或划分不清的,从低适用退税率。

……

五、增值税免抵退税和免退税的计算

(一)生产企业出口货物劳务增值税免抵退税,依下列公式计算:

1. 当期应纳税额的计算

当期应纳税额=当期销项税额-(当期进项税额-当期不得免征和抵扣税额)

当期不得免征和抵扣税额=当期出口货物离岸价×外汇人民币折合率×(出口货物适用税率-出口货物退税率)-当期不得免征和抵扣税额抵减额

当期不得免征和抵扣税额抵减额=当期免税购进原材料价格×(出口货物适用税率-出口货物退税率)

2. 当期免抵退税额的计算

当期免抵退税额=当期出口货物离岸价×外汇人民币折合率×出口货物退税率-当期免抵退税额抵减额

当期免抵退税额抵减额=当期免税购进原材料价格×出口货物退税率

3. 当期应退税额和免抵税额的计算

(1)当期期末留抵税额≤当期免抵退税额,则

当期应退税额=当期期末留抵税额

当期免抵税额=当期免抵退税额-当期应退税额

(2)当期期末留抵税额>当期免抵退税额,则

当期应退税额=当期免抵退税额　　当期免抵税额=0

当期期末留抵税额为当期增值税纳税申报表中"期末留抵税额"。

小贴士

1. 风险提示

若企业账目核算不清,不能按照主观意愿人为划分销售额申请退税。

2. 会计提示

企业按规定取得的出口退税款不计入当年收入总额,因此不需要并入收入缴纳企业所得税。

3. 对照自检

企业需办理出口退税的货物类型是否种类较多?企业是否分类核算全部货物?

⓭ 淮橘为枳

——准确注明折扣金额降低销项税

📚 业税分析

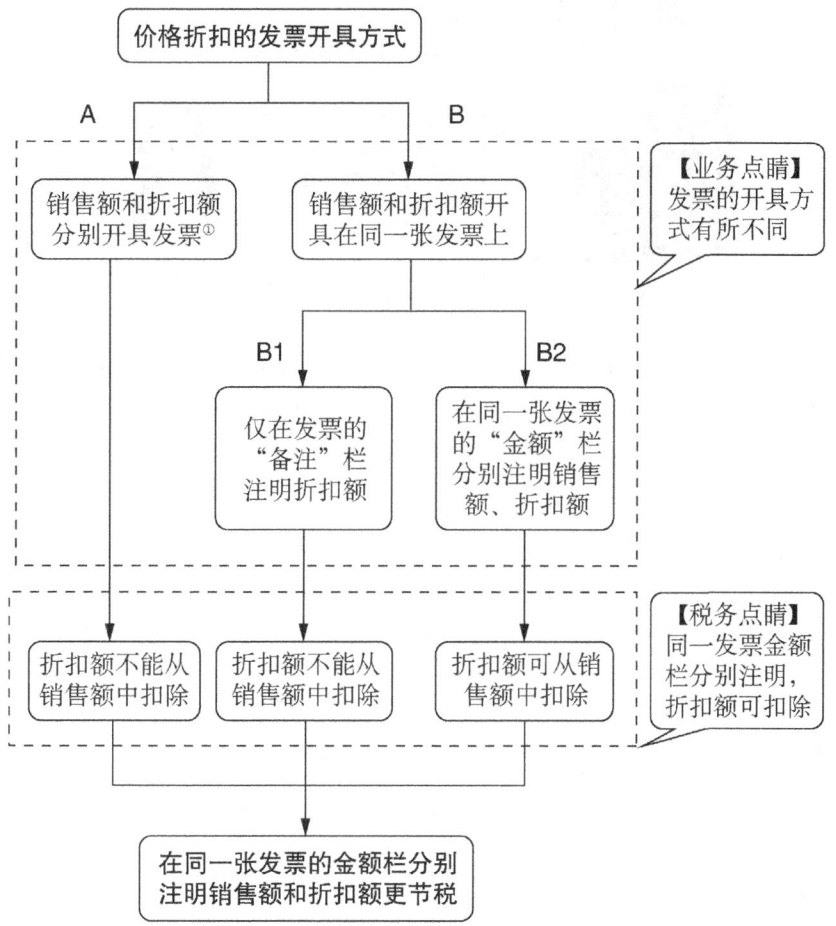

【附注】

注①：购货方在一定时期内累计购买货物达到一定数量，销货方给予购货方相应的价格优惠，销货方可按现行《增值税专用发票使用规定》的有关规定开具红字增值税专用发票。实务中，能否将折扣额单独开具发票，需咨询当地主管税务机关。

实战案例

梅松公司是一家大型商贸公司,主要销售家居用品、厨卫用品、装饰用品、洗漱用品等各种日用品,属于增值税的一般纳税人。为完成本月销售业绩,营销部门抓住"双十一"的销售机遇,对销售的商品采取促销活动。其中,对于 A 商品的促销方案为实行价格折扣。

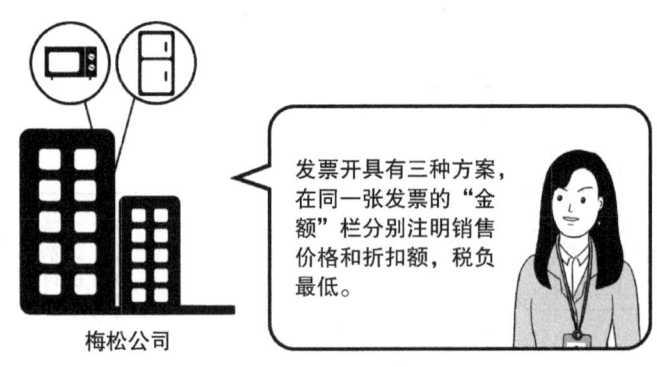

这天,梅经理正在屋里喝茶,财务部新来的小松敲了敲门进来,"梅经理,想向您请教一下对于折扣销售要如何开具发票"。梅经理点了点头,对小松不懂就问的精神很是赞赏,随即针对小松的问题提出了三种方案并做了分析。

【备选方案】

方案一:销售额和折扣额分别开具发票。

方案二:销售额和折扣额开具在同一张发票上,其中折扣额在"备注"栏注明。

方案三:在同一张发票的"金额"栏分别注明销售额和折扣额。

【分析】

假设梅松公司向顾客约定:每购买 A 商品 100 件以上的,给予不含税单价 10% 的折扣。A 商品原不含税售价为每件 100 元,该笔交易的销售量为 100 件,则三种方式增值税纳税情况如表 1-14 所示。

表 1-14 三种方案下增值税缴纳情况对比

单位:元

方案	折扣额的处理	增值税(销项税)
方案一	不能从销售额中扣除	$100\times100\times13\%=1\ 300$
方案二		

(续表)

方案	折扣额的处理	增值税（销项税）
方案三	可从销售额中扣除	（100×100−100×100×10％）×13％＝1 170

注：对于企业所得税，企业商品销售涉及商业折扣的，应当按照扣除商业折扣后的金额确定销售商品收入金额，故两种方案确认的收入无差异，对企业利润的影响是一致的。

结论

在同一张发票的"金额"栏分别注明不含税销售额和折扣额（方案三）最节税。

📄 政策依据

一、《国家税务总局关于印发〈增值税若干具体问题的规定〉的通知》（国税发〔1993〕154号）第二条第二款、第三款、第四款

计税依据

……

（二）纳税人采取折扣方式销售货物，如果销售额和折扣额在同一张发票上分别注明的，可按折扣后的销售额征收增值税；如果将折扣额另开发票，不论其在财务上如何处理，均不得从销售额中减除折扣额。

（三）纳税人采取以旧换新方式销售货物，应按新货物的同期销售价格确定销售额。

纳税人采取还本销售方式销售货物，不得从销售额中减除还本支出。

（四）纳税人因销售价格明显偏低或无销售价格等原因，按法规需组成计税价格确定销售额的，其组价公式中的成本利润率为10％。但属于应从价定率征收消费税的货物，其组价公式中的成本利润率，为《消费税若干具体问题的法规》中法规的成本利润率。

二、《国家税务总局关于折扣额抵减增值税应税销售额问题通知》（国税函〔2010〕56号）

纳税人采取折扣方式销售货物，销售额和折扣额在同一张发票上分别注明是指销售额和折扣额在同一张发票上的"金额"栏分别注明的，可按折扣后的销售额征收增值税。

未在同一张发票"金额"栏注明折扣额，而仅在发票的"备注"栏注明折扣额的，折扣额不得从销售额中减除。

💬 小贴士

1. 风险提示

企业在进行价格折扣销售时，若折扣金额明显偏低，则可能需要按照税法规定

的组成计税价格确定销售额,导致筹划失败。

2. 对照自检

(1)企业常用的促销方式有哪些?其中哪些属于价格折扣?

(2)企业采取的促销活动,发票是如何开具的?该方案是否为最节税的方式?

(3)企业在折扣销售定价时,是否考虑了价格与销量的关系?企业是否按照盈亏平衡点进行定价?

⑭ 兼权熟计

——优选促销方式

业税分析

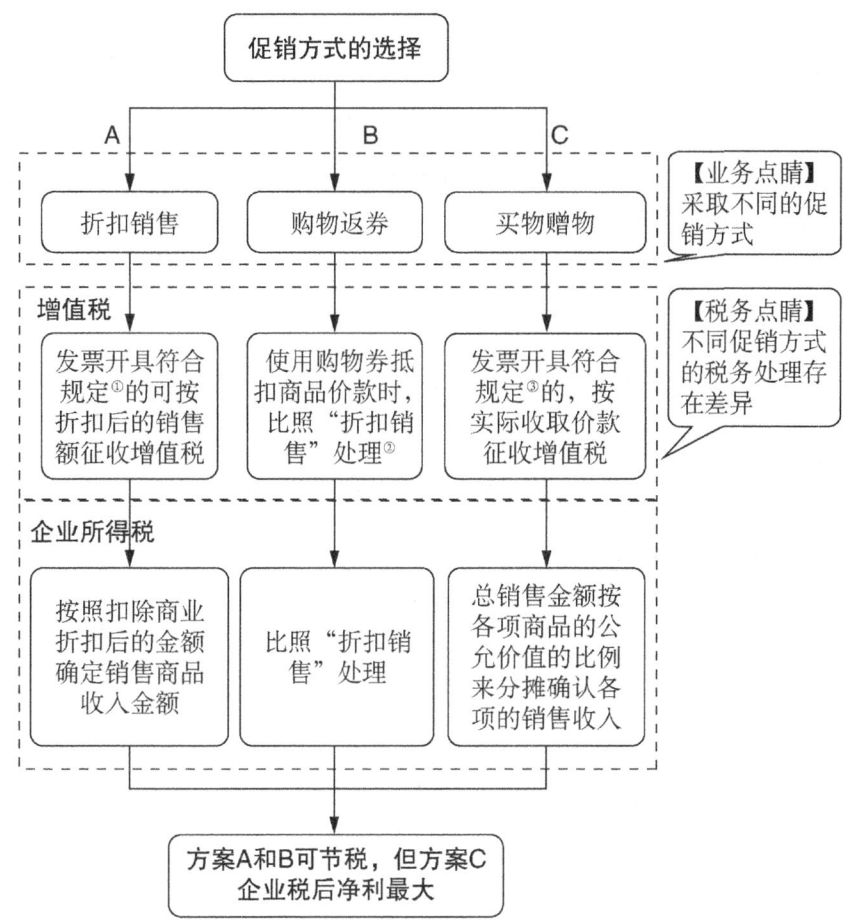

【附注】

注①：指销售额和折扣额在同一张发票上的"金额"栏分别注明的，仅在发票的"备注"栏注明折扣额的，折扣额不得从销售额中减除。

注②：购买货物时应在发票上注明货物名称、数量及金额，并标注"返券购买(金额)"；对在同一张发票上注明的"返券购买"货物金额，可作为折扣额在总销售额中扣减，具体以当地主管税务机关规定为准。

注③：可将销售货物和随同销售赠送的货物品名、数量以及按各项商品公允价值的比例分摊确认的价格和金额在同一张发票上注明；也可将赠品的价值体现在折扣额中，具体以当地主管税务机关规定为准。

实战案例

梅松公司主要从事家电的生产与销售。为扩大销量,提高市场占有率,销售部门决定在春节来临之际开展促销活动。其中对于A家电,销售部出具了多种促销方案,对于采用哪种形式,公司负责人赵总,找来财务部梅经理,想听听她的看法,看能否在促销获利的同时降低企业整体税负。

梅经理随即对不同方案的涉税处理进行了分析,并出具了意见报告。

【备选方案】

方案一:实行折扣销售,购买满2 000元的,给予20%的折扣。

方案二:赠送代金券,购买满2 000元的赠送400元的代金券,在有效期内,持券人可以凭代金券购买商品。

方案三:买赠促销,购买满2 000元的,赠送一款售价400元的空气炸锅。

【分析】

假设A家电的成本为1 000元,空气炸锅的成本为250元,则三种方案的纳税情况及对企业利润的影响如表1-15所示。

表1-15 三种方案的对比

单位:元

方案	增值税	对企业利润的影响
方案一	2 000×(1-20%)÷(1+13%)×13%=184.07	2 000×(1-20%)÷(1+13%)-1 000=415.93
方案二	(2 000-400)÷(1+13%)×13%=184.07	(2 000-400)÷(1+13%)-1 000=415.93
方案三	2 000÷(1+13%)×13%=230.09	2 000÷(1+13%)-1 000-250=519.91

注:此处是对不同促销方案对税负的整体影响进行分析,如方案二中赠送的代金券,销售当期是按收取的货物的价款缴纳增值税,不得扣除代金券金额,但在后期的货物销售中可作为折扣额在销售额中减除。

方案一、二具有税收上的优势,但方案三企业的利润最大。

政策依据

一、《国家税务总局关于折扣额抵减增值税应税销售额问题通知》(国税函〔2010〕56号)

纳税人采取折扣方式销售货物,销售额和折扣额在同一张发票上分别注明是指销售额和折扣额在同一张发票上的"金额"栏分别注明的,可按折扣后的销售额征收增值税。

未在同一张发票"金额"栏注明折扣额,而仅在发票的"备注"栏注明折扣额的,折扣额不得从销售额中减除。

二、《国家税务总局关于确认企业所得税收入若干问题的通知》(国税函〔2008〕875号)第一条第五款、第三条

一、除企业所得税法及实施条例另有规定外,企业销售收入的确认,必须遵循权责发生制原则和实质重于形式原则。

……

(五)企业为促进商品销售而在商品价格上给予的价格扣除属于商业折扣,商品销售涉及商业折扣的,应当按照扣除商业折扣后的金额确定销售商品收入金额。

三、企业以买一赠一等方式组合销售本企业商品的,不属于捐赠,应将总的销售金额按各项商品的公允价值的比例来分摊确认各项的销售收入。

三、《四川省国家税务局关于买赠行为增值税处理问题的公告》(四川省国家税务局公告2011年第6号)第一条、第二条

一、"买物赠物"方式,是指在销售货物的同时赠送同类或其他货物,并且在同一项销售货物行为中完成,赠送货物的价格不高于销售货物收取的金额。对纳税人的该种销售行为,按其实际收到的货款申报缴纳增值税,但应按照《国家税务总局关于确认企业所得税收入若干问题的通知》(国税函〔2008〕875号)第三条的规定,在账务上将实际收到的销售金额,按销售货物和随同销售赠送货物的公允价值的比例来分摊确认其销售收入,同时应将销售货物和随同销售赠送的货物品名、数量以及按各项商品公允价值的比例分摊确认的价格和金额在同一张发票上注明。

……

二、纳税人采取"购物返券"方式销售货物,所返购物券在购买货物时应在发票上注明货物名称、数量及金额,并标注"返券购买",对价格超过购物券金额部分的,应计入销售收入申报缴纳增值税。

四、《四川省国家税务局关于买赠行为增值税处理问题补充意见的公告》(四川省国家税务局公告2011年第7号)第二条

纳税人采取"购物返券"方式销售货物开具发票问题。

销货方开具发票(含增值税专用发票、增值税普通发票、通用机打普通发票和通用手工版普通发票)时,对在同一张发票上注明"返券购买"的货物金额,应作为折扣额在总销售额中扣减。

小贴士

1. 风险提示

企业进行促销方式选择时,需按规定准确开具发票;并且还要考虑不同促销方式对消费者的心理和销量的影响。

2. 对照自检

企业促销活动采取了哪些促销方式,是否按规定开具的发票?不同促销方式对销量的影响如何?

⓯ 置身事外

——代垫运费无须缴纳增值税

业税分析

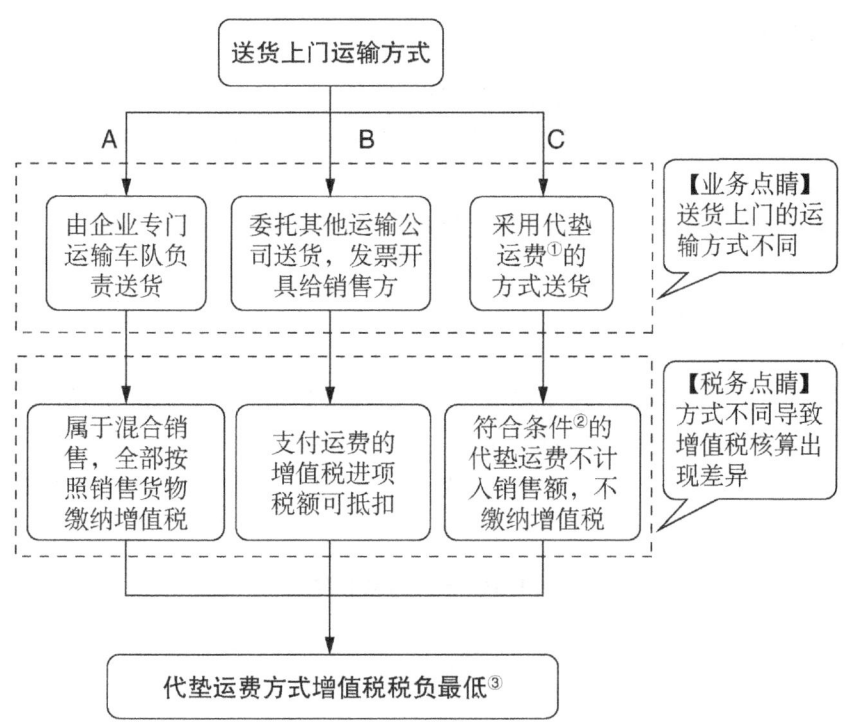

【附注】

注①：代垫运费指由购货方承担运费，由销售方代购货方垫付给承运部门，然后向购买方收回代垫款项。

注②：不属于价外费的代垫运费应符合的条件为：承运部门的运输费用发票开具给购买方，销货方将该项发票转交给购买方。

注③：企业进行方案选择的其他考虑因素见小贴士。

实战案例

梅松公司是一家新成立的公司,主营机械设备的生产和销售,由于货物的特殊性,大多数商品需要梅松公司提供送货上门服务。公司总经理赵总了解到,市面上的送货上门运输方式有多种,为了找到适合自己公司的方式和降低企业税负,他找来了财务部梅经理,请她出谋划策。

梅经理结合公司的业务情况,提出了三种方案,并对不同方案的增值税税务处理进行了分析。

【备选方案】

方案一:由梅松公司负责运输并收取运费。

方案二:梅松公司收取运费后,委托专门的物流公司送货,物流公司给梅松公司开具增值税专用发票。

方案三:梅松公司联系第三方物流公司,把货物送到客户指定的地点,由梅松公司代垫运输费,并替物流公司转交发票给客户。

【分析】

假设梅松公司为增值税一般纳税人,适用税率为13%,预计梅松公司的年含税销售额为4 000万元,生产产品对应的可抵扣进项税额为420万元,送货上门过程中产生的运输费用为160万元,自组车队成本为150万元,则三种方案的增值税纳税情况及对企业利润的影响如表1-16所示。

表1-16 三种方案的对比

单位:万元

方案	运费增值税税务处理	增值税应纳税额	对企业利润的影响
方案一	属于混合销售,按货物适用税率缴纳增值税	(4 000+160)÷(1+13%)×13%−420=58.58	(4 000+160)÷(1+13%)−150=3 531.42
方案二	收取运费按混合销售处理;支付物流公司的运费,属于购进运输服务,可抵扣进项税	(4 000+160)÷(1+13%)×13%−420−160÷(1+9%)×9%=45.37	(4 000+160)÷(1+13%)−160÷(1+9%)=3 534.63
方案三	属于符合条件的代垫运费,运费不计入销售额	4 000÷(1+13%)×13%−420=40.18	4 000÷(1+13%)=3 539.82

代垫运费方式(方案三),需要缴纳的增值税最少,同时可多增加企业利润。

政策依据

一、《中华人民共和国增值税法》第十条、第十一条

第十条 增值税税率:

(一)纳税人销售货物、加工修理修配服务、有形动产租赁服务,进口货物,除本条第二项、第四项、第五项规定外,税率为百分之十三。

(二)纳税人销售交通运输、邮政、基础电信、建筑、不动产租赁服务,销售不动产,转让土地使用权,销售或者进口下列货物,除本条第四项、第五项规定外,税率为百分之九:

1. 农产品、食用植物油、食用盐;

2. 自来水、暖气、冷气、热水、煤气、石油液化气、天然气、二甲醚、沼气、居民用煤炭制品;

3. 图书、报纸、杂志、音像制品、电子出版物;

4. 饲料、化肥、农药、农机、农膜。

(三)纳税人销售服务、无形资产,除本条第一项、第二项、第五项规定外,税率为百分之六。

(四)纳税人出口货物,税率为零;国务院另有规定的除外。

(五)境内单位和个人跨境销售国务院规定范围内的服务、无形资产,税率为零。

第十一条 适用简易计税方法计算缴纳增值税的征收率为百分之三。

二、《中华人民共和国增值税暂行条例实施细则》第十二条

条例第六条第一款所称价外费用,包括价外向购买方收取的手续费、补贴、基金、集资费、返还利润、奖励费、违约金、滞纳金、延期付款利息、赔偿金、代收款项、代垫款项、包装费、包装物租金、储备费、优质费、运输装卸费以及其他各种性质的价外收费。但下列项目不包括在内:

(一)受托加工应征消费税的消费品所代收代缴的消费税;

(二)同时符合以下条件的代垫运输费用:

1. 承运部门的运输费用发票开具给购买方的;

2. 纳税人将该项发票转交给购买方的。

三、《财政部 国家税务总局关于全面推开营业税改征增值税试点的通知》(财税〔2016〕36号)附件1《营业税改征增值税试点实施办法》第四十条

一项销售行为如果既涉及服务又涉及货物,为混合销售。从事货物的生产、批发或者零售的单位和个体工商户的混合销售行为,按照销售货物缴纳增值税;其他单位和个体工商户的混合销售行为,按照销售服务缴纳增值税。

本条所称从事货物的生产、批发或者零售的单位和个体工商户,包括以从事货物的生产、批发或者零售为主,并兼营销售服务的单位和个体工商户在内。

小贴士

1. 其他考虑因素

若企业自行成立车队运输的成本比较低,或委托其他运输公司运输时存在运费差,则选择自行运输或委托其他运输公司运输,会增加企业的收益,企业进行方案选择时需综合考虑。

2. 对照自检

(1) 企业目前是否存在提供送货上门服务的业务?自行成立车队,是否需要承担较大的成本?

_____

_____

(2) 企业委托运输公司进行运输时,是否存在运费差?

_____

_____

⓰ 合久必分

——巧选加工模式降税负

业税分析

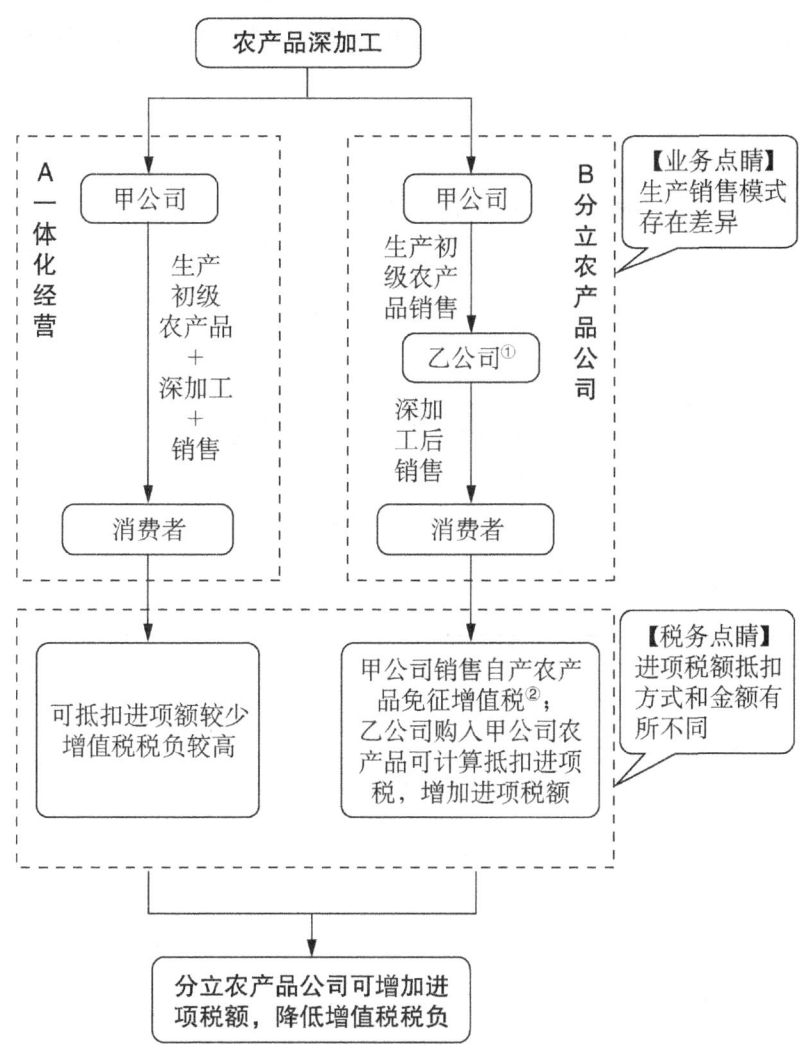

【附注】

注①：乙公司为甲公司新设立的公司，负责农产品深加工。

注②：免征增值税的农产品范围具体见财税字〔1995〕52号，符合财税〔2008〕149号、财税〔2011〕26号文件规定范围的农产品同时免征企业所得税。

实战案例

梅松公司是一家著名的茶企业,从事精制茶和茶饮的生产销售,属于增值税一般纳税人。梅松公司主要生产流程为自行种植生产茶叶,然后经过一系列的初、深加工,制作出精致茶叶或茶饮进行销售。因生产加工耗用大量的人工费无法抵扣进项税,增值税税负比较高,这让公司的总经理赵总比较苦恼。

在一次企业家交流会上,赵总认识了从事奶制品生产的梅总。梅总除了是当地有名的企业家,还是一名税务专家。在了解了赵总的难处后,梅总随即列出了方案并进行了分析。

【备选方案】

方案一:梅松公司从事茶叶的种植、初加工及深加工业务,即一体化经营。

方案二:成立一家税台公司,专门负责产品的深加工,梅松公司负责茶叶的种植与初加工。

【分析】

假设梅松公司当年向税台公司出售初级农产品的金额为720万元,取得外部公司的可抵扣进项税为20万元,年含税销售收入为1 000万元,种植及初加工成本为300万元,深加工成本为200万,则两种方案下增值税缴纳情况如表1-17所示。

表1-17 两种方案下增值税缴纳情况

单位:万元

方案		增值税应纳税额	企业利润
方案一	梅松公司	1 000÷(1+13)×13%−20=95.04	1 000÷(1+13%)−500=384.96
方案二	梅松公司	销售的自产农产品免征增值税	720−(300+20)=400
	税台公司	1 000÷(1+13)×13%−720×10%=43.04	1 000÷(1+13%)−(720−72+200)=36.96

方案二可少缴纳增值税52(95.04−43.04)万元,增加企业利润52(400+36.96−384.96)万元。

📄 政策依据

一、《中华人民共和国增值税暂行条例》第十五条第一款

第十五条　下列项目免征增值税：

（一）农业生产者销售的自产农产品

……

二、《中华人民共和国增值税暂行条例实施细则》第三十五条第一款

第三十五条　条例第十五条规定的部分免税项目的范围，限定如下：

（一）第一款第（一）项所称农业，是指种植业、养殖业、林业、牧业、水产业。

农业生产者，包括从事农业生产的单位和个人。

农产品，是指初级农产品，具体范围由财政部、国家税务总局确定。

三、《财政部 国家税务总局关于印发〈农业产品征税范围注释〉的通知》（财税字〔1995〕52号）附件《农业产品征税范围注释》

农业产品是指种植业、养殖业、林业、牧业、水产业生产的各种植物、动物的初级产品。农业产品的征税范围包括：

一、植物类

植物类包括人工种植和天然生长的各种植物的初级产品。具体征税范围为：

（一）粮食

粮食是指各种主食食科植物果实的总称。本货物的征税范围包括小麦、稻谷、玉米、高粱、谷子和其他杂粮（如：大麦、燕麦等），以及经碾磨、脱壳等工艺加工后的粮食（如：面粉，米，玉米面，渣等）。

切面、饺子皮、馄饨皮、面皮、米粉等粮食复制品，也属于本货物的征税范围。

以粮食为原料加工的速冻食品、方便面、副食品和各种熟食品，不属于本货物的征税范围。

……

（四）茶叶

茶叶是指从茶树上采摘下来的鲜叶和嫩芽（即茶青），以及经吹干、揉拌、发酵、烘干等工序初制的茶。本货物的征税范围包括各种毛茶（如红毛茶、绿毛茶、乌龙毛茶、白毛茶、黑毛茶等）。

精制茶、边销茶及掺对各种药物的茶和茶饮料，不属于本货物的征税范围。

四、《财政部 税务总局 海关总署关于深化增值税改革有关政策的公告》（财政部 税务总局 海关总署公告2019年第39号）第二条

纳税人购进农产品，原适用10%扣除率的，扣除率调整为9%。纳税人购进用于生产或者委托加工13%税率货物的农产品，按照10%的扣除率计算进项税额。

小贴士

1. 风险提示

（1）企业需要考虑成立新公司的成本。若新增的成本大于节省的税费，则会使企业得不偿失。

（2）企业进行转移定价时，需要考虑关联方交易问题，满足独立交易原则，且转移定价不能明显高于市场价。

2. 举一反三

企业也可通过将农产品的生产或简单加工业务转移给农户，由其制作成农业初级产品，然后公司再将农业初级产品收购，从而增加可抵扣进项税额。

3. 对照自检

关联企业之间的转移定价制定是否符合税法规定？

⑰ 造福于人

——兼用于集体福利全额抵扣进项税

业税分析

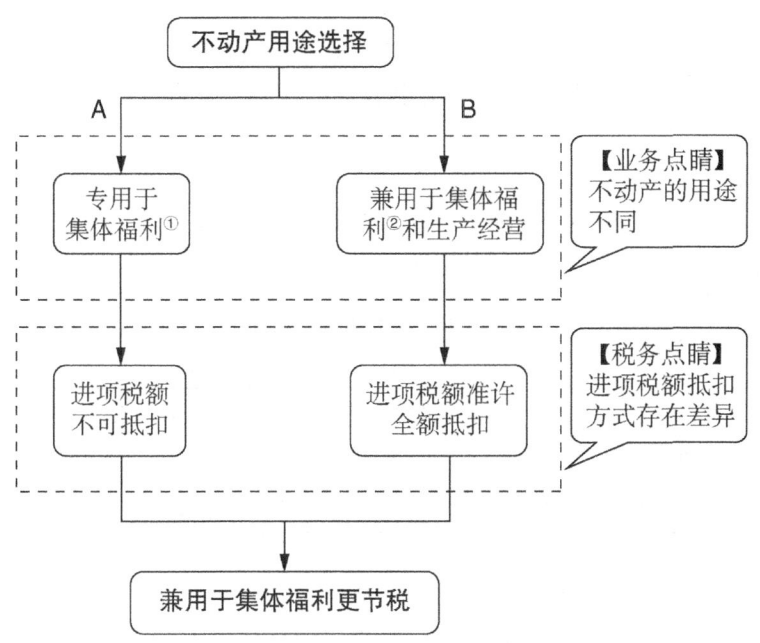

【附注】

注①：专用于集体福利指企业将购入或租入的不动产专门用于集体福利，如将租入的房屋用于职工宿舍。

注②：兼用于集体福利指企业将购入或者租入的不动产部分用于集体福利，部分用于生产经营一般计税项目。如将购入或租入的房屋部分用于职工宿舍，部分用于生产经营办公。

实战案例

梅松公司是一家主营化妆品生产与销售的公司,属于增值税一般纳税人。由于公司部分员工实行早、中、晚轮班的工作班制,于是公司就为这些员工统一提供了住宿。近期梅松公司因业务发展需要招聘了大量新员工。为解决员工住宿问题,公司专门开会研究了此事,会上,行政部提议租入一栋房屋用作员工宿舍,财务部梅经理也表示此计划可行,如果运用恰当,还可以帮助公司减轻税负。随后梅经理列了方案并做了具体分析。

【备选方案】

方案一:将租入的房屋专用于员工住宿,房屋租期为3年。

方案二:将租入的房屋区分出一层用于办公,其他用于员工住宿。

【分析】

假设每月含税房租30万,则两种方案进项税的抵扣情况及对企业利润的影响如表1-18所示。

表1-18 两种方案的对比

单位:万元

方案		可抵扣进项税/年	对企业利润的影响/年
方案一	专用于集体福利	0	增加成本:30×12=360
方案二	兼用于集体福利	30÷(1+9%)×9%×12=29.72	增加成本:30×12-29.72=330.28

结论

把租入的房屋兼用于集体福利(方案二),进项税额准予全额抵扣,更节税;同时每年可节省企业成本29.72(360-330.28)万元。

政策依据

一、《中华人民共和国增值税法》第十条、第十一条

第十条 增值税税率:

(一)纳税人销售货物、加工修理修配服务、有形动产租赁服务,进口货物,除本条第二项、第四项、第五项规定外,税率为百分之十三。

(二)纳税人销售交通运输、邮政、基础电信、建筑、不动产租赁服务,销售不动产,转让土地使用权,销售或者进口下列货物,除本条第四项、第五项规定外,税率为

百分之九：

1. 农产品、食用植物油、食用盐；

2. 自来水、暖气、冷气、热水、煤气、石油液化气、天然气、二甲醚、沼气、居民用煤炭制品；

3. 图书、报纸、杂志、音像制品、电子出版物；

4. 饲料、化肥、农药、农机、农膜。

（三）纳税人销售服务、无形资产，除本条第一项、第二项、第五项规定外，税率为百分之六。

（四）纳税人出口货物，税率为零；国务院另有规定的除外。

（五）境内单位和个人跨境销售国务院规定范围内的服务、无形资产，税率为零。

第十一条 适用简易计税方法计算缴纳增值税的征收率为百分之三。

二、《财政部 国家税务总局关于全面推开营业税改征增值税试点的通知》（财税〔2016〕36号）附件1《营业税改征增值税试点实施办法》第二十七条第一项

下列项目的进项税额不得从销项税额中抵扣：

(1) 用于简易计税方法计税项目、免征增值税项目、集体福利或者个人消费的购进货物、加工修理修配劳务、服务、无形资产和不动产。其中涉及的固定资产、无形资产、不动产，仅指专用于上述项目的固定资产、无形资产（不包括其他权益性无形资产）、不动产。

纳税人的交际应酬消费属于个人消费。

三、《财政部 税务总局关于租入固定资产进项税额抵扣等增值税政策的通知》（财税〔2017〕90号）第一条

自2018年1月1日起，纳税人租入固定资产、不动产，既用于一般计税方法计税项目，又用于简易计税方法计税项目、免征增值税项目、集体福利或者个人消费的，其进项税额准予从销项税额中全额抵扣。

小贴士

1. 风险提示

企业需要综合考虑购入或租入的资产性质是否适合兼用于集体福利。符合条件兼用于集体福利的，应当是真实发生的，不能为了抵扣进项税而弄虚作假。

2. 对照自检

(1) 企业是否存在用于集体的福利的不动产，其属于专用还是兼用？

（2）企业购入或租入不动产兼用于集体福利的，是否进行分别核算？

⑱ 不成功便成仁

——据实抵扣和公式抵扣之间做选择

业税分析

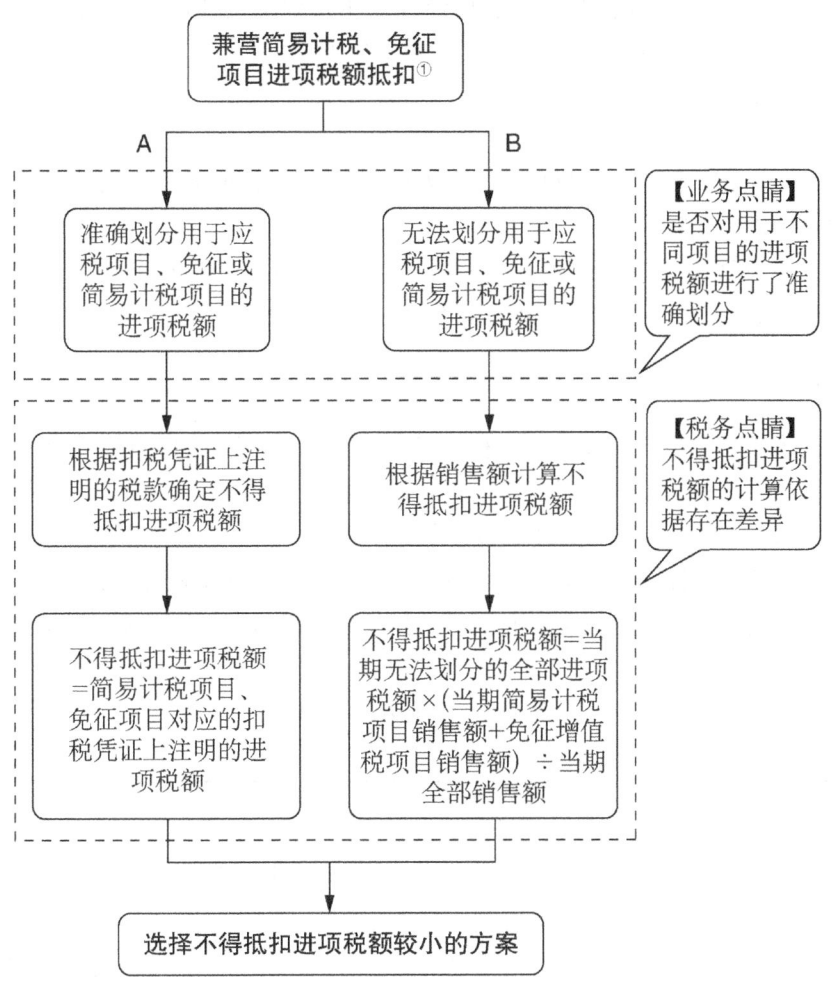

【附注】

注①：适用一般计税方法的纳税人兼营简易计税项目、免征项目，其中，简易计税、免征项目的进项税额不得抵扣。

实战案例

梅松公司是一家集运输、货运代理、仓储、配送等多种物流服务的大型综合物流公司。这天,公司负责人赵总受邀出席,参加了当地的企业家聚会。会上,当地各大企业的老总分享了这几年税务筹划为公司带来的益处,这让赵总受益匪浅。

第二天在管理层会议上,赵总提议由财务部梅经理牵头,针对企业现有的业务模式,进行税务筹划。会议一结束,梅经理就开始仔细地研究企业目前的业务模式,寻找突破口。经过一段时间的探究,梅经理终于找到了突破口,兴高采烈地来到了赵总的办公室,向他阐述了筹划的方案并做了分析。

【备选方案】

方案一:准确划分不同项目的进项税额,按照扣税凭证上注明的税额确定不得抵扣项目的进项税额。

方案二:不划分不同项目的进项税额,按照税法规定的计算公式来计算不得抵扣的进项税额,即根据销售收入来确定不得抵扣进项税额。

【分析】

假设梅松公司为增值税一般纳税人,适用一般计税方法,但对提供的装卸搬运服务选择简易计税。预计公司当年取得含税货物运输收入8 500万元,含税装卸搬运服务收入2 800万元。取得可抵扣进项税额共200万元,其中,装卸搬运服务收入对应的扣税凭证上注明的进项税额为60万元,装卸搬运服务适用征税率为3%。

梅松公司根据两种方案确定的不得抵扣进项税额、增值税缴纳情况及对企业利润的影响如表1-19所示。

表1-19 两种方案的对比

单位:万元

方案	计算方法	不得抵扣进项税额	增值税	对企业利润的影响
方案一	按照扣税凭证上注明的税额确定	60	$8\,500 \div (1+9\%) \times 9\% + 2\,800 \div (1+3\%) \times 3\% - (200-60) = 643.39$	$8\,500 \div (1+9\%) + 2\,800 \div (1+3\%) - 60 - 643.39 \times (7\%+3\%+2\%) = 10\,379.4$
方案二	根据销售额确定不得抵扣的进项税额	$200 \times 2\,800/(1+3\%) \div [8\,500/(1+9\%) + 2\,800/(1+3\%)] = 51.7$	$8\,500 \div (1+9\%) \times 9\% + 2\,800 \div (1+3\%) \times 3\% - (200-51.7) = 635.09$	$8\,500 \div (1+9\%) + 2\,800 \div (1+3\%) - 51.7 - 635.09 \times (7\%+3\%+2\%) = 10\,388.7$

第1章 增值税税务筹划

> **结　论**
>
> 　　方案二不划分不同项目的进项税额,计算的不得抵扣进项税额比方案一少8.3(60－51.7)万元,少缴纳增值税8.3(643.39－635.09)万元,同时比方案一多增加企业利润9.3(10 388.7－10 379.4)万元。

📄 政策依据

一、《中华人民共和国增值税暂行条例》第十条

下列项目的进项税额不得从销项税额中抵扣:

(一)用于简易计税方法计税项目、免征增值税项目、集体福利或者个人消费的购进货物、劳务、服务、无形资产和不动产;

(二)非正常损失的购进货物,以及相关的劳务和交通运输服务;

(三)非正常损失的在产品、产成品所耗用的购进货物(不包括固定资产)、劳务和交通运输服务;

(四)国务院规定的其他项目。

二、《中华人民共和国增值税暂行条例实施细则》第二十六条

一般纳税人兼营免税项目或者非增值税应税劳务而无法划分不得抵扣的进项税额的,按下列公式计算不得抵扣的进项税额:

不得抵扣的进项税额=当月无法划分的全部进项税额×当月免税项目销售额、非增值税应税劳务营业额合计÷当月全部销售额、营业额合计

三、《财政部　国家税务总局关于全面推开营业税改征增值税试点的通知》(财税〔2016〕36号)附件1《营业税改征增值税试点实施办法》第二十九条

适用一般计税方法的纳税人,兼营简易计税方法计税项目、免征增值税项目而无法划分不得抵扣的进项税额,按照下列公式计算不得抵扣的进项税额:

不得抵扣的进项税额=当期无法划分的全部进项税额×(当期简易计税方法计税项目销售额＋免征增值税项目销售额)÷当期全部销售额

主管税务机关可以按照上述公式依据年度数据对不得抵扣的进项税额进行清算。

💬 小贴士

1. 风险提示

选择不准确划分一般计税项目与简易计税或免征项目的进项税,会造成账簿混乱,不利于管理。

2. 递延纳税

对于不允许抵扣的进项税额,纳税人可对比两种方法计算出的不得抵扣的进项

税额,选择最优核算方式。其中,对于不允许抵扣的进项税额的转出,纳税人可选择在购入货物、劳务、服务、无形资产和不动产时不予区分,一并抵扣,待将其用于简易计税方法计税项目时,再做进项税转出,可达到递延纳税的效果。

3. 对照自检

企业是否属于增值税一般纳税人?企业是否存在兼营简易计税或免征项目的情形?对于企业的简易计征或免税项目,是否应分别核算?

⓳ 选贤举能

——实物返利开专票，抵扣进项降税负

业税分析

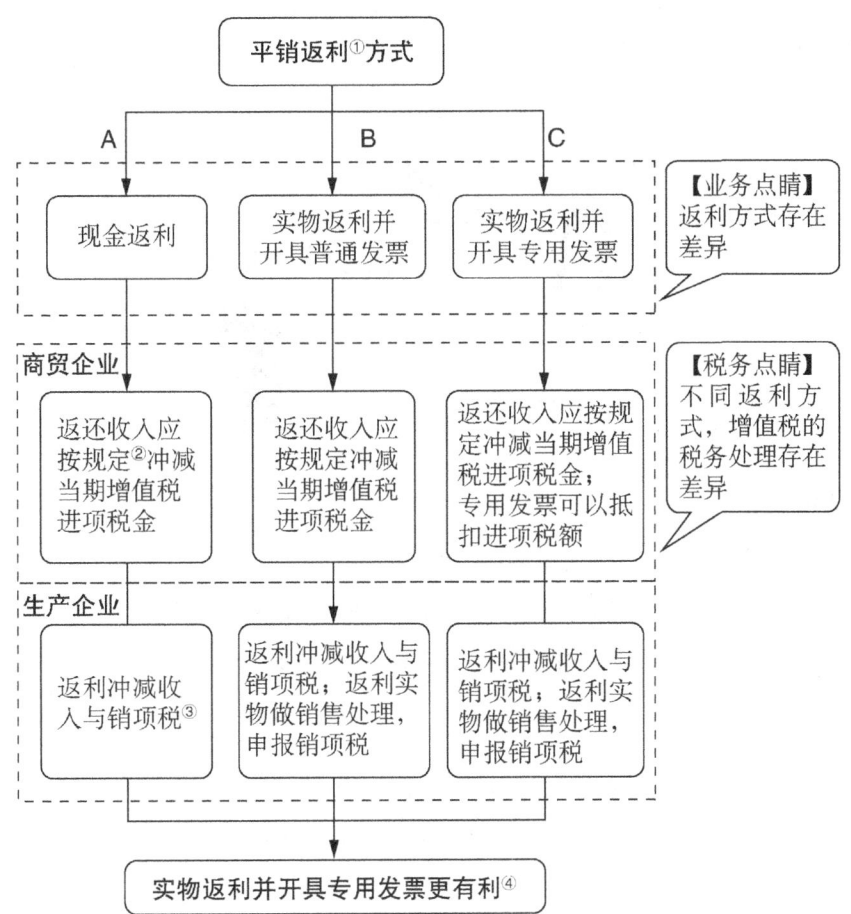

【附注】

注①：平销返利指生产企业将货物销售给商业企业，商业企业再以进货成本，甚至低于进货成本的价格进行销售，生产企业采取返还利润等方式弥补商业企业的进销差价损失。

注②：当期应冲减进项税金=当期取得的返还资金/(1+所购货物适用增值税税率)×所购货物适用增值税税率。

注③：生产企业需按规定开具红字专用发票。

注④：对于商贸企业三种方案均可冲减成本，对于企业所得税的影响是一致方的；但方案三可降低增值税税负；对于生产企业实物返利的利润高于现金返利，故方案三为双方的最优选择。

实战案例

梅松公司是一家大型百货商场,最近公司接了一笔大生意,与税台公司合作,双方约定梅松公司以平销返利的方式销售税台公司生产的家用电器,税台公司给予梅松公司一定的返利。但是对于选择哪种返利方式,梅松公司总经理赵总却迟迟无法做出决定,于是便找来了财务部梅经理,让她帮忙出谋划策。

梅经理经过研究发现,主要有三种返利方式,并结合具体的数据对不同返利方式的财税务处理进行了分析。

【备选方案】

方案一:供货方直接按照销售额返还现金。

方案二:供货方返还现金返利等价的商品,开具增值税普通发票。

方案三:供货方返还现金返利等价的商品,开具增值税专用发票。

【分析】

假设当年梅松公司预计以平销返利的方式销售税台公司商品226万元,双方约定,税台公司按照销售额10%给予返利,则三种方案下双方增值税缴纳情况及对企业利润的影响如表1-20所示。

表1-20 三种方案的对比

单位:万元

方案	梅松公司		税台公司	
	增值税	对企业利润的影响	增值税	对企业利润的影响
方案一	冲减进项税额:$22.6\div(1+13\%)\times 13\%=2.6$	冲减成本:$22.6-2.6=20$	冲减销项税额:$22.6\div(1+13\%)\times 13\%=2.6$	冲减收入:$22.6-2.6=20$

续 表

方案	梅松公司		税台公司	
	增值税	对企业利润的影响	增值税	对企业利润的影响
方案二	冲减进项税额：22.6÷(1+13%)×13%=2.6	冲减成本：22.6-2.6=20	冲减销项税额：22.6÷(1+13%)×13%=2.6；实物销项税：22.6÷(1+13%)×13%=2.6	冲减收入：22.6-2.6=20；增加收入：22.6-2.6=20；增加成本：10
方案三	冲减进项税：22.6÷(1+13%)×13%=2.6 抵扣进项税：22.6÷(1+13%)×13%=2.6	冲减成本：22.6-2.6=20	冲减销项税额：22.6÷(1+13%)×13%=2.6 实物销项税：22.6÷(1+13%)×13%=2.6	冲减收入：22.6-2.6=20；增加收入：22.6-2.6=20；增加成本：10

注：此处假设现金返利等价的商品的成本为10万元。

结论

(1) 对于商贸企业，采用方案三，在进项税转出的同时，还可根据取得的专用发票抵扣进项税额，本期进项税额未增加也未减少；对企业利润的影响一致，均可减少成本20万元，故方案三更有利。

(2) 对于生产企业，方案一可冲减销项税，但方案二、三的企业利润比方案一大，故方案二、三对生产企业更有利。

(3) 综上所述，方案三为双方的优选方案。

政策依据

《国家税务总局关于商业企业向货物供应方收取的部分费用征收流转税问题的通知》(国税发〔2004〕136号)第一条第二款、第二条、第三条

一、商业企业向供货方收取的部分收入，按照以下原则征收增值税或营业税：

……

(二) 对商业企业向供货方收取的与商品销售量、销售额挂钩(如以一定比例、金额、数量计算)的各种返还收入，均应按照平销返利行为的有关规定冲减当期增值税进项税金，不征收营业税。

二、商业企业向供货方收取的各种收入，一律不得开具增值税专用发票。

三、应冲减进项税金的计算公式调整为：

当期应冲减进项税金=当期取得的返还资金/(1+所购货物适用增值税税率)×所购货物适用增值税税率

小贴士

1. 风险提示

（1）若企业收取的收入与销售量、销售额无关，则该业务不能以"平销返利"形式进行处理。

（2）若平销返利双方为关联方关系，则须关注关联交易是否满足独立交易原则。

（3）进行返利方式选择时，不能仅考虑税负，还需结合企业的整体收益进行综合考虑。

2. 对照自检

（1）企业是否存在采用平销返利方式销售货物的行为？返利的形式是什么？

_____

_____

（2）企业采用实物返利，会不会对企业的现金流造成影响？

_____

_____

❷⓿ 箭在弦上

——临期存货正常损失抵进项

业税分析

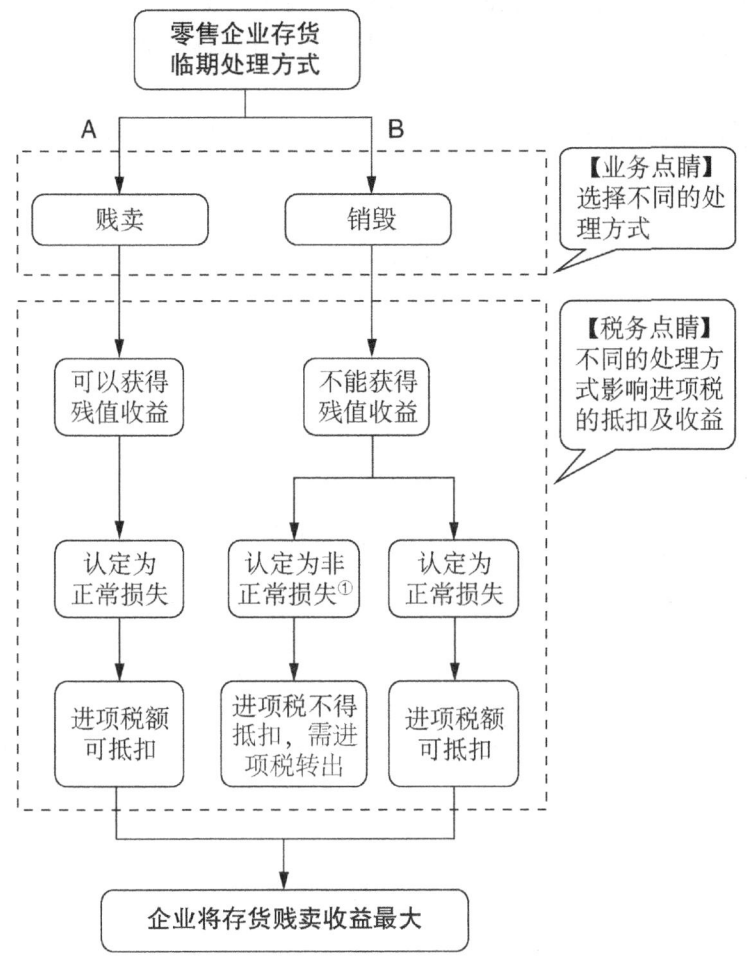

【附注】

注①：非正常损失是指因企业管理不善造成被盗、丢失、霉烂变质的损失。

实战案例

梅松公司是一家大型的商品零售集团,旗下有多个连锁商超。近年来便利店行业发展迅速,但由于管理层决策失误,导致梅松公司各便利店的销售并没有达到一开始的预期,从而储备了大量食品存货。如今,梅松公司的大量存货面临滞销的风险,且由于管理不善,很多食品眼看就要霉烂变质。

集团总裁赵总连忙召开董事会,评估存货是否还能继续销售。市场部经过调研,认为鉴于目前市场形势,食品过期已经在所难免,只能尽可能寻找其他的途径降低损失。赵总听完汇报,眉头紧锁,于是便让梅经理根据目前的情况,从税收角度提出解决方案。

梅经理针对公司存货面临到期这一情况,提出了两种方案并进行了分析。

【备选方案】

方案一:将过期霉烂变质的存货直接销毁。

方案二:马上把临期存货低价贱卖给饲料厂。

【分析】

假设梅松公司的该批存货购入时价格1 000万元,可抵扣的进项税额为130万元,则两种方案的对比如表1-21所示。

表1-21 两种方案税负对比

单位:万元

方案	税务处理	可抵扣进项税
方案一	认定为非正常损失,转出已抵扣进项税	0
方案二	认定为正常损失,无须转出进项税	130

注:方案一不可抵扣的进项税,还会增加企业成本。

把存货进行贱卖,无须进项税转出,对企业更有利。

政策依据

一、《中华人民共和国增值税暂行条例》第十条

下列项目的进项税额不得从销项税额中抵扣:

(一)用于简易计税方法计税项目、免征增值税项目、集体福利或者个人消费的

购进货物、劳务、服务、无形资产和不动产;

(二) 非正常损失的购进货物,以及相关的劳务和交通运输服务;

(三) 非正常损失的在产品、产成品所耗用的购进货物(不包括固定资产)、劳务和交通运输服务;

(四) 国务院规定的其他项目。

二、《中华人民共和国增值税条例暂行条例实施细则》第二十四条

条例第十条第(二)项所称非正常损失,是指因管理不善造成被盗、丢失、霉烂变质的损失

三、《国家税务总局关于商业零售企业存货损失税前扣除问题的公告》(国家税务总局〔2014〕第3号)

一、商业零售企业存货因零星失窃、报废、废弃、过期、破损、腐败、鼠咬、顾客退换货等正常因素形成的损失,为存货正常损失,准予按会计科目进行归类、汇总,然后再将汇总数据以清单的形式进行企业所得税纳税申报,同时出具损失情况分析报告。

二、商业零售企业存货因风、火、雷、震等自然灾害,仓储、运输失事,重大案件等非正常因素形成的损失,为存货非正常损失,应当以专项申报形式进行企业所得税纳税申报。

三、存货单笔(单项)损失超过500万元的,无论何种因素形成的,均应以专项申报方式进行企业所得税纳税申报。

四、本公告适用于2013年度及以后年度企业所得税纳税申报。

小贴士

1. 风险提示

贱卖可能受存货种类的影响,并不是所有的存货都可以低价出售。如果遇到存货不能贱卖的情况,该方法可能没有适用的空间。

2. 对照自检

(1) 企业是否对自己公司的存货做过评估?其是否发生减值或积压?

_____
_____

(2) 企业是否了解过市场行情?存货能否贱卖?

_____
_____

㉑ 四门大开

——优选劳务派遣计税方式

业税分析

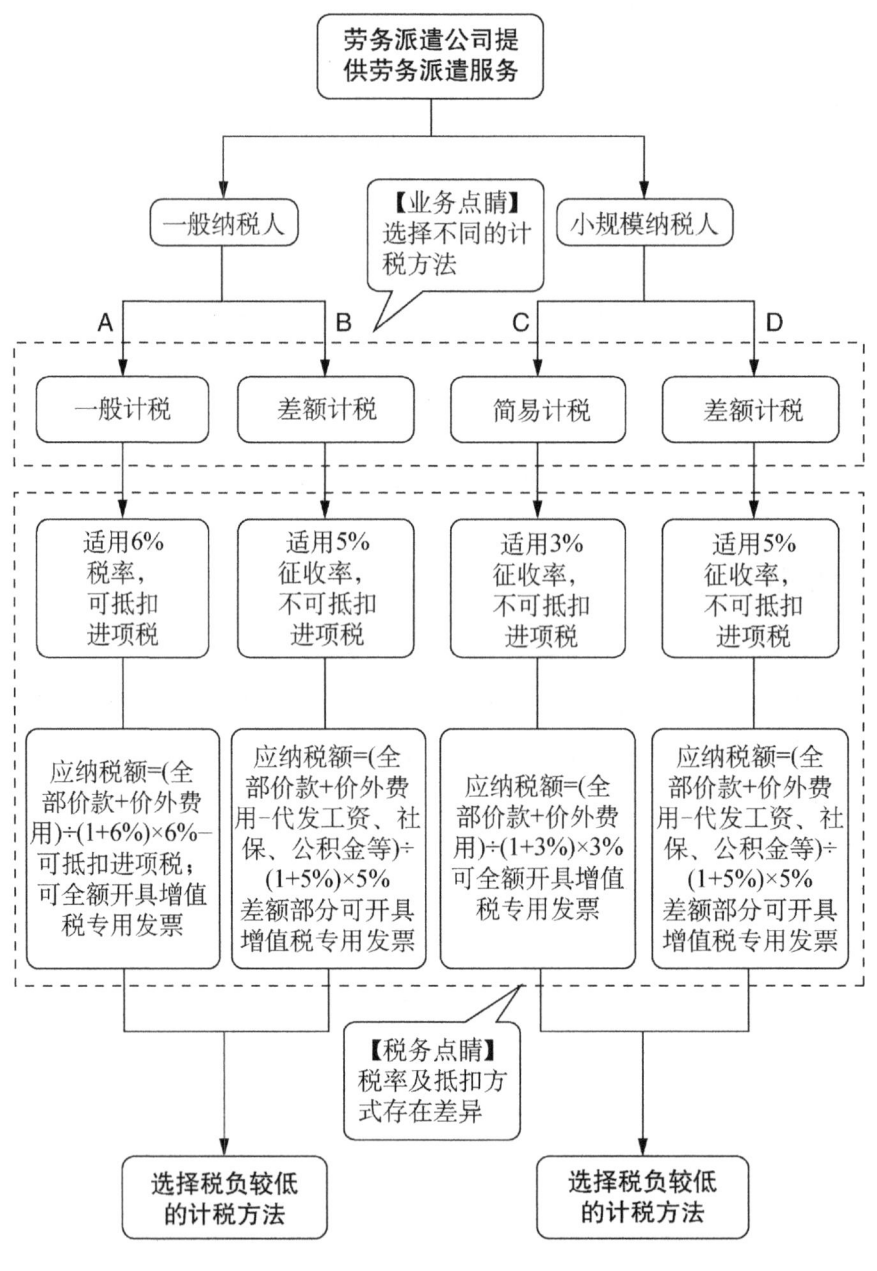

实战案例

赵总是梅松劳务派遣有限公司(以下简称"梅松公司")的总经理,在参加一次总裁班培训课程时,了解到了税务筹划的重要性,于是回去后要求财务部梅经理针对企业目前的业务给出税务筹划的意见。

梅经理通过查询相关法规文件,了解到企业提供劳务派遣服务可以适用不同的计税方法,于是对不同计税方法下企业应缴纳的增值税进行了计算分析。

【备选方案】

方案一:按照一般计税方法计算缴纳增值税。

方案二:选择差额纳税,按照简易计税方法计算缴纳增值税。

【分析】

假设梅松公司为增值税一般纳税人,提供劳务派遣服务的年含税销售额为1 500万元,其中代用工单位向劳务派遣员工发放的工资和为其办理的社保公积金共计900万元,其他成本300万元,当年取得可抵扣进项税为70万元。

两种方案的增值税纳税情况及企业利润分析如表1-22所示。

表1-22 两种方案的对比

单位:万元

方案	计税规定	增值税应纳税额	企业利润
方案一	全部价款和价外费用为销售额,适用6%税率计征增值税	(全部价款+价外费用)÷(1+6%)×6%-可抵扣进项税 1 500÷(1+6%)×6%-70=14.91	1 500÷(1+6%)-900-300=215.09
方案二	全部价款和价外费用,扣除代用工单位支付给劳务派遣员工的工资、福利和为其办理社会保险及住房公积金后的余额为销售额,按照5%的征收率计征增值税	(全部价款+价外费用-代发工资社保、公积金等)÷(1+5%)×5% (1 500-900)÷(1+5%)×5%=28.57	(1 500-28.57)-900-300-70=201.43

结 论

方案一比方案二少缴纳增值税13.66(28.57-14.91)万元,同时可增加企业利润13.66(215.09-201.43)万元。

政策依据

一、《财政部 国家税务总局关于进一步明确全面推开营改增试点有关劳务派遣服务、收费公路通行费抵扣等政策的通知》(财税〔2016〕47号)第一条

一、劳务派遣服务政策

一般纳税人提供劳务派遣服务,可以按照《财政部 国家税务总局关于全面推开营业税改征增值税试点的通知》(财税〔2016〕36号)的有关规定,以取得的全部价款和价外费用为销售额,按照一般计税方法计算缴纳增值税;也可以选择差额纳税,以取得的全部价款和价外费用,扣除代用工单位支付给劳务派遣员工的工资、福利和为其办理社会保险及住房公积金后的余额为销售额,按照简易计税方法依5%的征收率计算缴纳增值税。

小规模纳税人提供劳务派遣服务,可以按照《财政部 国家税务总局关于全面推开营业税改征增值税试点的通知》(财税〔2016〕36号)的有关规定,以取得的全部价款和价外费用为销售额,按照简易计税方法依3%的征收率计算缴纳增值税;也可以选择差额纳税,以取得的全部价款和价外费用,扣除代用工单位支付给劳务派遣员工的工资、福利和为其办理社会保险及住房公积金后的余额为销售额,按照简易计税方法依5%的征收率计算缴纳增值税。

选择差额纳税的纳税人,向用工单位收取用于支付给劳务派遣员工工资、福利和为其办理社会保险及住房公积金的费用,不得开具增值税专用发票,可以开具普通发票。

劳务派遣服务,是指劳务派遣公司为了满足用工单位对于各类灵活用工的需求,将员工派遣至用工单位,接受用工单位管理并为其工作的服务。

二、《财政部 国家税务总局关于进一步明确全面推开营改增试点有关再保险、不动产租赁和非学历教育等政策的通知》(财税〔2016〕68号)第四条

纳税人提供安全保护服务,比照劳务派遣服务政策执行。

三、《财政部 国家税务总局关于全面推开营业税改征增值税试点的通知》(财税〔2016〕36号)附件1《营业税改征增值税试点实施办法》第十八条

一般纳税人发生应税行为适用一般计税方法计税。

一般纳税人发生财政部和国家税务总局规定的特定应税行为,可以选择适用简易计税方法计税,但一经选择,36个月内不得变更。

小贴士

1. 风险提示

(1)纳税人提供劳务派遣服务,选择计税方法时还需要兼顾维护客户,有时往往

不能按照自己需求选择计税方式。比如，一般纳税人提供劳务派遣服务适用一般计税方法的，服务购买方可全额抵扣进项税；而提供方选择简易计税的，购买方只能就差额部分抵扣进项税，购买方更倾向于销售方按照全额计税。

（2）一般纳税人选择适用简易计税方法计税的，一经选择，36个月内不得变更，企业应结合未来几年的经营状况进行选择。

2. 对照自检

（1）企业是否能够自主选择计税方法？

_____
_____

（2）企业未来几年的经营状况如何，选择简易计税时能否兼顾好客户利益？

_____
_____

22 简繁得当

——通过平衡点选择清包工计税方式

业税分析

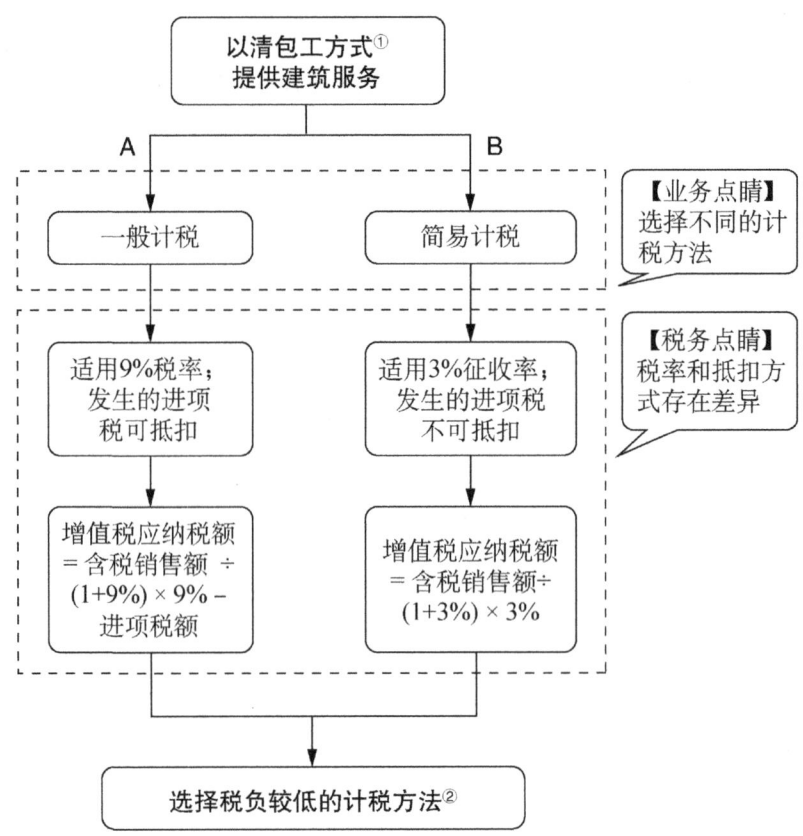

【附注】

注①：清包工方式提供建筑服务，指施工方不采购建筑工程所需的材料或只采购辅助材料，并收取人工费、管理费或者其他费用的建筑服务。

注②：企业如有大量进项发票，选择一般计税更节税，否则选择简易计税更节税；二者的平衡点为46.45%（采购辅料价税与提供服务总价税的比值）。

实战案例

梅松装修有限公司(以下简称"梅松公司")为增值税一般纳税人,主要以包工包料方式提供装修服务。最近公司承揽了一项工程,以清包工方式提供装修服务,即由对方采购工程所需的材料,梅松公司只提供部分辅助材料并收取一定的服务费用。

公司总经理赵总非常关注企业的税负问题,于是要求财务部梅经理就该清包工方式提供的建筑服务,提出一定的纳税筹划方案。

梅经理通过查询相关法规文件得知,一般纳税人以清包工方式提供的建筑服务,可以选择适用简易计税方法计税,于是对两种计税方法的增值税缴纳情况进行了计算分析。

【备选方案】

方案一:选择一般计税方法。

方案二:选择简易计税方法。

【分析】

假设梅松公司收取的服务费用为含税金额 2 000 万元,辅助材料成本为 1 000 万元,取得的辅助材料可抵扣进项税额为 100 万元,则以上两种方案的增值税纳税情况及对企业利润的影响如表 1-23 所示。

表 1-23 两种方案的对比

单位:万元

方案	计征规定	增值税应纳税额	对企业利润的影响
方案一	适用 9% 税率,可抵扣进项税额	2 000÷(1+9%)×9%−100=65.14	2 000÷(1+9%)−1 000−65.14×(7%+3%+2%)=827.05

(续表)

方案	计征规定	增值税应纳税额	对企业利润的影响
方案二	适用3%征收率,不可抵扣进项税额	2 000÷(1+3%)×3%=58.25	2 000÷(1+3%)−1 000−100−58.25×(7%+3%+2%)=834.76

结论

方案二比方案一少缴纳增值税 6.89(65.14−58.25)万元,多增加企业利润 7.71(834.76−827.05)万元。

政策依据

一、《财政部 国家税务总局关于全面推开营业税改征增值税试点的通知》(财税〔2016〕36号)附件2《营业税改征增值税试点有关事项的规定》第一条第七款第一项

一般纳税人以清包工方式提供的建筑服务,可以选择适用简易计税方法计税。

以清包工方式提供建筑服务,是指施工方不采购建筑工程所需的材料或只采购辅助材料,并收取人工费、管理费或者其他费用的建筑服务。

二、《中华人民共和国增值税法》第十条、第十一条

第十条 增值税税率:

(一)纳税人销售货物、加工修理修配服务、有形动产租赁服务,进口货物,除本条第二项、第四项、第五项规定外,税率为百分之十三。

(二)纳税人销售交通运输、邮政、基础电信、建筑、不动产租赁服务,销售不动产,转让土地使用权,销售或者进口下列货物,除本条第四项、第五项规定外,税率为百分之九:

1.农产品、食用植物油、食用盐;

2.自来水、暖气、冷气、热水、煤气、石油液化气、天然气、二甲醚、沼气、居民用煤炭制品;

3.图书、报纸、杂志、音像制品、电子出版物;

4.饲料、化肥、农药、农机、农膜。

(三)纳税人销售服务、无形资产,除本条第一项、第二项、第五项规定外,税率为百分之六。

(四)纳税人出口货物,税率为零;国务院另有规定的除外。

(五)境内单位和个人跨境销售国务院规定范围内的服务、无形资产,税率为零。

第十一条 适用简易计税方法计算缴纳增值税的征收率为百分之三。

小贴士

1. 风险提示

不同的计税方法,开具发票的税率不同,若客户要求企业开具指定类型的发票,则会导致筹划失败。

2. 对照自检

(1) 企业目前的业务内容是否可以自主选择计税方法?

_____

_____

(2) 企业客户对发票开具是否具有特定要求?

_____

_____

㉓ 各取所需

——关联借款税不同，统借统还低利率

业税分析

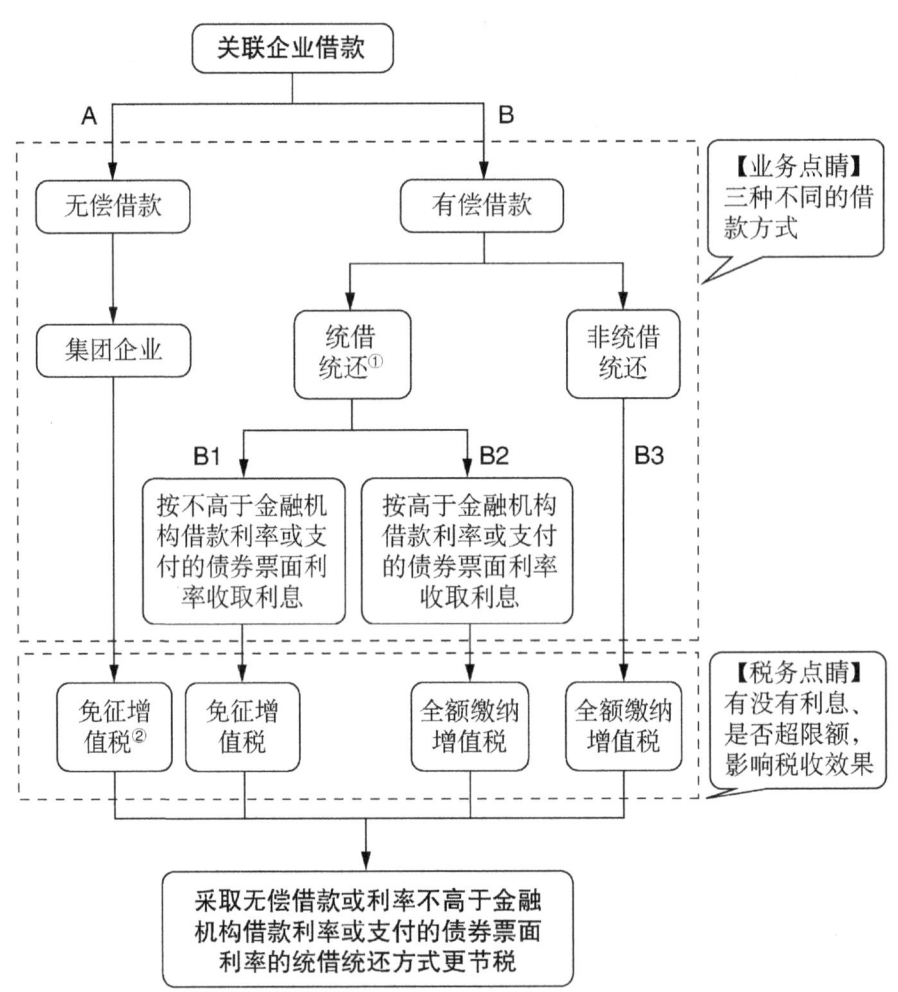

【附注】

注①：统借统还指企业集团或者企业集团中的核心企业向金融机构借款或对外发行债券取得资金后，将所借资金分拨给下属单位并向下属单位收取用于归还金融机构或债券购买方本息的业务。

注②：免征增值税的优惠期限为2019年2月1日至2027年12月31日。

实战案例

梅松集团是当地一家主营通用设备研发与生产的企业集团,最近其下属子公司税台公司因业务发展需求,且已无法向银行等金融机构借款,于是向总公司梅松公司提出了借款融资的需求。但近期梅松公司大量投产,账面已没有足够的资金。

这天,梅松公司的赵总与财春公司的钱总喝茶时说起此事,钱总表示最近公司效益不错,愿意帮这个忙,可以按照银行贷款利率收取利息,但需要与总公司签订合同,以保障自己的权益。赵总听完连忙感谢,但也表示此事需要管理层审议后决定。

梅松集团的财务总监梅总监知道此事后,根据税台公司的资金需求,对该业务进行了详细研究,提出了两种方案,并对不同方案的税负进行了测算分析。

【备选方案】

方案一:梅松公司向银行借款,并以"统借统还"的方式借给税台公司,收取税台公司利息10%。

方案二:梅松公司向财春公司借款,并转借给税台公司,收取税台公司10%的利息。

【分析】

假设税台公司为增值税一般纳税人,企业资金需求为2 000万元,金融机构同期借款利率为10%,则两种方案下梅松公司增值税的缴纳情况及对利润的影响如表1-24所示。

表1-24 两种方案的对比

单位:万元

方案	税务处理	利息	增值税	不含税利息收入
方案一	属于统借统还,免征增值税	2 000×10%=200	0	200
方案二	不属于统借统还,需缴纳增值税	2 000×10%=200	200÷(1+6%)×6%=11.32	200−11.32=188.68

方案一比方案二节约增值税11.32万元,增加利息收入11.32(200−188.68)万元。

政策依据

一、《财政部 国家税务总局关于全面推开营业税改征增值税试点的通知》(财税〔2016〕36号)附件3《营业税改征增值税试点过渡政策的规定》第一条第十九款第七项

7.统借统还业务中,企业集团或企业集团中的核心企业以及集团所属财务公司按不高于支付给金融机构的借款利率水平或者支付的债券票面利率水平,向企业集团或者集团内下属单位收取的利息。

统借方向资金使用单位收取的利息,高于支付给金融机构借款利率水平或者支付的债券票面利率水平的,应全额缴纳增值税。

统借统还业务,是指:

(1)企业集团或者企业集团中的核心企业向金融机构借款或对外发行债券取得资金后,将所借资金分拨给下属单位(包括独立核算单位和非独立核算单位,下同),并向下属单位收取用于归还金融机构或债券购买方本息的业务。

(2)企业集团向金融机构借款或对外发行债券取得资金后,由集团所属财务公司与企业集团或者集团内下属单位签订统借统还贷款合同并分拨资金,并向企业集团或者集团内下属单位收取本息,再转付企业集团,由企业集团统一归还金融机构或债券购买方的业务。

二、《企业名称登记管理规定实施办法》(国家市场监督管理总局令第82号)第十七条、第十八条

第十七条 已经登记的企业法人控股3家以上企业法人的,可以在企业名称的组织形式之前使用"集团"或者"(集团)"字样。

企业集团名称应当在企业集团母公司办理变更登记时一并提出。

第十八条 企业集团名称应当与企业集团母公司名称的行政区划名称、字号、行业或者经营特点保持一致。

经企业集团母公司授权的子公司、参股公司,其名称可以冠以企业集团名称。

企业集团母公司应当将企业集团名称以及集团成员信息通过国家企业信用信息公示系统向社会公示。

三、《关于延续实施医疗服务免征增值税等政策的公告》(财政部 税务总局公告2023年第68号)第二条、第三条

二、对企业集团内单位(含企业集团)之间的资金无偿借贷行为,免征增值税。

三、本公告执行至2027年12月31日。

小贴士

1. 风险提示

纳税人通过统借统还方式进行借款,约定的利率不能过高。如果约定的利率高于支付给金融机构的借款利率水平或者支付的债券票面利率水平,则需要全额缴纳增值税。

2. 举一反三

关联企业之间还可以签订无偿借款合同,同样可以享受免征增值税优惠,但需要在优惠的执行期限内,并且应当按照独立交易原则缴纳企业所得税。

3. 对照自检

(1) 企业是否存在融资需求?目前的融资渠道有哪些?

_____

_____

(2) 企业能否满足当地主管税务机关关于统借统还主体及业务的认定标准?

_____

_____

㉔ 单枪匹马

——个人名义转让金融产品免征税

业税分析

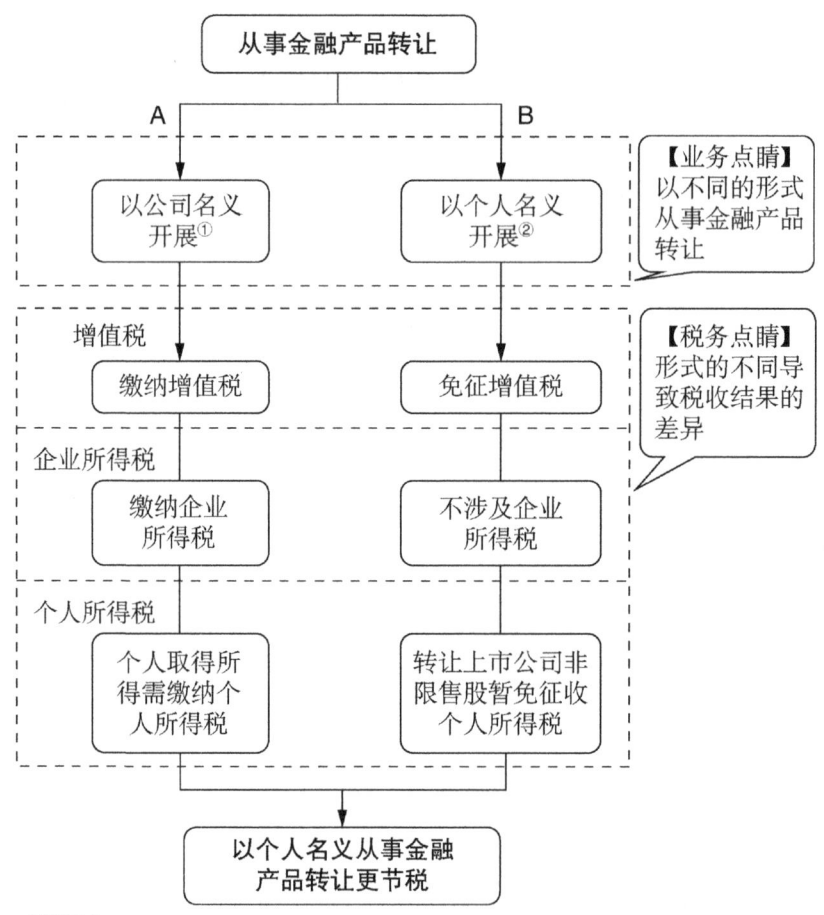

【附注】

注①：以公司名义开展指采用个人独资企业、合伙企业、有限公司等形式进行金融产品转让。

注②：以个人名义开展指以自然人身份、个体工商户身份进行金融产品转让。

实战案例

梅松公司总经理赵总最近在筹划如何运用手中的闲置资金。经过一番考察后,他计划投资金融业务,从事外汇、有价证券等金融商品交易活动。但对于以哪种形式开展活动他却拿不定主意,于是和公司财务部梅经理交流了自己的想法,希望梅经理给予意见。

梅经理很快就给予了答复,她建议赵总直接以个人名义进行金融产品转让,这样可以降低税负,并给出了分析。

【备选方案】

方案一:成立一家公司,以公司形式开展金融商品转让业务。

方案二:成立一家个体工商户,以个人名义从事金融商品转让业务。

【分析】

假设赵总预计金融产品转让的年不含税所得(卖出价扣除买入价后的余额)为500万元,则两种方案的税负分析如表1-25所示。

表1-25 两种方案税负分析

单位:万元

方案	增值税应纳税额
方案一	500×6%=30
方案二	免征增值税

结论

(1)方案二适用增值税免征优惠,比方案一少缴纳增值税30万元。

(2)此外,方案二不涉及企业所得税,转让境内上市公司股票(限售股除外),还可暂免征收个人所得税,故方案二是税收上的最优选择。

政策依据

一、《中华人民共和国增值税暂行条例实施细则》第九条

条例第一条所称单位,是指企业、行政单位、事业单位、军事单位、社会团体及其他单位。

条例第一条所称个人,是指个体工商户和其他个人。

二、《财政部 国家税务总局关于全面推开营业税改征增值税试点的通知》(财税

〔2016〕36号)附件1《营业税改征增值税试点实施办法》所附《销售服务、无形资产、不动产注释》第一条第五款第四项

4. 金融商品转让。

金融商品转让,是指转让外汇、有价证券、非货物期货和其他金融商品所有权的业务活动。

其他金融商品转让包括基金、信托、理财产品等各类资产管理产品和各种金融衍生品的转让。

三、《财政部 国家税务总局关于全面推开营业税改征增值税试点的通知》(财税〔2016〕36号)附件2《营业税改征增值税试点有关事项的规定》第一条第三款第三项

金融商品转让,按照卖出价扣除买入价后的余额为销售额。

金融商品出现的正负差,按盈亏相抵后的余额为销售额。若相抵后出现负差,可结转下一纳税期与下期转让金融商品销售额相抵,但年末时仍出现负差的,不得转入下一个会计年度。

金融商品的买入价,可以选择按照加权平均法或者移动加权平均法进行核算,选择后36个月内不得变更。

金融商品转让,不得开具增值税专用发票。

四、《财政部 国家税务总局关于全面推开营业税改征增值税试点的通知》(财税〔2016〕36号)附件3《营业税改征增值税试点过渡政策的规定》第一条第二十二款第五项

下列项目免征增值税

……

(二十二)下列金融商品转让收入。

……

5. 个人从事金融商品转让业务。

五、《财政部 国家税务总局 证监会关于个人转让上市公司限售股所得征收个人所得税有关问题的通知》(财税〔2009〕167号)第八条

对个人在上海证券交易所、深圳证券交易所转让从上市公司公开发行和转让市场取得的上市公司股票所得,继续免征个人所得税。

小贴士

1. 举一反三

经营一般业务的企业从事金融产品交易的,也可以股东个人名义进行金融产品转让,从而降低税负,但应合理设置转移定价,以免产生额外的税负。

2. 对照自检

企业在进行股权转让时,是否涉及关联方交易?转移定价是否合理?

㉕ 独木成林

——重点群体要创业，个体经营享优惠

业税分析

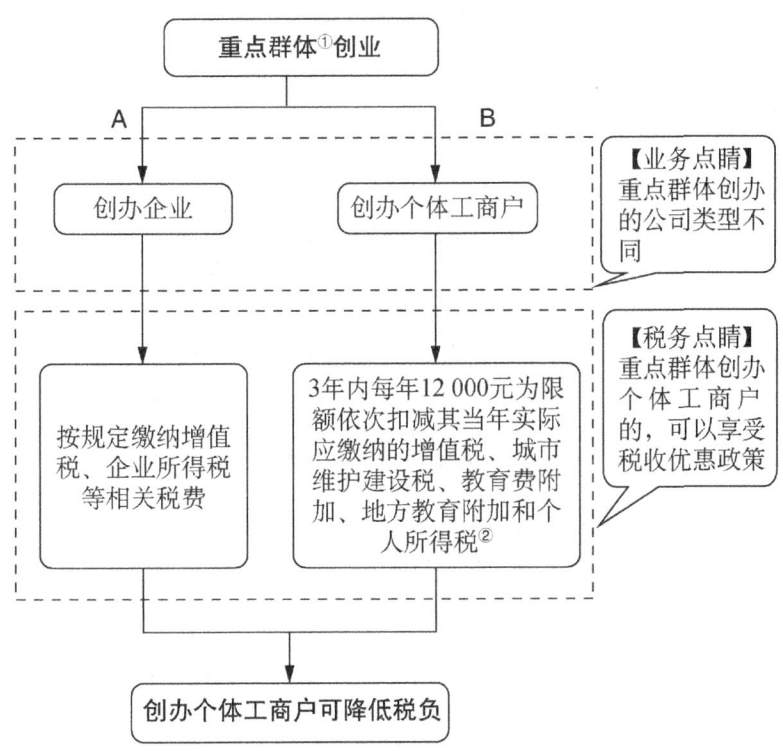

【附注】

注①：重点群体包括，纳入全国扶贫开发信息系统的建档立卡贫困人口，在人力资源社会保障部门公共就业服务机构登记失业半年以上的人员，零就业家庭、享受城市居民最低生活保障家庭劳动年龄内的登记失业人员，毕业年度内高校毕业生。

注②：优惠的执行期限为2019年1月1日至2027年12月31日。

📊 实战案例

结束了一天的工作,梅经理坐在地铁上准备打个小盹,无意间听见了旁边两个大学生的对话。原来,在"大众创新、万众创业"号召下,许多大学生涌入创业的浪潮。应届毕业生小松和他的朋友也决定回家创业,经过调研分析,他们发现当地发展乡村旅游的前景比较好,决定和朋友一起经营乡村旅游,但对于创业的形式两个人存在分歧,一方主张成立公司制企业,一方主张可以先创办个体工商户,等经营发展到一定阶段再变更为公司制经营,双方争执不下。

这时候,梅经理缓缓抬起头,"我来帮你们分析一下吧"。说完,梅经理对他们的两种方案进行了分析。

【备选方案】

方案一:成立有限公司,按照小规模纳税人纳税。
方案二:创办个体工商户,享受重点群体增值税优惠政策。

【分析】

假设预计当年不含税销售额为 200 万元,则两种方案应缴纳的增值税情况如表 1-26 所示。

表 1-26 两种方案的增值税缴纳情况

单位:万元

方案	计税规定	应缴纳增值税
方案一	按照 3% 征收率计征增值税	200×3%=6
方案二	享受重点群体增值税优惠政策	200×3%-1.2=4.8

注:2022 年 4 月 1 日至 2022 年 12 月 31 日期间,增值税小规模纳税人适用 3% 征收率的应税销售收入,免征增值税(此书出版时,暂未延期)。故该优惠政策在免征增值税期间,可主要用于抵减个人所得税。

创办个体工商户,自注册登记之日起 3 年内,每年可减免税负 1.2 万元,3 年共可以减轻税负 3.6 万元。因此,方案二更节税。

📄 政策依据

《关于进一步支持重点群体创业就业有关税收政策的公告》(财政部 税务总局 人力资源社会保障部 农业农村部公告 2023 年第 15 号)

为进一步支持重点群体创业就业,现将有关税收政策公告如下:

一、自2023年1月1日至2027年12月31日,脱贫人口(含防止返贫监测对象,下同)、持《就业创业证》(注明"自主创业税收政策"或"毕业年度内自主创业税收政策")或《就业失业登记证》(注明"自主创业税收政策")的人员,从事个体经营的,自办理个体工商户登记当月起,在3年(36个月,下同)内按每户每年20000元为限额依次扣减其当年实际应缴纳的增值税、城市维护建设税、教育费附加、地方教育附加和个人所得税。限额标准最高可上浮20%,各省、自治区、直辖市人民政府可根据本地区实际情况在此幅度内确定具体限额标准。

纳税人年度应缴纳税款小于上述扣减限额的,减免税额以其实际缴纳的税款为限;大于上述扣减限额的,以上述扣减限额为限。

上述人员具体包括:1.纳入全国防止返贫监测和衔接推进乡村振兴信息系统的脱贫人口;2.在人力资源社会保障部门公共就业服务机构登记失业半年以上的人员;3.零就业家庭、享受城市居民最低生活保障家庭劳动年龄内的登记失业人员;4.毕业年度内高校毕业生。高校毕业生是指实施高等学历教育的普通高等学校、成人高等学校应届毕业的学生;毕业年度是指毕业所在自然年,即1月1日至12月31日。

二、自2023年1月1日至2027年12月31日,企业招用脱贫人口,以及在人力资源社会保障部门公共就业服务机构登记失业半年以上且持《就业创业证》或《就业失业登记证》(注明"企业吸纳税收政策")的人员,与其签订1年以上期限劳动合同并依法缴纳社会保险费的,自签订劳动合同并缴纳社会保险当月起,在3年内按实际招用人数予以定额依次扣减增值税、城市维护建设税、教育费附加、地方教育附加和企业所得税优惠。定额标准为每人每年6000元,最高可上浮30%,各省、自治区、直辖市人民政府可根据本地区实际情况在此幅度内确定具体定额标准。城市维护建设税、教育费附加、地方教育附加的计税依据是享受本项税收优惠政策前的增值税应纳税额。

按上述标准计算的税收扣减额应在企业当年实际应缴纳的增值税、城市维护建设税、教育费附加、地方教育附加和企业所得税税额中扣减,当年扣减不完的,不得结转下年使用。

本公告所称企业是指属于增值税纳税人或企业所得税纳税人的企业等单位。

三、农业农村部(国家乡村振兴局)、人力资源社会保障部、税务总局要实现脱贫人口身份信息数据共享,推动数据下沉。

四、企业招用就业人员既可以适用本公告规定的税收优惠政策,又可以适用其他扶持就业专项税收优惠政策的,企业可以选择适用最优惠的政策,但不得重复享受。

五、纳税人在2027年12月31日享受本公告规定的税收优惠政策未满3年的,可继续享受至3年期满为止。本公告所述人员,以前年度已享受重点群体创业就业税收优惠政策满3年的,不得再享受本公告规定的税收优惠政策;以前年度享受重点群体创业就业税收优惠政策未满3年且符合本公告规定条件的,可按本公告规定享受优惠至3年期满。

六、按本公告规定应予减征的税费,在本公告发布前已征收的,可抵减纳税人以后纳税期应缴纳税费或予以退还。发布之日前已办理注销的,不再追溯享受。

小贴士

1. 举一反三

除了重点群体从事个体经营享受该扣减税收优惠外,一般的企业也可通过招用符合条件的重点群体来享受重点群体税收优惠,即在3年内按实际招用人数予以定额依次扣减增值税、城市维护建设税、教育费附加、地方教育附加和企业所得税。

2. 对照自检

企业是否招用了符合财政部 税务总局 人力资源社会保障部 农业农村部公告2023年第15号文件规定的重点群体?

❷⑥ 塞翁失马

——安置残疾人享优惠降税负

业税分析

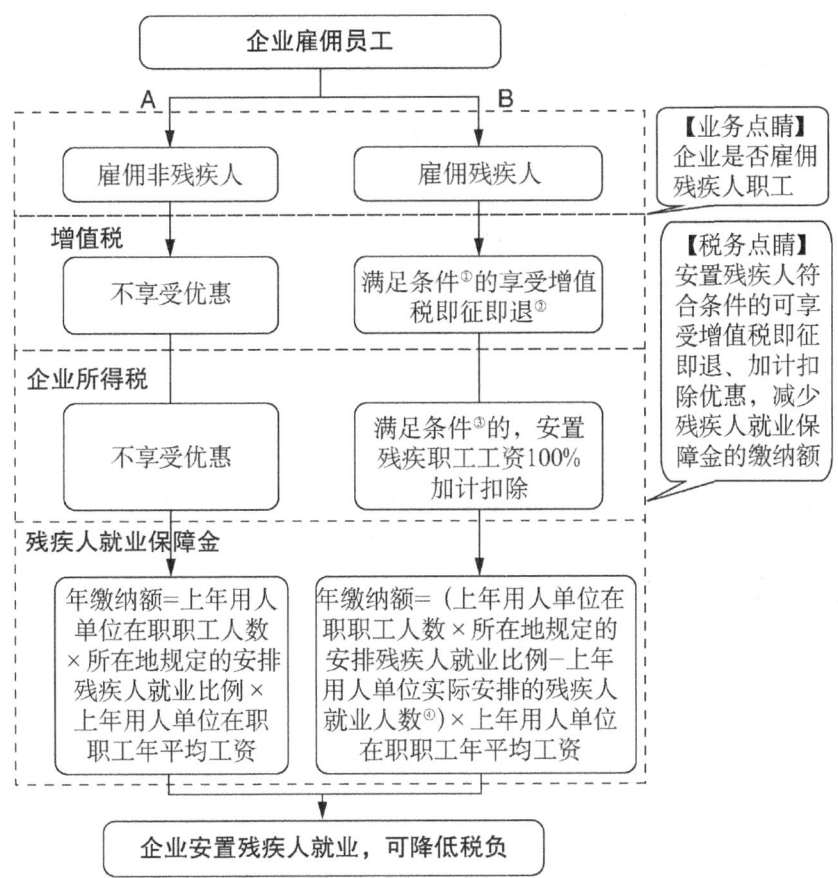

【附注】

注①：享受即征即退优惠应满足的条件，详见财税〔2006〕52号第二条、第六条。

注②：安置每位残疾人每月可退还的增值税具体限额，由县级以上税务机关根据纳税人所在区县(含县级市、旗)适用的经省(含自治区、直辖市、计划单列市)人民政府批准的月最低工资标准的4倍确定。

注③：享受加计扣除优惠应同时具备的条件，详见财税〔2009〕70号第三条。

注④：安置残疾人计入用人单位实际安排的残疾人就业人数，需满足一定条件，详见财税〔2015〕72号第七条；此外自工商登记注册之日起3年内，在职职工总数30人以下(含30人)的小微企业，可免征保障金。

实战案例

梅松公司是一家保健按摩有限公司,主要提供养生保健服务。随着公司业务的拓展,因可抵扣的进项税额比较少,公司面临较高的增值税税负。

公司负责人赵总,找来财务部梅经理,看能否筹划一下以降低企业的税负。梅经理了解到因业务发展需要,公司计划招新聘 10 名新员工。于是她由此出发提出了筹划方案并进行了分析。

【备选方案】

方案一:招用 10 名非残疾人员,与其签订 1 年以上期限劳动合同并依法缴纳社会保险费,岗位工资每人 5 000 元/月。

方案二:招用 10 名残疾人员,与其签订 1 年以上期限劳动合同并依法缴纳社会保险费,同时符合享受优惠的其他条件。假设可胜任岗位工作,发放工资与非残疾职工一致。

【分析】

假设梅松公司年含税销售收入为 3 000 万元,可抵扣进项税为 50 万元,全年利润总额为 500(未扣除新招用员工支出)万元,当地适用的月最低工资标准为 2 000 元,即征即退限额为当地月最低工资标准的 4 倍,无其他调整事项,则以上两种方案的纳税情况及对企业利润的影响如表 1-27 所示。

表 1-27 两种方案的对比

单位:万元

方案	增值税应纳税额	企业所得税	企业税后净利润
方案一	3 000÷(1+6%)×6%−50=119.81	(500−0.5×10×12)×25%=110	500−0.5×10×12−110=330
方案二	3 000÷(1+6%)×6%−50−0.2×4×10×12=23.81	(500−0.5×10×2×12)×25%=95	500−0.5×10×12−95=345

注:此处假设梅松公司按月申报缴纳增值税,退税额均可在各纳税期已交增值税额中足额退还。

方案二可享受即征即退优惠,比方案一少缴纳增值税 96(119.81−23.81)万元;同时可享受加计扣除优惠,比方案一少缴纳企业所得税 15(110−95)万元,增加税后净利润 15(345−330=45)万元。

📄 政策依据

一、《中华人民共和国企业所得税法》第三十条第二款

企业的下列支出，可以在计算应纳税所得额时加计扣除：

……

（二）安置残疾人员及国家鼓励安置的其他就业人员所支付的工资。

二、《中华人民共和国残疾人保障法》第二条

残疾人是指在心理、生理、人体结构上，某种组织、功能丧失或者不正常，全部或者部分丧失以正常方式从事某种活动能力的人。

残疾人包括视力残疾、听力残疾、言语残疾、肢体残疾、智力残疾、精神残疾、多重残疾和其他残疾的人。

残疾标准由国务院规定。

三、《财政部 国家税务总局关于促进残疾人就业增值税优惠政策的通知》（财税〔2016〕52号）第一条、第二条、第四条、第五条、第六条

一、对安置残疾人的单位和个体工商户（以下称纳税人），实行由税务机关按纳税人安置残疾人的人数，限额即征即退增值税的办法。

安置的每位残疾人每月可退还的增值税具体限额，由县级以上税务机关根据纳税人所在区县（含县级市、旗，下同）适用的经省（含自治区、直辖市、计划单列市，下同）人民政府批准的月最低工资标准的4倍确定。

二、享受税收优惠政策的条件

（一）纳税人（除盲人按摩机构外）月安置的残疾人占在职职工人数的比例不低于25%（含25%），并且安置的残疾人人数不少于10人（含10人）；

盲人按摩机构月安置的残疾人占在职职工人数的比例不低于25%（含25%），并且安置的残疾人人数不少于5人（含5人）。

（二）依法与安置的每位残疾人签订了一年以上（含一年）的劳动合同或服务协议。

（三）为安置的每位残疾人按月足额缴纳了基本养老保险、基本医疗保险、失业保险、工伤保险和生育保险等社会保险。

（四）通过银行等金融机构向安置的每位残疾人，按月支付了不低于纳税人所在区县适用的经省人民政府批准的月最低工资标准的工资。

……

四、纳税人中纳税信用等级为税务机关评定的C级或D级的，不得享受本通知第一条、第三条规定的政策。

五、纳税人按照纳税期限向主管国税机关申请退还增值税。本纳税期已交增值税额不足退还的，可在本纳税年度内以前纳税期已交增值税扣除已退增值税的余额

中退还,仍不足退还的可结转本纳税年度内以后纳税期退还,但不得结转以后年度退还。纳税期限不为按月的,只能对其符合条件的月份退还增值税。

六、本通知第一条规定的增值税优惠政策仅适用于生产销售货物,提供加工、修理修配劳务,以及提供营改增现代服务和生活服务税目(不含文化体育服务和娱乐服务)范围的服务取得的收入之和,占其增值税收入的比例达到50%的纳税人,但不适用于上述纳税人直接销售外购货物(包括商品批发和零售)以及销售委托加工的货物取得的收入。

纳税人应当分别核算上述享受税收优惠政策和不得享受税收优惠政策业务的销售额,不能分别核算的,不得享受本通知规定的优惠政策。

四、《财政部 国家税务总局关于安置残疾人员就业有关企业所得税优惠政策问题的通知》(财税〔2009〕70号)第一至第三条

一、企业安置残疾人员的,在按照支付给残疾职工工资据实扣除的基础上,可以在计算应纳税所得额时按照支付给残疾职工工资的100%加计扣除。

企业就支付给残疾职工的工资,在进行企业所得税预缴申报时,允许据实计算扣除;在年度终了进行企业所得税年度申报和汇算清缴时,再依照本条第一款的规定计算加计扣除。

二、残疾人员的范围适用《中华人民共和国残疾人保障法》的有关规定。

三、企业享受安置残疾职工工资100%加计扣除应同时具备如下条件:

(一)依法与安置的每位残疾人签订了1年以上(含1年)的劳动合同或服务协议,并且安置的每位残疾人在企业实际上岗工作。

(二)为安置的每位残疾人按月足额缴纳了企业所在区县人民政府根据国家政策规定的基本养老保险、基本医疗保险、失业保险和工伤保险等社会保险。

(三)定期通过银行等金融机构向安置的每位残疾人实际支付了不低于企业所在区县适用的经省级人民政府批准的最低工资标准的工资。

(四)具备安置残疾人上岗工作的基本设施。

五、《财政部 国家税务总局 中国残疾人联合会关于印发〈残疾人就业保障金征收使用管理办法〉的通知》(财税〔2015〕72号)第六条至第八条、第十六条

第六条 用人单位安排残疾人就业的比例不得低于本单位在职职工总数的1.5%。具体比例由各省、自治区、直辖市人民政府根据本地区的实际情况规定。

用人单位安排残疾人就业达不到其所在地省、自治区、直辖市人民政府规定比例的,应当缴纳保障金。

第七条 用人单位将残疾人录用为在编人员或依法与就业年龄段内的残疾人签订1年以上(含1年)劳动合同(服务协议),且实际支付的工资不低于当地最低工资标准,并足额缴纳社会保险费的,方可计入用人单位所安排的残疾人就业人数。

第八条 保障金按上年用人单位安排残疾人就业未达到规定比例的差额人数和本单位在职职工年平均工资之积计算缴纳。计算公式如下:

保障金年缴纳额＝(上年用人单位在职职工人数×所在地省、自治区、直辖市人民政府规定的安排残疾人就业比例－上年用人单位实际安排的残疾人就业人数)×上年用人单位在职职工年平均工资。

……

第十六条 自工商登记注册之日起3年内,对安排残疾人就业未达到规定比例、在职职工总数20人以下(含20人)的小微企业,免征保障金。

六、《财政部关于取消 调整部分政府性基金有关政策的通知》(财税〔2017〕18号)第二条第一款

二、调整残疾人就业保障金征收政策

(一)扩大残疾人就业保障金免征范围。将残疾人就业保障金免征范围,由自工商注册登记之日起3年内,在职职工总数20人(含)以下小微企业,调整为在职职工总数30人(含)以下的企业。调整免征范围后,工商注册登记未满3年、在职职工总数30人(含)以下的企业,可在剩余时期内按规定免征残疾人就业保障金。

七、《财政部关于降低部分政府性基金征收标准的通知》(财税〔2018〕39号)

自2018年4月1日起,将残疾人就业保障金征收标准上限,由当地社会平均工资的3倍降低至2倍。其中,用人单位在职职工平均工资未超过当地社会平均工资2倍(含)的,按用人单位在职职工年平均工资计征残疾人就业保障金;超过当地社会平均工资2倍的,按当地社会平均工资2倍计征残疾人就业保障金。

💬 小贴士

1. 风险提示

(1)企业享受残疾人优惠政策的,需满足相关政策文件规定的条件,若不符合规定,可能会面临补缴税款、罚款及滞纳金的风险。

(2)企业应综合考虑雇佣残疾人给企业带来的影响,不能仅从税收角度考虑。

2. 对照自检

(1)企业是否存在适合残疾人的岗位?

_____

_____

(2)企业是否具备安置残疾人上岗工作的基本设施?

_____

_____

㉗ 据为己有
——家政公司员工制模式免征增值税

业税分析

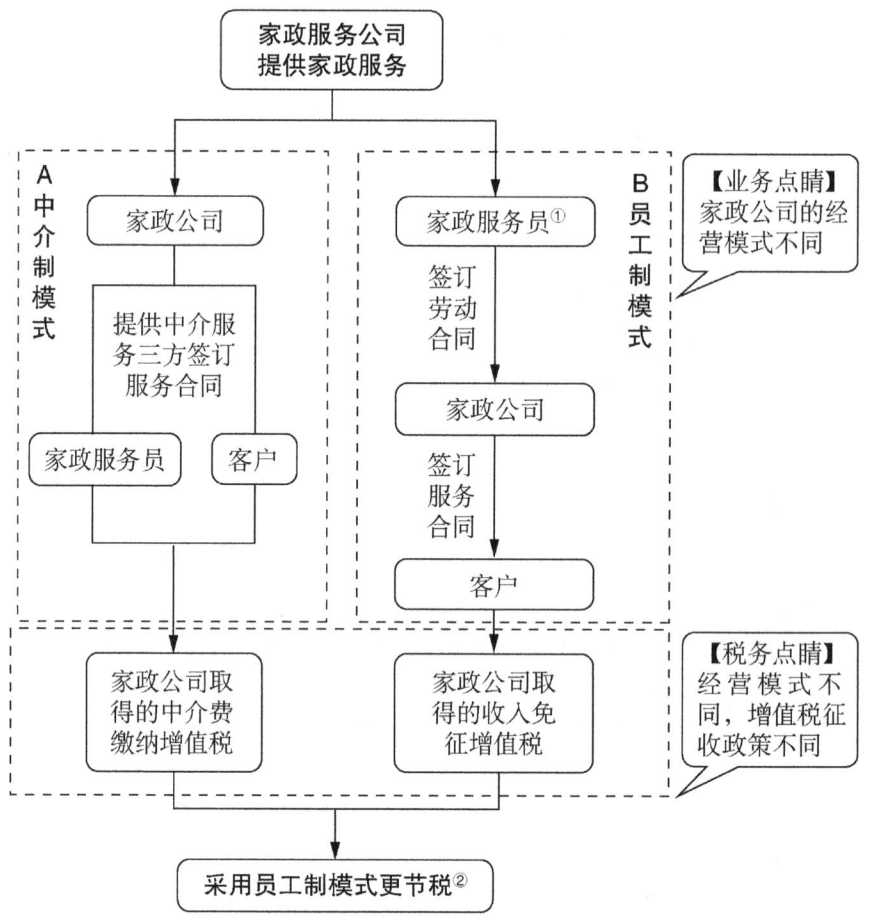

【附注】

注①：员工制家政服务员应同时满足的条件如下：
  a. 依法与家政服务企业签订半年及半年以上的劳动合同或者服务协议，且在该企业实际上岗工作；
  b. 家政服务企业为其按月足额缴纳了社会保险；
  c. 家政服务企业通过金融机构向其实际支付不低于企业所在地适用的最低工资标准的工资。

注②：企业进行方案选择时，还需考虑转为员工制模式的相关成本。

实战案例

梅松公司是一家家政服务公司。公司总经理赵总近日受朋友钱总的邀请,参加了钱总孩子的周岁宴会。宴会交谈中,钱总表达了对赵总的感谢,言其为自己推荐了满意的保姆。赵总也谈到了自己的困扰,尽管公司的服务在客户中树立了比较好的口碑,业务发展和创收总体比较好,但较高的税负也让其比较苦恼。钱总了解情况后,表示可以让自己公司的财务部梅经理帮忙出出主意。

梅经理根据赵总提供的信息,查阅到家政服务企业由员工制家政服务员提供家政服务取得的收入,可以免征增值税。于是建议赵总可以结合公司目前的情况,将公司经营模式由中介制转为员工制,并帮赵总做了详细分析。

【备选方案】

方案一:采取中介制模式。
方案二:采取员工制模式。

【分析】

假设梅松公司为增值税一般纳税人,采用中介制模式时,年含税中介费收入为500万元;采用员工制模式时,年含税服务收入为800万元,支付员工的工资保险等支出为300万元;企业取得的可抵扣进项税额为10万元,则两种方案的增值税缴纳情况及对企业利润的影响如表1-28所示。

表1-28 两种方案的对比

单位:万元

方案	计税规定	增值税	对企业利润影响
方案一	按照生活服务计征增值税,适用6%税率	500÷(1+6%)×6%−10=18.3	500÷(1+6%)−18.3×(7%+3%+2%)=469.5
方案二	享受增值免征优惠	0	800−300−10=490

结论

采用方案二即员工制模式可以享受免征增值税的优惠,少缴纳增值税18.3万元,同时可比方案一多增加企业利润20.5(490−469.5)万元。

政策依据

一、《财政部 国家税务总局关于全面推开营业税改征增值税试点的通知》(财税

〔2016〕36号）附件3《营业税改征增值税试点过渡政策的规定》第一条第三十一款

一、下列项目免征增值税

......

（三十一）家政服务企业由员工制家政服务员提供家政服务取得的收入。

家政服务企业，是指在企业营业执照的规定经营范围中包括家政服务内容的企业。

员工制家政服务员，是指同时符合下列3个条件的家政服务员：

1. 依法与家政服务企业签订半年及半年以上的劳动合同或者服务协议，且在该企业实际上岗工作。

2. 家政服务企业为其按月足额缴纳了企业所在地人民政府根据国家政策规定的基本养老保险、基本医疗保险、工伤保险、失业保险等社会保险。对已享受新型农村养老保险和新型农村合作医疗等社会保险或者下岗职工原单位继续为其缴纳社会保险的家政服务员，如果本人书面提出不再缴纳企业所在地人民政府根据国家政策规定的相应的社会保险，并出具其所在乡镇或者原单位开具的已缴纳相关保险的证明，可视同家政服务企业已为其按月足额缴纳了相应的社会保险。

3. 家政服务企业通过金融机构向其实际支付不低于企业所在地适用的经省级人民政府批准的最低工资标准的工资。

二、《财政部 国家税务总局关于全面推开营业税改征增值税试点的通知》（财税〔2016〕36号）附件1《营业税改征增值税试点实施办法》所附《销售服务、无形资产、不动产注释》第一条第七款第五项

生活服务，是指为满足城乡居民日常生活需求提供的各类服务活动。包括文化体育服务、教育医疗服务、旅游娱乐服务、餐饮住宿服务、居民日常服务和其他生活服务。

......

5. 居民日常服务。

居民日常服务，是指主要为满足居民个人及其家庭日常生活需求提供的服务，包括市容市政管理、家政、婚庆、养老、殡葬、照料和护理、救助救济、美容美发、按摩、桑拿、氧吧、足疗、沐浴、洗染、摄影扩印等服务。

小贴士

1. 风险提示

（1）采用员工制模式时，雇佣员工须签订半年及半年以上的劳动合同或者服务协议，并为员工足额缴纳社会保险，通过银行转账支付工资，才能享受税收优惠。

（2）企业采用员工制会导致企业人力成本及管理成本增加，若增加的成本大于

降低的税负,企业会得不偿失。

2. 对照自检

(1) 企业目前是否有家政服务相关的业务? 企业目前采用什么模式进行经营?

_____

_____

(2) 企业转换为员工制经营时,是否会增加较大的管理成本及人工成本?

_____

_____

㉘ 牵线搭桥

——勤工俭学方式多，改变模式享优惠

📚 业税分析

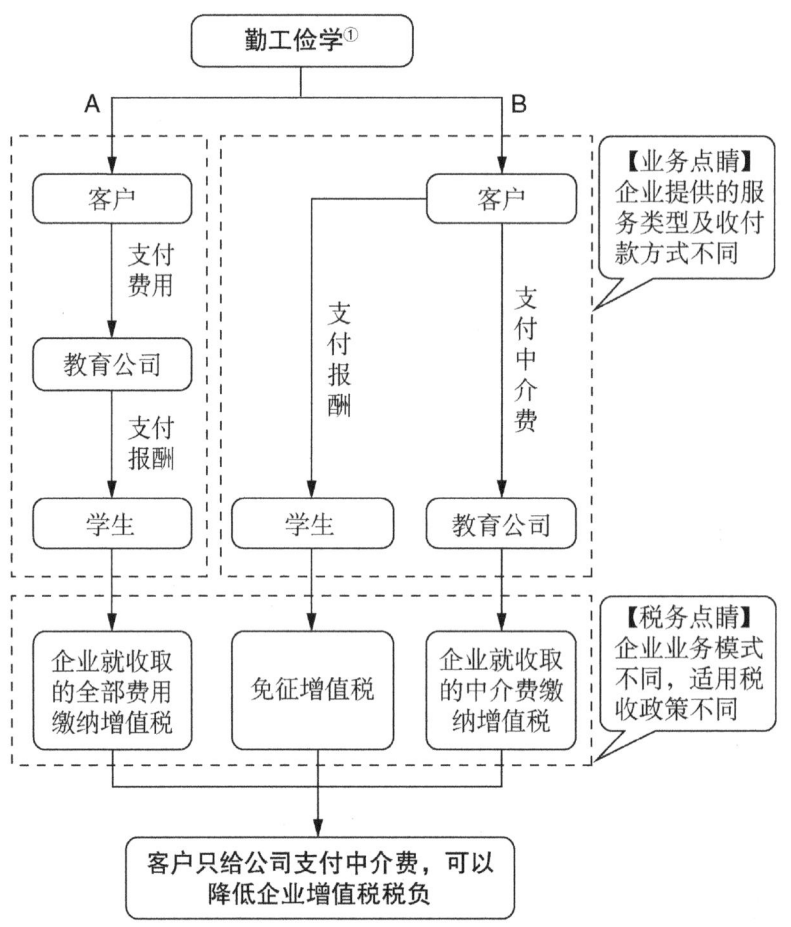

【附注】

注①：勤工助学活动是指学生在学校的统一组织下利用课余时间，通过劳动取得合法报酬，用于改善学习和生活条件的社会实践活动。

实战案例

梅松公司是一家教育科技公司,面向中小学生提供教育服务,因可抵扣的进项税额比较少,每年的增值税税负都比较高。最近恰逢大学同学毕业十周年聚会,公司总经理赵总借此机会向从事税务工作的同窗梅经理请教,希望其给出具一个纳税筹划方案。

在了解了梅松公司的基本情况后,梅经理指出,可以通过改变公司的经营模式降低增值税税负,并帮赵总做了详细分析。

【备选方案】

方案一:公司直接与客户签订服务合同,向客户收取费用并向聘请的学生支付劳务报酬。

方案二:学生直接与客户签订服务合同,由客户向学生支付服务费,公司仅收取一定的中介服务费。

【分析】

假设梅松公司为增值税一般纳税人,年含税销售额为500万元,发放给学生的劳务费用为300万元,取得的可抵扣进项税额为2万元;采用中介模式时,向客户共收取中介费200万元,则两种方案的增值税缴纳情况及对企业利润的影响如表1-29所示。

表1-29 两种方案的对比

单位:万元

方案	计税规定	增值税	附加税	对企业利润的影响
方案一	企业向客户收取的全部费用计算缴纳增值税;学生取得的收入属于非独立工作收入,不涉及增值税	$500 \div (1+6\%) \times 6\% - 2 = 26.3$	$26.3 \times (7\% + 3\% + 2\%) = 3.16$	$500 \div (1+6\%) - 300 - 3.16 = 168.54$
方案二	企业收取的中介费缴纳增值税;学生取得的收入免征增值税	$200 \div (1+6\%) \times 6\% - 2 = 9.32$	$9.32 \times (7\% + 3\% + 2\%) = 1.12$	$200 \div (1+6\%) - 1.12 = 187.56$

结 论

采用方案二,梅松公司仅就收取的服务费缴纳增值税,比方案一少缴纳增值税万元16.98(26.3-9.32)万元,多增加企业利润19.02(187.56-168.54)万元。

政策依据

一、《财政部 国家税务总局关于全面推开营业税改征增值税试点的通知》(财税〔2016〕36号)附件3《营业税改征增值税试点过渡政策的规定》第一条第九款

一、下列项目免征增值税

(九)学生勤工俭学提供的服务

二、《财政部 国家税务总局关于全面推开营业税改征增值税试点的通知》(财税〔2016〕36号)附件1《营业税改征增值税试点实施办法》所附《销售服务、无形资产、不动产注释》第一条第七款第二项

2.教育医疗服务。

教育医疗服务,包括教育服务和医疗服务。

(1)教育服务,是指提供学历教育服务、非学历教育服务、教育辅助服务的业务活动。

学历教育服务,是指根据教育行政管理部门确定或者认可的招生和教学计划组织教学,并颁发相应学历证书的业务活动。包括初等教育、初级中等教育、高级中等教育、高等教育等。

非学历教育服务,包括学前教育、各类培训、演讲、讲座、报告会等。

教育辅助服务,包括教育测评、考试、招生等服务。

三、《中华人民共和国增值税法》第十条、第十一条

第十条 增值税税率:

(一)纳税人销售货物、加工修理修配服务、有形动产租赁服务,进口货物,除本条第二项、第四项、第五项规定外,税率为百分之十三。

(二)纳税人销售交通运输、邮政、基础电信、建筑、不动产租赁服务,销售不动产,转让土地使用权,销售或者进口下列货物,除本条第四项、第五项规定外,税率为百分之九:

1.农产品、食用植物油、食用盐;

2.自来水、暖气、冷气、热水、煤气、石油液化气、天然气、二甲醚、沼气、居民用煤炭制品;

3.图书、报纸、杂志、音像制品、电子出版物;

4.饲料、化肥、农药、农机、农膜。

(三)纳税人销售服务、无形资产,除本条第一项、第二项、第五项规定外,税率为百分之六。

(四)纳税人出口货物,税率为零;国务院另有规定的除外。

(五)境内单位和个人跨境销售国务院规定范围内的服务、无形资产,税率为零。

第十一条 适用简易计税方法计算缴纳增值税的征收率为百分之三。

四、《关于印发〈高等学校勤工助学管理办法〉的通知》(教财〔2007〕7号)第四条、第六条

第四条 本办法所称勤工助学活动是指学生在学校的组织下利用课余时间,通过劳动取得合法报酬,用于改善学习和生活条件的社会实践活动。勤工助学是学校学生资助工作的重要组成部分,是提高学生综合素质和资助家庭经济困难学生的有效途径。

......

第六条 勤工助学活动由学校统一组织和管理。任何单位或个人未经学校学生资助管理机构同意,不得聘用在校学生打工。学生私自在校外打工的行为,不在本办法规定之列。

💬 小贴士

对照自检
(1) 企业与学生之间签订的合同类型是什么?

_____
_____

(2) 根据当地主管税务机关规定,企业支付学生勤工俭学费用时,是否需要取得发票作为税前扣除的凭证?

_____
_____

㉙ 一清二楚

——软件产业分别核算享受即征即退

业税分析

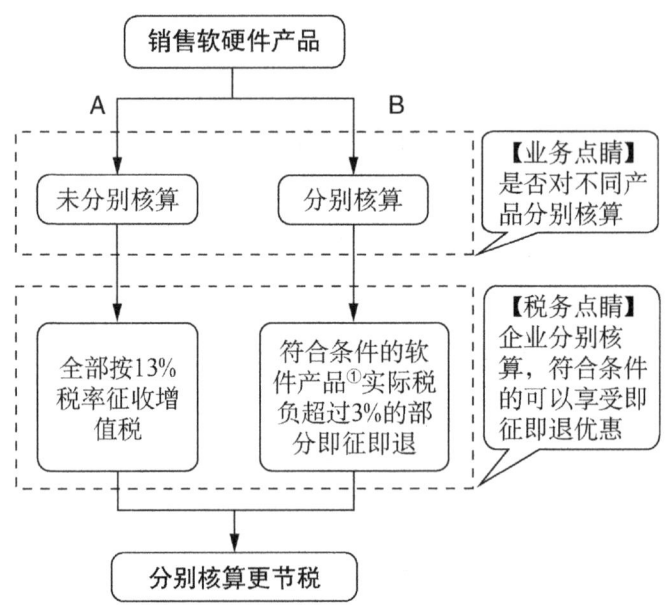

【附注】

注①：享受即征即退软件产品应符合的条件：
  a. 自行开发生产的软件产品或将进口软件产品进行本地化改造；
  b. 取得省级软件产业主管部门认可的软件检测机构出具的检测证明材料；
  c. 取得软件产业主管部门颁发的软件产品登记证书或者著作权行政管理部门颁发的计算机软件著作权登记证书。

实战案例

梅松公司是一家科技公司,主营智能酒店软、硬件设备的生产与销售,由于公司业务成本中人工成本占比较大,进项税额较少,每年的增值税税负比较高。在公司2021年年度会议结束后,赵总请来了财务部梅经理,让她针对公司现有的情况,制定税务筹划方案。

梅经理经过查阅资料发现,公司销售的自行开发生产的软件产品,可享受即征即退优惠。针对这一突破点,梅经理当即联系了赵总,提出了两种方案并对增值税的缴纳情况进行了分析。

【备选方案】

方案一:签订合同时不区分软、硬件设备。
方案二:签订合同时区分软、硬件设备的价格。

【分析】

假设梅松公司为增值税一般纳税人,预计年不含税销售额10 000万元,其中,销售其自行开发生产的软件设备取得收入8 000万元,销售硬件设备取得收入2 000万元。预计一年取得的可抵扣进项税额为300万(硬件设备对应进项为80万元,软件产品对应进项为220万元)。

两种方案的增值税缴纳情况如表1-30所示。

表1-30 两种方案的增值税的缴纳情况对比

单位:万元

方案	增值税计征规定	增值税
方案一	全部适用13%计征增值税	10 000×13%−300=1 000
方案二	软件产品享受即征即退	2 000×13%−80+8 000×3%=420

结论

方案二比方案一节税580(1 000−420)万元,是税收上的最优选择。

政策依据

《财政部 国家税务总局关于软件产品增值税政策的通知》(财税〔2011〕100号)第一条至第四条、第七条

一、软件产品增值税政策

（一）增值税一般纳税人销售其自行开发生产的软件产品，按17%税率征收增值税后，对其增值税实际税负超过3%的部分实行即征即退政策。

（二）增值税一般纳税人将进口软件产品进行本地化改造后对外销售，其销售的软件产品可享受本条第一款规定的增值税即征即退政策。

……

二、软件产品界定及分类

本通知所称软件产品，是指信息处理程序及相关文档和数据。软件产品包括计算机软件产品、信息系统和嵌入式软件产品。嵌入式软件产品是指嵌入在计算机硬件、机器设备中并随其一并销售，构成计算机硬件、机器设备组成部分的软件产品。

三、满足下列条件的软件产品，经主管税务机关审核批准，可以享受本通知规定的增值税政策：

1. 取得省级软件产业主管部门认可的软件检测机构出具的检测证明材料；

2. 取得软件产业主管部门颁发的《软件产品登记证书》或著作权行政管理部门颁发的《计算机软件著作权登记证书》。

四、软件产品增值税即征即退税额的计算

（一）软件产品增值税即征即退税额的计算方法：

即征即退税额＝当期软件产品增值税应纳税额－当期软件产品销售额×3%

当期软件产品增值税应纳税额＝当期软件产品销项税额－当期软件产品可抵扣进项税额

当期软件产品销项税额＝当期软件产品销售额×17%

（二）嵌入式软件产品增值税即征即退税额的计算：

1. 嵌入式软件产品增值税即征即退税额的计算方法

即征即退税额＝当期嵌入式软件产品增值税应纳税额－当期嵌入式软件产品销售额×3%

当期嵌入式软件产品增值税应纳税额＝当期嵌入式软件产品销项税额－当期嵌入式软件产品可抵扣进项税额

当期嵌入式软件产品销项税额＝当期嵌入式软件产品销售额×17%

2. 当期嵌入式软件产品销售额的计算公式

当期嵌入式软件产品销售额＝当期嵌入式软件产品与计算机硬件、机器设备销售额合计－当期计算机硬件、机器设备销售额

计算机硬件、机器设备销售额按照下列顺序确定：

① 按纳税人最近同期同类货物的平均销售价格计算确定；

② 按其他纳税人最近同期同类货物的平均销售价格计算确定；

③ 按计算机硬件、机器设备组成计税价格计算确定。

计算机硬件、机器设备组成计税价格＝计算机硬件、机器设备成本×(1＋10%)。

七、对增值税一般纳税人随同计算机硬件、机器设备一并销售嵌入式软件产品,如果适用本通知规定按照组成计税价格计算确定计算机硬件、机器设备销售额的,应当分别核算嵌入式软件产品与计算机硬件、机器设备部分的成本。凡未分别核算或者核算不清的,不得享受本通知规定的增值税政策。

小贴士

1. 风险提示

企业销售嵌入式的软件产品,软件、硬件分别核算的,收入、成本都要做到分别核算,才能够享受即征即退的优惠政策。

2. 对照自检

企业是否存在满足即征即退条件的软件产品,并单独核算？其是否有专门的人员整理相关的证明材料、证书等？

㉚ 左右权衡

——放弃免税权也节税

业税分析

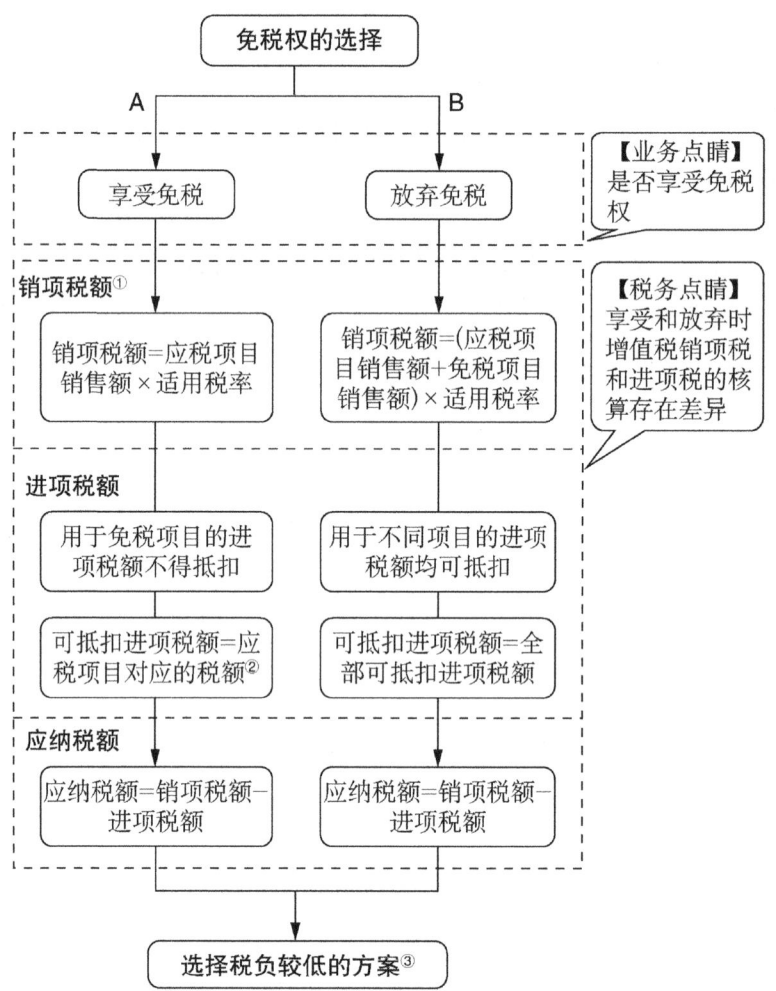

【附注】

注①：免税项目不产生销项税额，故不能开具专用发票，会对产品的销售产生一定的影响。

注②：用于免税项目的不得抵扣进项税额，既可以按照扣税凭证上对应的税额确认，也可以按照销售额占比进行分摊计算。

注③：免税收入对应的进项税额大于放弃免税时增加的销项税额时，可放弃免税权。

实战案例

梅松公司是一家医药科技公司,因业务发展需要,公司管理层计划投产新的药品,其中包含免税药品。

采购部门最近为新药品的生产购进了设备和原材料,会计小松在进行业务核算时,发现用于免税项目的进项税额不得抵扣,于是对于是否选择享受该免税优惠,向财务总监梅总进行了请教。梅总提出可以分别测算一下享受免税权和放弃免税权的税负,进而做出选择。

【备选方案】

方案一:享受免税权。

方案二:放弃免税权。

【分析】

假设梅松公司预计当月取得不含税销售收入 1 000 万元,其中销售应税药品取得 800 万元,免税药品 200 万元;共计产生进项税额 80 万元,其中专用于免税药品生产的进项税额为 20 万元,无法划分用途的进项税额为 60 万元。

两种方案增值的缴纳情况及对企业利润的影响如表 1-31 所示。

表 1-31 两种方案的对比

单位:万元

方案	销项税额	进项税额	应纳税额	对企业利润影响
方案一	800×13%=104	60×800÷(800+200)=48	104−48=56	1 000−20−60×200÷(800+200)=968
方案二	(800+200)×13%=130	20+60=80	130−80=50	1 000

结论

选择方案二,放弃免税权,可少缴纳增值税 6(56−50)万元,同时多增加企业利润 32(1 000−968)万元。

政策依据

一、《中华人民共和国增值税法》第十条、第十一条

第十条 增值税税率:

（一）纳税人销售货物、加工修理修配服务、有形动产租赁服务，进口货物，除本条第二项、第四项、第五项规定外，税率为百分之十三。

（二）纳税人销售交通运输、邮政、基础电信、建筑、不动产租赁服务，销售不动产，转让土地使用权，销售或者进口下列货物，除本条第四项、第五项规定外，税率为百分之九：

1. 农产品、食用植物油、食用盐；

2. 自来水、暖气、冷气、热水、煤气、石油液化气、天然气、二甲醚、沼气、居民用煤炭制品；

3. 图书、报纸、杂志、音像制品、电子出版物；

4. 饲料、化肥、农药、农机、农膜。

（三）纳税人销售服务、无形资产，除本条第一项、第二项、第五项规定外，税率为百分之六。

（四）纳税人出口货物，税率为零；国务院另有规定的除外。

（五）境内单位和个人跨境销售国务院规定范围内的服务、无形资产，税率为零。

第十一条　适用简易计税方法计算缴纳增值税的征收率为百分之三。

二、《财政部　国家税务总局关于全面推开营业税改征增值税试点的通知》（财税〔2016〕36号）附件1《营业税改征增值税试点实施办法》第二十七条第一款、第二十九条

第二十七条　下列项目的进项税额不得从销项税额中抵扣：

用于简易计税方法计税项目、免征增值税项目、集体福利或者个人消费的购进货物、加工修理修配劳务、服务、无形资产和不动产。其中涉及的固定资产、无形资产、不动产，仅指专用于上述项目的固定资产、无形资产（不包括其他权益性无形资产）、不动产。

纳税人的交际应酬消费属于个人消费。

第二十九条　适用一般计税方法的纳税人，兼营简易计税方法计税项目、免征增值税项目而无法划分不得抵扣的进项税额，按照下列公式计算不得抵扣的进项税额：

不得抵扣的进项税额＝当期无法划分的全部进项税额×（当期简易计税方法计税项目销售额＋免征增值税项目销售额）÷当期全部销售额

纳税人发生应税行为适用免税、减税规定的，可以放弃免税、减税，依照本办法的规定缴纳增值税。放弃免税、减税后，36个月内不得再申请免税、减税。

三、《国家税务总局关于加强免征增值税货物专用发票管理的通知》（国税函〔2005〕780号）第一条

增值税一般纳税人（以下简称"一般纳税人"）销售免税货物，一律不得开具专用发票（国有粮食购销企业销售免税粮食除外）。如违反规定开具专用发票的，则对其开具的销售额依照增值税适用税率全额征收增值税，不得抵扣进项税额，并按照《中华人民共和国发票管理办法》及其实施细则的有关规定予以处罚。

> **小贴士**

1. 风险提示

（1）企业放弃免税后，36 个月内不得再申请免税。故企业应结合未来 3 年的经营情况，综合考虑是否放弃免税权。

（2）除考虑税负外，还需考虑企业的经营收益，如企业选择享受免税权时，因免税项目不能开具专票，会对销量产生一定的影响，影响企业的综合收益。

2. 对照自检

（1）企业是否兼营免税产品的生产销售？预计未来 3 年企业的经营情况如何？

_____

_____

（2）若企业放弃免税权，是否会对产品的销量产生影响？

_____

_____

③① 另立门户

——分立方式设立公司更节税

◇ 业税分析

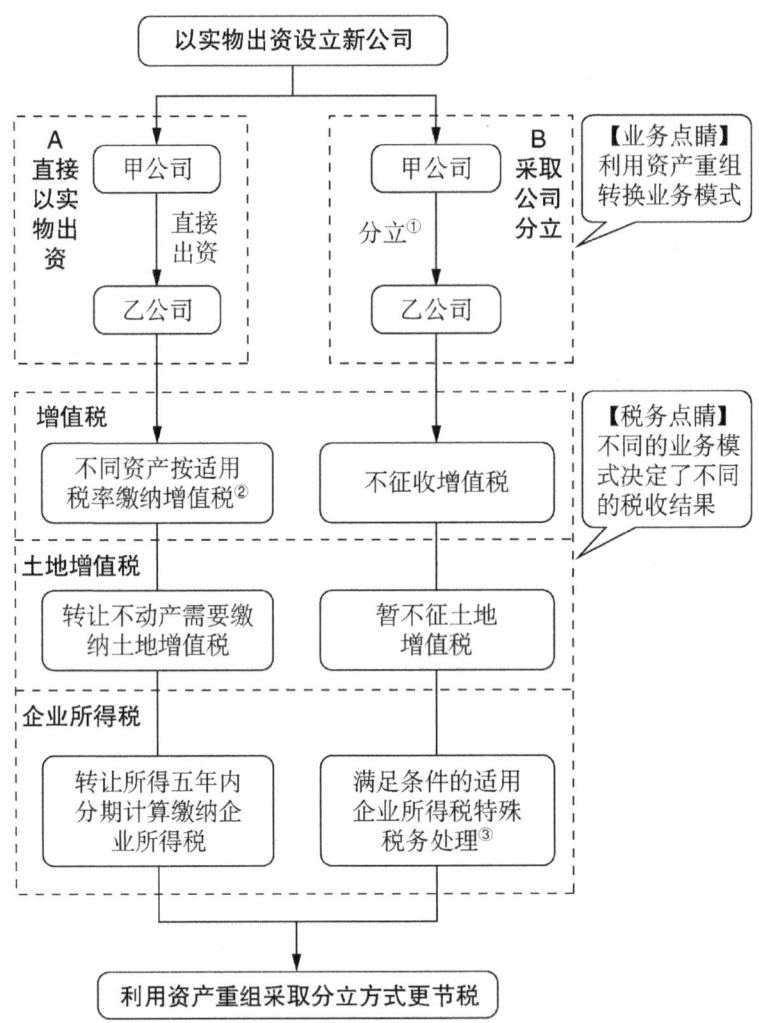

【附注】

注①：分立指通过分立方式将实物资产以及与其相关联的债权、负债和劳动力一并转让。

注②：货物适用13%税率，不动产适用9%税率。

注③：适用企业所得税特殊性处理应满足的条件及处理规定详见财税〔2009〕59号第五条、第六条。

实战案例

梅松公司是一家主营电子产品生产销售的企业,因业务发展需要,公司总经理赵总决定成立一家子公司税台公司,计划以梅松公司的一处房产和一台设备出资,但了解到实物出资的相关税负后,赵总有些犯难,于是请来了财务部梅经理,让她提出解决办法。

梅经理了解到公司的新计划与赵总的苦恼后,与赵总进行了交流并提出了方案,旨在降低企业的税负。

【备选方案】

方案一:直接以房产和设备出资设立税台公司。

方案二:采取公司分立的形式设立税台公司。分立后的投资主体与原公司相同,并且将房产、设备和一部分相关的负债、劳动力一并转让给税台公司。

【分析】

假设税台公司的投资主体与梅松公司相同,该房产的评估价为1 000万元,允许扣除项目金额为700万元(包括取得土地使用权所支付的金额、旧房及建筑物的评估价格、转让房地产有关的税金等),该设备的价值为500万元。当地契税税率为3%,企业分立不满足特殊性税务处理的条件。

两种方案的税负情况如表1-32所示。

表1-32 两种方案税负分析

单位:万元

税负	方案一	方案二
增值税	1 000÷(1+9%)×9%+500÷(1+13%)×13%=140.09	不征收增值税
土地增值税	[1 000÷(1+9%)−700]×30%=65.23	暂不征土地增值税
契税	1 000÷(1+9%)×3%=27.52	免征契税

注:因不适用企业重组特殊性税务处理条件,方案一和方案二的非货币资产转让均应按公允价值确认资产转让所得或损失,并按规定计算缴纳企业所得税,详见财税〔2014〕116号、财税〔2009〕59号。

方案二属于资产重组业务,可以享受税收优惠,减轻双方企业的税负,少缴纳税款232.84(140.09+65.23+27.52)万元,是税收上的最优选择。

📋 政策依据

一、《关于继续实施企业、事业单位改制重组有关契税政策的公告》(财政部 税务总局公告 2023 年第 49 号)第四条、第九条、第十一条

四、公司分立

公司依照法律规定、合同约定分立为两个或两个以上与原公司投资主体相同的公司,对分立后公司承受原公司土地、房屋权属,免征契税。

九、公司股权(股份)转让

在股权(股份)转让中,单位、个人承受公司股权(股份),公司土地、房屋权属不发生转移,不征收契税。

十一、本公告执行期限为 2024 年 1 月 1 日至 2027 年 12 月 31 日。

二、《关于继续实施企业改制重组有关土地增值税政策的公告》(财政部 税务总局公告 2023 年第 51 号)第三条、第五条、第九条

三、按照法律规定或者合同约定,企业分设为两个或两个以上与原企业投资主体相同的企业,对原企业将房地产转移、变更到分立后的企业,暂不征收土地增值税。

五、上述改制重组有关土地增值税政策不适用于房地产转移任意一方为房地产开发企业的情形。

九、本公告执行至 2027 年 12 月 31 日。

三、《财政部 国家税务总局关于非货币性资产投资企业所得税政策问题的通知》(财税〔2014〕116 号)第一条、第二条

一、居民企业(以下简称企业)以非货币性资产对外投资确认的非货币性资产转让所得,可在不超过 5 年期限内,分期均匀计入相应年度的应纳税所得额,按规定计算缴纳企业所得税。

二、企业以非货币性资产对外投资,应对非货币性资产进行评估并按评估后的公允价值扣除计税基础后的余额,计算确认非货币性资产转让所得。

四、《财政部 国家税务总局关于企业重组业务企业所得税处理若干问题的通知》(财税〔2009〕59 号)第四条第五款

企业分立,当事各方应按下列规定处理:

1. 被分立企业对分立出去资产应按公允价值确认资产转让所得或损失。
2. 分立企业应按公允价值确认接受资产的计税基础。
3. 被分立企业继续存在时,其股东取得的对价应视同被分立企业分配进行处理。
4. 被分立企业不再继续存在时,被分立企业及其股东都应按清算进行所得税处理。
5. 企业分立相关企业的亏损不得相互结转弥补。

五、《国家税务总局关于纳税人资产重组有关增值税问题的公告》(国家税务总局公告 2011 年第 13 号)

纳税人在资产重组过程中,通过合并、分立、出售、置换等方式,将全部或者部分实物资产以及与其相关联的债权、负债和劳动力一并转让给其他单位和个人,不属于增值税的征税范围,其中涉及的货物转让,不征收增值税。

小贴士

1. 风险提示

纳税人需要考虑与实物资产相关联的债权、负债和劳动力一并转让的可行性。例如,要避免债权人或其他利益相关者怀疑企业分立行为抱有逃避债务的目的而不配合企业分立的情况。

2. 对照自检

企业分立时,能否同时满足上述条件,以享受各项税收优惠?

㉜ 异曲同工

——来料和进料加工巧选择

业税分析

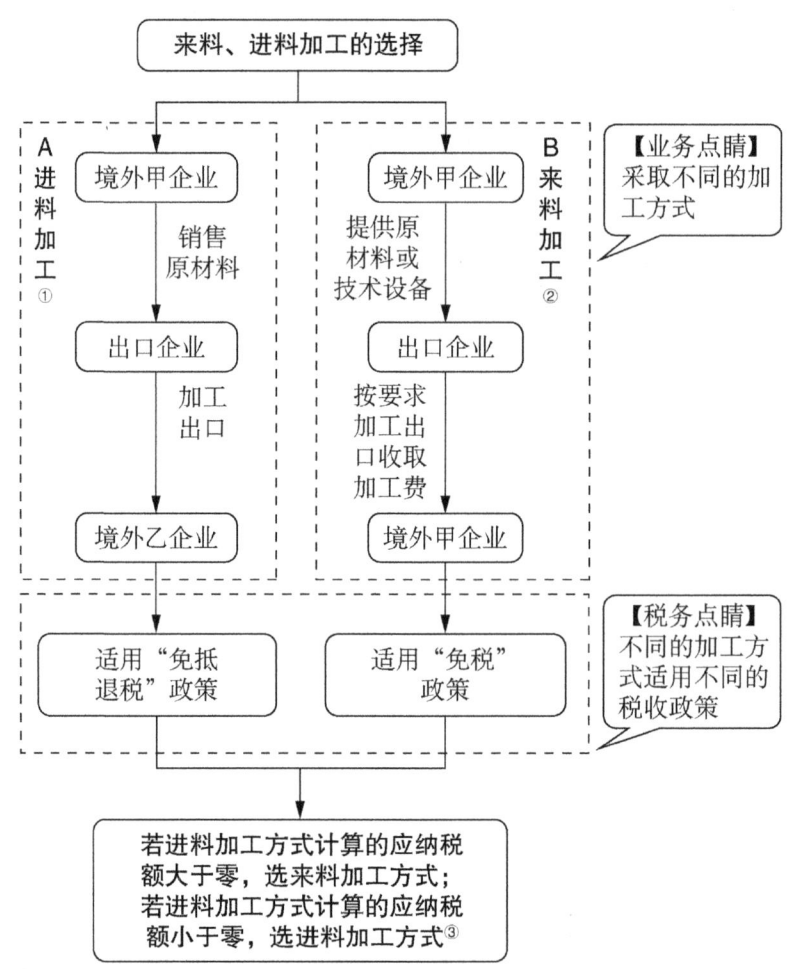

【附注】

注①：进料加工指出口企业用从境外购进的原材料，经生产加工后复出口。

注②：来料加工指境外企业提供一定的原材料或技术设备，出口企业按要求加工出口并收取加工费。

注③：除税负外，还需综合考虑货物所有权、经营风险等因素进行优化选择。

实战案例

梅松公司为赵总经营的一家生产出口企业。公司市场部经过调研,发现一款甲产品是热销商品,于是公司决定将该产品列入生产计划。市场部在调研中发现,该商品可以采取进料加工或来料加工两种方式加工出口,但对于该选择哪种方式,市场部拿不定主意,于是赵总请来了财务部梅经理来做方案分析。

梅经理查阅了出口加工两种方式相关的税收政策,对两种方式的增值税税务处理进行了详细分析。

【备选方案】

方案一:采取进料加工的方式。

方案二:采取来料加工的方式,假定来料加工收取的加工费为每吨 1 000 元。

【分析】

假设梅松公司生产甲商品所耗用的保税进口料件售价 3 000 元/吨,其他准予抵扣的进项税为 40 元/吨,加工后出口的不含税售价为 4 000 元/吨,甲商品适用征税率 13%、退税率 10%。

两种方案的增值税税务处理如表 1-33 所示。

表 1-33 两种方案的增值税税务处理

方案		增值税税务处理
方案一	进料加工	适用"免抵退税"政策(具体计算过程见表 1-34)
方案二	来料加工	免征增值税

其中,方案一纳税计算过程如表 1-34 所示。

表 1-34　方案一纳税计算过程

单位:元

步骤	计算详解
第一步:计算不得免征和抵扣税额	(1) 当期每吨不得免征和抵扣税额抵减额＝当期免税购进原材料价格×(出口货物适用税率－出口货物退税率)＝3 000×(13%－10%)＝90 (2) 当期每吨不得免征与抵扣税额＝当期出口货物离岸价×外汇人民币折合率×(出口货物适用税率－出口货物退税率)－当期不得免征和抵扣税额抵减额＝4 000×(13%－10%)－90＝30
第二步:计算当期应纳税额	当期每吨应纳税额＝当期销售货物每吨税额－(每吨进项税额－当期免抵退不得免征和抵扣税额)＝0－(40－30)＝－10
第三步:计算当期免抵退税额	(1) 当期每吨免抵退税额抵减额＝当期免税购进原材料价格×出口货物退税率＝3 000×10%＝300 (2) 当期每吨免抵退税额＝当期出口货物离岸价×外汇人民币折合率×出口货物退税率－当期免抵退税额抵减额＝4 000×10%－300＝100
第四步:计算应退税额和免抵税额	当期每吨留抵税额 10 元小于免抵退税额 100 元,故每吨应退税额＝10,免抵税额＝100－10＝90

方案一可收到退税款,方案二适用免税政策,收取的加工费不征税也不退税。因此,方案一优于方案二。

政策依据

《财政部 国家税务总局关于出口货物劳务增值税和消费税政策的通知》(财税〔2012〕39 号)第二条、第四条第一至第二款、第五条第一款、第六条第一款

二、增值税退(免)税办法

适用增值税退(免)税政策的出口货物劳务,按照下列规定实行增值税免抵退税或免退税办法。

(一)免抵退税办法。生产企业出口自产货物和视同自产货物(视同自产货物的具体范围见附件 4)及对外提供加工修理修配劳务,以及列名生产企业(具体范围见附件 5)出口非自产货物,免征增值税,相应的进项税额抵减应纳增值税额(不包括适用增值税即征即退、先征后退政策的应纳增值税额),未抵减完的部分予以退还。

(二)免退税办法。不具有生产能力的出口企业(以下称外贸企业)或其他单位出口货物劳务,免征增值税,相应的进项税额予以退还。

......

四、增值税退(免)税的计税依据

出口货物劳务的增值税退(免)税的计税依据,按出口货物劳务的出口发票(外销发票)、其他普通发票或购进出口货物劳务的增值税专用发票、海关进口增值税专用缴款书确定。

(一)生产企业出口货物劳务(进料加工复出口货物除外)增值税退(免)税的计税依据,为出口货物劳务的实际离岸价(FOB)。实际离岸价应以出口发票上的离岸价为准,但如果出口发票不能反映实际离岸价,主管税务机关有权予以核定。

(二)生产企业进料加工复出口货物增值税退(免)税的计税依据,按出口货物的离岸价(FOB)扣除出口货物所含的海关保税进口料件的金额后确定。

......

五、增值税免抵退税和免退税的计算

(一)生产企业出口货物劳务增值税免抵退税,依下列公式计算:

1. 当期应纳税额的计算

当期应纳税额=当期销项税额-(当期进项税额-当期不得免征和抵扣税额)

当期不得免征和抵扣税额=当期出口货物离岸价×外汇人民币折合率×(出口货物适用税率-出口货物退税率)-当期不得免征和抵扣税额抵减额

当期不得免征和抵扣税额抵减额=当期免税购进原材料价格×(出口货物适用税率-出口货物退税率)

2. 当期免抵退税额的计算

当期免抵退税额=当期出口货物离岸价×外汇人民币折合率×出口货物退税率-当期免抵退税额抵减额

当期免抵退税额抵减额=当期免税购进原材料价格×出口货物退税率

3. 当期应退税额和免抵税额的计算

(1)当期期末留抵税额≤当期免抵退税额,则

当期应退税额=当期期末留抵税额

当期免抵税额=当期免抵退税额-当期应退税额

(2)当期期末留抵税额>当期免抵退税额,则

当期应退税额=当期免抵退税额 　　当期免抵税额=0

当期期末留抵税额为当期增值税纳税申报表中"期末留抵税额"。

......

六、适用增值税免税政策的出口货物劳务

对符合下列条件的出口货物劳务,除适用本通知第七条规定外,按下列规定实行免征增值税(以下称增值税免税)政策:

(一)适用范围。

适用增值税免税政策的出口货物劳务,是指:

1. 出口企业或其他单位出口规定的货物,具体是指:
……
(12)来料加工复出口的货物。
……

小贴士

1. 风险提示

进料加工的货物权利归属于出口企业,同时,出口企业需要承担经营、销售风险。来料加工的货物权利归属于外商,出口企业只收取加工费,不承担经营风险、销售风险,因此,除税负外,纳税人还需要综合考虑货物所有权、经营风险等因素进行优化选择。

2. 加工方式的优化选择

加工方式的优化选择如表1-35所示。

表1-35 加工方式的优化选择

适用情形	具体表现	优化选择
进料加工方式下计算出的应纳税额>0	货物销售价格高、利润率高	来料加工
	加工货物耗用人力、物力的进项税较小	
	征退税率相差大	
进料加工方式下计算出的应纳税额<0	销售价格低、利润率低	进料加工

3. 对照自检

(1)企业是否能够自主选择来料加工或进料加工?

_____

_____

(2)企业选择进料加工的,是否有足够的资金流支撑该业务?

_____

_____

㉝ 因材施教

——自营出口、外贸出口巧选择

业税分析

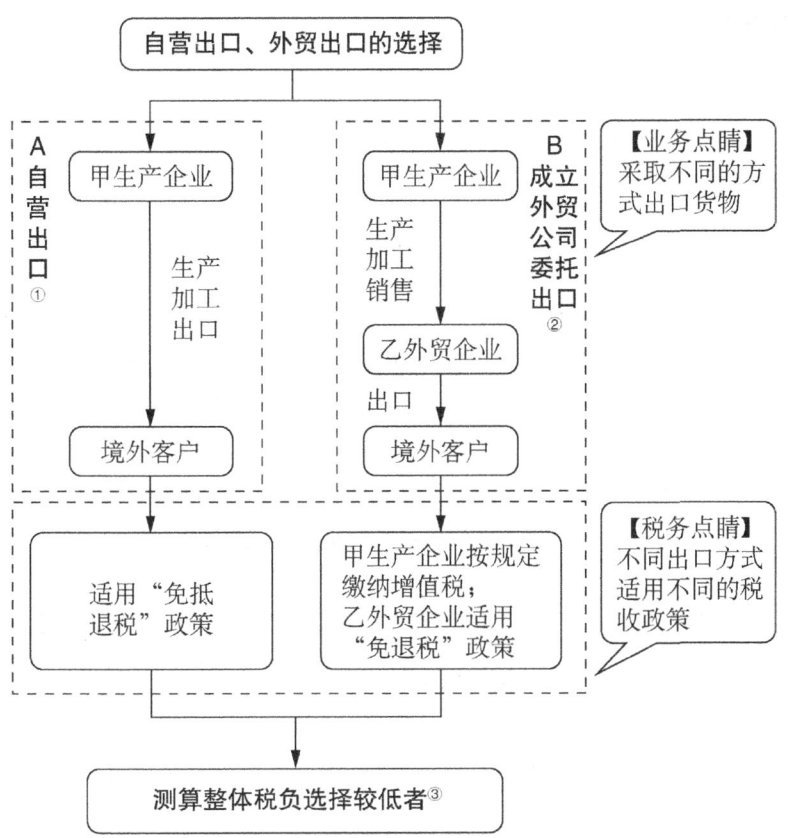

【附注】

注①：甲生产企业生产加工货物后自行出口（需取得自营进出口权）。

注②：甲生产企业成立一家专门负责出口的外贸企业（乙外贸企业），甲企业将生产的货物出售给乙企业，再由乙企业对外出口。

注③：该筹划适用于退税率低于征税率的货物，对于不存在征退税率差的货物，两种方案无差别。

实战案例

梅松公司是一家大型生产企业,2021年5月公司新研发的甲产品,不但成为国内市场的热销商品,也得到国外消费者的青睐,于是公司决定将商品投放国际市场,出口销售。但对于采取自营出口还是委托外贸公司出口,公司负责人赵总拿不定主意,于是请来了财务部梅经理来做方案分析。

梅经理结合不同出口方式的税收政策,出具了方案并进行了详细分析。

【备选方案】

方案一:由梅松公司自营出口。

方案二:梅松公司设立一家外贸公司税台公司,将产品出售给税台公司,再由税台公司对外出口。

【分析】

假设梅松公司当月预计内销甲产品的销售额为100万元(不含税),出口的销售额折合人民币200万元(不含税),当月共取得进项税30万元,期初无留抵退税,货物适用征税率13%,退税率9%。梅松公司将货物出售给税台公司时,总售价为150万元(不含税)。

两种方案的增值税缴纳情况如表1-36所示。

表1-36 两种方案的增值税缴纳情况

单位:万元

		方案一	方案二
梅松公司	第一步:计算不得免征和抵扣税额 当期不得免征与抵扣税额=200×(13%-9%)=8		应纳税额=(100+150)×13%-30=2.5
	第二步:计算当期应纳税额 当期应纳税额=100×13%-(30-8)=-9		
	第三步:计算当期免抵退税额 当期免抵退税额=200×9%=18		
	第四步:计算应退税额和免抵税额 当期末留抵税额9小于免抵退税额18: ① 本期应退税额=9 ② 免抵税额=18-9=9		
税台公司	—		退税额=150×9%=13.5
整体税负	取得退税款9万元		退税和纳税的差额为11万元

> **结 论**
> 方案二的整体税负低于方案一,更节税。

政策依据

《财政部 国家税务总局关于出口货物劳务增值税和消费税政策的通知》(财税〔2012〕39号)第二条、第四条、第五条第一款至第二款

二、增值税退(免)税办法

适用增值税退(免)税政策的出口货物劳务,按照下列规定实行增值税免抵退税或免退税办法。

(一)免抵退税办法。生产企业出口自产货物和视同自产货物(视同自产货物的具体范围见附件4)及对外提供加工修理修配劳务,以及列名生产企业(具体范围见附件5)出口非自产货物,免征增值税,相应的进项税额抵减应纳增值税额(不包括适用增值税即征即退、先征后退政策的应纳增值税额),未抵减完的部分予以退还。

(二)免退税办法。不具有生产能力的出口企业(以下称外贸企业)或其他单位出口货物劳务,免征增值税,相应的进项税额予以退还。

......

四、增值税退(免)税的计税依据

出口货物劳务的增值税退(免)税的计税依据,按出口货物劳务的出口发票(外销发票)、其他普通发票或购进出口货物劳务的增值税专用发票、海关进口增值税专用缴款书确定。

(一)生产企业出口货物劳务(进料加工复出口货物除外)增值税退(免)税的计税依据,为出口货物劳务的实际离岸价(FOB)。实际离岸价应以出口发票上的离岸价为准,但如果出口发票不能反映实际离岸价,主管税务机关有权予以核定。

(二)生产企业进料加工复出口货物增值税退(免)税的计税依据,按出口货物的离岸价(FOB)扣除出口货物所含的海关保税进口料件的金额后确定。

本通知所称海关保税进口料件,是指海关以进料加工贸易方式监管的出口企业从境外和特殊区域等进口的料件。包括出口企业从境外单位或个人购买并从海关保税仓库提取且办理海关进料加工手续的料件,以及保税区外的出口企业从保税区内的企业购进并办理海关进料加工手续的进口料件。

(三)生产企业国内购进无进项税额且不计提进项税额的免税原材料加工后出口的货物的计税依据,按出口货物的离岸价(FOB)扣除出口货物所含的国内购进免税原材料的金额后确定。

(四)外贸企业出口货物(委托加工修理修配货物除外)增值税退(免)税的计税依据,为购进出口货物的增值税专用发票注明的金额或海关进口增值税专用缴款书

注明的完税价格。

（五）外贸企业出口委托加工修理修配货物增值税退（免）税的计税依据，为加工修理修配费用增值税专用发票注明的金额。外贸企业应将加工修理修配使用的原材料（进料加工海关保税进口料件除外）作价销售给受托加工修理修配的生产企业，受托加工修理修配的生产企业应将原材料成本并入加工修理修配费用开具发票。

五、增值税免抵退税和免退税的计算

（一）生产企业出口货物劳务增值税免抵退税，依下列公式计算：

1. 当期应纳税额的计算

当期应纳税额＝当期销项税额－（当期进项税额－当期不得免征和抵扣税额）

当期不得免征和抵扣税额＝当期出口货物离岸价×外汇人民币折合率×（出口货物适用税率－出口货物退税率）－当期不得免征和抵扣税额抵减额

当期不得免征和抵扣税额抵减额＝当期免税购进原材料价格×（出口货物适用税率－出口货物退税率）

2. 当期免抵退税额的计算

当期免抵退税额＝当期出口货物离岸价×外汇人民币折合率×出口货物退税率－当期免抵退税额抵减额

当期免抵退税额抵减额＝当期免税购进原材料价格×出口货物退税率

3. 当期应退税额和免抵税额的计算

（1）当期期末留抵税额≤当期免抵退税额，则

当期应退税额＝当期期末留抵税额

当期免抵税额＝当期免抵退税额－当期应退税额

（2）当期期末留抵税额＞当期免抵退税额，则

当期应退税额＝当期免抵退税额　　当期免抵税额＝0

当期期末留抵税额为当期增值税纳税申报表中"期末留抵税额"。

……

（二）外贸企业出口货物劳务增值税免退税，依下列公式计算：

1. 外贸企业出口委托加工修理修配货物以外的货物：

增值税应退税额＝增值税退（免）税计税依据×出口货物退税率

2. 外贸企业出口委托加工修理修配货物：

出口委托加工修理修配货物的增值税应退税额＝委托加工修理修配的增值税退（免）税计税依据×出口货物退税率

小贴士

1. 风险提示

（1）企业进行筹划方案选择时还需考虑成立外贸公司的成本，设立的成本可能

高于节省的税负。

(2) 企业还需考虑由于出口商品的征税率、退税率变化所导致成立外贸公司无法节税的风险。

2. 对照自检

(1) 企业是否存在出口货物的业务需求?

_____

_____

(2) 企业出口的货物是否存在征退税差?

_____

_____

(3) 企业选择适用自营出口时,是否具备自营进出口权?

_____

_____

(4) 企业选择适用成立外贸公司时,企业的成本如何是否低于节省的税费?

_____

_____

34 适逢其会

——申报期限有不同，按月按季要选好

业税分析

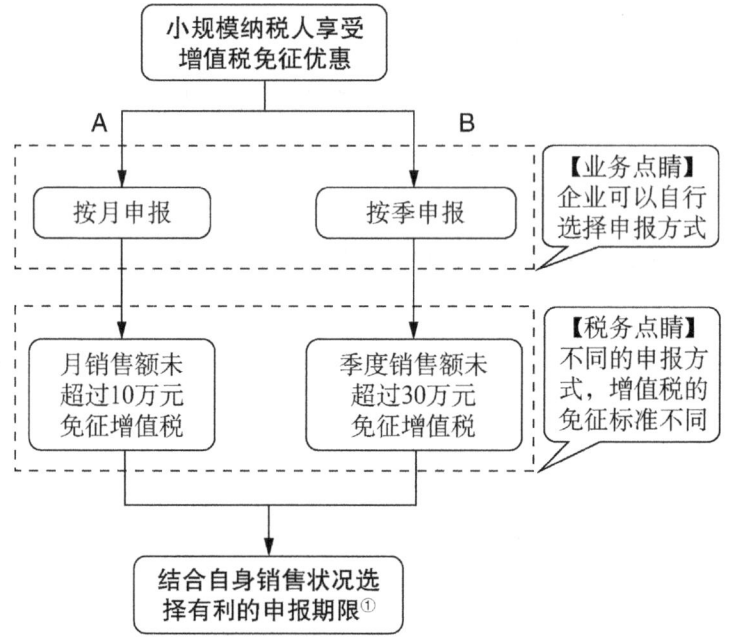

【附注】

注①：企业需注意，申报期限一经选择，一个会计年度内不得变更。

实战案例

梅松公司的赵总名下有多处房产,计划成立一家小型公司,从事不动产出租业务,并由行政部门办理一系列的工商、税务登记手续。行政部在办理过程中发现,纳税申报期限存在按月申报和按季申报两种方案,但行政部对该选择哪种申报方式存在困惑,于是请财务部梅经理出具意见。

梅经理根据预计公司未来的销售状况,对两种申报方式应缴纳的增值税进行了计算分析。

【备选方案】

方案一:按月申报。

方案二:按季申报。

【分析】

假设成立的公司为小规模纳税人,第一季度含税销售额分别是 12 万元、5 万元、11 万元,全部开具增值税普通发票,适用 5% 的征收率,则两种方案应缴纳的增值税情况如表 1-37 所示。

表 1-37 两种方案的增值税缴纳情况

单位:万元

方案	增值税税务处理	增值税应纳税额
方案一	1月和3月月销售额超过10万元,不能享受免征优惠,2月份月销售额未超过10万元,可享受免征优惠	$(12+11)\div(1+5\%)\times 5\%=1.1$
方案二	第一季度销售额未超过30万元,可享受免征增值税优惠	0

按季申报(方案二),可享受免征增值税的优惠,无须缴纳增值税。

政策依据

《国家税务总局关于增值税小规模纳税人减免增值税等政策有关征管事项的公告》(国家税务总局公告 2023 年第 1 号)

一、增值税小规模纳税人(以下简称小规模纳税人)发生增值税应税销售行为,合计月销售额未超过 10 万元(以 1 个季度为 1 个纳税期的,季度销售额未超过 30 万元,下同)的,免征增值税。

小规模纳税人发生增值税应税销售行为,合计月销售额超过10万元,但扣除本期发生的销售不动产的销售额后未超过10万元的,其销售货物、劳务、服务、无形资产取得的销售额免征增值税。

二、适用增值税差额征税政策的小规模纳税人,以差额后的销售额确定是否可以享受1号公告第一条规定的免征增值税政策。

《增值税及附加税费申报表(小规模纳税人适用)》中的"免税销售额"相关栏次,填写差额后的销售额。

三、《中华人民共和国增值税暂行条例实施细则》第九条所称的其他个人,采取一次性收取租金形式出租不动产取得的租金收入,可在对应的租赁期内平均分摊,分摊后的月租金收入未超过10万元的,免征增值税。

四、小规模纳税人取得应税销售收入,适用1号公告第一条规定的免征增值税政策的,纳税人可就该笔销售收入选择放弃免税并开具增值税专用发票。

五、小规模纳税人取得应税销售收入,适用1号公告第二条规定的减按1%征收率征收增值税政策的,应按照1%征收率开具增值税发票。纳税人可就该笔销售收入选择放弃减税并开具增值税专用发票。

六、小规模纳税人取得应税销售收入,纳税义务发生时间在2022年12月31日前并已开具增值税发票,如发生销售折让、中止或者退回等情形需要开具红字发票,应开具对应征收率红字发票或免税红字发票;开票有误需要重新开具的,应开具对应征收率红字发票或免税红字发票,再重新开具正确的蓝字发票。

七、小规模纳税人发生增值税应税销售行为,合计月销售额未超过10万元的,免征增值税的销售额等项目应填写在《增值税及附加税费申报表(小规模纳税人适用)》"小微企业免税销售额"或者"未达起征点销售额"相关栏次;减按1%征收率征收增值税的销售额应填写在《增值税及附加税费申报表(小规模纳税人适用)》"应征增值税不含税销售额(3%征收率)"相应栏次,对应减征的增值税应纳税额按销售额的2%计算填写在《增值税及附加税费申报表(小规模纳税人适用)》"本期应纳税额减征额"及《增值税减免税申报明细表》减税项目相应栏次。

八、按固定期限纳税的小规模纳税人可以选择以1个月或1个季度为纳税期限,一经选择,一个会计年度内不得变更。

九、按照现行规定应当预缴增值税税款的小规模纳税人,凡在预缴地实现的月销售额未超过10万元的,当期无需预缴税款。在预缴地实现的月销售额超过10万元的,适用3%预征率的预缴增值税项目,减按1%预征率预缴增值税。

十、小规模纳税人中的单位和个体工商户销售不动产,应按其纳税期、本公告第九条以及其他现行政策规定确定是否预缴增值税;其他个人销售不动产,继续按照现行规定征免增值税。

十一、符合《财政部 税务总局 海关总署关于深化增值税改革有关政策的公告》

(2019年第39号)、1号公告规定的生产性服务业纳税人,应在年度首次确认适用5%加计抵减政策时,通过电子税务局或办税服务厅提交《适用5%加计抵减政策的声明》(见附件1);符合《财政部 税务总局关于明确生活性服务业增值税加计抵减政策的公告》(2019年第87号)、1号公告规定的生活性服务业纳税人,应在年度首次确认适用10%加计抵减政策时,通过电子税务局或办税服务厅提交《适用10%加计抵减政策的声明》(见附件2)。

十二、纳税人适用加计抵减政策的其他征管事项,按照《国家税务总局关于国内旅客运输服务进项税抵扣等增值税征管问题的公告》(2019年第31号)第二条等有关规定执行。

十三、纳税人按照1号公告第四条规定申请办理抵减或退还已缴纳税款,如果已经向购买方开具了增值税专用发票,应先将增值税专用发票追回。

十四、本公告自2023年1月1日起施行。《国家税务总局关于深化增值税改革有关事项的公告》(2019年第14号)第八条及附件《适用加计抵减政策的声明》、《国家税务总局关于增值税发票管理等有关事项的公告》(2019年第33号)第一条及附件《适用15%加计抵减政策的声明》、《国家税务总局关于支持个体工商户复工复业等税收征收管理事项的公告》(2020年第5号)第一条至第五条、《国家税务总局关于小规模纳税人免征增值税征管问题的公告》(2021年第5号)、《国家税务总局关于小规模纳税人免征增值税等征收管理事项的公告》(2022年第6号)第一、二、三条同时废止。

小贴士

1. 风险提示

纳税人可通过推迟纳税义务发生时间,在合理范围内对每月销售额进行一定的分配,但不能为了享受免税优惠而少申报销售额,否则将面临补税和罚款的风险。

2. 注意事项

(1) 小规模纳税人享受增值税免征优惠的,必须开具增值税普通发票,若客户多为一般纳税人,这可能会导致客户的流失,企业需兼顾客户维护。

(2) 对于适用增值税差额征税政策的小规模纳税人,以差额后的销售额确定是否可以享受本公告规定的免征增值税政策。

3. 对照自检

企业是否属于小规模纳税人?企业能否合理预估近一年的收益在各月的分布情况?

第2章

企业所得税税务筹划

企业所得税不同于流转税,其对企业的影响,主要体现为直接影响企业的税后利润。根据《企业所得税法》及其实施条例等相关法律法规,我国对各行业采用统一的比例税率,除了小型微利企业和高新技术企业分别适用20%和15%的法定税率,其他企业均适用25%的法定税率。

企业对企业所得税进行筹划,不仅能够减轻税收负担,实现经济利益最大化,还能够在一定程度上规避税务风险,实现税收零风险的目的。同时,企业所得税税务筹划也可以激发企业管理层预先筹划的思维,提升企业经营管理水平。

企业所得税核算较为复杂,税法规定与会计准则规定之间存在较大差异,涉及收入、扣除、资产等方方面面。比如广告宣传费、业务招待费、公益性捐赠(除特殊规定外)等存在扣除限额,研发费用可以加计扣除,符合条件的资产可以加速折旧、一次性扣除等,这也为税务筹划提供了空间。

本章内容围绕企业所得税的税制及申报流程,列举了筹划方法共计28招(第35招至第62招),主要包括汇算清缴筹划(第35招至第37招)、收入筹划(第38招)、扣除筹划(第39招至第47招)、资产筹划(第48招至第50招)、应纳税所得额筹划(第51招至第52招)、税收优惠筹划(第53招至第62招)等6个方面的内容。

扫码听课

㉟ 因势利导

——巧选分支机构省企税

业税分析

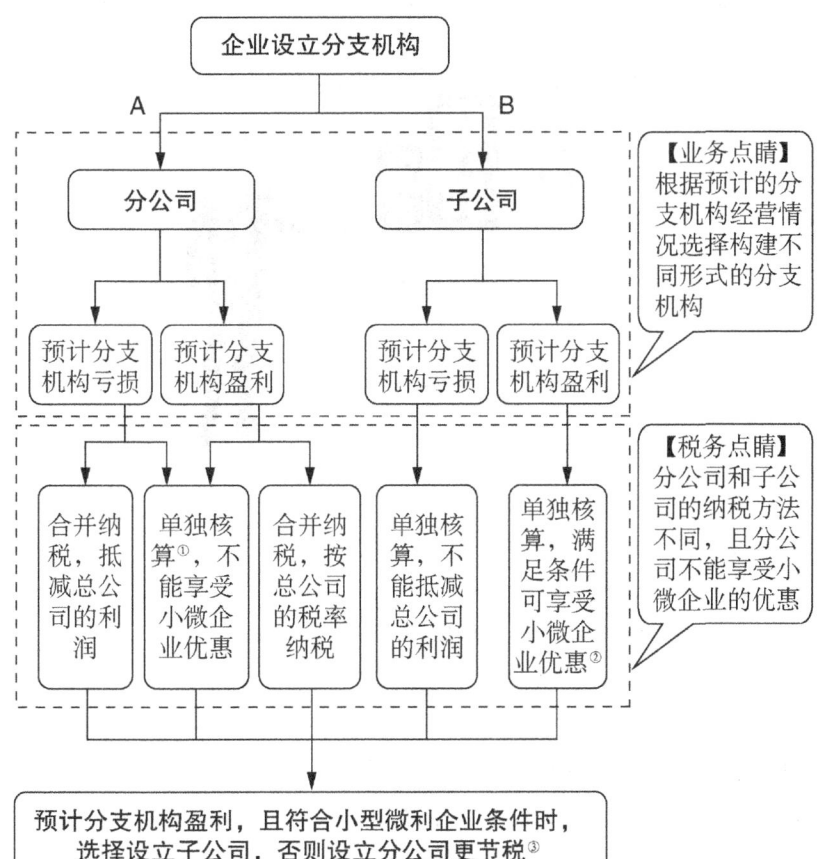

【附注】

注①：以总机构名义进行生产经营的非法人分支机构，无法提供汇总纳税企业分支机构所得税分配表，也无法提供相关证据证明其分支机构身份的，应视同独立纳税人计算并就地缴纳企业所得税。

注②：2023年1月1日至2027年12月31日，小型微利企业应纳税所得额不超过300万元的部分，实际税率5%。

注③：企业需要合理预估企业及分支机构长期的利润状况，并结合税收优惠政策、分支机构调节利润的能力、不同地区特殊纳税规定等因素，综合考虑决定分支机构的形式。

实战案例

梅松公司近几年发展势头良好,业务有扩张的趋势,赵总在近期召开的管理层会议中明确提出,公司要建立分支机构,以便适应公司业务不断增长的需求。

在赵总的领导下,设立新公司的各项准备工作进行得如火如荼,但考虑到财税因素,大家在设立形式上遇到了难题。于是找来了财务部梅经理商量对策。梅经理针对分支机构未来可能面对的不同情形,提出了两种方案并进行了分析。

【备选方案】

方案一:设立分公司,由总公司汇总纳税。

方案二:设立分公司,独立纳税。

方案三:设立全资子公司,独立纳税。

【分析】

假设梅松公司当年预计应纳税所得额为 500 万元。

情形一:假设预计新设立的公司当年盈利 100 万元(符合小型微利企业条件),且预计未来几年能够持续盈利,不存在纳税调整事项,则设立分公司和子公司对集团总体税负的影响如表 2-1 所示。

表 2-1 情形一企业所得税纳税情况对比

单位:万元

方案	总公司	分支机构	合计
方案一	$(500+100)\times 25\%=150$	0	150
方案二	$500\times 25\%=125$	$100\times 25\%=25$	150
方案三	$500\times 25\%=125$	$100\times 25\%\times 20\%=5$	130

通过表 2-1 可以看出,如果预计分支机构盈利,且能够满足小型微利企业条件时,选择成立子公司能减少企业所得税 20(150－130)万元。

情形二:假设预计新设立的公司当年亏损 100 万元(符合小型微利企业条件),且预计未来几年很有可能会持续亏损,不存在纳税调整事项,则设立分公司和子公司对集团总体税负的影响如表 2-2 所示。

表 2-2 情形二企业所得税纳税情况对比

单位:万元

方案	总公司	分支机构	合计
方案一	(500－100)×25%＝100	0	100
方案二	500×25%＝125	0	125
方案三	500×25%＝125	0	125

由表 2-2 可知,如果预计分支机构亏损,选择成立分公司能减少企业所得税 25(125－100)万元。

结论

(1) 当企业预计分支机构盈利,且能够满足小型微利企业条件享受优惠,选择成立子公司更节税。

(2) 当企业预计分支机构亏损时,选择成立分公司并合并纳税,可以降低整体的企业所得税税负。

政策依据

一、《中华人民共和国企业所得税法》第二十八条

符合条件的小型微利企业,减按 20% 的税率征收企业所得税。

……

二、《财政部 税务总局关于进一步支持小微企业和个体工商户发展有关税费政策的公告》(财政部 税务总局公告 2023 年第 12 号)第二条、第三条、第五条

二、自 2023 年 1 月 1 日至 2027 年 12 月 31 日,对增值税小规模纳税人、小型微利企业和个体工商户减半征收资源税(不含水资源税)、城市维护建设税、房产税、城镇土地使用税、印花税(不含证券交易印花税)、耕地占用税和教育费附加、地方教育附加。

三、对小型微利企业减按 25% 计算应纳税所得额,按 20% 的税率缴纳企业所得税政策,延续执行至 2027 年 12 月 31 日。

五、本公告所称小型微利企业,是指从事国家非限制和禁止行业,且同时符合年度应纳税所得额不超过 300 万元、从业人数不超过 300 人、资产总额不超过 5000 万元等三个条件的企业。

从业人数,包括与企业建立劳动关系的职工人数和企业接受的劳务派遣用工人数。所称从业人数和资产总额指标,应按企业全年的季度平均值确定。具体计算公式如下:

季度平均值＝(季初值＋季末值)÷2

全年季度平均值＝全年各季度平均值之和÷4

年度中间开业或者终止经营活动的,以其实际经营期作为一个纳税年度确定上述相关指标。

小型微利企业的判定以企业所得税年度汇算清缴结果为准。登记为增值税一般纳税人的新设立的企业,从事国家非限制和禁止行业,且同时符合申报期上月末从业人数不超过300人、资产总额不超过5000万元等两个条件的,可在首次办理汇算清缴前按照小型微利企业申报享受第二条规定的优惠政策。

三、《国家税务总局关于印发〈跨地区经营汇总纳税企业所得税征收管理办法〉的公告》(国家税务总局公告〔2012年〕57号)第二条、第二十三条、第二十四条

第二条 居民企业在中国境内跨地区(指跨省、自治区、直辖市和计划单列市,下同)设立不具有法人资格分支机构的,该居民企业为跨地区经营汇总纳税企业(以下简称汇总纳税企业),除另有规定外,其企业所得税征收管理适用本办法。

……

第二十三条 以总机构名义进行生产经营的非法人分支机构,无法提供汇总纳税企业分支机构所得税分配表,应在预缴申报期内向其所在地主管税务机关报送非法人营业执照(或登记证书)的复印件、由总机构出具的二级及以下分支机构的有效证明和支持有效证明的相关材料(包括总机构拨款证明、总分机构协议或合同、公司章程、管理制度等),证明其二级及以下分支机构身份。

二级及以下分支机构所在地主管税务机关应对二级及以下分支机构进行审核鉴定,对应按本办法规定就地分摊缴纳企业所得税的二级分支机构,应督促其及时就地缴纳企业所得税。

第二十四条 以总机构名义进行生产经营的非法人分支机构,无法提供汇总纳税企业分支机构所得税分配表,也无法提供本办法第二十三条规定相关证据证明其二级及以下分支机构身份的,应视同独立纳税人计算并就地缴纳企业所得税,不执行本办法的相关规定。

按上款规定视同独立纳税人的分支机构,其独立纳税人身份一个年度内不得变更。

汇总纳税企业以后年度改变组织结构的,该分支机构应按本办法第二十三条规定报送相关证据,分支机构所在地主管税务机关重新进行审核鉴定。

小贴士

1. 风险提示

(1) 分公司不具有独立法人资格,分公司有风险或有相关法律责任时,可能会牵连总公司。

(2) 公司设立子公司成本远远大于设立分公司的成本,且还需考虑经营风险、管理风险等,且应重点关注子公司与母公司之间的关联交易风险。

(3) 企业需要合理预估企业及分支机构长期的利润状况,并结合税收优惠政策、分支机构调节利润的能力、不同地区特殊纳税规定等因素,综合考虑决定分支机构的设立形式。

2. 对照自检

(1) 企业是否通过成立子公司或分公司的形式进行业务扩张?

_____

_____

(2) 企业是否能够准确预计分支机构未来的盈利状况?

_____

_____

(3) 企业成立子公司的,其设立成本、管理成本等是否大幅度增加?

_____

_____

36 按图索骥

——巧选预缴方式享递延

业税分析

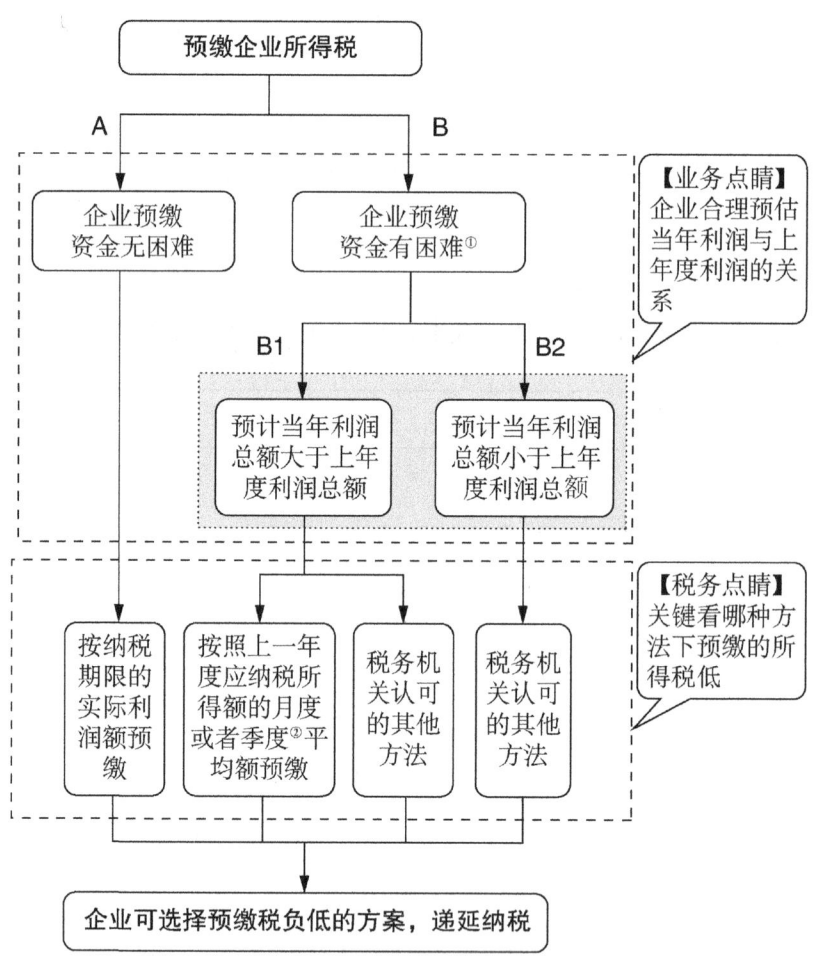

【附注】

注①：企业可能制造有困难的假象选择按上年月度或季度预缴，本书反对此种做法。对于一些非上市公司和非国有企业，可能会对会计利润进行灵活处理从而达到按上年月度或季度预缴的条件，本书同样反对。

注②：企业所得税分月或分季预缴，由税务机关核定。

实战案例

梅松公司是一家生产企业。由于公司在2021年末大量投产,导致企业资金流运作不佳,但管理层预计2022年度利润将会有一个较大的增长,预计每季度应纳税所得额分别为1 400万元、1 500万元、1 200万元、1 600万元。

第一季度已经结束,眼看就要预缴企业所得税了,这可愁坏了赵总,本来就资金紧张,回流较慢,再交300多万的企业所得税,企业二季度现金流就更加拮据。于是便找来了财务部的梅经理帮忙出主意。梅经理看了看去年的财务报表,提出了以下两种方案并进行了分析。

【备选方案】

方案一:按照当年实际利润预缴企业所得税。
方案二:按照上年季度平均利润预缴企业所得税。

【分析】

假设梅松公司2021年度缴纳企业所得税1 100万元,针对上述两种方案,需预缴的企业所得税额对比如表2-3所示。

表2-3 不同方式需预缴的企业所得税额

单位:万元

预缴	方案一 按实际利润预缴	方案二 按上年平均利润预缴	差额
第一季度预缴税额	1 400×25%=350	1 100÷4=275	350-275=75
第二季度预缴税额	1 500×25%=375	1 100÷4=275	375-275=100
第三季度预缴税额	1 200×25%=300	1 100÷4=275	300-275=25
第四季度预缴税额	1 600×25%=400	1 100÷4=275	400-275=125
全年合计	1 425	1 100	325

方案二与方案一相比递延缴纳税款325万元,减少了前期资金支出,降低了因资金流动带来的经营压力,为最佳选择。

政策依据

一、《中华人民共和国企业所得税法》第五十四条

企业所得税分月或者分季预缴。企业应当自月份或者季度终了之日起十五日

内,向税务机关报送预缴企业所得税纳税申报表,预缴税款。企业应当自年度终了之日起五个月内,向税务机关报送年度企业所得税纳税申报表,并汇算清缴,结清应缴应退税款。企业在报送企业所得税纳税申报表时,应当按照规定附送财务会计报告和其他有关资料。

二、《中华人民共和国企业所得税法实施条例》第一百二十七条

企业所得税分月或者分季预缴,由税务机关具体核定。企业根据中华人民共和国企业所得税法第五十四条规定分月或者分季预缴企业所得税时,应当按照月度或者季度的实际利润额预缴;按照月度或者季度的实际利润额预缴有困难的,可以按照上一纳税年度应纳税所得额的月度或者季度平均额预缴,或者按照经税务机关认可的其他方法预缴。预缴方法一经确定,该纳税年度内不得随意变更。

三、《国家税务总局关于企业所得税若干问题的公告》(国家税务总局公告2011年第34号)第六条

企业当年度实际发生的相关成本、费用,由于各种原因未能及时取得该成本、费用的有效凭证,企业在预缴季度所得税时,可暂按账面发生金额进行核算;但在汇算清缴时,应补充提供该成本、费用的有效凭证。

四、《关于加强企业所得税预缴工作的通知》(国税函〔2009〕34号)第二条、第三条

二、各级税务机关根据企业上年度企业所得税预缴和汇算清缴情况,对全年企业所得税预缴税款占企业所得税应缴税款比例明显偏低的,要及时查明原因,调整预缴方法或预缴税额。

三、各级税务机关要处理好企业所得税预缴和汇算清缴税款入库的关系,原则上各地企业所得税年度预缴税款占当年企业所得税入库税款(预缴数+汇算清缴数)应不少于70%。

小贴士

1. 风险提示

(1)预缴方法一经选定,该纳税年度内不得随意变更,如果企业经营情况发生重大变化可能导致纳税筹划失败。

(2)企业如果存在需要税收评级的特殊情形,应当按照实际利润总额预缴企业所得税,该方法没有筹划空间。

2. 对照自检

(1)企业预缴所得税是否存在资金上的困难?

(2) 企业是否可以准确估算当年利润总额与上年度利润总额的大小关系?

(3) 主管税务机关对企业预缴方式是否有特殊处理?

㊲ 力挽狂澜

——预计汇率有变动，外汇所得要筹划

◇ 业税分析

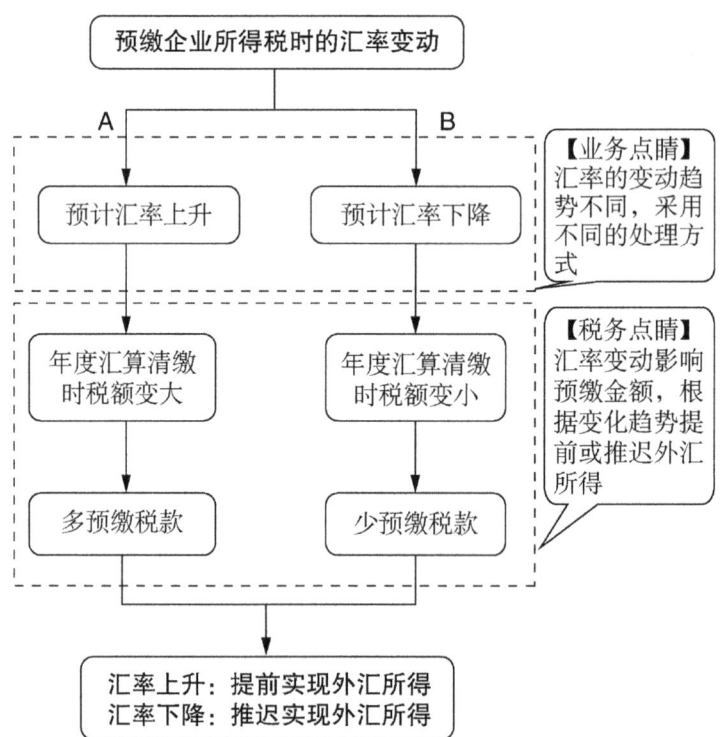

【附注】

注①：根据税法规定，企业所得以人民币以外的货币计算的，预缴所得税时应按照月度或季度最后一日的人民币汇率中间价折合成人民币计算应纳税所得额。

注②：年度终了汇算清缴时，对月度或季度已经预缴的税款不再重新折合计算，只就该纳税年度内未缴纳企业所得税的部分按照年度最后一日人民汇率中间价折合成人民计算应纳税所得额。

实战案例

梅松公司是一家外贸公司,主要从事对美外贸业务,每月都有大量的美元收入,按月预缴企业所得税。针对每月都要预缴企业所得税这一情况,公司总经理赵总最近让财务部梅经理对未来几个月的公司纳税情况进行了分析,想结合公司自身情况,看是否有纳税筹划的空间。

财务及销售部门预测梅松公司当年1—5月每月收入分别为1 400万美元、1 500万美元、1 600万美元、1 700万美元、2 200万美元,每月最后一日美元兑人民币汇率中间价分别为6.913 2、6.945 2、6.964 1、6.982 4、7.060 8。

针对上述预测,梅经理提出了以下两种方案并进行了分析。

【备选方案】

方案一:按照预测的收入预缴企业所得税。

方案二:通过业务调整来改变收入在各月的分部情况,将1—5月的收入分别调整为2 200万美元、1 700万美元、1 600万美元、1 500万美元、1 400万美元。

【分析】

上述两种方案,梅松公司需要预缴企业所得税的应纳所得税额如表2-4和表2-5所示。

表2-4 方案一预缴企业所得税应纳税额

单位:万元

月份	美元	汇率	人民币	税率	税额
1月	1 400	6.913 2	9 678.48	25%	2 419.62
2月	1 500	6.945 2	10 417.8	25%	2 604.45
3月	1 600	6.964 1	11 142.56	25%	2 785.64
4月	1 700	6.982 4	11 870.08	25%	2 967.52
5月	2 200	7.060 8	15 533.76	25%	3 883.44
合计	8 400		58 642.68		14 660.67

表 2-5　方案二预缴企业所得税应纳税额

单位:万元

月份	美元	汇率	人民币	税率	税额
1月	2 200	6.913 2	15 209.04	25%	3 802.26
2月	1 700	6.945 2	11 806.84	25%	2 951.71
3月	1 600	6.964 1	11 142.56	25%	2 785.64
4月	1 500	6.982 4	10 473.6	25%	2 618.4
5月	1 400	7.060 8	9 885.12	25%	2 471.28
合计	8 400		58 517.16		14 629.29

在不改变收入总额,只改变梅松公司收入在各月分布的情况下,即可减少企业所得税应纳税额 31.38(14 660.67－14 629.29)万元。

政策依据

一、《中华人民共和国企业所得税法》第五十六条

依照本法缴纳的企业所得税,以人民币计算。所得以人民币以外的货币计算的,应当折合成人民币计算并缴纳税款。

二、《中华人民共和国企业所得税法实施条例》第一百二十九条

企业所得以人民币以外的货币计算的,预缴企业所得税时,应当按照月度或者季度最后一日的人民币汇率中间价,折合成人民币计算应纳税所得额。年度终了汇算清缴时,对已经按照月度或者季度预缴税款的,不再重新折合计算,只就该纳税年度内未缴纳企业所得税的部分,按照纳税年度最后一日的人民币汇率中间价,折合成人民币计算应纳税所得额。经税务机关检查确认,企业少计或者多计前款规定的所得的,应当按照检查确认补税或者退税时的上一个月最后一日的人民币汇率中间价,将少计或者多计的所得折合成人民币计算应纳税所得额,再计算应补缴或者应退的税款。

小贴士

1. 风险提示

(1) 企业需要准确预计汇率变动情况,若不能准确预计,则会导致筹划失败。

(2) 企业调整收入确认时间需要满足税法规定,不能随意调整,否则将受到补缴税款及滞纳金的风险。

2. 对照自检

(1) 企业是否能够较准确预计用于核算的外币的汇率变动?

(2) 企业是否可以适当推迟或提前实现外汇收入,且满足税法规定?

(3) 企业对以后的收入是否能有准确的预计?

㊳ 取法于上

——企业理财,风险收益需统筹

◇ 业税分析

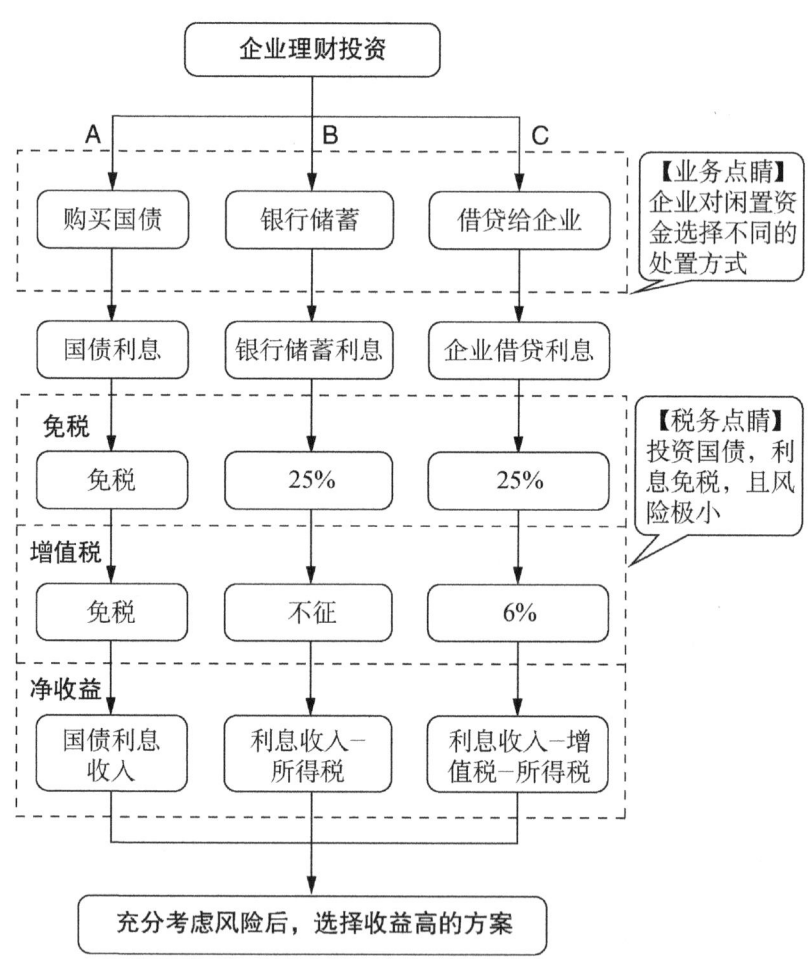

实战案例

梅松公司是资本市场上一家集商贸、旅游、投资于一体的大型上市集团公司,近年来,由于经营状况稳定,资本市场融资情况乐观,公司拥有充足的现金流。

2021年年末,梅松公司闲置资金1 000万元。公司管理层预测5年内没有合适的投资项目,公司赵总决定进行理财,便安排财务部梅经理来负责此事。梅经理全面调查了市场上的理财产品,最终选择了3种适合公司的方案,并做了相应的分析。

【备选方案】

方案一:购买五年期国债,年利率为4%。

方案二:存为银行定期存款,五年期定期存款年利率为5%。

方案三:借给税台公司,五年期年利率为6%。

【分析】

三种不同方案的最终收益测算如表2-6所示。

表2-6 三种方案的收益情况

单位:万元

方案	理财项目	利息收入	应交所得税	税后收益
方案一	购买国债	1 000×4%=40	免税	40
方案二	存入银行	1 000×5%=50	50×25%=12.5	50−12.5=37.5
方案三	借贷给企业	1 000×6%=60	60×25%=15	60−15=45

结论

(1)定期存款税后收益最小,存入银行不是最优选择。

(2)借贷给企业的税后收益高于购买国债,但购买国债的风险较小,借贷给企业风险较大。

(3)公司应充分考虑风险,并结合自身风险承受能力综合选择最优方案。

政策依据

一、《中华人民共和国企业所得税法》第二十六条

企业的下列收入为免税收入:(一)国债利息收入;(二)符合条件的居民企业之间的股息、红利等权益性投资收益;(三)在中国境内设立机构、场所的非居民企业从居民企业取得与该机构、场所有实际联系的股息、红利等权益性投资收益;(四)符合

条件的非营利组织的收入。

二、《中华人民共和国企业所得税法实施条例》第八十二条

中华人民共和国企业所得税法第二十六条第(一)项所称国债利息收入,是指企业持有国务院财政部门发行的国债取得的利息收入。

三、《国家税务总局关于企业国债投资业务企业所得税处理问题的公告》(国家税务总局公告2011年第36号)第一条第一款、第二款、第三款

(一)国债利息收入时间确认

1. 根据中华人民共和国企业所得税法实施条例第十八条的规定,企业投资国债从国务院财政部门(以下简称发行者)取得的国债利息收入,应以国债发行时约定应付利息的日期,确认利息收入的实现。

2. 企业转让国债,应在国债转让收入确认时确认利息收入的实现。

(二)国债利息收入计算

企业到期前转让国债、或者从非发行者投资购买的国债,其持有期间尚未兑付的国债利息收入,按以下公式计算确定:

国债利息收入=国债金额×(适用年利率÷365)×持有天数

上述公式中的"国债金额",按国债发行面值或发行价格确定;"适用年利率"按国债票面年利率或折合年收益率确定;如企业不同时间多次购买同一品种国债的,"持有天数"可按平均持有天数计算确定。

(三)国债利息收入免税问题

根据中华人民共和国企业所得税法第二十六条的规定,企业取得的国债利息收入,免征企业所得税。具体按以下规定执行:

1. 企业从发行者直接投资购买的国债持有至到期,其从发行者取得的国债利息收入,全额免征企业所得税。

2. 企业到期前转让国债、或者从非发行者投资购买的国债,其按本公告第一条第(二)项计算的国债利息收入,免征企业所得税。

小贴士

1. 风险提示

(1)企业购买国债,需要充分考虑购买期间的机会成本及资金短缺成本,若不能充分筹划,盲目购买国债,则可能会面临资金短缺的风险。

(2)借贷给企业资金,需要对债务人做全面的评估,若遇对方公司无法偿还债务的情况,反而会令企业得不偿失。

2. 对照自检

(1)企业是否能够准确预估企业未来时间内资金流情况?

（2）企业欲借贷给其他企业的,是否对债务人财务情况进行了全面的评估?

❸❾ 一箭双雕

——企业增资变借款，降低税负增收益

💠 业税分析

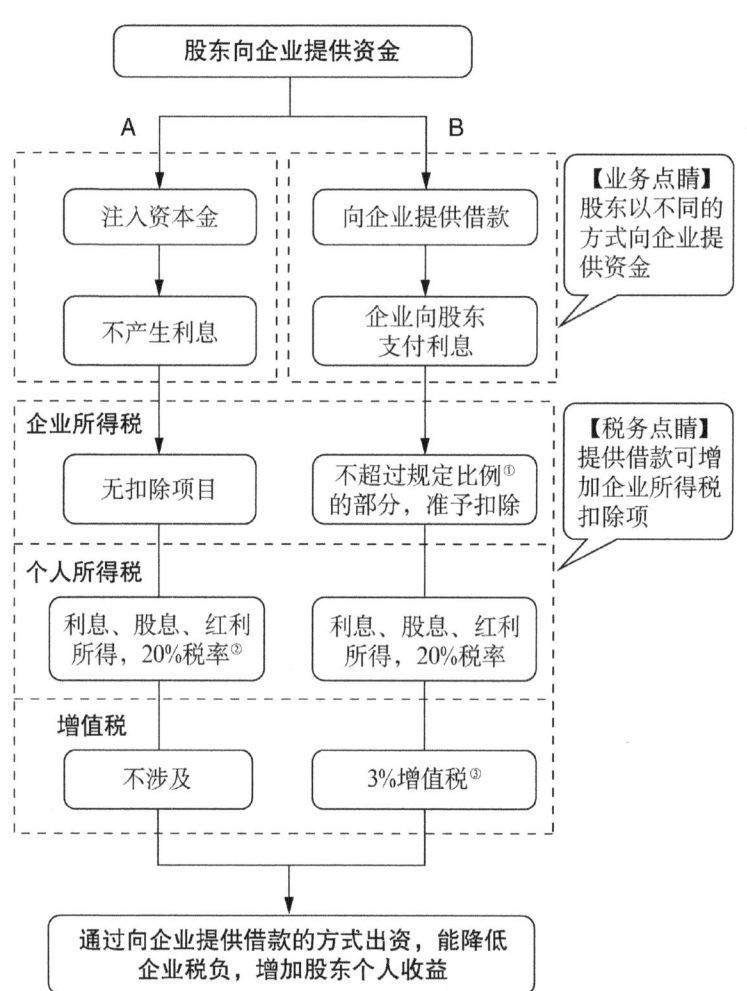

【附注】

注①：不超过当年同期银行贷款利率的部分，可以税前扣除。

注②：分配股息红利时，此方案才会涉及个人所得税。

注③：自2023年1月1日至2023年12月31日，对月销售额10万元以下(含本数)的增值税小规模纳税人，免征增值税。增值税小规模纳税人小规模纳税人适用3%征收率的应税销售收入，减按1%征收率征收增值税；适用3%预征率的预缴增值税项目，减按1%预征率预缴增值税。

实战案例

2022年4月,梅松公司的赵总发现服装行业发展势头良好,想进军服装市场,准备与几个朋友成立一家服装公司。经过市场调查,前期共需要投入2 500万元,预计当年通过销售服装能够实现利润500万元。

几个合伙人很快就成立公司一事达成了共识,但就如何投资这个问题却始终争执不下。通过朋友介绍,赵总拜访了税务专家梅总,向她请教解决办法。梅总了解基本情况后,提出了以下两种方案并做出了分析。

【备选方案】

方案一:成立公司所需要的资本金2 500万元,全部以注册资本的形式。
方案二:投入注册资本1 000万元,剩余款项通过公司向股东借款的形式获得。

【分析】

假设不考虑纳税调整及盈余公积的情况,净利润全部分红,银行同期贷款利息6.5%,两种方案的税负比较如表2-7所示。

表2-7 两种方案的税负及收益比较

单位:万元

出资方案		方案一 全部权益性出资	方案二 权益性出资与债务性出资结合
企业	销货利润	500	500
	支付利息	—	1 500×6.5%=97.5
	印花税	2 500×0.25‰=0.63	1 000×0.25‰=0.25
	利润总额	500−0.63=499.37	500−97.5−0.25=402.25
	企业所得税	499.37×25%=124.84	402.25×25%=100.56
	净利润	499.37−124.84=374.53	402.25−100.56=301.69
股东	股东分红收入	374.53	301.69
	股东利息收入	—	1 500×6.5%=97.5
	增值税及附加		0
	个人所得税	374.53×20%=74.91	(301.69+97.5)×20%=79.84
	股东税后总收益	374.53−74.91=299.62	301.69+97.5−79.84=319.35

> **结论**
>
> 方案二"权益+债务"出资结合的方式,能减少企业所得税 24.28(124.84－100.56)万元,同时股东个人分红增加 19.73(319.35－299.62)万元。

政策依据

一、《中华人民共和国印花税法》附印花税税目税率表

借款合同是指银行业金融机构、经国务院银行业监督管理机构批准设立的其他金融机构与借款人(不包括同业拆借)的借款合同。

二、《财政部 国家税务总局关于企业关联方利息支出税前扣除标准有关税收政策问题的通知》(财税〔2008〕121号)第一条

一、在计算应纳税所得额时,企业实际支付给关联方的利息支出,不超过以下规定比例和税法及其实施条例有关规定计算的部分,准予扣除,超过的部分不得在发生当期和以后年度扣除。

企业实际支付给关联方的利息支出,除符合本通知第二条规定外,其接受关联方债权性投资与其权益性投资比例为:

(一)金融企业,为5∶1;

(二)其他企业,为2∶1。

……

三、《国家税务总局关于企业投资者投资未到位而发生的利息支出企业所得税前扣除问题的批复》(国税函〔2009〕312号)

关于企业由于投资者投资未到位而发生的利息支出扣除问题,根据《中华人民共和国企业所得税法实施条例》第二十七条规定,凡企业投资者在规定期限内未缴足其应缴资本额的,该企业对外借款所发生的利息,相当于投资者实缴资本额与在规定期限内应缴资本额的差额应计付的利息,其不属于企业合理的支出,应由企业投资者负担,不得在计算企业应纳税所得额时扣除。

具体计算不得扣除的利息,应以企业一个年度内每一账面实收资本与借款余额保持不变的期间作为一个计算期,每一计算期内不得扣除的借款利息按该期间借款利息发生额乘以该期间企业未缴足的注册资本占借款总额的比例计算,公式为:

企业每一计算期不得扣除的借款利息=该期间借款利息额×该期间未缴足注册资本额÷该期间借款额

企业一个年度内不得扣除的借款利息总额为该年度内每一计算期不得扣除的借款利息额之和。

小贴士

1. 风险提示

(1) 股东与企业之间的借款,借款利率超过同期银行贷款利率的部分不能税前扣除且应当符合独立交易原则,否则扣除基数会受到债资比的限制。

(2) 股东未按期缴纳注册资本的,企业对外借款发生的利息不得在企业计算应纳税所得额时扣除。

2. 对照自检

企业是否存在上述风险提示中存在的情形?

㊵ 转弯抹角

——融资回租或回购,利息全额税前扣

业税分析

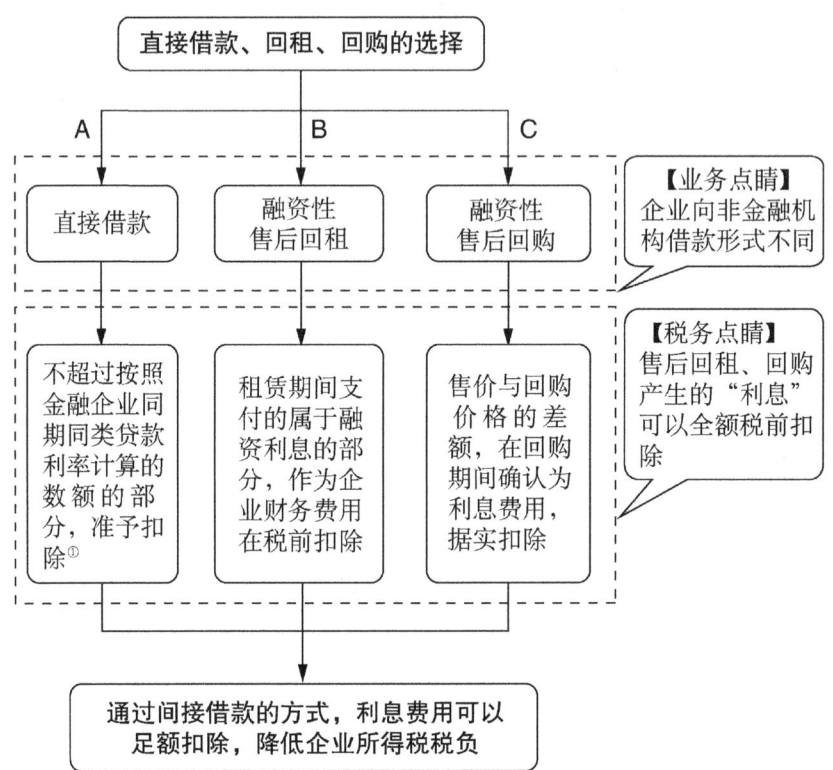

【附注】

注①：向关联企业借款,不满足独立交易原则或借款方实际税负高于境内关联方的,接受关联方债权性投资与其权益性投资比例限定为：金融企业5:1,非金融企业2:1。

实战案例

在同学聚会上,赵总看见自己的校友老钱愁眉不展,便上前询问原因。原来,自2020年起,老钱的公司受疫情影响严重,企业资金周转困难,需对外借款2 000万元,可是已经无法再从银行取得借款。前几次,他向其他企业直接借款,最终都被税务机关被要求补税和罚款,这可愁坏了他。

赵总听后微微一笑,"这事儿就包在我身上啦,我找人帮你出出主意",说完当即给公司的梅经理打了电话,梅经理在得知基本情况后,提出了以下两种方案并进行了分析。

【备选方案】

方案一:直接借款2 000万元,年利率12%。

方案二:以融资性售后回购的形式,将公司的生产线以2 000万元价格销售给债权方,并约定一年后以2 240万元的价格回购。

【分析】

假设公司当年不考虑该笔借款预计的应纳税所得额600万元,同期同类银行贷款利率为7%,则两种方案对企业所得税的影响如表2-8所示。

表2-8 两种方案的企业所得税纳税情况

单位:万元

方案	允许税前扣除的利息费用	应纳税所得额	应纳税额
方案一	2 000×7%=140	600−140=460	115
方案二	2 240−2 000=240	600−240=360	90
税收差异	—	—	25

采用融资性售后回购的形式,企业所得税可以减少25万元。

政策依据

一、《财政部国家税务总局关于企业关联方利息支出税前扣除标准有关税收政策问题的通知》(财税〔2008〕121号)第一条至第四条

一、在计算应纳税所得额时,企业实际支付给关联方的利息支出,不超过以下规

定比例和税法及其实施条例有关规定计算的部分,准予扣除,超过的部分不得在发生当期和以后年度扣除。

企业实际支付给关联方的利息支出,除符合本通知第二条规定外,其接受关联方债权性投资与其权益性投资比例为:

(一)金融企业,为5∶1;

(二)其他企业,为2∶1;

二、企业如果能够按照税法及其实施条例的有关规定提供相关资料,并证明相关交易活动符合独立交易原则的;或者该企业的实际税负不高于境内关联方的,其实际支付给境内关联方的利息支出,在计算应纳税所得额时准予扣除。

三、企业同时从事金融业务和非金融业务,其实际支付给关联方的利息支出,应按照合理方法分开计算;没有按照合理方法分开计算的,一律按本通知第一条有关其他企业的比例计算准予税前扣除的利息支出。

四、企业自关联方取得的不符合规定的利息收入应按照有关规定缴纳企业所得税。

二、《国家税务总局关于融资性售后回租业务中承租方出售资产行为有关税收问题的公告》(国家税务总局公告〔2010〕13号)第二条

根据现行中华人民共和国企业所得税法及有关收入确定规定,融资性售后回租业务中,承租人出售资产的行为,不确认为销售收入,对融资性租赁的资产,仍按承租人出售前原账面价值作为计税基础计提折旧。租赁期间,承租人支付的属于融资利息的部分,作为企业财务费用在税前扣除。

三、《国家税务总局关于确认企业所得税收入若干问题的通知》(国税函〔2008〕875号)第一条第三项

采用售后回购方式销售商品的,销售的商品按售价确认收入,回购的商品作为购进商品处理。有证据表明不符合销售收入确认条件的,如以销售商品方式进行融资,收到的款项应确认为负债,回购价格大于原售价的,差额应在回购期间确认为利息费用。

小贴士

1. 其他税收提示

(1)企业采用该业务模式借款,须满足税法上关于融资性售后回租、回购的相关规定及要求。

(2)若融资性售后回购业务对应的标的物属于增值税的应税货物,应当缴纳增值税。

2. 会计处理

融资性售后回购业务属于一种担保借款行为,因此不确认收入,也不结转相应的成本,在业务发生时,将发生的款项记入"其他应付款"科目。

3. 对照自检

(1) 企业主要融资渠道是什么？企业是否可以尝试融资性售后回购、回租等方法？

_____

_____

(2) 企业是否具备实施融资性售后回租的条件，比如具备可以售后回购的生产线、大型设备等？

_____

_____

❹ 相得益彰

——巧用"薪酬＋股息"降税负

业税分析

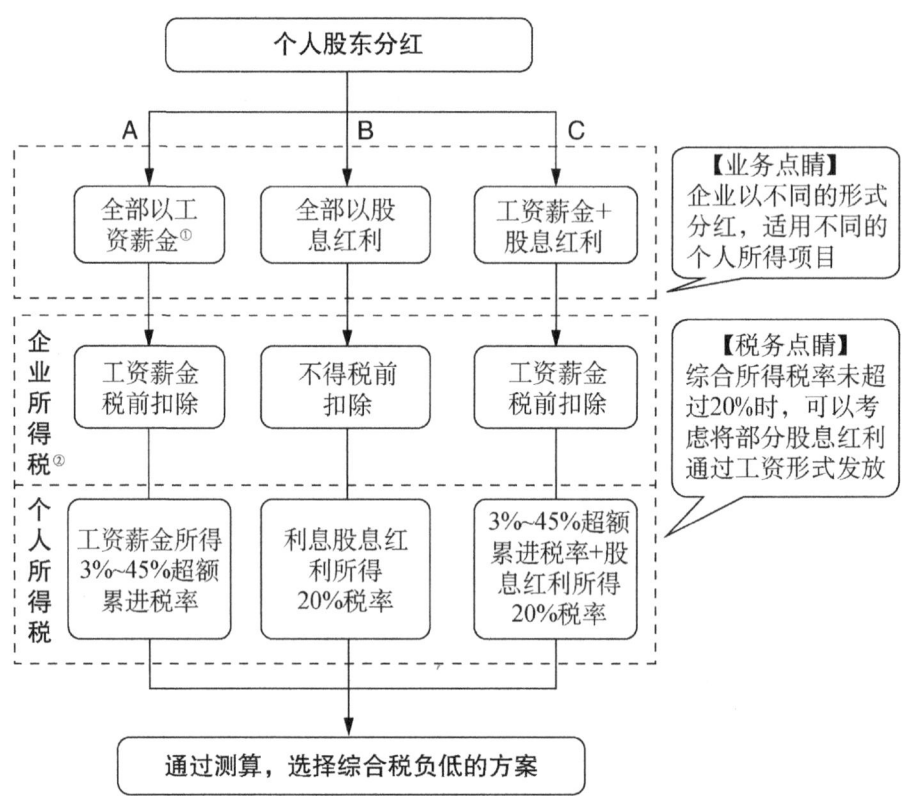

【附注】

注①：工资薪金的发放需要有完整的薪酬制度作为支撑。
注②：符合小型微利企业的，企业所得税税率更低。

实战案例

深夜小巷里,有3个人坐在小摊的角落,愁眉不展。原来,赵总、钱总和孙总在2018年成立了一家旅游公司——梅松旅游服务有限公司(以下简称"梅松公司")。公司成立之初,收获颇丰,每年净利润均用于3人的分红。但一场突如其来的疫情,使旅游公司业绩急剧下滑,2022年,预计全年利润总额只有180万元。经济不景气,3个人便想通过一些合理的方式节税,降低企业和个人的整体负担。

过了几天,赵总经人介绍,结识了税台公司的梅经理,赵总立即准备好礼物前去拜访,请她帮忙出出主意。梅经理在得知情况后,针对梅松公司的情况,提供了以下三种方案并进行了分析。

【备选方案】

方案一:每月给股东发放工资共计15万元,全年共计180万元,达到实现利润分配的目的。

方案二:采用净利润分红,180万元在缴纳企业所得税后,剩余利润以股息红利的方式进行分配。

方案三:采用工资与股息红利相结合的方式,每月发放工资9万元,共计发放108万元,企业净利润在缴纳所得税后,以股息红利的方式进行分配。

【分析】

对于这三种方案,假设不考虑股东的其他综合所得收入及专项附加扣除,则三种方案的纳税情况如表2-9所示。

表2-9 三种方案纳税情况

单位:万元

方案	工资薪金	税前净利润	企业所得税	个人所得税	纳税总额
方案一	180	0	0	$[(180÷3-6)×30\%-5.292]×3=32.72$	32.72
方案二	0	180	$180×25\%×20\%=9$	$(180-9)×20\%=34.2$	43.2
方案三	108	72	$72×25\%×20\%=3.6$	$[(108÷3-6)×20\%-1.692]×3=12.92$ $68.4×20\%=13.68$	30.2

考虑小型微利企业优惠政策的情形下,方案三整体税负最低。

政策依据

一、《财政部 税务总局关于小微企业和个体工商户所得税优惠政策的公告》(财政部 税务总局公告2023年第6号)第一条、第四条

一、对小型微利企业年应纳税所得额不超过100万元的部分,减按25%计入应纳税所得额,按20%的税率缴纳企业所得税。

四、本公告执行期限为2023年1月1日至2024年12月31日。

二、《财政部 税务总局关于进一步支持小微企业和个体工商户发展有关税费政策的公告》(财政部 税务总局公告2023年第12号)第三条

对小型微利企业减按25%计算应纳税所得额,按20%的税率缴纳企业所得税政策,延续执行至2027年12月31日。

三、《国家税务总局关于企业工资薪金及职工福利费扣除问题的通知》(国税函〔2009〕3号)第一条

关于合理工资薪金问题

《实施条例》第三十四条所称的"合理工资薪金",是指企业按照股东大会、董事会、薪酬委员会或相关管理机构制订的工资薪金制度规定实际发放给员工的工资薪金。税务机关在对工资薪金进行合理性确认时,可按以下原则掌握:

(一)企业制订了较为规范的员工工资薪金制度;

(二)企业所制订的工资薪金制度符合行业及地区水平;

(三)企业在一定时期所发放的工资薪金是相对固定的,工资薪金的调整是有序进行的;

(四)企业对实际发放的工资薪金,已依法履行了代扣代缴个人所得税义务。

(五)有关工资薪金的安排,不以减少或逃避税款为目的。

小贴士

1. 风险提示

企业在进行筹划时,需要注意制定完整的公司薪酬体系与相关制度,考虑当地和行业的薪资水平,以防止涉税风险。

2. 对照自检

(1)企业是否制定了较为规范的员工工资薪金制度?

_____

_____

(2)企业在一定时期发放的工资是相对固定的,工资薪金的调整是否是有序进行的?

(3) 企业有关工资薪金的安排,是否不以减少或逃避税款为目的?

(4) 企业对发放的工资薪金或分红,是否履行代扣代缴义务?

㊷ 黄道吉日

——巧选清算日降税负

业税分析

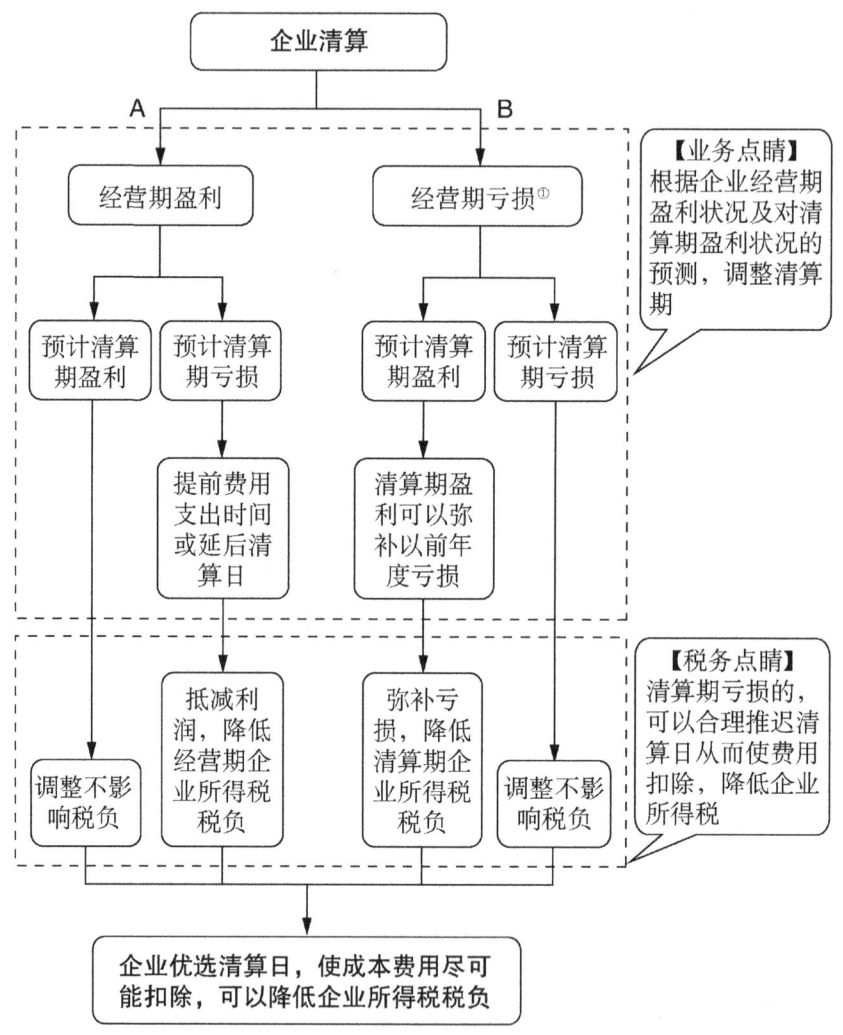

【附注】

注①：非会计利润的亏损，而是经过纳税调整后，应纳税所得额的亏损。

实战案例

梅松公司是传统的工业企业,最近几年,转型无望,公司董事会于2021年8月15日向股东会提交了公司解散申请书,股东会8月24日通过决议,决定公司于8月31日宣布解散,并于9月1日开始清算。

公司在成立清算组前,梅经理带领财务部一众人员进行了内部清算。清算时发现,2021年1月至8月公司预计盈利600万元,预计9月将发生费用180万元,清算所得预计为-80万元。

梅经理立即向赵总报告了上述事项,提出了以下3种方案并进行了分析。

【备选方案】

方案一:按照原计划正常清算。

方案二:将部分费用提前到清算之前发生,抵消1月至8月的部分盈利。

方案三:在公告和进行税务申报之前,由股东会再次通过决议将公司解散日期推迟至10月1日,并于10月2日开始清算。

【分析】

三种方案对梅松公司企业所得税纳税情况如表2-10所示。

表2-10 三种方案企业所得税纳税情况

单位:万元

方案	应纳税所得额	清算所得	应纳税额
方案一	600	-80	600×25%=150
方案二	600-180=420	-80+180=100	420×25%+100×25%=130
方案三	600-180=420	-80+180=100	420×25%+100×25%=130

方案二和方案三可以为梅松公司降低企业所得税税负20(150-130)万元。

政策依据

一、《中华人民共和国企业所得税法》第五十三条、第五十五条

第五十三条 企业所得税按纳税年度计算。纳税年度自公历1月1日起至12月31日止。企业在一个纳税年度中间开业,或者终止经营活动,使该纳税年度的实际经营期不足十二个月的,应当以其实际经营期为一个纳税年度。企业依法清算

时,应当以清算期间作为一个纳税年度。

第五十五条　企业在年度中间终止经营活动的,应当自实际经营终止之日起六十日内,向税务机关办理当期企业所得税汇算清缴。企业应当在办理注销登记前,就其清算所得向税务机关申报并依法缴纳企业所得税。

二、《中华人民共和国企业所得税法实施条例》第十一条

中华人民共和国企业所得税法第五十五条所称清算所得,是指企业的全部资产可变现价值或者交易价格减除资产净值、清算费用以及相关税费等后的余额。投资方企业从被清算企业分得的剩余资产,其中相当于从被清算企业累计未分配利润和累计盈余公积中应当分得的部分,应当确认为股息所得;剩余资产减除上述股息所得后的余额,超过或者低于投资成本的部分,应当确认为投资资产转让所得或者损失。

三、《财政部　国家税务总局关于企业清算业务企业所得税处理若干问题的通知》(财税〔2009〕60号)

下列企业应进行清算的所得税处理:按《公司法》、《企业破产法》等规定需要进行清算的企业,企业重组中需要按清算处理的企业。

企业清算的所得税处理包括以下内容:

(一)全部资产均应按可变现价值或交易价格,确认资产转让所得或损失;

(二)确认债权清理、债务清偿的所得或损失;

(三)改变持续经营核算原则,对预提或待摊性质的费用进行处理;

(四)依法弥补亏损,确定清算所得;

(五)计算并缴纳清算所得税;

(六)确定可向股东分配的剩余财产、应付股息等。

小贴士

1. 风险提示

(1)企业清算期的调整需要符合规定,不得随意进行变更。

(2)企业若不能准确预估清算期利润情况,则无法进行筹划。

2. 对照自检

(1)企业是否有清算的打算?其清算进度如何?

(2)企业是否能准确预估清算期盈利情况?

（3）针对清算费用提前，企业是否有合理的理由进行调整？是否存在合理的理由调整清算日？

㊸ 通权达变

——增加宣传手段降税负

业税分析

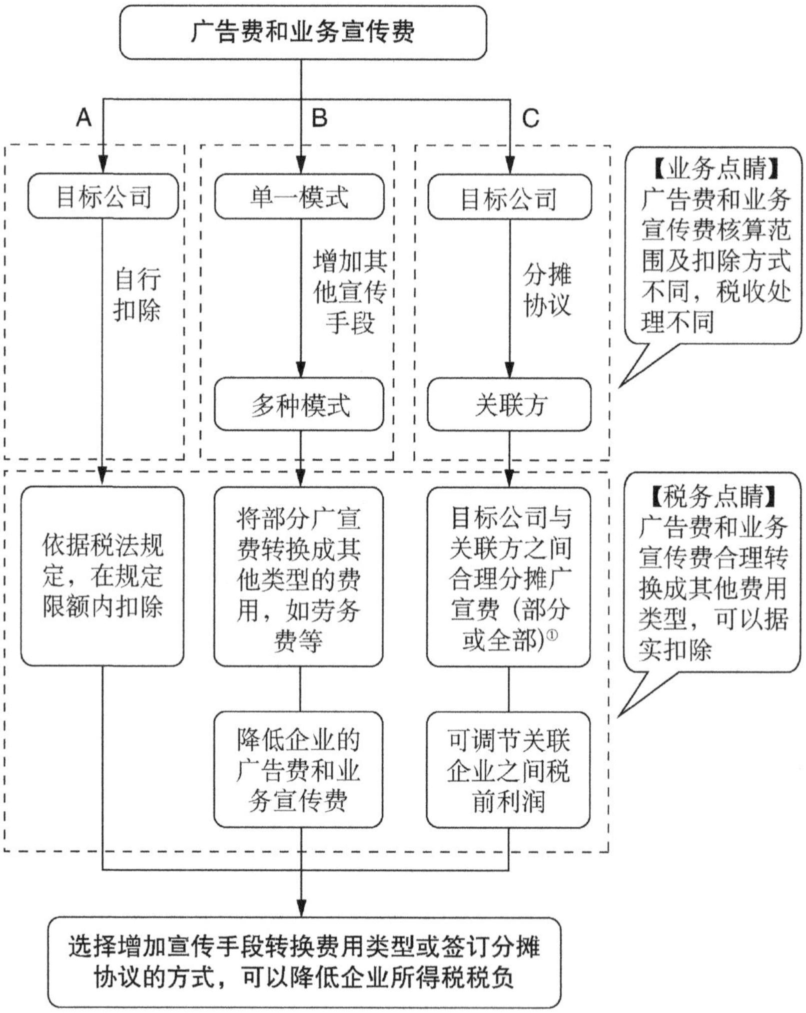

【附注】

注①：该政策执行期限为2021年1月1日起至2025年12月31日。

实战案例

梅经理与赵总是多年的好友,趁着出差的时间,梅经理拜访了在上海经营公司的赵总。赵总的梅松公司是一家珠宝首饰生产销售企业,当年预计全年营业收入总额为5 000万元,成本费用为3 000万元,其中营销部广告宣传预算1 000万元,并且在未来几年,宣传费可能依然会居高不下。面对如此大的宣传费,公司已经连续几年无法全部税前扣除,这着实愁坏了赵总。

梅经理了解了基本情况后说:"我们公司之前也遇到过同样的问题,最终通过改变宣传方式,实现了在税前全部扣除。"赵总紧紧握住梅经理的手说:"快具体说说,让我们也学习学习。"紧接着梅经理提供了两种方案并进行了分析。

【备选方案】

方案一:对电视及报刊杂志广告直接投放1 000万元广告。

方案二:对电视及报刊直接投放750万元广告,剩下250万元用于雇用临时人员在商超、住宅区等进行发传单等宣传活动。

【分析】

两种方案具体纳税情况对比如表2-11所示。

表2-11 两种方案的企业所得税纳税情况

单位:万元

方案	税前可扣除业务宣传费	应纳税所得额	企业所得税额	税后利润
方案一	5 000×15%=750	5 000−3 000+250=2 250	2 250×25%=562.5	5 000−3 000−562.5=1 437.5
方案二	5 000×15%=750	5 000−3 000=2 000	2 000×25%=500	5 000−3 000−500=1 500

方案二比方案一少缴企业所得税62.5(562.5−500)万元。

政策依据

一、《中华人民共和国企业所得税实施条例》第四十四条

企业发生的符合条件的广告费和业务宣传费支出,除国务院财政、税务主管部

门另有规定外,不超过当年销售(营业)收入15%的部分,准予扣除;超过部分,准予在以后纳税年度结转扣除。

二、《财政部 税务总局关于广告费和业务宣传费支出税前扣除有关事项的公告》(财税〔2020〕43号)第一条至第四条

一、对化妆品制造或销售、医药制造和饮料制造(不含酒类制造)企业发生的广告费和业务宣传费支出,不超过当年销售(营业)收入30%的部分,准予扣除;超过部分,准予在以后纳税年度结转扣除。

二、对签订广告费和业务宣传费分摊协议(以下简称分摊协议)的关联企业,其中一方发生的不超过当年销售(营业)收入税前扣除限额比例内的广告费和业务宣传费支出可以在本企业扣除,也可以将其中的部分或全部按照分摊协议归集至另一方扣除。另一方在计算本企业广告费和业务宣传费支出企业所得税税前扣除限额时,可将按照上述办法归集至本企业的广告费和业务宣传费不计算在内。

三、烟草企业的烟草广告费和业务宣传费支出,一律不得在计算应纳税所得额时扣除。

四、本通知自2021年1月1日起至2025年12月31日止执行。《财政部税务总局关于广告费和业务宣传费支出税前扣除政策的通知》(财税〔2017〕41号)自2021年1月1日起废止。

三、《国家税务总局关于企业所得税应纳税所得额若干税务处理问题的公告》(国家税务总局公告2012年第15号)第五条

企业在筹建期间,发生的与筹办活动有关的业务招待费支出,可按实际发生额的60%计入企业筹办费,并按有关规定在税前扣除;发生的广告费和业务宣传费,可按实际发生额计入企业筹办费,并按有关规定在税前扣除。

小贴士

1. 风险提示

(1) 企业非广告性的赞助支出,不得税前扣除。

(2) 烟草企业的广告费和业务宣传费,一律不得税前扣除。

(3) 企业应当结合实际情况及广告效果进行选择,不能一味追求节税,如果有的宣传手段达不到预计的广告效果,反而会造成整体利润不如预期。

2. 对照自检

(1) 企业的广告费和业务宣传费是否超过了扣除限额?

(2) 企业是否属于烟草企业或是否存在其他税法规定的不得扣除广告费和业务

宣传费的情形?

(3) 企业改变宣传方式,能否达到相同的宣传效果?

㊹ 一石二鸟

——巧选利息支付方式降低员工借款税负

业税分析

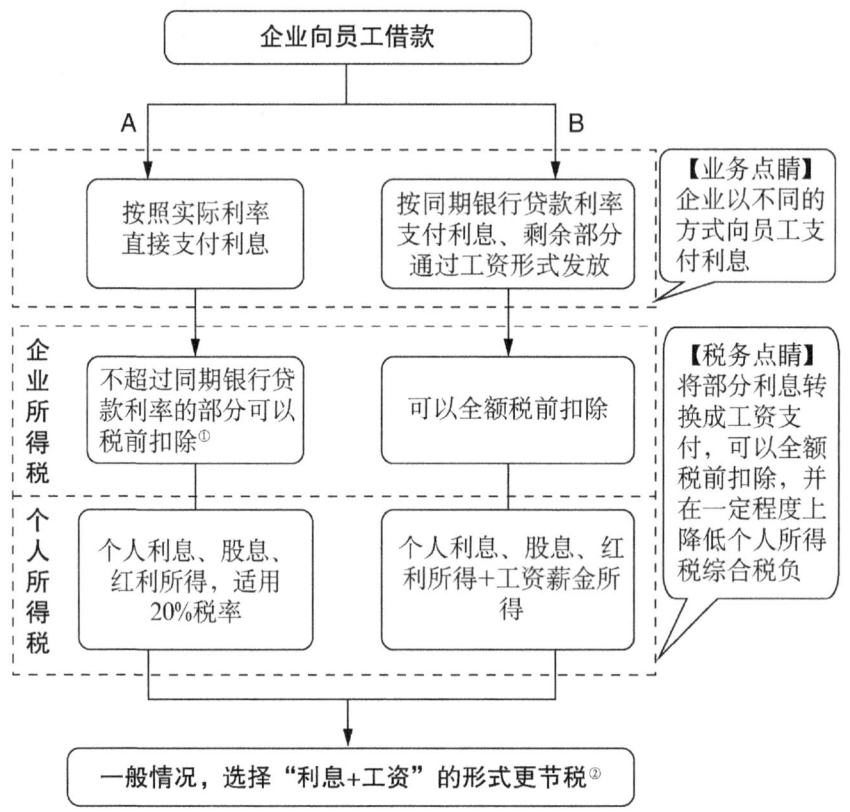

【附注】

注①：利息在企业所得税税前扣除的条件之一是必须取得合法凭证，即需要取得个人开具的利息收入的发票；否则，不能税前扣除。

注②：针对高收入人群，如综合所得税率超过20%的员工，企业需要具体测算，在个人所得税和企业所得税之间权衡，选择综合税负低的方案。

实战案例

梅松公司是一家初创公司,拥有职工200人。最近梅松公司的赵总看准了一个项目,准备进行投资,可当他看见账面上的金额的时候却傻了眼,原来由于种种原因,上一个项目的款项还没到位。

赵总找来财务部梅经理商量对策,赵总说:"实在不行我们先跟银行贷款,以解燃眉之急?"梅经理听了,跟赵总说:"既然钱不多,跟银行借款不如跟我们的员工借款,还能给员工谋谋福利。"紧接着,梅经理提出了两种方案并做了分析。

【备选方案】

方案一:向每人筹集1万元,年利率10%,于年末支付利息。

方案二:向每人筹集1万元,年利率7%,于年末支付利息。同时,每人年工资涨300元。

【分析】

假设梅松公司人均工资水平为4 000元/月,向员工共筹集200万元,年利率10%,同期同类银行贷款利率为7%,年度税前会计利润为50万元,无其他调整事项,则两种方案对梅松公司企业所得税的影响如表2-12所示。

表2-12 两种方案纳税情况

单位:万元

方案	利息费用	可税前扣除的利息费用	应纳税所得额	企业所得税	代扣个人所得税
方案一	借款金额×利率=200×10%=20	14	50+(20−14)=56	56×25%=14	1×10%×20%×200=4
方案二	借款金额×利率=200×7%=14	14	50	50×25%=12.5	1×7%×20%×200=2.8

结 论

方案二比方案一节约企业所得税1.5(14−12.5)万元,同时节约个人所得税1.2(4−2.8)万元。

政策依据

一、《国家税务总局关于企业向自然人借款的利息支出企业所得税税前扣除问题的通知》(国税函〔2009〕777号)第一条、第二条

一、企业向股东或其他与企业有关联关系的自然人借款的利息支出,应根据《中华人民共和国企业所得税法》(以下简称税法)第四十六条及《财政部、国家税务总局关于企业关联方利息支出税前扣除标准有关税收政策问题的通知》(财税〔2008〕121号)规定的条件,计算企业所得税扣除额。

二、企业向除第一条规定以外的内部职工或其他人员借款的利息支出,其借款情况同时符合以下条件的,其利息支出在不超过按照金融企业同期同类贷款利率计算的数额的部分,根据税法第八条和税法实施条例第二十七条规定,准予扣除。

二、《财政部 国家税务总局关于企业关联方利息支出税前扣除标准有关税收政策问题的通知》(财税〔2008〕121号)第一条、第二条、第四条

一、在计算应纳税所得额时,企业实际支付给关联方的利息支出,不超过以下规定比例和税法及其实施条例有关规定计算的部分,准予扣除,超过的部分不得在发生当期和以后年度扣除。

企业实际支付给关联方的利息支出,除符合本通知第二条规定外,其接受关联方债权性投资与其权益性投资比例为:

(一)金融企业,为5∶1;

(二)其他企业,为2∶1;

二、企业如果能够按照税法及其实施条例的有关规定提供相关资料,并证明相关交易活动符合独立交易原则的;或者该企业的实际税负不高于境内关联方的,其实际支付给境内关联方的利息支出,在计算应纳税所得额时准予扣除。

四、企业自关联方取得的不符合规定的利息收入应按照有关规定缴纳企业所得税。

小贴士

1. 风险提示

(1)企业向员工借款要符合法律规定,不能触及非法集资的底线。

(2)企业向员工借款,对员工个人取得的利息所得需要代扣代缴个人所得税,企业未履行义务的,个人被追缴,企业被罚款。

(3)企业税前扣除个人借款利息的,需要取得个人代开的发票,如果企业因此拿不到利息发票,个人借款利息在企业所得税税前就不能抵扣,融资成本就会加大,对企业来说就是损失。

(4)若借款对象为股东,则还须满足关联方交易的独立性原则,否则,借款利息

除了满足利率的限制外,还需要满足债资比的要求,才能税前扣除。

2. 对照自检

(1) 企业员工是否愿意借款给企业?向员工借款能否满足企业的资金需求?

_____

_____

(2) 企业向员工借款的,能否取得个人代开的利息发票?

_____

_____

㊺ 化私为公

——巧签租车协议降低税负

业税分析

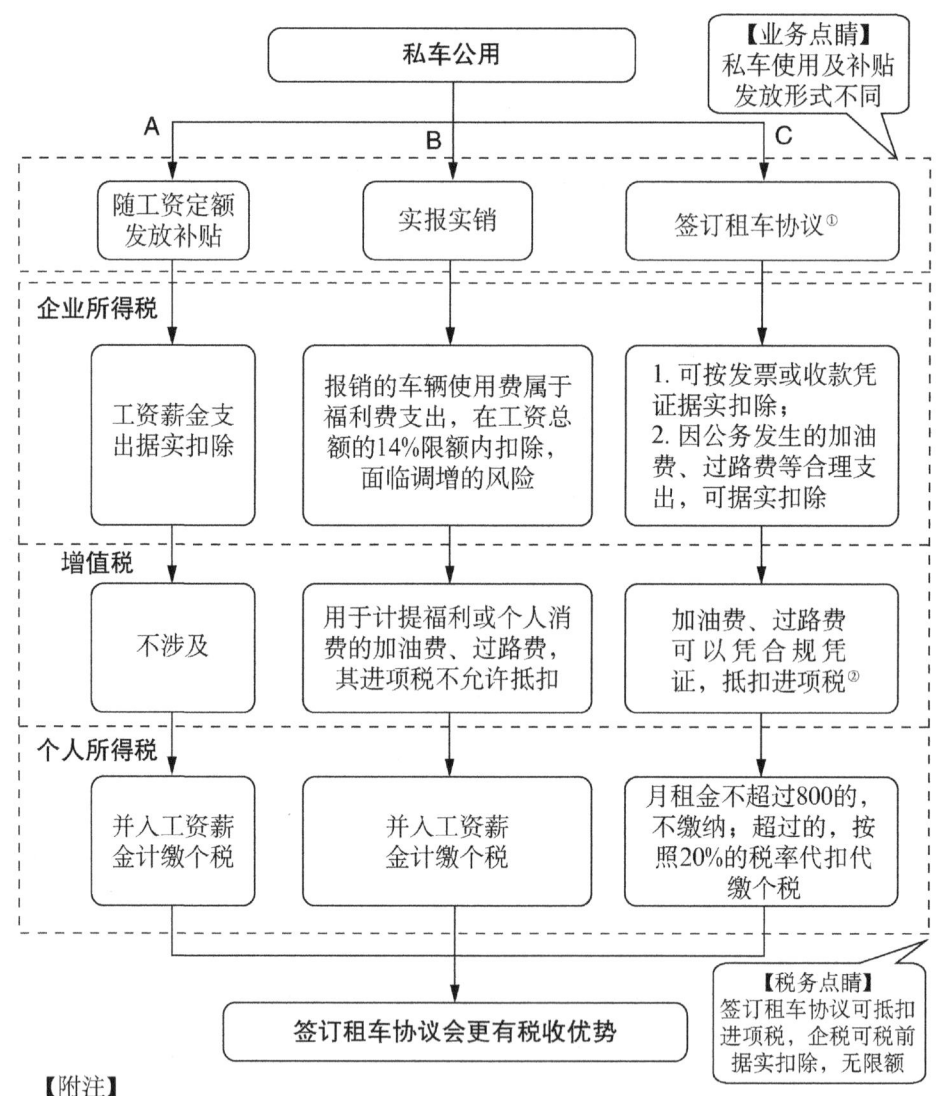

【附注】

注①：对租车费用企业需要合理定价，如果出现零租金，税务局有权重新核定，可能会面临与车辆使用相关的所有费用都不得税前扣除的风险。

注②：签订租车协议，个人取得租赁费需按照有形动产租赁缴纳增值税，未达起征点的可免征增值税。

实战案例

梅松公司是一家设计公司,最近公司总经理赵总正在为买车的事情犯愁。原来,设计行业最近几年竞争压力较大,需要不断对外扩展业务,公司仅有的两台车已经无法满足员工日益增长的用车要求。

这天,在管理层会议上,赵总又提到了这个事情,财务部的梅经理建议先采用"私车公用"的形式,渡过难关。赵总说:"私车公用确实可以解我们的燃眉之急,但是我听说私车公用有好几种模式,我们选择哪种模式既能够降低风险又能在税收上更有利呢?"梅经理一下子就听出了赵总的担心:"我来给您细细讲讲私车公用的几种形式,保证能够达到您说的要求。"

【备选方案】

"私车公用"发生的各项费用由公司承担,费用的处理方式,有以下三种:

方案一:每月随工资给相关员工发放补贴1 000元。

方案二:企业与员工签订租车协议,租金500元/月,并约定车辆因公务发生的加油费、过路费等可在企业报销,假设为500元/月。

【分析】

假设梅松公司人均工资5 000元/月,无其他加计扣除项。两种方案的纳税情况如表2-13所示。

表2-13 两种方案的纳税情况对比表

方案	个人所得税	企业所得税	增值税
方案一	增加个税:1 000×3%=30元/人/月	全额税前扣除:1 000元/月	不涉及
方案二	财产租赁所得,未超过800元,无须缴纳个税	租赁费据实扣除:500元/月	收款凭证或普通发票,进项税都不能抵扣
		加油费等报销费用据实扣除:500元/月	若取得符合规定的发票进项税可抵扣

注:个人取得500元以下的收入可不提供发票,企业凭收据可以在企业所得税前扣除;500元以上需申请由税务机关代开发票,并缴纳3%的增值税。

企业选择方案二是税收上最优的选择。

政策依据

一、《中华人民共和国个人所得税法》第六条第（四）项

财产租赁所得，每次收入不超过四千元的，减除费用八百元；四千元以上的，减除百分之二十的费用，其余额为应纳税所得额。

二、《中华人民共和国个人所得税实施条例》第六条第（七）项

财产租赁所得，是指个人出租不动产、机器设备、车船及其他财产取得的所得。

三、《中华人民共和国企业所得税法》第八条

企业实际发生的与取得收入有关的、合理的支出，包括成本、费用、税金、损失和其他支出，准予在计算应纳税所得额时扣除。

四、《国家税务总局关于发布〈企业所得税税前扣除凭证管理办法〉的公告》（国家税务总局公告 2018 年第 28 号）第九条

企业在境内发生的支出项目属于增值税应税项目（以下简称"应税项目"）的，对方为已办理税务登记的增值税纳税人，其支出以发票（包括按照规定由税务机关代开的发票）作为税前扣除凭证；对方为依法无需办理税务登记的单位或者从事小额零星经营业务的个人，其支出以税务机关代开的发票或者收款凭证及内部凭证作为税前扣除凭证，收款凭证应载明收款单位名称、个人姓名及身份证号、支出项目、收款金额等相关信息。

小额零星经营业务的判断标准是个人从事应税项目经营业务的销售额不超过增值税相关政策规定的起征点。

五、《财政部 国家税务总局关于全面推开营业税改征增值税试点的通知》（财税〔2016〕36 号）附件 1《营业税改征增值税试点实施办法》第四十九条、第五十条

第四十九条 个人发生应税行为的销售额未达到增值税起征点的，免征增值税；达到起征点的，全额计算缴纳增值税。

第五十条 增值税起征点幅度如下：

（一）按期纳税的，为月销售额 5 000～20 000 元（含本数）。

（二）按次纳税的，为每次（日）销售额 300～500 元（含本数）。

……

六、《国家税务总局关于个人因公务用车制度改革取得补贴收入征收个人所得税问题的通知》（国税函〔2006〕245 号）第一条、第二条

一、因公务用车制度改革而以现金、报销等形式向职工个人支付的收入，均应视为个人取得公务用车补贴收入，按照"工资、薪金所得"项目计征个人所得税。

二、具体计征方法，按《国家税务总局关于个人所得税有关政策问题的通知》（国税发〔1999〕58 号）第二条"关于个人取得公务交通、通讯补贴收入征税问题"的有关规定执行。

七、《国家税务总局关于个人所得税有关政策问题的通知》(国税发〔1999〕58号)第二条

二、关于个人取得公务交通、通讯补贴收入征税问题

个人因公务用车和通讯制度改革而取得的公务用车、通讯补贴收入,扣除一定标准的公务费用后,按照"工资、薪金"所得项目计征个人所得税。按月发放的,并入当月"工资、薪金"所得计征个人所得税;不按月发放的,分解到所属月份并与该月份"工资、薪金"所得合并后计征个人所得税。

公务费用的扣除标准,由省税务局根据纳税人公务交通、通讯费用的实际发生情况调查测算,报经省级人民政府批准后确定,并报国家税务总局备案。

小贴士

1. 风险提示

(1)"私车公用"的协议应该只是针对部分确实为工作发生交通费支出的员工,若与所有员工都签订协议,具有福利性质,存在一定的个人所得税税务风险。

(2)避免签订零租金,否则可能会面临税务机关核定租金及与车辆发生的所有费用都不得税前扣除的风险。

(3)车辆的保险费、车船税属于财产本身的费用,不应该约定在企业报销。

2. 对照自检

企业是否存在"私车公用"?企业对相关费用的处理方式是什么?

㊻ 谋而后动

——合理安排公益性捐赠的时间降税负

业税分析

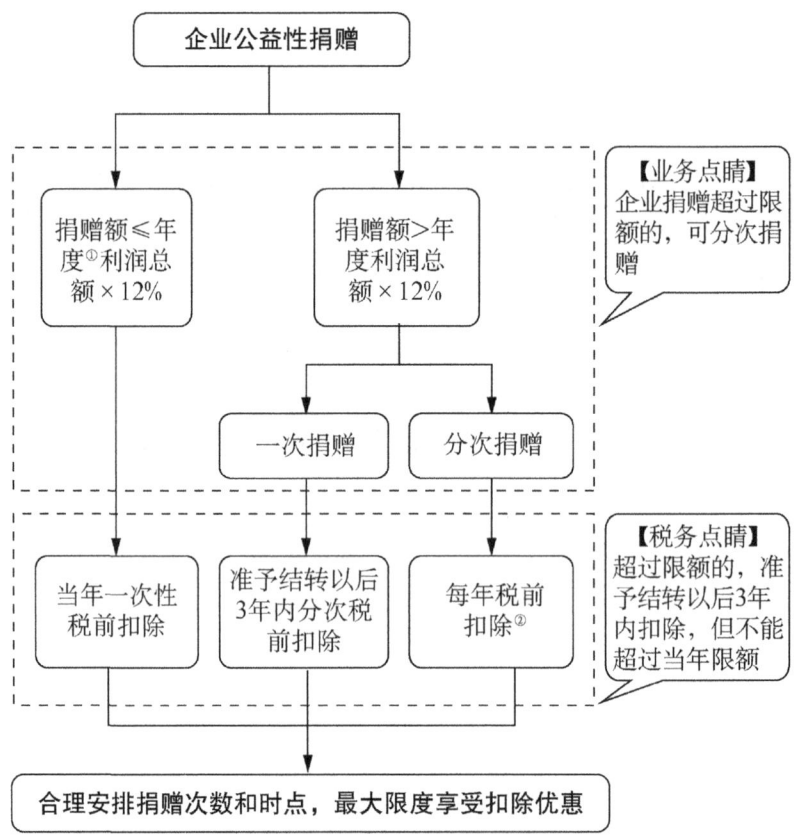

【附注】

注①：指企业依照国家统一会计制度的规定计算的年度会计利润。

注②：税前扣除时，不能超过当年捐赠扣除限额。

实战案例

梅松公司是业内一家有名的慈善企业,曾经因为多次向红十字会捐款而受到政府的表彰。2021年年底,总经理赵总在管理层会议上再次提出,未来几年,公司将从会计利润中拿出600万元向贫困山区的学校捐款,支持教育事业。

至于每年的捐款数额,赵总要求财务部梅经理做好测算,初步拟订捐款计划后进行汇报。梅经理提出了两种方案并进行了分析。

【备选方案】

方案一:2022年度一次性捐赠600万元。

方案二:2022年至2026年每年捐赠120万元。

【分析】

假设梅松公司2022年至2026年预计每年实现会计利润1 000万元,没有其他纳税调整项目,针对方案一,梅松公司的纳税情况如表2-14所示。

表2-14 方案一纳税情况

单位:万元

公益捐赠	2022	2023	2024	2025	2026
利润总额	1 000	1 000	1 000	1 000	1 000
可扣除的公益性捐赠	1 000×12%=120	1 000×12%=120	1 000×12%=120	1 000×12%=120	0
应纳税所得额	1 000−120=880	1 000−120=880	1 000−120=880	1 000−120=880	1 000
应纳税额	880×25%=220	880×25%=220	880×25%=220	880×25%=220	1 000×25%=250

由表2-14可知,2022年至2026年共计缴纳企业所得税1 130(220×4+250)万元。

针对方案二,梅松公司的纳税情况如表2-15所示。

表 2-15　方案二纳税情况

单位:万元

公益捐赠	2022	2023	2024	2025	2026
利润总额	1 000	1 000	1 000	1 000	1 000
可扣除的公益性捐赠	1 000×12%=120	1 000×12%=120	1 000×12%=120	1 000×12%=120	1 000×12%=120
应纳税所得额	1 000−120=880	1 000−120=880	1 000−120=880	1 000−120=880	1 000−120=880
应纳税额	880×25%=220	880×25%=220	880×25%=220	880×25%=220	880×25%=220

由表 2-15 可知,2022 年至 2026 年共计缴纳企业所得税为 1 100(220×5)万元。

结论

方案二比方案一总体少缴企业所得税 30(1 130−1 100)万元,是税收上的最优选择。

政策依据

一、《中华人民共和国企业所得税法》第九条

企业发生的公益性捐赠支出,在年度利润总额 12% 以内的部分,准予在计算应纳税所得额时扣除;超过年度利润总额 12% 的部分,准予结转以后三年内在计算应纳税所得额时扣除。

二、《中华人民共和国企业所得税法实施条例》第五十三条

企业当年发生以及以前年度结转的公益性捐赠支出,不超过年度利润总额 12% 的部分,准予扣除。

年度利润总额,是指企业依照国家统一会计制度的规定计算的年度会计利润。

小贴士

1. 风险提示

企业可以分次开展公益性捐赠的,需要每年明确企业选择的慈善组织是否在国家税务总局公布的名单内,以及名单适用年度,如果以后年度该公益性组织不在名单内,企业的捐赠将无法税前扣除。

2. 对照自检

(1) 企业目前开展的公益性捐赠是否通过正规渠道,如通过政府部门或红十字会等,并取得相应的捐赠票据?

(2) 企业的公益性捐赠是否能够按照自己意愿进行拆分,分期捐赠?

㊼ 另辟蹊径

——利用个人进行公益捐赠减轻税负

业税分析

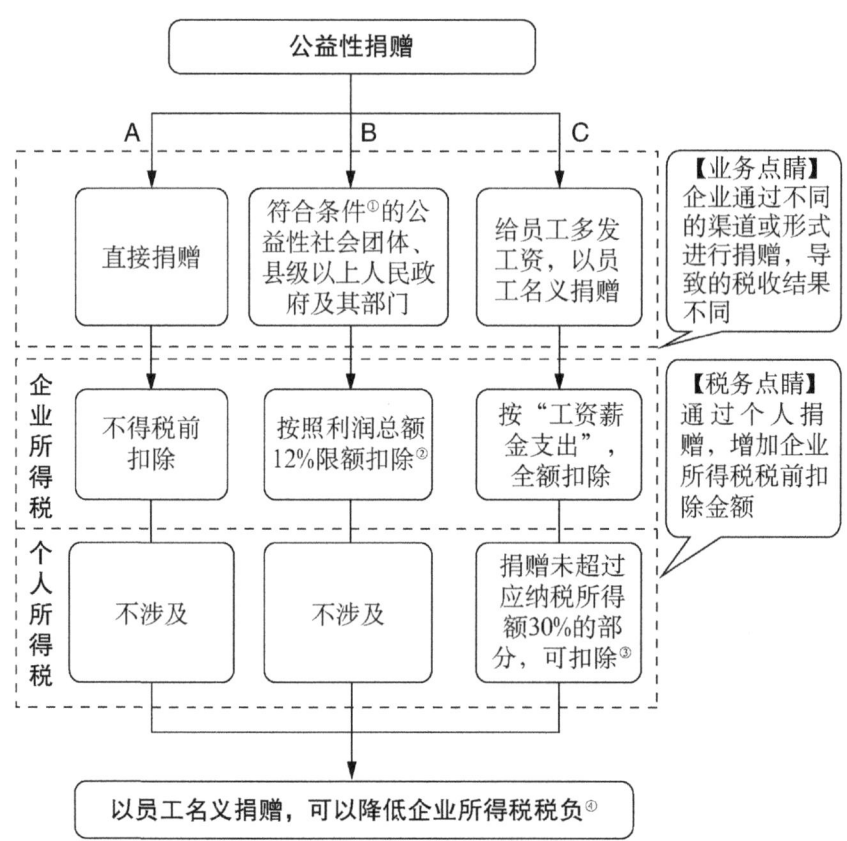

【附注】

注①：相应条件详见政策依据。

注②：国务院规定对公益慈善事业捐赠实行全额税前扣除的，从其规定。

注③：增发的工资需并入综合所得计征个税，限额内的捐赠可从应纳税所得额中扣除，故对个税影响不大；按规定实行全额税前扣除的，从其规定。

注④：企业若需要相应的捐赠指标评级或实现其他目的，须取得相应捐赠票据，则应选方案B。

实战案例

梅松公司是一家电子科技公司,2020年预计利润总额1 500万元,新冠疫情暴发后,梅松公司准备从中拿出200万元捐赠给疫情较为严重的地区。

针对该捐赠事项,赵总专门召开了董事会进行讨论。董事们都认为这是一件对公司、对社会都有益处的好事,全票通过了赵总的这项决定。但这200万很有可能不能全部税前扣除,赵总便让财务部梅经理出出主意。梅经理从税收角度,提出了以下两种方案并进行了分析。

【备选方案】

方案一:梅松公司通过当地民政局直接捐赠200万元。

方案二:梅松公司给职工每人增发工资500元,让职工以自己的名义捐出500元,共计20万元;以公司名义捐赠180万元,公司及职工通过民政局合计捐赠200万元。

【分析】

假设企业现拥有职工400人,年平均工资为8万元/人,可扣除的三险一金为1万元/人,不考虑个人综合所得各项专项及其他扣除,针对上述两种方案,梅松公司企业所得税的纳税情况如表2-16所示。

表2-16 两种方案企业所得税纳税情况

单位:万元

方案	会计利润	企业扣除限额	个人扣除限额	纳税调整	应纳税额
方案一	1 500	1 500×12%=180	—	调增20	1 520×25%=380
方案二	1 500	1 500×12%=180	(8+0.05−6−1)×30%=0.32	不调整	1 500×25%=375

【结论】

方案二中企业捐赠未超过扣除限额,能够实现税前全额扣除,较方案一节约企业所得税5(380−375)万元。

政策依据

一、《中华人民共和国企业所得税法》第九条、第十条第五项

第九条 企业发生的公益性捐赠支出,在年度利润总额12%以内的部分,准予

在计算应纳税所得额时扣除；超过年度利润总额12%的部分，准予结转以后三年内在计算应纳税所得额时扣除。

第十条 在计算应纳税所得额时，下列支出不得扣除：

（五）本法第九条规定以外的捐赠支出；

二、《中华人民共和国个人所得税法》第六条

个人将其所得对教育、扶贫、济困等公益慈善事业进行捐赠，捐赠额未超过纳税人申报的应纳税所得额百分之三十的部分，可以从其应纳税所得额中扣除；国务院规定对公益慈善事业捐赠实行全额税前扣除的，从其规定。

三、《财政部 税务总局 海关总署关于北京2022年冬奥会和冬残奥会税收政策的通知》（财税〔2017〕60号）第三条第一款

三、对北京2022年冬奥会、冬残奥会、测试赛参与者实行以下税收政策

（一）对企业、社会组织和团体赞助、捐赠北京2022年冬奥会、冬残奥会、测试赛的资金、物资、服务支出，在计算企业应纳税所得额时予以全额扣除。

……

四、《财政部 税务总局 海关总署关于杭州2022年亚运会和亚残运会税收政策的公告》（财政部 税务总局 海关总署公告2020年第18号）第九条

对企业、社会组织和团体赞助、捐赠杭州亚运会的资金、物资、服务支出，在计算企业应纳税所得额时予以全额扣除。

五、《财政部 税务总局 国务院扶贫办关于企业扶贫捐赠所得税税前扣除政策的公告》（财政部 税务总局 国务院扶贫办公告2019年第49号）第一条

自2019年1月1日至2022年12月31日，企业通过公益性社会组织或者县级（含县级）以上人民政府及其组成部门和直属机构，用于目标脱贫地区的扶贫捐赠支出，准予在计算企业所得税应纳税所得额时据实扣除。在政策执行期限内，目标脱贫地区实现脱贫的，可继续适用上述政策。

"目标脱贫地区"包括832个国家扶贫开发工作重点县、集中连片特困地区县（新疆阿克苏地区6县1市享受片区政策）和建档立卡贫困村。

六、《关于延长部分扶贫税收优惠政策执行期限的公告》（财政部 税务总局 人力资源社会保障部 国家乡村振兴局公告2021年第18号）

为贯彻落实《中共中央 国务院关于实现巩固拓展脱贫攻坚成果同乡村振兴有效衔接的意见》精神，严格落实过渡期内"四个不摘"的要求，现将有关税收政策公告如下：

《财政部 税务总局 人力资源社会保障部 国务院扶贫办关于进一步支持和促进重点群体创业就业有关税收政策的通知》（财税〔2019〕22号）、《财政部 税务总局 国务院扶贫办关于企业扶贫捐赠所得税税前扣除政策的公告》（财政部 税务总局 国务院扶贫办公告2019年第49号）、《财政部 税务总局 国务院扶贫办关于扶贫货物捐赠免征增值税政策的公告》（财政部 税务总局 国务院扶贫办公告2019年第

55号)中规定的税收优惠政策,执行期限延长至2025年12月31日。

💬 小贴士

1. 风险提示

(1) 企业职工工资应控制在合理范围之内,不宜忽高忽低。

(2) 企业捐赠要经过县级以上政府部门或法律规定的其他组织机构,并取得相应的捐赠票据,否则不得税前扣除。

2. 对照自检

(1) 企业是否能自行决定捐赠形式？通过职工进行公益性捐赠是否可行？

_____

_____

(2) 企业捐赠项目是否能够符合税法规定的全额扣除的标准？

_____

_____

㊽ 随机应变

——巧选存货计价方法

业税分析

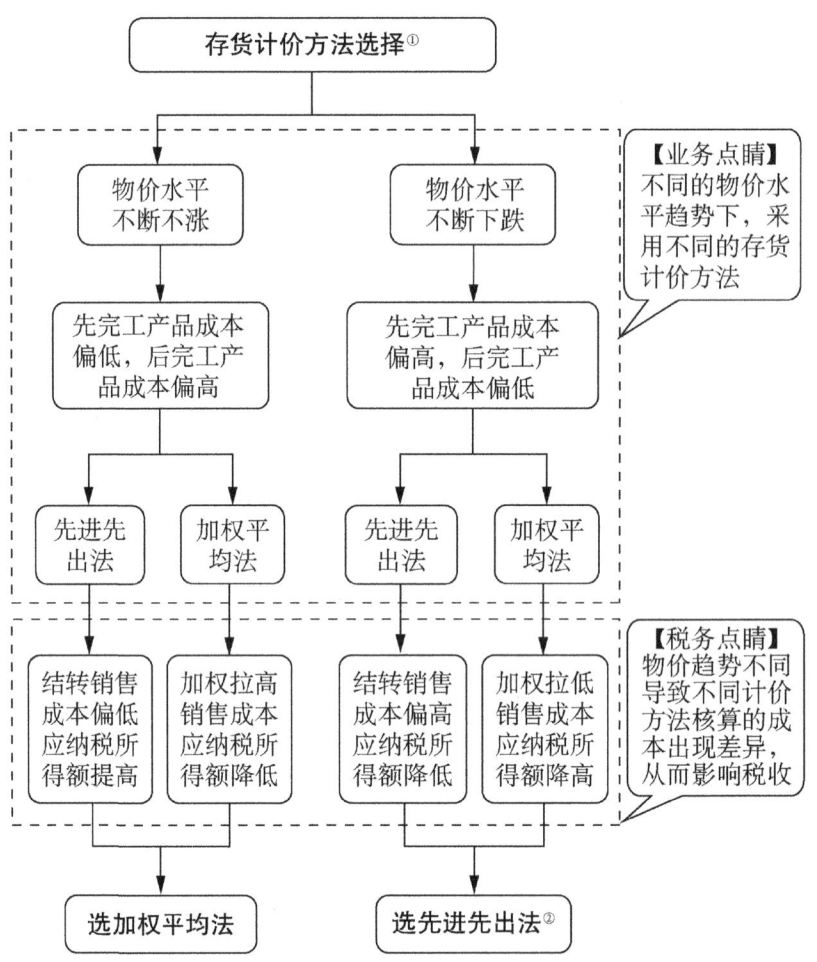

【附注】

注①：对于存货项目具有明显标志，而且数量不多、价值较大的，可直接选择个别计价法。

注②：计价方法一经选定，不得随意变更。

实战案例

梅松公司是一家知名电池制造厂商,每月均有大量电池进出库。为了更好地控制电池成本,增加企业效益,总经理赵总最近安排成本部对2022年3月电池的出库及结存情况作预测分析,以便对财务部关于存货计价方法的选择提供指导意见。

成本部对市场进行了调研分析,认为3月份的电池的进出库价格会受物价波动的影响,于是针对物价上涨和物价下跌两种情况,分别做出了预测。财务部梅经理针对这两种情形,从税收角度上,对存货计价方法的选择提出了指导意见。

【备选方案】

方案一:存货计价选择先进先出法。
方案二:存货计价选择加权平均法。

【分析】

已知单月销售单价800元/件(不含增值税),不考虑其他成本,适用企业所得税税率25%。

情形一:物价上涨,3月份预计的出库单如表2-17所示。

表2-17 某型号电池库存表(物价上涨)

日期	完工入库		销售出库	结存	
	数量	单价	数量	数量	单价
2022年3月1日	—	—	—	5 000件	500元/件
2022年3月6日	2 000件	550元/件	—	—	—
2022年3月15日	—	—	2 000件	—	—
2022年3月20日	3 000件	600元/件	—	—	—
2022年3月25日	—	—	3 000件	—	—
2022年3月30日	—	—	—	5 000件	—

全月一次性加权平均成本 = $(500 \times 5\,000 + 550 \times 2\,000 + 600 \times 3\,000) \div (5\,000 + 2\,000 + 3\,000) = 540$ 元/件

两种计价方法对企业税负的影响如表2-18所示。

表2-18 先进先出法与加权平均法对应的纳税情况

单位:万元

计价方法	销售成本	销售收入	应纳税所得额	应纳税额
先进先出法	(500×2 000+500×3 000)/10 000=250	800×(2 000+3 000)/10 000=400	400−250=150	150×25%=37.5
加权平均法	540×(2 000+3 000)/10 000=270	800×(2 000+3 000)/10 000=400	400−270=130	130×25%=32.5

情形二:物价下跌,3月份预计的出库单如表2-19所示。

表2-19 某型号电池库存表(物价下跌)

日期	完工入库		销售出库		结存	
	数量	单价	数量	单价	数量	单价
2022年3月1日	—	—	—		5 000件	500元/件
2022年3月6日	2 000件	450元/件	—		—	—
2022年3月15日	—	—	2 000件		—	—
2022年3月20日	3 000件	400元/件	—		—	—
2022年3月25日	—	—	3 000件		—	—
2022年3月30日	—	—	—		5 000件	—

全月一次性加权平均成本=(500×5 000+450×2 000+400×3 000)÷(5 000+2 000+3 000)=460元/件

两种计价方法对企业税负的影响如表2-20所示。

表2-20 先进先出法与加权平均法对应的纳税情况

单位:万元

计价方法	销售成本	销售收入	应纳税所得额	应纳税额
先进先出法	(500×2 000+500×3 000)/10 000=250	800×(2 000+3 000)/10 000=400	400−250=150	150×25%=37.5
加权平均法	460×(2 000+3 000)/10 000=230	800×(2 000+3 000)/10 000=400	400−230=170	170×25%=42.5

(1)物价水平上涨时,使用加权平均法核算销售成本比先进先出法节省企业所得税5(37.5−32.5)万元。

(2)物价水平下跌时,使用先进先出法核算销售成本比加权平均法节省企业所得税5(42.5−37.5)万元。

政策依据

一、《中华人民共和国企业所得税法》第十五条

企业使用或者销售存货按照规定计算的存货成本,准予在计算应纳税所得额时扣除。

二、《中华人民共和国企业所得税法实施条例》第七十三条

企业使用或者销售的存货的成本计算方法,可以在先进先出法、加权平均法、个别计价法中选用一种。计价方法一经选用,不得随意变更。

小贴士

1. 风险提示

在企业原材料价格变动趋势不确定且变动剧烈时,不容易确定哪种方法更节税。

2. 对照自检

(1) 企业是否存在大量能被准确区分、单独计价的产品?

_____

_____

(2) 企业是否能够准确预估产品市场价格的波动情况?

_____

_____

㊾ 随事而制

——资本化或是费用化,依据经营做选择

业税分析

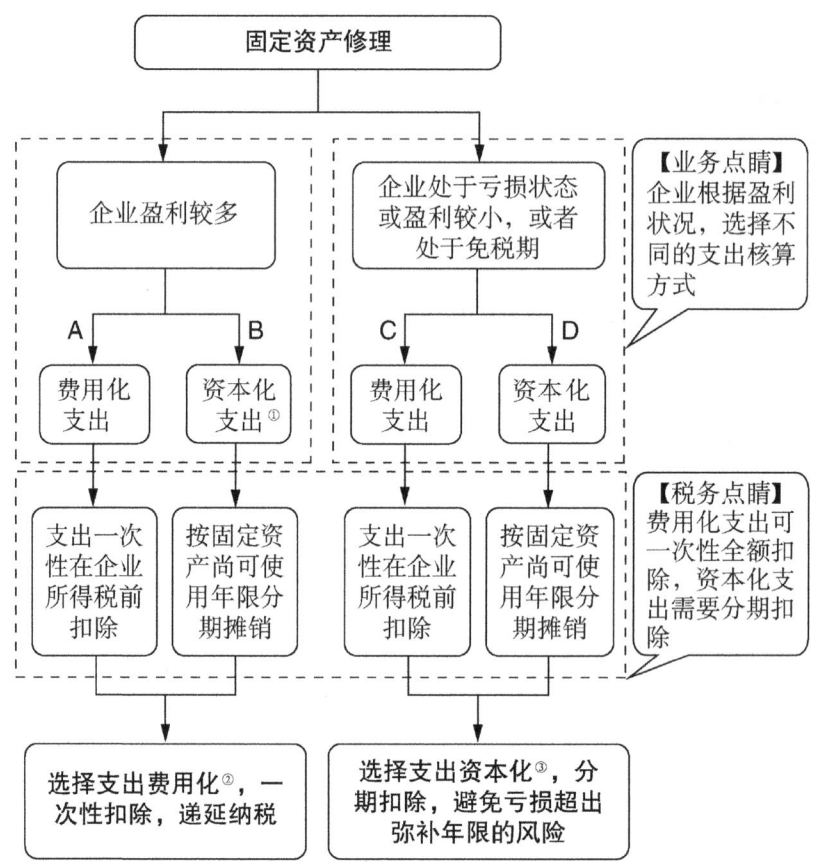

【附注】

注①：修理费用达到企业取得固定资产时固定资产的计税基础的50%以上,且修理后固定资产使用年限延长2年以上,应计入长期待摊费用,分期扣除。

注②：资本化支出可通过分次修理、压缩修理成本等方式转换为费用化支出。

注③：费用化支出可通过合并修理次数转换为资本化支出。

实战案例

在梅松公司的一次管理层会议上,车间主任提到车间的生产设备已经使用了8年,设备老化,大大降低了生产效率,申请于当年进行修理,修理费预计80万元。赵总听完后,当场同意了他的申请,并转头对财务部梅经理说:"修理费这么高,还得靠你给筹划筹划啦。""没问题,包在我身上了!"说完,梅经理提出了两种方案并进行了分析。

【备选方案】

方案一:一次性修理,支出80万元。

方案二:分两次修理,每次支出40万元。

【分析】

假设该生产线取得时计税基础为150万元,预计使用10年,修理后预计延长使用寿命3年,梅松公司当年不含资产修理费用的应纳税所得额为500万元,则:

方案一:修理支出金额80万元,达到取得时计税基础150万元的53.33%(53.33%>50%),且修理后固定资产使用年限延长3年(>2年),属于固定资产大修理支出,可以分期扣除。

方案二:每次支出金额40万元,每次修理支出为取得时计税基础150万元的26.67%(<50%),不属于固定资产大修理支出,可以一次性扣除。

若不考虑固定资产大修理的耗时,修理完成的固定资产在当年6月投入使用,则上述所说的两种方案纳税情况如表2-21所示。

表2-21 两种方案的企业所得税纳税情况

单位:万元

方案	固定资产修理抵扣		应纳税所得额	应纳税额
方案一	分期抵扣	80÷5÷2=8	500-8=492	492×25%=123
方案二	一次性扣除	40×2=80	500-80=420	420×25%=105

结论

方案二比方案一当年少缴税18(123-105)万元,实现了纳税递延。

政策依据

一、《中华人民共和国企业所得税法》第十三条

在计算应纳税所得额时,企业发生的下列支出作为长期待摊费用,按照规定摊

销的,准予扣除:

(一)已足额提取折旧的固定资产的改建支出;

(二)租入固定资产的改建支出;

(三)固定资产的大修理支出;

(四)其他应当作为长期待摊费用的支出。

二、《中华人民共和国企业所得税法实施条例》第六十九条

中华人民共和国企业所得税法第十三条第(三)项所称固定资产的大修理支出,是指同时符合下列条件的支出:

(一)修理支出达到取得固定资产时的计税基础50%以上;

(二)修理后固定资产的使用年限延长2年以上。

中华人民共和国企业所得税法第十三条第(三)项规定的支出,按照固定资产尚可使用年限分期摊销。

小贴士

1. 会计提示

若实际修理业务不能分次,企业不能通过账务处理的人为分次记账达到一次性扣除的目的。

2. 对照自检

(1)企业修理固定资产带来的效益是否大于企业新购置固定资产带来的收益?

_____

_____

(2)企业是否可以合理地调整大修理的次数,控制大修理的支出?

_____

_____

❺⓿ 对症下药

——合理处置使用情况不同的固定资产降税负

业税分析

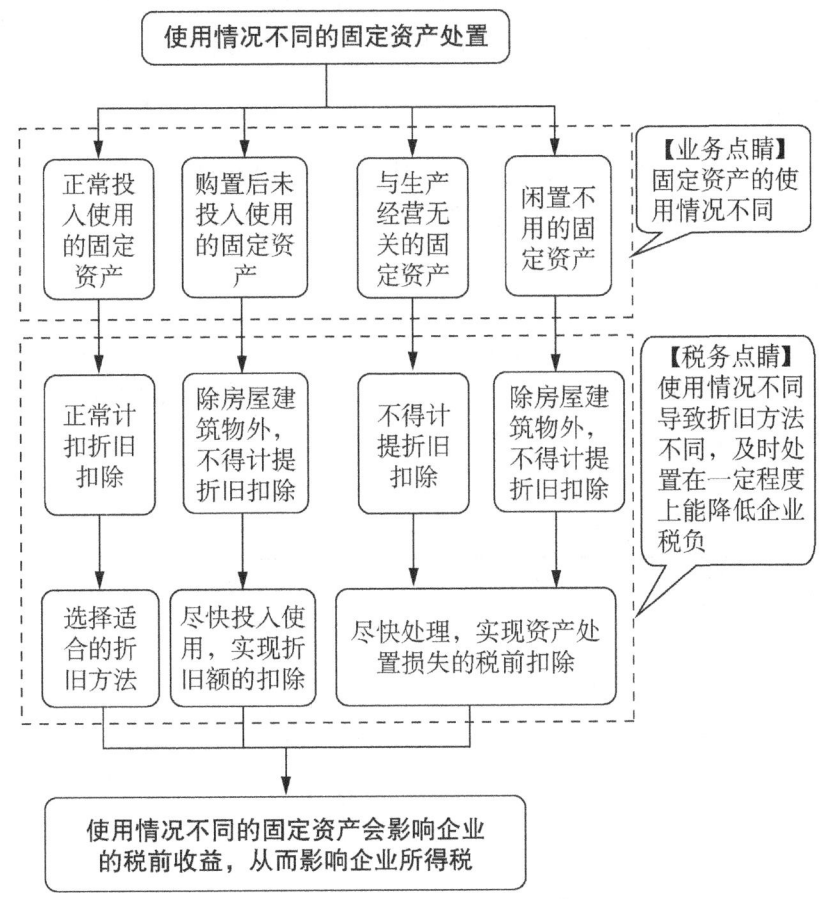

实战案例

梅松公司是一家电动车生产企业,主要生产电动自行车、电动三轮车和电动汽车。最近,公司在进行各电动车生产线的梳理。

业务部门发现,有一条电动汽车生产线于 2011 年年底投入使用,花费 2 400 万元,采用直线法计提折旧,预计使用 10 年,净残值为 0。

2020 年年末,由于生产技术更新换代,老旧生产线淘汰,原生产线闲置。针对这一情况,业务部门向公司总经理赵总请示是否需要处置原有的闲置生产线。

赵总在得知这一情况后,要求公司的财务部门做测算,以便根据测算后的结果处置固定资产。财务部梅经理提出了两种方案并进行了分析。

【备选方案】

方案一:不处置该闲置的生产线,继续计提折旧,在税前扣除。
方案二:按照市场价格,处置该闲置的生产线。

【分析】

假设原生产线 2021 年 1 月市场处置价格大约为 40 万元。2021 年,企业不考虑该生产线的预计全年应纳税所得额为 2 000 万元,无其他调整项,针对上述两个方案的企业所得税纳税情况如表 2-22 所示。

表 2-22 两种方案的企业所得税纳税情况

单位:万元

方案	折旧	处置损失	应纳税所得额	应纳税额
方案一	2 400÷10=240	0	2 000−240=1 760	1 760×25%=440
方案二	2 400÷120=20	2 400−(2 400÷10×9+20)−40=180	2 000−180−20=1 800	1 800×25%=450

结论

企业选择处置资产,当年可增加税后利润 30(1 800−450−1760+440)万元。

政策依据

一、《中华人民共和国企业所得税实施条例》第五十九条第一款、第九十八条

第五十九条　固定资产按照直线法计算的折旧,准予扣除。企业应当自固定资产投入使用月份的次月起计算折旧;停止使用的固定资产,应当自停止使用月份的

次月起停止计算折旧。

第九十八条 中华人民共和国企业所得税法第三十二条所称可以采取缩短折旧年限或者采取加速折旧的方法的固定资产,包括:

(1) 由于技术进步,产品更新换代较快的固定资产;

(2) 常年处于强震动、高腐蚀状态的固定资产。

采取缩短折旧年限方法的,最低折旧年限不得低于本条例第六十条规定折旧年限的60%;采取加速折旧方法的,可以采取双倍余额递减法或者年数总和法。

二、《国家税务总局关于进一步完善固定资产加速折旧企业所得税政策有关问题的公告》(国家税务总局公告2015年第68号)第一条

对轻工、纺织、机械、汽车等四个领域重点行业(以下简称四个领域重点行业)企业2015年1月1日后新购进的固定资产(包括自行建造,下同),允许缩短折旧年限或采取加速折旧方法。

三、《税务总局关于企业固定资产加速折旧所得税处理有关问题的通知》(国税发〔2009〕81号)第五条

企业确需对固定资产采取缩短折旧年限或者加速折旧方法的,应在取得该固定资产后一个月内,向其企业所得税主管税务机关(以下简称主管税务机关)备案,并报送以下资料:

(一) 固定资产的功能、预计使用年限短于《实施条例》规定计算折旧的最低年限的理由、证明资料及有关情况的说明;

(二) 被替代的旧固定资产的功能、使用及处置等情况的说明;

(三) 固定资产加速折旧拟采用的方法和折旧额的说明;

(四) 主管税务机关要求报送的其他资料。

企业主管税务机关应在企业所得税年度纳税评估时,对企业采取加速折旧的固定资产的使用环境及状况进行实地核查。对不符合加速折旧规定条件的,主管税务机关有权要求企业停止该项固定资产加速折旧。

小贴士

1. 风险提示

企业处置闲置资产时,处置价格应符合正常市场价格,不能过高或过低,否则会引起税收风险。

2. 对照自检

(1) 企业是否有处在闲置状态的固定资产?

（2）企业所在行业是否是特殊行业，进而对固定资产的折旧或者处置有特殊规定？

_____

_____

(51) 按部就班

——先分股利后转让，增加税后净利润

业税分析

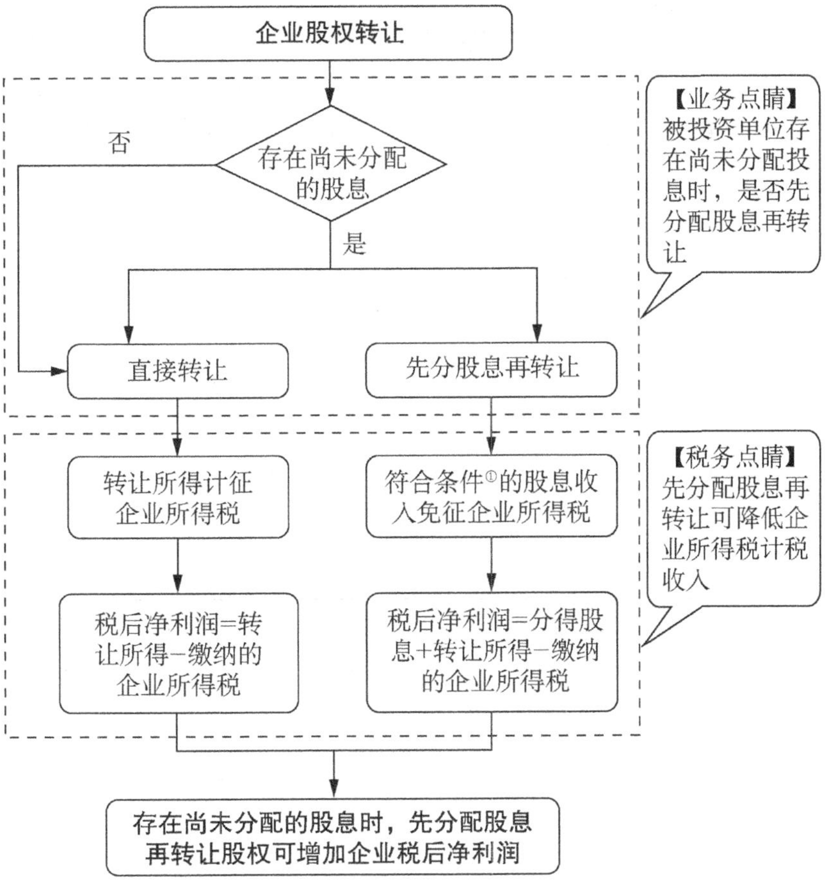

【附注】

注①：具体条件详见《企业所得税法》第二十六条、《企业所得税法实施条例》第八十三条。

实战案例

梅松公司是资本市场上一家集商贸、旅游、投资于一体的大型上市集团公司,近几年,集团在投融资方面交易频繁。2017年2月1日,集团以银行存款1 000万元投资了一家以批发零售为主营业务的非上市公司税台公司,占该公司股本总额的70%。

近几年来,税台公司一直保留盈余不分配,截至2021年5月,税台公司账面的未分配利润为400万元。

2021年5月,梅松公司打算将其拥有的税台公司70%的股权全部转让给另一家上市公司财春公司。为此,梅松公司召开管理层会议,讨论该股权转让方案的相关事宜。财务部梅经理从税收的角度,提出了以下两种方案并进行了分析。

【备选方案】

方案一:直接以1 300万元的价格转让股权,转让过程中发生相关税费1万元。

方案二:先取得税台公司分配的30%的股息,再以1 216万元的价格转让股权,转让过程中发生相关税费1万元。

【分析】

针对上述两种方案,梅松公司企业所得税纳税情况如表2-23所示。

表2-23 两种方案的企业所得税纳税情况

单位:万元

方案	利润分配	股权转让所得	应纳税额	税后净利润
方案一	0	1 300−1 000−1=299	299×25%=74.75	299−74.75=224.25
方案二	400×70%×30%=84	1 216−1 000−1=215	215×25%=53.75	84+215−53.75=245.25

先取得分红再转让股权,可以减少企业所得税21(74.75−53.75)万元,并增加相应的税后净利润21(245.25−224.25)万元。

政策依据

一、《中华人民共和国企业所得税法》第十四条、第十六条、第二十六条

第十四条 企业对外投资期间,投资资产的成本在计算应纳税所得额时不得

扣除。

第十六条　企业转让资产,该项资产的净值,准予在计算应纳税所得额时扣除。

第二十六条　企业的下列收入为免税收入：

(一)国债利息收入；

(二)符合条件的居民企业之间的股息、红利等权益性投资收益；

(三)在中国境内设立机构、场所的非居民企业从居民企业取得与该机构、场所有实际联系的股息、红利等权益性投资收益；

(四)符合条件的非营利组织的收入。

二、《中华人民共和国企业所得税法实施条例》第八十三条

企业所得税法第二十六条第(二)项所称符合条件的居民企业之间的股息、红利等权益性投资收益,是指居民企业直接投资于其他居民企业取得的投资收益。企业所得税法第二十六条第(二)项和第(三)项所称股息、红利等权益性投资收益,不包括连续持有居民企业公开发行并上市流通的股票不足12个月取得的投资收益。

三、《国家税务总局关于贯彻落实中华人民共和国企业所得税法若干税收问题的通知》(国税函〔2010〕79号)第三条

企业转让股权收入,应于转让协议生效、且完成股权变更手续时,确认收入的实现。转让股权收入扣除为取得该股权所发生的成本后,为股权转让所得。企业在计算股权转让所得时,不得扣除被投资企业未分配利润等股东留存收益中按该项股权所可能分配的金额。

小贴士

1. 风险提示

若被投资单位不配合公司提出的先分配利润的要求,则会导致筹划失败。

2. 会计提示

(1)按税法规定企业对外投资期间,投资资产的成本在计算应纳税所得额时不得扣除。企业在转让或处置投资资产时,投资资产的成本准予扣除。

(2)企业在计算股权转让所得时,不得扣除被投资企业未分配利润等股东留存收益中按该项股权所可能分配的金额。

3. 对照自检

(1)企业拟转让的股权投资中,是否存在未分配的利润？

(2)投资方是否具有能够使被投资单位在股权转让前分红的主导权？

（3）投资方没有主导权的，能否与被投资方协商并达成转让前分红的一致意见？

52 齐心协力

——集团企业有亏损，关联交易降税负

业税分析

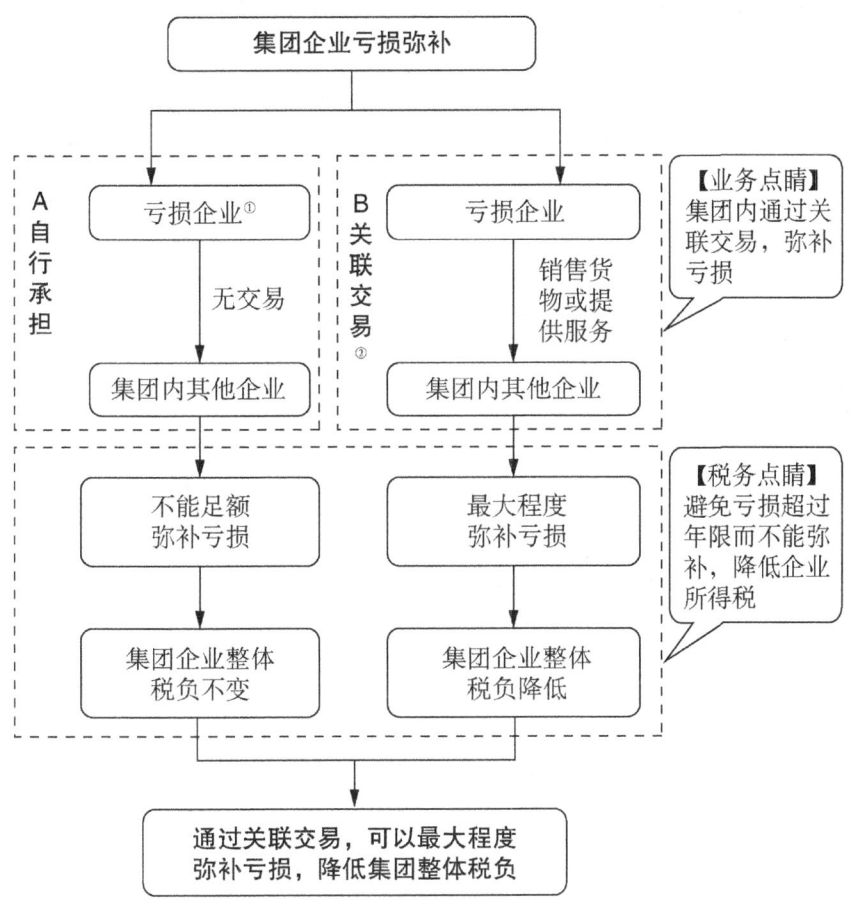

【附注】
注①：此处亏损企业是指亏损弥补期限内无足够的利润弥补亏损的企业。
注②：关联交易需满足相应条件，才能税前扣除，具体条件见政策依据。

实战案例

2022年年初,为了更好地管理公司,提升公司管理的效率,梅松集团的总经理赵总要求对集团内部各公司进行业绩分析。业务部门及财务部门进行了解分析后,发现税台公司经营情况较差,预计2022年实现销售收入2 000万元,发生亏损600万元;财春公司经营业绩增长较好,预计2022年实现销售收入5 000万元,盈利1 000万元,并且两家公司存在同一产品的生产业务。

赵总得知后,召开了集团管理层会议,商量能否针对集团预期的情况,减轻集团整体的企业所得税负担。财务部梅经理回答说,既然两家公司之间存在同一产品的生产业务,可以让两家公司进行内部交易,将收入由盈利企业向亏损企业转移,实现税负的降低。根据集团的基本情况,梅经理提出了两种方案并进行了分析。

【备选方案】

方案一:税台公司和财春公司各自缴税。

方案二:财春公司生产线连同厂房租赁给税台公司,年租金为50万元(不含税)。

【分析】

假设租出的生产线每年产生净利润500万元,净利润将转移至税台公司,不考虑其他企业,则梅松集团企业所得税税负情况如表2-24所示。

表2-24 梅松集团企业所得税税负情况

单位:万元

项目		应纳税所得额	应纳税额	应纳税额合计
方案一	税台公司	−600	0	250
	财春公司	1 000	1 000×25%=250	
方案二	税台公司	−150	0	137.5
	财春公司	500+50=550	550×25%=137.5	

结论

方案二可为梅松集团节省企业所得税112.5(250−137.5)万元。

政策依据

一、《中华人民共和国企业所得税法》第四十一条至第四十四条

第四十一条 企业与其关联方之间的业务往来,不符合独立交易原则而减少企业或者其关联方应纳税收入或者所得额的,税务机关有权按照合理方法调整。

……

第四十二条 企业可以向税务机关提出与其关联方之间业务往来的定价原则和计算方法,税务机关与企业协商、确认后,达成预约定价安排。

第四十三条 企业向税务机关报送年度企业所得税纳税申报表时,应当就其与关联方之间的业务往来,附送年度关联业务往来报告表。

税务机关在进行关联业务调查时,企业及其关联方,以及与关联业务调查有关的其他企业,应当按照规定提供相关资料。

第四十四条 企业不提供与其关联方之间业务往来资料,或者提供虚假、不完整资料,未能真实反映其关联业务往来情况的,税务机关有权依法核定其应纳税所得额。

二、《中华人民共和国企业所得税法实施条例》第一百零九条、第一百一十条

第一百零九条 企业所得税法第四十一条所称关联方,是指与企业有下列关联关系之一的企业、其他组织或者个人:

(一)在资金、经营、购销等方面存在直接或者间接的控制关系;

(二)直接或者间接地同为第三者控制;

(三)在利益上具有相关联的其他关系。

第一百一十条 企业所得税法第四十一条所称独立交易原则,是指没有关联关系的交易各方,按照公平成交价格和营业常规进行业务往来遵循的原则。

小贴士

1. 风险提示

关联方交易应当满足独立性原则,否则若主管税务机关不认可,企业将会面临被罚款的风险。

2. 对照自检

(1)集团内部是否存在亏损公司或低税率公司?该公司能否在规定年限内弥补该亏损?

（2）集团内部关联方之间是否存在业务交叉，并能够实现内部租赁？

（3）关联方之间的交易是否能够满足独立交易原则？

53 弃暗投明

——不征税收入巧处理

业税分析

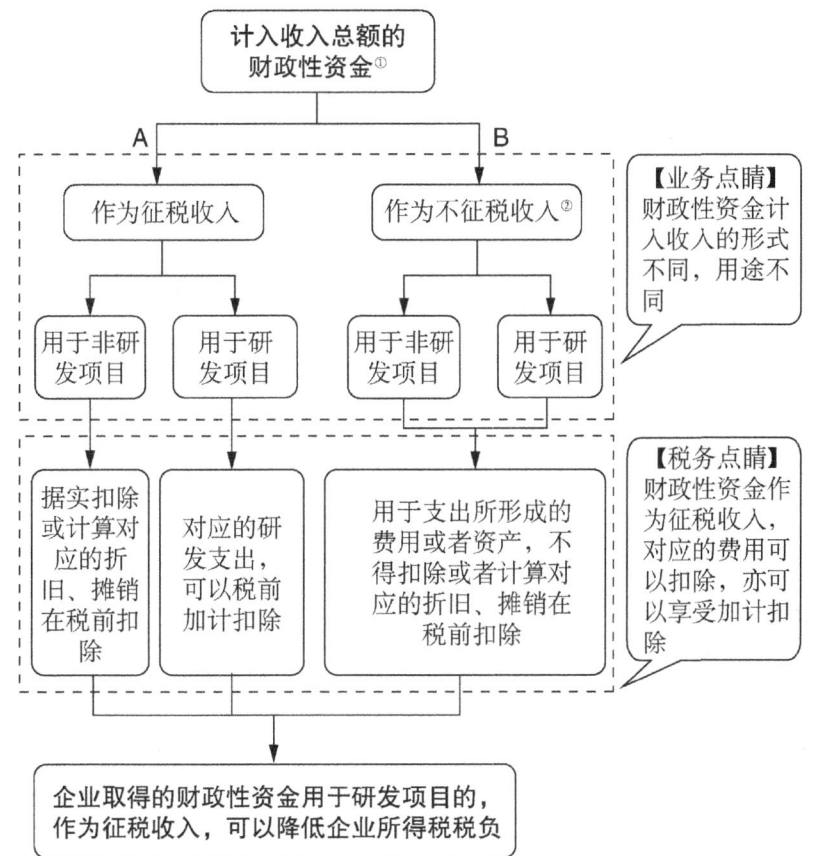

【附注】

注①：符合条件的软件企业按照财税〔2011〕100号规定取得的即征即退增值税款，由企业专项用于软件产品研发和扩大再生产并单独进行核算，可以作为不征税收入。

注②：财政性资金作为不征税收入处理后，在5年（60个月）内未使用且未交回政府，自动转为征税收入。

实战案例

梅松公司是一家软件开发企业。2023年从政府取得了一笔500万元拨款,用于某软件的开发。公司取得该笔资金后,专项用于该软件的开发,并建立了单独的台账进行核算。年底,该软件开发完成,500万元的拨款全部费用化。

财务小松第一次接触这样的业务,对这500万元不知道如何处理,于是去请教财务部梅经理。梅经理了解完情况后,提出了两种方案并进行了分析。

【备选方案】

方案一:作为不征税收入处理,收入及相应的成本不得税前扣除。

方案二:作为征税收入处理,收入及相应的成本可以税前扣除。

【分析】

假设梅松公司当年利润总额为2 000万元,无其他调整事项,则针对上述两种不同的方案,对企业所得税的影响如表2-25所示。

表2-25 两种方案的企业所得税纳税情况

单位:万元

方案	利润总额	企业所得税
方案一	2 000	2 000×25%=500
方案二	2 000-500×100%=1 500	1 500×25%=375

如果将该笔不征税收入作为征税收入进行申报,则能够节省企业所得税125(500-375)万元。

政策依据

一、《中华人民共和国企业所得税法》第七条

第七条 收入总额中的下列收入为不征税收入:

(一)财政拨款;

(二)依法收取并纳入财政管理的行政事业性收费、政府性基金;

(三)国务院规定的其他不征税收入。

二、《中华人民共和国企业所得税法实施条例》(中华人民共和国国务院令第512号)第二十八条

企业的不征税收入用于支出所形成的费用或者财产,不得扣除或者计算对应的折旧、摊销扣除。

三、《财政部 国家税务总局关于专项用途财政性资金企业所得税处理问题的通知》(财税〔2011〕70号)第一条至第三条

一、企业从县级以上各级人民政府财政部门及其他部门取得的应计入收入总额的财政性资金,凡同时符合以下条件的,可以作为不征税收入,在计算应纳税所得额时从收入总额中减除:

(一)企业能够提供规定资金专项用途的资金拨付文件;

(二)财政部门或其他拨付资金的政府部门对该资金有专门的资金管理办法或具体管理要求;

(三)企业对该资金以及以该资金发生的支出单独进行核算。

二、根据实施条例第二十八条的规定,上述不征税收入用于支出所形成的费用,不得在计算应纳税所得额时扣除;用于支出所形成的资产,其计算的折旧、摊销不得在计算应纳税所得额时扣除。

三、企业将符合本通知第一条规定条件的财政性资金作不征税收入处理后,在5年(60个月)内未发生支出且未缴回财政部门或其他拨付资金的政府部门的部分,应计入取得该资金第六年的应税收入总额;计入应税收入总额的财政性资金发生的支出,允许在计算应纳税所得额时扣除。

四、《财政部 国家税务总局关于进一步鼓励软件产业和集成电路产业发展企业所得税政策的通知》(财税〔2012〕27号)第五条

符合条件的软件企业按照《财政部 国家税务总局关于软件产品增值税政策的通知》(财税〔2011〕100号)规定取得的即征即退增值税款,由企业专项用于软件产品研发和扩大再生产并单独进行核算,可以作为不征税收入,在计算应纳税所得额时从收入总额中减除。

五、《财政部 税务总局关于进一步完善研发费用税前加计扣除政策的公告》(财政部 税务总局公告2023年第7号)第一条

企业开展研发活动中实际发生的研发费用,未形成无形资产计入当期损益的,在按规定据实扣除的基础上,自2023年1月1日起,再按照实际发生额的100%在税前加计扣除;形成无形资产的,自2023年1月1日起,按照无形资产成本的200%在税前摊销。

💬 小贴士

1. 风险提示

(1)企业取得的财政性资金,要注意满足相关规定,否则不能作为不征税收入。

(2)财政性资金作不征税收入处理后,在5年(60个月)内未发生支出且未交回财政部门或其他拨付资金的政府部门的部分,要计入取得该资金后第六年的应税收入总额。

2. 对照自检

(1) 企业取得的收入是否满足税法规定的不征税收入的条件？该不征税收入是否有相应的文件支持？

(2) 企业取得不征税收入是否作为专款专用，是否用于企业研发项目？

(3) 企业取得的不征税收入是否可单独核算？

❺❹ 大事化小

——拆分业务变公司享受优惠政策

业税分析

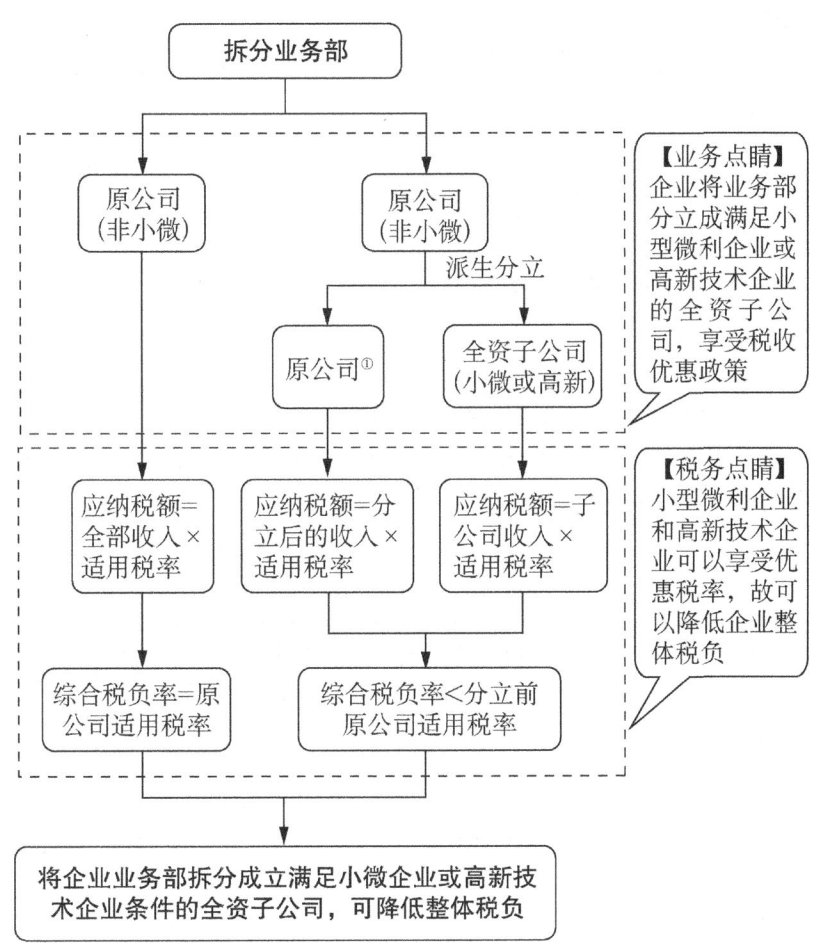

【附注】

注①：若拆分后的公司符合小型微利企业或高新技术企业条件的，则也可以享受优惠政策降低税负。

实战案例

梅松公司是一家小型的日用品生产公司,2023年实现利润270万元。年末总结大会上,赵总提出想要进一步扩大生产规模,增加生产线投产,预计2024年新增的生产线能给企业带来利润220万元,当年总共能够实现利润500万元。

针对新增生产线扩大生产规模的事项,赵总找来了梅经理商量税务上的问题。梅经理听后,建议赵总将新增加的生产线单独分立成一个公司进行核算,并进行了详细的分析。

很快,股东大会通过了新增生产线的决议,并采取了梅经理提出的方案。

【备选方案】

方案一:不新设公司,梅松公司当年利润总额500万元。

方案二:新增生产线新设全资子公司(税台公司),梅松公司当年利润总额280万元,税台公司当年利润总额220万元。

【分析】

方案一:梅松公司不符合小型微利企业条件,适用税率25%;

方案二:梅松公司和税台公司均符合小型微利企业的条件,享受优惠政策,适用税率20%,具体计算如表2-26所示。

表2-26 分立前后企业所得税纳税情况

单位:万元

方案		税前会计利润	应纳税所得额	税率	应纳税额	
方案一	梅松公司	500	500	25%	500×25%=125	
方案二	税台公司	220	220×25%=55	20%	55×20%=11	合计:25
	梅松公司	280	280×25%=70	20%	70×20%=14	

结论

通过分立,两个公司都符合小型微利企业的条件,共节税100(125-25)万元。

政策依据

一、《中华人民共和国企业所得税法》第二十八条

符合条件的小型微利企业,减按20%的税率征收企业所得税。

国家需要重点扶持的高新技术企业,减按15%的税率征收企业所得税。

二、《财政部 税务总局关于进一步支持小微企业和个体工商户发展有关税费政策的公告》(财政部 税务总局公告2023年第12号)第二条、第三条、第五条

二、自2023年1月1日至2027年12月31日,对增值税小规模纳税人、小型微利企业和个体工商户减半征收资源税(不含水资源税)、城市维护建设税、房产税、城镇土地使用税、印花税(不含证券交易印花税)、耕地占用税和教育费附加、地方教育附加。

三、对小型微利企业减按25%计算应纳税所得额,按20%的税率缴纳企业所得税政策,延续执行至2027年12月31日。

五、本公告所称小型微利企业,是指从事国家非限制和禁止行业,且同时符合年度应纳税所得额不超过300万元、从业人数不超过300人、资产总额不超过5000万元等三个条件的企业。

从业人数,包括与企业建立劳动关系的职工人数和企业接受的劳务派遣用工人数。所称从业人数和资产总额指标,应按企业全年的季度平均值确定。具体计算公式如下:

季度平均值＝(季初值＋季末值)÷2

全年季度平均值＝全年各季度平均值之和÷4

年度中间开业或者终止经营活动的,以其实际经营期作为一个纳税年度确定上述相关指标。

小型微利企业的判定以企业所得税年度汇算清缴结果为准。登记为增值税一般纳税人的新设立的企业,从事国家非限制和禁止行业,且同时符合申报期上月末从业人数不超过300人、资产总额不超过5000万元等两个条件的,可在首次办理汇算清缴前按照小型微利企业申报享受第二条规定的优惠政策。

三、《国家税务总局关于延长高新技术企业和科技型中小企业亏损结转弥补年限有关企业所得税处理问题的公告》(国家税务总局公告2018年第45号)第一条

《通知》第一条所称当年具备高新技术企业或科技型中小企业资格(以下统称"资格")的企业,其具备资格年度之前5个年度发生的尚未弥补完的亏损,是指当年具备资格的企业,其前5个年度无论是否具备资格,所发生的尚未弥补完的亏损。

2018年具备资格的企业,无论2013年至2017年是否具备资格,其2013年至2017年发生的尚未弥补完的亏损,均准予结转以后年度弥补,最长结转年限为10年。2018年以后年度具备资格的企业,依此类推,进行亏损结转弥补税务处理。

💬 小贴士

1. 风险提示

(1) 实际操作时,应当考虑分立成子公司所需要的成本,且分立应当符合公司法

相关规定。

（2）如公司欲将研发部分立成立高新技术企业享受15%税收优惠，则需考虑申请高新技术企业最低3年的时间要求，并准确预计企业三年后的经营利润情况。若考虑不全，则可能导致该筹划失去意义。

2. 对照自检

（1）企业分立后的公司能否满足小型微利企业或高新技术企业的条件？

_____

_____

（2）企业分立公司的成本是否在合理的范围内？

_____

_____

55 亲力亲为
——巧选新品研发方式,降低税负

业税分析

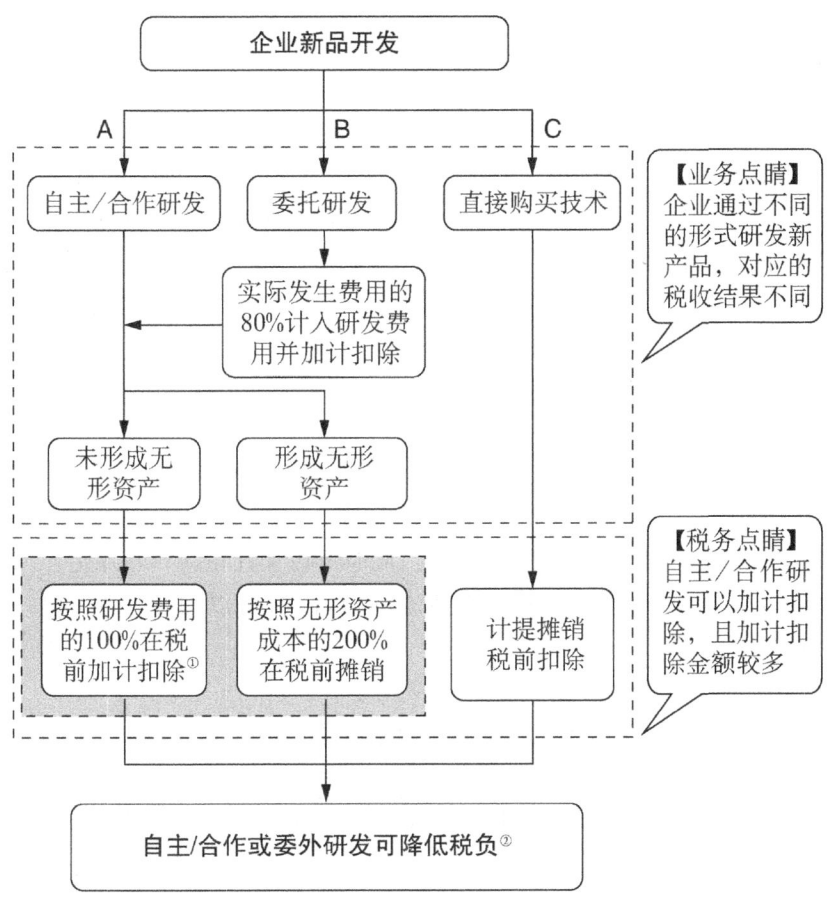

【附注】

注①：2023年1月1日至2027年12月31日期间，工业母机企业和集成电路企业的研发费用，加计扣除比例为120%（未形成无形资产的）和220%（形成无形资产的）。

注②：烟草制造业、住宿和餐饮业、批发和零售业、房地产业、租赁和商务服务业、娱乐业，研发费用不得加计扣除。

实战案例

梅松公司是国内一家主营电子产品生产销售的企业,近 3 年来,盈利状况良好。2022 年,梅松公司预计实现年利润 3 000 万元。为了响应董事长提出的"创新求发展"的口号,董事会决定开发新产品,并召开了董事会探讨研发方案。

由于企业不具备独立开发的能力,董事会一时之间难以抉择,无法达成统一的意见。最终,董事长决定让财务部梅经理从税务角度进行分析。梅经理提出了 3 种方案并进行了分析。

【备选方案】

方案一:直接购买技术。直接向某科研所购买一项新技术使用,支出成本 600 万元,合同期限 10 年。

方案二:合作开发。与某科研所合作开发一项新技术,预计总费用 600 万元,假设 2022 年年底可开发完成。

方案三:委托开发。与某科研所签约,委托其开发符合要求的技术,预计总费用为 600 万元,假设 2022 年年底可开发完成。

【分析】

假设不考虑货币时间价值,不考虑研发时间,形成无形资产的摊销年限为 10 年,则:

方案一:10 年内,共计可在税前扣除 600 万元。

方案二:10 年内,共可税前扣除 600 万,同时可以加计扣除 600 万元。

方案三:10 年内,共可税前扣除费用 600 万,同时可以加计扣除 $600 \times 80\% \times 100\% = 480$ 万元。

三种方案对企业税收的影响如表 2-27 所示。

表 2-27 三种方案的企业所得税纳税情况

单位:万元

方案	成本	可加计扣除	加计扣除抵税(节税金额)
方案一	600	0	0
方案二	600	$600 \times 100\% = 600$	$150(600 \times 25\%)$
方案三	600	$600 \times 80\% \times 100\% = 480$	$120(480 \times 25\%)$

【结论】

(1) 方案二可节税(与方案一比较)150 万元,方案三可节税(与方案一比较)120 万元。

(2) 采用方案二合作研发的形式,能够最大限度地降低企业所得税税负。

政策依据

一、《关于提高集成电路和工业母机企业研发费用加计扣除比例的公告》(财政部 税务总局 国家发展改革委 工业和信息化部公告2023年第44号)第一条

集成电路企业和工业母机企业开展研发活动中实际发生的研发费用,未形成无形资产计入当期损益的,在按规定据实扣除的基础上,在2023年1月1日至2027年12月31日期间,再按照实际发生额的120%在税前扣除;形成无形资产的,在上述期间按照无形资产成本的220%在税前摊销。

二、《财政部 税务总局 科技部关于完善研究开发费用税前加计扣除政策的通知》(财税〔2015〕119号)第二条第一款

企业委托外部机构或个人进行研发活动所发生的费用,按照费用实际发生额的80%计入委托方研发费用并计算加计扣除,受托方不得再进行加计扣除。委托外部研究开发费用实际发生额应按照独立交易原则确定。

三、《财政部 税务总局关于进一步完善研发费用税前加计扣除政策的公告》(财政部 税务总局公告2023年第7号)第一条至第三条

一、企业开展研发活动中实际发生的研发费用,未形成无形资产计入当期损益的,在按规定据实扣除的基础上,自2023年1月1日起,再按照实际发生额的100%在税前加计扣除;形成无形资产的,自2023年1月1日起,按照无形资产成本的200%在税前摊销。

二、企业享受研发费用加计扣除政策的其他政策口径和管理要求,按照《财政部 国家税务总局 科技部关于完善研究开发费用税前加计扣除政策的通知》(财税〔2015〕119号)、《财政部 税务总局 科技部关于企业委托境外研究开发费用税前加计扣除有关政策问题的通知》(财税〔2018〕64号)等文件相关规定执行。

三、本公告自2023年1月1日起执行,《财政部 税务总局关于进一步完善研发费用税前加计扣除政策的公告》(财政部 税务总局公告2021年第13号)、《财政部 税务总局 科技部关于进一步提高科技型中小企业研发费用税前加计扣除比例的公告》(财政部 税务总局 科技部公告2022年第16号)、《财政部 税务总局 科技部关于加大支持科技创新税前扣除力度的公告》(财政部 税务总局 科技部公告2022年第28号)同时废止。

小贴士

1. 其他提示事项

(1) 判定企业是否属于制造业,以企业当年汇算清缴时的数据为准。

(2) 实务中,企业采用何种形式进行研发,需要综合考虑各种因素,如研发的时

间等,不能单纯选择税负较低的方案。

2. 对照自检

(1) 企业是否属于烟草制造业、住宿和餐饮业、批发和零售业、房地产业、租赁和商务服务业或娱乐业?

(2) 企业是否具备自主研发能力?

(3) 企业对新技术的需求是否迫切,如是否需要在较短时间内使用该技术?

56 第一桶金

——合理规划首笔收入减轻税负

业税分析

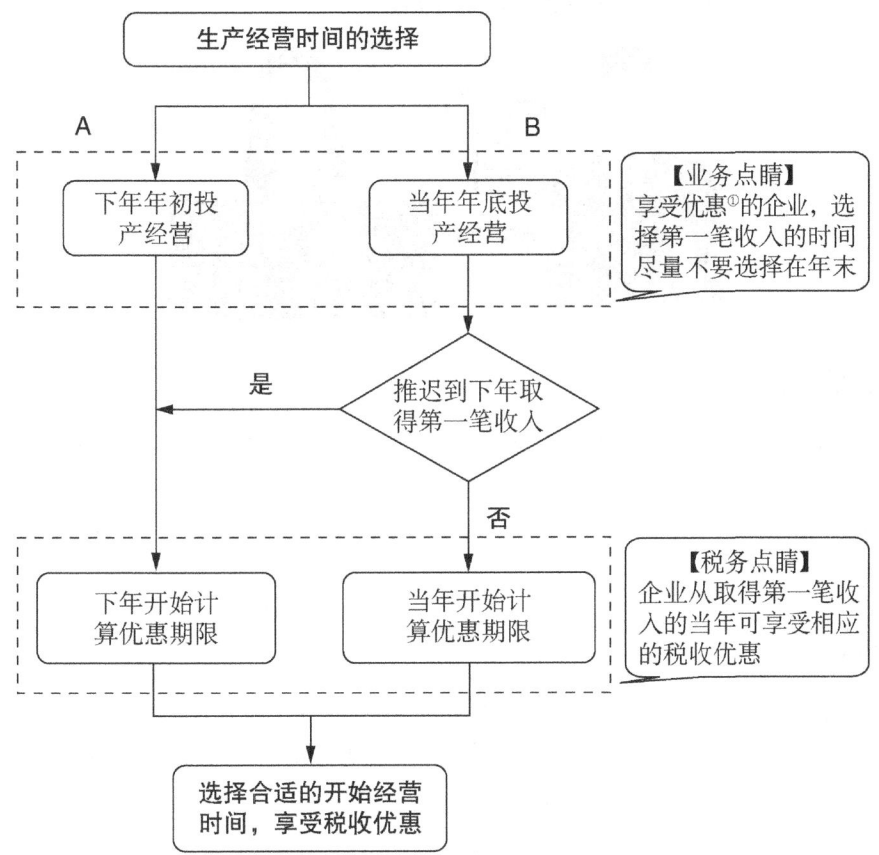

【附注】

注①：企业从事国建重点扶持的公共基础设施项目投资经营的所得和从事符合条件的环境保护、节能节水项目的所得，自项目取得第一笔收入年度起，享受"三免三减半"的税收优惠，因此，合理选择开始享受优惠的时间点，能降低企业所得税税负。

实战案例

赵总最近和朋友钱老板成立了一家电子信息公司——梅松公司,主要业务是电子设备与信息系统的设计开发,属于国家重点扶持的公共基础设施项目。

双方很快就投资额等问题达成一致意见,但在公司的开办日期上产生了分歧。赵总想尽快在 2021 年 11 月开始营业,而钱总想在 2022 年 1 月再开始正式营业。双方争执不下,最后决定让财务部梅经理帮忙出出主意。梅经理了解了基本情况以后,对两位老板的意见从税收角度进行了分析。

【备选方案】

方案一:从 2021 年 11 月开始营业,2021 年至 2023 年免税,2024 年至 2026 年享受减半征收的优惠。

方案二:从 2022 年 1 月开始营业,2022 年至 2024 年免税,2025 年至 2027 年享受减半征收的优惠。

【分析】

假设公司预计从 2021 年至 2027 年每年的预计应纳税所得额分别为 50 万元、300 万元、500 万元、800 万元、1 000 万元、1 500 万元和 2 000 万元,无调整事项,则两种方案预计缴纳的企业所得税情况如表 2-28 所示。

表 2-28　两种方案预计缴纳的企业所得税情况

单位:万元

方案	2021 年	2022 年	2023 年	2024 年	2025 年	2026 年	2027 年
方案一	免征:应纳税额=0			减半征收: (800+1 000+1 500)×25%÷2=412.5			2 000×25%=500
方案二	0	免征:应纳税额=0			减半征收: (1 000+1 500+2 000)×25%÷2=562.5		

> **结论**
> 方案二比方案一少缴企业所得税350(412.5＋500－562.5)万元。

政策依据

一、《中华人民共和国企业所得税法》第二十七条第二款、第三款

企业的下列所得,可以免征、减征企业所得税:

……

(二)从事国家重点扶持的公共基础设施项目投资经营的所得;

(三)从事符合条件的环境保护、节能节水项目的所得;

……

二、《中华人民共和国企业所得税法实施条例》第八十七、第八十八、第八十九条

第八十七条 中华人民共和国企业所得税法第二十七条第(二)项所称国家重点扶持的公共基础设施项目,是指《公共基础设施项目企业所得税优惠目录》规定的港口码头、机场、铁路、公路、城市公共交通、电力、水利等项目。

企业从事前款规定的国家重点扶持的公共基础设施项目的投资经营的所得,自项目取得第一笔生产经营收入所属纳税年度起,第一年至第三年免征企业所得税,第四年至第六年减半征收企业所得税。

企业承包经营、承包建设和内部自建自用本条规定的项目,不得享受本条规定的企业所得税优惠。

第八十八条 中华人民共和国企业所得税法第二十七条第(三)项所称符合条件的环境保护、节能节水项目,包括公共污水处理、公共垃圾处理、沼气综合开发利用、节能减排技术改造、海水淡化等。项目的具体条件和范围由国务院财政、税务主管部门商国务院有关部门制定,报国务院批准后公布施行。

企业从事前款规定的符合条件的环境保护、节能节水项目的所得,自项目取得第一笔生产经营收入所属纳税年度起,第一年至第三年免征企业所得税,第四年至第六年减半征收企业所得税。

第八十九条 依照本条例第八十七条和第八十八条规定享受减免税优惠的项目,在减免税期限内转让的,受让方自受让之日起,可以在剩余期限内享受规定的减免税优惠;减免税期限届满后转让的,受让方不得就该项目重复享受减免税优惠。

小贴士

1. 风险提示

企业的收入确认时间须符合税法的确认原则,不能故意推迟或拖延,否则将面

临补缴税款及滞纳金的风险。

2. 对照自检

（1）企业是否能够合理地推迟收入确认时间，做到符合税法的规定？

_____

_____

（2）主管税务机关是否对企业的生产经营时间有特殊管理？

_____

_____

❺❼ 天壤之别

——小微企业把握临界点可降税负

业税分析

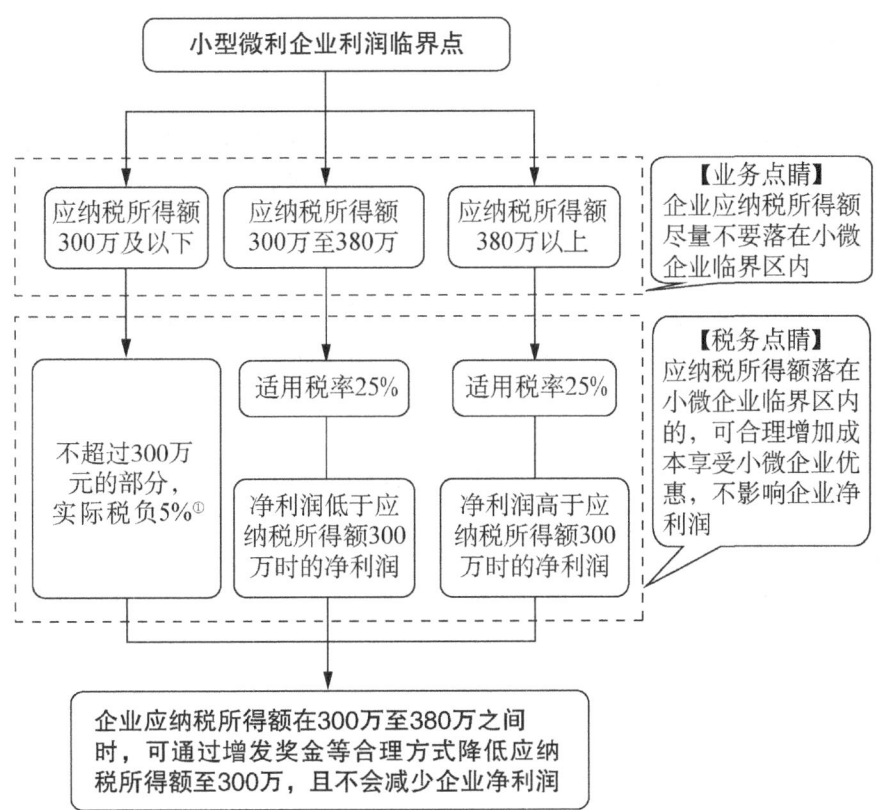

【附注】

注①：政策执行期间为2024年1月1日至2027年12月31日。

实战案例

赵总成立的梅松公司是一家经营日化品的小型公司,拥有员工120人。在公司2023年的一季度会议上,财务部做了汇报,预计公司2023年年末资产总额为1 500万元,全年应纳税所得额为310万元。面对77.5万元的企业所得税,赵总询问财务部梅经理,如何才能降低企业所得税的税负。梅经理听完说:"我们的净利润处在小型微利企业的临界点上,因此,可以进行筹划。"说完便提出了以下方案并做了分析。

【备选方案】

方案一:不"调整"应纳税所得额,企业所得税适用税率25%。

方案二:年底给员工每人增发850元年终奖,合理增加成本,使应纳税所得额变成299.8(310－850×120÷10 000)万元,享受小型微利企业优惠。

【分析】

由于增发奖金金额不大,比较企业所得税时忽略增加的个人所得税,则两种方案企业所得税纳税情况及税后利润情况如表2-29所示。

表2-29 两种方案纳税情况及企业税后利润

单位:万元

方案	应纳税所得额	应纳税额	税后利润
方案一	310	310×25%＝77.5	310－77.5＝232.5
方案二	299.8	299.8×25%×20%＝14.99	299.8－14.99＝284.81

方案二比方案一少缴企业所得税62.51(77.5－14.99)万元,增加企业税后净利润52.31(284.81－232.5)万元,为最优选择。

政策依据

《财政部 税务总局关于进一步支持小微企业和个体工商户发展有关税费政策的公告》(财政部 税务总局公告2023年第12号)第一条至第三条

一、自2023年1月1日至2027年12月31日,对个体工商户年应纳税所得额不超过200万元的部分,减半征收个人所得税。个体工商户在享受现行其他个人所得税优惠政策的基础上,可叠加享受本条优惠政策。

二、自2023年1月1日至2027年12月31日,对增值税小规模纳税人、小型微利企业和个体工商户减半征收资源税(不含水资源税)、城市维护建设税、房产税、城镇土地使用税、印花税(不含证券交易印花税)、耕地占用税和教育费附加、地方教育附加。

三、对小型微利企业减按25%计算应纳税所得额,按20%的税率缴纳企业所得税政策,延续执行至2027年12月31日。

四、增值税小规模纳税人、小型微利企业和个体工商户已依法享受资源税、城市维护建设税、房产税、城镇土地使用税、印花税、耕地占用税、教育费附加、地方教育附加等其他优惠政策的,可叠加享受本公告第二条规定的优惠政策。

五、本公告所称小型微利企业,是指从事国家非限制和禁止行业,且同时符合年度应纳税所得额不超过300万元、从业人数不超过300人、资产总额不超过5000万元等三个条件的企业。

从业人数,包括与企业建立劳动关系的职工人数和企业接受的劳务派遣用工人数。所称从业人数和资产总额指标,应按企业全年的季度平均值确定。具体计算公式如下:

季度平均值=(季初值+季末值)÷2

全年季度平均值=全年各季度平均值之和÷4

年度中间开业或者终止经营活动的,以其实际经营期作为一个纳税年度确定上述相关指标。

小型微利企业的判定以企业所得税年度汇算清缴结果为准。登记为增值税一般纳税人的新设立的企业,从事国家非限制和禁止行业,且同时符合申报期上月末从业人数不超过300人、资产总额不超过5000万元等两个条件的,可在首次办理汇算清缴前按照小型微利企业申报享受第二条规定的优惠政策。

六、本公告发布之日前,已征的相关税款,可抵减纳税人以后月份应缴纳税款或予以退还。发布之日前已办理注销的,不再追溯享受。

《财政部 税务总局关于进一步实施小微企业"六税两费"减免政策的公告》(财政部 税务总局公告2022年第10号)及《财政部 税务总局关于小微企业和个体工商户所得税优惠政策的公告》(财政部 税务总局公告2023年第6号)中个体工商户所得税优惠政策自2023年1月1日起相应停止执行。

小贴士

1. 风险提示

企业应纳税所得额在小型微利企业临界点附近时,企业调整应纳税所得额增加的成本费用必须符合税法规定,如调整工资数额不宜过大等,若税务机关不认可,则可能面临纳税调整,从而补缴税款及滞纳金的风险。

2. 小型微利企业年度应纳税所得额临界点参照表

表 2-30　小型微利企业年度应纳税所得额临界点

单位：万元

企业	年度应纳税所得额	计入比率	应纳税额	适用税率	应纳税额	税后净利润	实际税率
小型微利企业	300	25%	75	20%	15	285	5%
非小型微利企业	340	100%	340	25%	85	255	25%
	380	100%	380	25%	95	285	25%
	400	100%	400	25%	100	300	25%

说明：在年应纳税所得额在 300 万到 380 万元这个区间时，税后净利润不超过 285 万元，企业应避免使应纳税所得额落在这一区间。

3. 对照自检

企业目前的净利润是否处在小型微利企业应纳税所得额临界点？是否存在合理的理由能够增加成本或延迟收入，从而享受小型微利企业的税收优惠？

_____

_____

❺❽ 恰如其分

——找准优惠区域，降低企业税负

业税分析

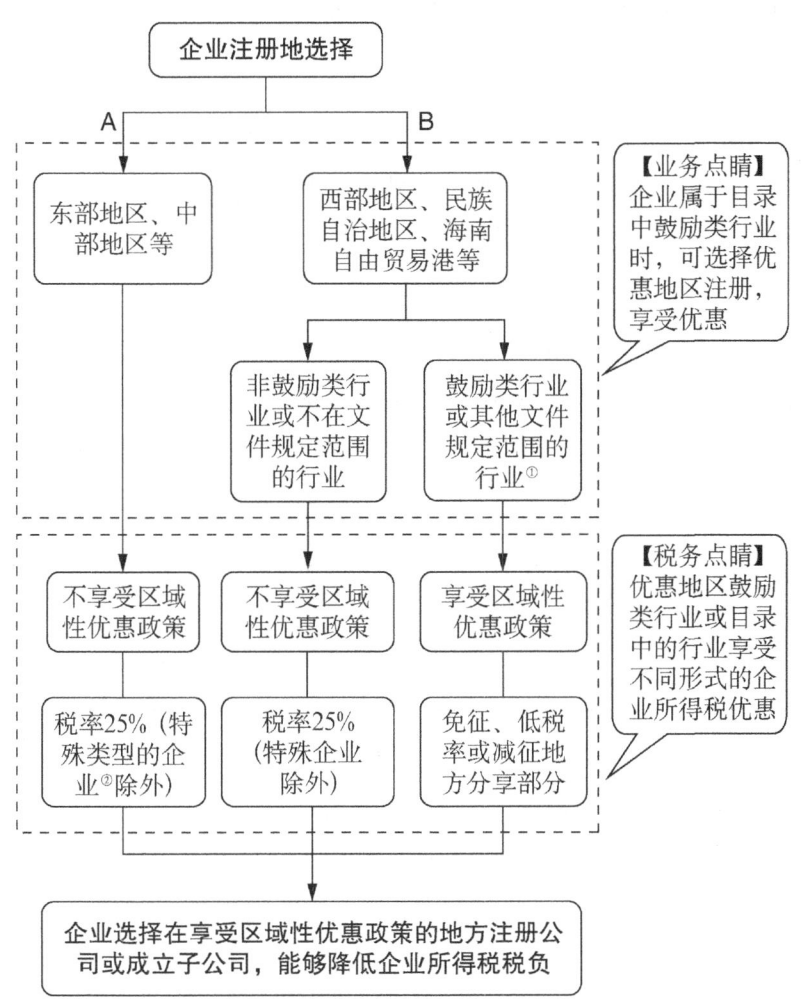

【附注】
注①：各地区享受优惠的行业详见小贴士表2-32。
注②：小型微利企业适用税率20%，高新技术企业适用税率15%。

实战案例

梅松公司是贵州一家化工企业,主要生产环己醇和己二酸。第四季度企业经营状况良好,订单量达到了当年营业额的一半,但资金回收情况较差,眼看年底要缴纳第四季度的企业所得税了,这可愁坏了赵总。于是赵总召集财务部开会,让大家献计献策,想办法渡过难关。

财务部梅经理突然想到企业处于西部地区,部分主营业务属于当地的鼓励类产业,于是灵机一动,提出了两个方案并进行了分析。

【备选方案】

方案一:保持当年的销售额及销售比例不变,适用企业所得税税率25%。

方案二:提高己二酸销售比例使其达到当年销售收入的60%以上,享受西部大开发相关企业所得税优惠,适用企业所得税税率15%。

【分析】

梅松公司当年环己醇销售额达到2 000万元,己二酸销售额达到2 900万元,总共发生成本费用3 000万元,不涉及其他调整事项。假设延迟确认环己醇收入100万元,则当年企业所得税纳税情况及税后利润情况如表2-31所示。

表2-31 两种方案的纳税情况及税后利润情况

单位:万元

方案	应纳税所得额	己二酸销售占比	适用税率	应纳税额	税后利润
方案一	4 900−3 000=1 900	2 900÷4 900=59.18%	25%	475	1 425
方案二	4 800−3 000=1 800	2 900÷4 800=60.41%	15%	270	1 530

方案二中,企业在当年减少100万元收入的情况下,可以少缴企业所得税205(475−270)万元,增加税后利润105(1 530−1 425)万元,是最佳选择。

政策依据

一、《中华人民共和国企业所得税法》第二十九条

民族自治地方的自治机关对本民族自治地方的企业应缴纳的企业所得税中属于地方分享的部分,可以决定减征或者免征。自治州、自治县决定减征或者免征的,须报省、自治区、直辖市人民政府批准。

一、《关于延续西部大开发企业所得税政策的公告》(财政部 税务总局 国家发展改革委公告 2020 年第 23 号)第一条、第四条、第五条

一、自 2021 年 1 月 1 日至 2030 年 12 月 31 日,对设在西部地区的鼓励类产业企业减按 15% 的税率征收企业所得税。本条所称鼓励类产业企业是指以《西部地区鼓励类产业目录》中规定的产业项目为主营业务,且其主营业务收入占企业收入总额 60% 以上的企业。

四、本公告所称西部地区包括内蒙古自治区、广西壮族自治区、重庆市、四川省、贵州省、云南省、西藏自治区、陕西省、甘肃省、青海省、宁夏回族自治区、新疆维吾尔自治区和新疆生产建设兵团。湖南省湘西土家族苗族自治州、湖北省恩施土家族苗族自治州、吉林省延边朝鲜族自治州和江西省赣州市,可以比照西部地区的企业所得税政策执行。

五、本公告自 2021 年 1 月 1 日起执行。

三、《海南自由贸易港建设总体方案》第三条第一项第十二、第十三点

12. 深化产业对外开放。支持发展总部经济。举办中国国际消费品博览会,国家级展会境外展品在展期内进口和销售享受免税政策,免税政策由有关部门具体制定。

13. 优化税收政策安排。从本方案发布之日起,对注册在海南自由贸易港并实质性运营的鼓励类产业企业,减按 15% 征收企业所得税。对在海南自由贸易港设立的旅游业、现代服务业、高新技术产业企业,其 2025 年前新增境外直接投资取得的所得,免征企业所得税。对企业符合条件的资本性支出,允许在支出发生当期一次性税前扣除或加速折旧和摊销。对在海南自由贸易港工作的高端人才和紧缺人才,其个人所得税实际税负超过 15% 的部分,予以免征。对享受上述优惠政策的高端人才和紧缺人才实行清单管理,由海南省商财政部、税务总局制定具体管理办法。

小贴士

1. 风险提示

(1) 企业调整收入,需要符合税法规定,不能随意调整。若不符合标准,可能将面临补缴税款及滞纳金的风险。

(2) 老企业具备一定条件时,可以考虑通过搬迁、设立子公司、产权重组等方案来享受优惠,但老企业设立子公司时,须关注关联方交易产生的税收风险。

2. 区域性优惠政策及条件

区域性优惠政策及适用条件如表 2-32 所示。

表 2-32　区域性优惠政策及适用条件

适用区域	时间	条件
西部地区	自 2011 年 1 月 1 日至 2020 年 12 月 31 日,对设在西部地区的鼓励类产业企业减按 15% 的税率征收企业所得税	上述鼓励类产业企业是指以《西部地区鼓励类产业目录》中规定的产业项目为主营业务,且其主营业务收入占企业收入总额 70% 以上的企业。
	自 2021 年 1 月 1 日至 2030 年 12 月 31 日,对设在西部地区的鼓励类产业企业减按 15% 的税率征收企业所得税	以《西部地区鼓励类产业目录》中规定的产业项目为主营业务,且其主营业务收入占企业收入总额 60% 以上的企业
民族自治地区	民族自治地方的自治机关对本民族自治地方的企业应缴纳的企业所得税中属于地方分享的部分,可以决定减征或者免征。自治州、自治县决定减征或者免征的,须报省、自治区、直辖市人民政府批准	
海南自由贸易港	2020 年 6 月 1 日起	鼓励类企业实施 15% 企业所得税税率
	2025 年之前	旅游业、现代服务业、高新技术产业企业 2025 年前新增境外直接投资所得免征企业所得税
	—	资本性支出可一次性税前扣除或加速折旧和摊销
		展会境外展品进口和销售免税

3. 对照自检

(1) 企业是否有合理的方式调整企业的收入,以达到行业标准?

(2) 企业在西部地区设立子公司的,关联方交易能否满足独立交易原则?

❺❾ 通力合作

——"公司＋农户"模式享受减免

💠 业税分析

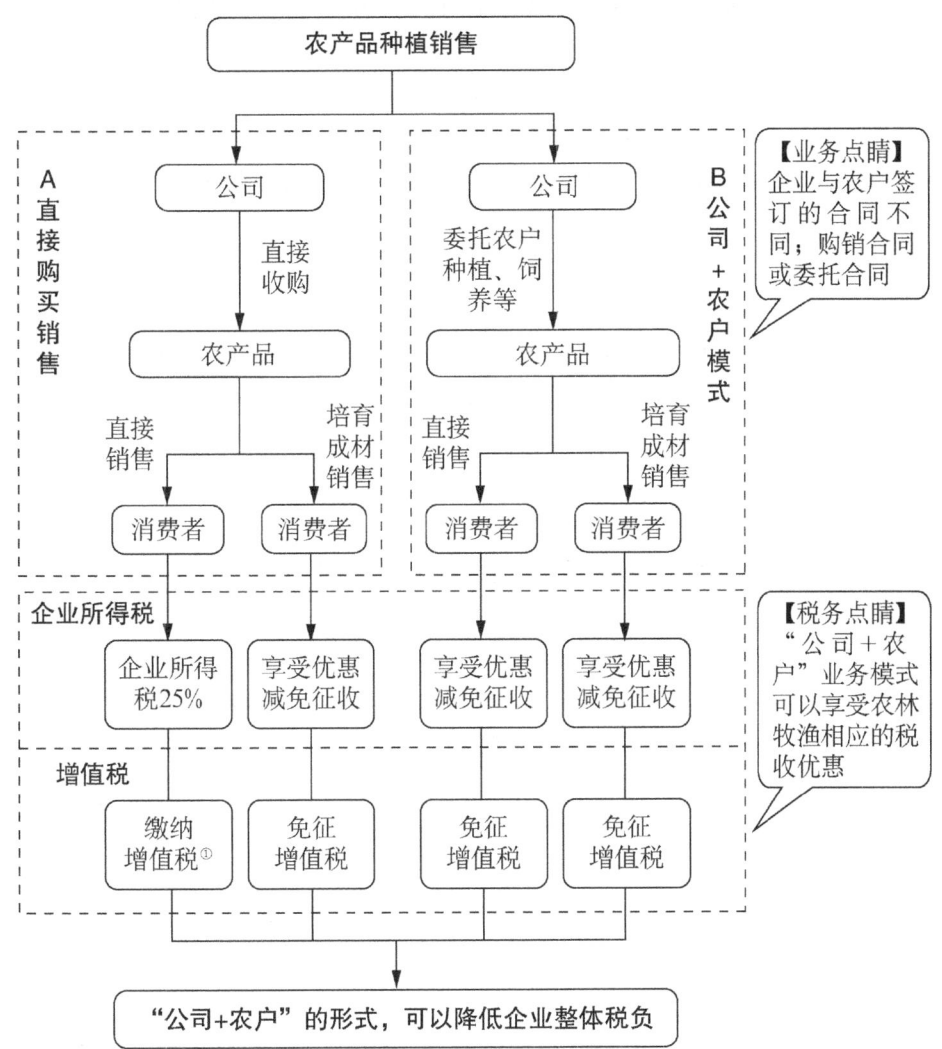

【附注】

注①：对从事蔬菜批发、零售的纳税人销售的蔬菜免征增值税，详见财税〔2011〕137号；对从事农产品批发、零售的纳税人销售的部分鲜活肉蛋产品免征增值税，详见财税〔2012〕75号。

实战案例

梅松公司是当地一家较大的苗木公司,除了自种自产苗木外,还与当地的农户建立合作关系,每年定期向农户们采购指定苗木。通过几年的经营,总经理赵总发现公司从农户购买苗木再销售的业务模式面临着较大的税负。

最近刚好有人组织了一个税务学习班,于是赵总带着疑惑报了名。课间休息时,赵总立即向讲课的梅经理咨询了如何能够降低企业的企业所得税税负的问题。梅经理听了赵总详细的介绍后,向赵总提出了两种方案并进行了分析。

【备选方案】

方案一:与农户签订采购合同,直接采购成品进行销售。

方案二:与农户签订委托合同,同时向农户提供幼苗、疫苗等,农户将幼苗养大成为成品后,交付公司进行销售。

【分析】

假设该苗木培养成本60元/株,人工费20元/株,市场售价100元/株,从农户手中取得苗木的成本80元/株,梅松公司需要2万株,则两种方案的企业所得税及税后净利润如表2-33所示。

表2-33 两种方案企业所得税纳税情况及收益

单位:万元

方案	利润总额	企业所得税	净利润
方案一	(100−80)×2=40	40×25%=10	40−10=30
方案二	(100−60−20)×2=40	0	40

结论

采用"公司+农户"模式生产,能降低企业所得税10万元,并增加相应的净利润。

政策依据

一、《中华人民共和国企业所得税法实施条例》(中华人民共和国国务院令第512号)第八十六条

企业所得税法第二十七条第(一)项规定的企业从事农、林、牧、渔业项目的所得,可以免征、减征企业所得税,是指:

（一）企业从事下列项目的所得，免征企业所得税：

1. 蔬菜、谷物、薯类、油料、豆类、棉花、麻类、糖料、水果、坚果的种植；

2. 农作物新品种的选育；

3. 中药材的种植；

4. 林木的培育和种植；

5. 牲畜、家禽的饲养；

6. 林产品的采集；

7. 灌溉、农产品初加工、兽医、农技推广、农机作业和维修等农、林、牧、渔服务业项目；

8. 远洋捕捞。

（二）企业从事下列项目的所得，减半征收企业所得税：

1. 花卉、茶以及其他饮料作物和香料作物的种植；

2. 海水养殖、内陆养殖。

企业从事国家限制和禁止发展的项目，不得享受本条规定的企业所得税优惠。

二、《国家税务总局关于"公司＋农户"经营模式企业所得税优惠问题的公告》（国家税务总局公告2010年第2号）

现就有关"公司＋农户"模式企业所得税优惠问题通知如下：

目前，一些企业采取"公司＋农户"经营模式从事牲畜、家禽的饲养，即公司与农户签订委托养殖合同，向农户提供畜禽苗、饲料、兽药及疫苗等（所有权〈产权〉仍属于公司），农户将畜禽养大成为成品后交付公司回收。鉴于采取"公司＋农户"经营模式的企业，虽不直接从事畜禽的养殖，但系委托农户饲养，并承担诸如市场、管理、采购、销售等经营职责及绝大部分经营管理风险，公司和农户是劳务外包关系。为此，对此类以"公司＋农户"经营模式从事农、林、牧、渔业项目生产的企业，可以按照《中华人民共和国企业所得税法实施条例》第八十六条的有关规定，享受减免企业所得税优惠政策。

本公告自2010年1月1日起施行。

小贴士

1. 特别提示

（1）企业满足企业所得税实施条例第八十六条中规定的情形，才能享受对应的优惠。

（2）企业需要关注农户所处的地理环境以及诚信等问题。

2. 对照自检

（1）企业主营业务是什么？企业是否有符合免征或减征条件的农林牧渔业项目？

（2）企业是否能找到可以满足企业生产标准的农户，并签订委托合同进行生产？

（3）企业因委托农户生产而发生的成本包括哪些？其总额是否低于企业减免的企业所得税？

❻⓪ 量入为出

——一次扣除或分期扣除巧选择

业税分析

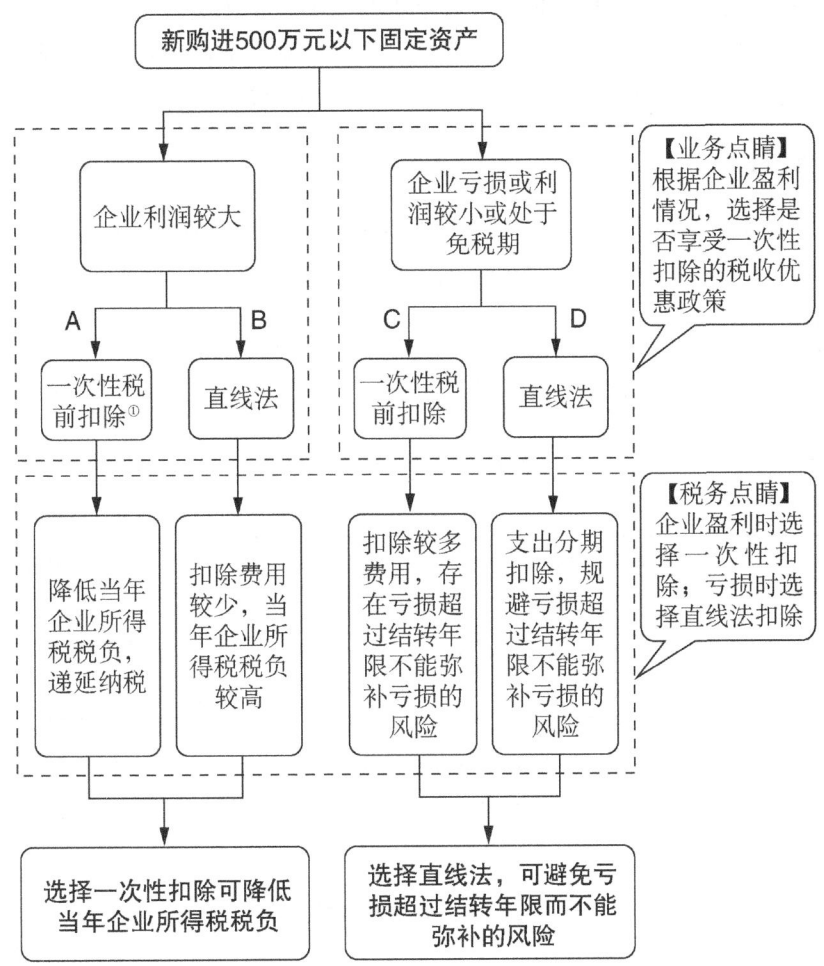

【附注】

注①：2018年1月1日至2027年12月31日期间新购进500万元以下固定资产（除房屋、建筑物），允许一次性计入当期成本费用在计算应纳税所得额进扣除。

实战案例

梅松公司主营日化产品。近年来,由于市场需求增加,欲增加生产规模,打算于当年12月新购置一台设备,用于次年扩大生产,预计花费452万元(含增值税)。当年10月,预计全年实现利润总额800万元,次年还需要继续扩大生产规模。

这天,赵总在网上看到"新购进的500万元以下的固定资产可以一次性税前扣除"的政策,于是打电话问梅经理:"我们今年购进的这个固定资产,享受税前一次性扣除政策,就能少缴企业所得税了吧?"梅经理听完说:"是,也不是。让我详细地给您说明一下。"说完,梅经理提出了两种方案并进行了分析。

【备选方案】

方案一:将购买时间提前至11月,当年选择享受一次性税前扣除政策。

方案二:选择不享受一次性税前扣除,选择分期计提折旧税前扣除。

【分析】

两种方案的分析结果如表2-34所示。

表2-34 筹划方案比较

单位:万元

方案	当年应纳税所得额	应纳税额	税收影响
方案一	$800-452\div(1+13\%)=400$	$400\times 25\%=100$	递延纳税100万元,为企业减轻税收负担
方案二	800	$800\times 25\%=200$	

若梅松公司的预计全年利润总额为-50万元,购进的固定资产折旧年限为10年,无残值,仍然可选择两种扣除方式,则此情形下,两种方案的分析结果如表2-35所示。

表2-35 筹划方案比较

单位:万元

方案	当年应纳税所得额	应纳税额	税收影响
方案一	$-50-452\div(1+13\%)=-450$	0	方案二可以结转以后年度继续所得税前扣除
方案二	-50	0	

> **结论**
>
> (1) 当企业盈利金额较大时,企业选择一次性扣除方案,可以在当年为企业递延纳税100万元,减轻企业的资金压力。
>
> (2) 当企业亏损时,尽管两种方案在现时对企业所得税的影响无差异,但由于方案二是以后年度分期扣除,在次年及以后依然可以所得税前扣除,因此方案二要优于方案一。

📄 政策依据

一、《国家税务总局关于设备器具扣除有关企业所得税政策执行问题的公告》(国家税务总局公告2018年第46号)第二条至第五条

二、固定资产在投入使用月份的次月所属年度一次性税前扣除。

三、企业选择享受一次性税前扣除政策的,其资产的税务处理可与会计处理不一致。

四、企业根据自身生产经营核算需要,可自行选择享受一次性税前扣除政策。未选择享受一次性税前扣除政策的,以后年度不得再变更。

五、企业按照《国家税务总局关于发布修订后的〈企业所得税优惠政策事项办理办法〉的公告》(国家税务总局公告2018年第23号)的规定办理享受政策的相关手续,主要留存备查资料如下:

(一)有关固定资产购进时点的资料(如以货币形式购进固定资产的发票,以分期付款或赊销方式购进固定资产的到货时间说明,自行建造固定资产的竣工决算情况说明等);

(二)固定资产记账凭证;

(三)核算有关资产税务处理与会计处理差异的台账。

二、《财政部 税务总局关于设备、器具扣除有关企业所得税政策的公告》(财政部 税务总局公告2023年第37号)

一、企业在2024年1月1日至2027年12月31日期间新购进的设备、器具,单位价值不超过500万元的,允许一次性计入当期成本费用在计算应纳税所得额时扣除,不再分年度计算折旧;单位价值超过500万元的,仍按企业所得税法实施条例、《财政部 国家税务总局关于完善固定资产加速折旧企业所得税政策的通知》(财税〔2014〕75号)、《财政部 国家税务总局关于进一步完善固定资产加速折旧企业所得税政策的通知》(财税〔2015〕106号)等相关规定执行。

二、本公告所称设备、器具,是指除房屋、建筑物以外的固定资产。

三、《国家税务总局关于发布修订后的〈企业所得税优惠政策事项办理办法〉的公告》(国家税务总局公告2018年第23号)第四条至第七条

第四条 企业享受优惠事项采取"自行判别、申报享受、相关资料留存备查"的办理方式。企业应当根据经营情况以及相关税收规定自行判断是否符合优惠事项规定的条件，符合条件的可以按照《目录》列示的时间自行计算减免税额，并通过填报企业所得税纳税申报表享受税收优惠。同时，按照本办法的规定归集和留存相关资料备查。

第五条 本办法所称留存备查资料是指与企业享受优惠事项有关的合同、协议、凭证、证书、文件、账册、说明等资料。留存备查资料分为主要留存备查资料和其他留存备查资料两类。主要留存备查资料由企业按照《目录》列示的资料清单准备，其他留存备查资料由企业根据享受优惠事项情况自行补充准备。

第六条 企业享受优惠事项的，应当在完成年度汇算清缴后，将留存备查资料归集齐全并整理完成，以备税务机关核查。

第七条 企业同时享受多项优惠事项或者享受的优惠事项按照规定分项目进行核算的，应当按照优惠事项或者项目分别归集留存备查资料。

小贴士

1. 其他提示事项

（1）企业应综合考虑提前或延后购买固定资产带来的影响，不能仅从税收上考虑。

（2）应注意扣除是在固定资产投入使用月份的次月所属年度一次性税前扣除，而不是购买固定资产的年份。

2. 对照自检

（1）企业是否准备购进固定资产？固定资产的价值是否在500万元以下？

_____

_____

（2）企业所在行业是否是特殊行业？是否存在对固定资产的折旧的特殊规定？

_____

_____

❻❶ 见机行事

——正常折旧或加速折旧善选择

业税分析

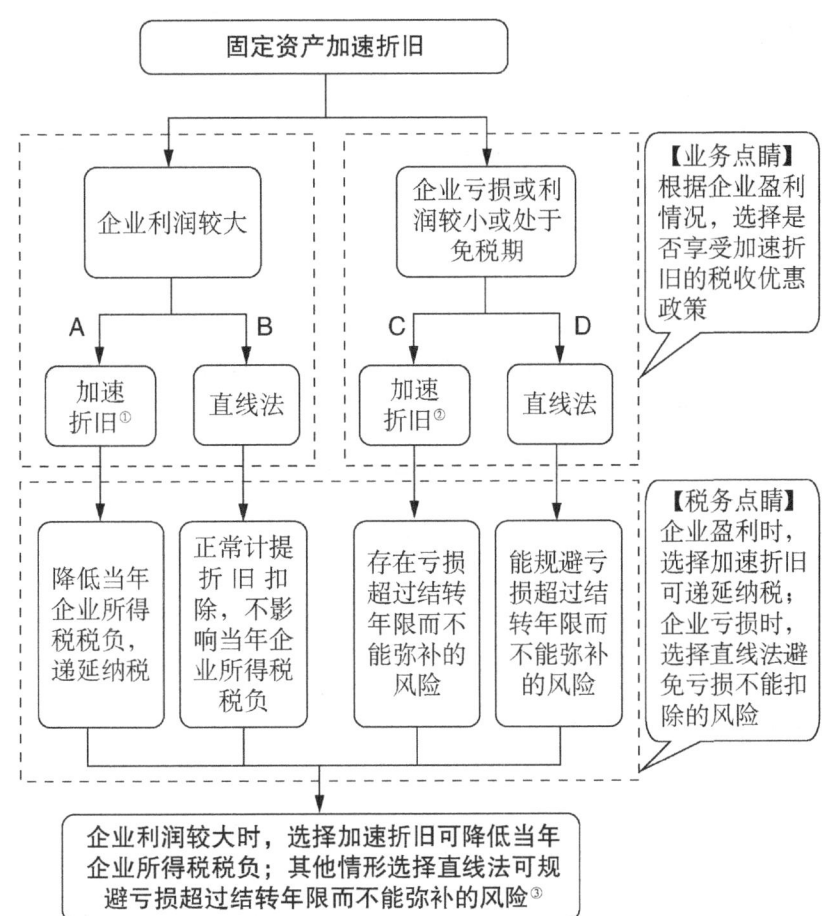

【附注】

注①：加速折旧包括采用缩短折旧所限和加速折旧的方法（年数总和法和双倍余额递减法）。

注②：自2019年1月1日起，全部制造业企业新购进的固定资产可以适用加速折旧优惠政策。其他可采用加速折旧的特殊情形详见政策依据。

注③：在选择折旧方法时，还应考虑货币时间价值及企业所处发展阶段、盈利状况等因素。

实战案例

赵总成立的梅松公司是一家生产制造企业,2019年购进了一批生产设备,设备原值800万元。财务部门最近在入账时遇到了难题,根据税法的规定,该笔设备可以享受加速折旧的优惠政策,财务部门无法在直线法折旧和加速折旧之间做出选择。赵总了解到这一情况后,找来了公司的财务部梅经理,询问她如何解决此事。梅经理根据折旧的方法,提出了以下三种方案并做了分析。

【备选方案】

方案一:采用直线法计提折旧。
方案二:采用双倍余额递减法计提折旧。
方案三:采用年数总和法计提折旧。

【分析】

假设该批设备预计净残值为50万元,预计使用年限为5年(与税法规定的最低折旧年限相同),梅松公司采购的生产设备采用直线法、双倍余额法、年数总和法三种方法的折旧抵税额的计算如表2-36所示。

表2-36 折旧抵税额的计算

单位:万元

计算		直线法	双倍余额抵减法	年数总和法
年折旧额	第1年	年折旧额=(800−50)÷5=150	年折旧率=2÷预计使用寿命(年)×100%=2÷5×100%=40% 年折旧额=800×40%=320	年数总和=1+2+3+4+5=15 年折旧额=(800−50)×5÷15=250
	第2年	150	(800−320)×40%=192	(800−50)×4÷15=200
	第3年	150	(800−320−192)×40%=115.2	(800−50)×3÷15=150
	第4年	150	(800−320−192−115.2−50)÷2=61.4	(800−50)×2÷15=100
	第5年	150	61.4	(800−50)×1÷15=50
累计折旧现值合计		568.5	616.053	604.45
抵税额		568.5×25%=142.13	616.053×25%=154.01	604.45×25%=151.11

注:考虑时间价值,假定按照10%复利利率,第一年到第五年现值系数分别为0.909、0.826、0.751、0.683和0.621。

> **结 论**
>
> 方案二即采用双倍余额递减法得到的抵税额最大,可以达到递延纳税的效果,是最优选择。

政策依据

一、《中华人民共和国企业所得税法》第三十二条

企业的固定资产由于技术进步等原因,确需加速折旧的,可以缩短折旧年限或者采取加速折旧的方法。

二、《中华人民共和国企业所得税法实施条例》第九十八条

中华人民共和国企业所得税法第三十二条所称可以采取缩短折旧年限或者采取加速折旧的方法的固定资产,包括:

(一)由于技术进步,产品更新换代较快的固定资产;

(二)常年处于强震动、高腐蚀状态的固定资产。

采取缩短折旧年限方法的,最低折旧年限不得低于本条例第六十条规定折旧年限的60%;采取加速折旧方法的,可以采取双倍余额递减法或者年数总和法。

三、《财政部 国家税务总局关于完善固定资产加速折旧企业所得税政策的通知》(财税〔2014〕75号)第一条第一款

对生物药品制造业,专用设备制造业,铁路、船舶、航空航天和其他运输设备制造业,计算机、通信和其他电子设备制造业,仪器仪表制造业,信息传输、软件和信息技术服务业等6个行业的企业2014年1月1日后新购进的固定资产,可缩短折旧年限或采取加速折旧的方法。

四、《国家税务总局关于进一步完善固定资产加速折旧企业所得税政策有关问题的公告》(国家税务总局公告2015年第68号)第一条

第一条 对轻工、纺织、机械、汽车等四个领域重点行业(以下简称四个领域重点行业)企业2015年1月1日后新购进的固定资产(包括自行建造,下同),允许缩短折旧年限或采取加速折旧方法。

五、《财政部 税务总局关于扩大固定资产加速折旧优惠政策适用范围的公告》(财政部 税务总局公告2019年第66号)第一条、第二条

一、自2019年1月1日起,适用《财政部 国家税务总局关于完善固定资产加速折旧企业所得税政策的通知》(财税〔2014〕75号)和《财政部 国家税务总局关于进一步完善固定资产加速折旧企业所得税政策的通知》(财税〔2015〕106号)规定固定资产加速折旧优惠的行业范围,扩大至全部制造业领域。

二、制造业按照国家统计局《国民经济行业分类和代码(GB/T 4754—

2017)》[①]确定。今后国家有关部门更新国民经济行业分类和代码,从其规定。

> **小贴士**

1. 其他提示事项

(1)企业需要采用加速折旧办法的,应在取得该固定资产一个月内,向其主管税务机关报备,并报送相关资料。

(2)企业应根据企业不同的发展阶段的盈利情况进行综合判断,如企业在亏损或免税期,则采用直线法对企业是最有利的。

2. 企业不同阶段折旧方法筹划

企业不同阶段折旧方法筹划如表 2-37 所示。

表 2-37 折旧方法筹划

企业所处阶段	盈利情况	折旧筹划方法
经营初期	亏损可能性大	应尽量少提折旧,让折旧额在以后年度扣除
经营稳定期	稳定盈利	尽量多提折旧,加速折旧或缩短折旧年限,加大当期固定资产折旧额,增加税前扣除,减轻税负
所得税免税期	无影响	尽量延长固定资产折旧年限,降低免税期计提的折旧额,让折旧费用在以后正常纳税年度扣除

3. 对照自检

(1)企业是否属于重资产企业,是否存在大量的固定资产,且每年的折旧额对利润影响较大?

_____

_____

(2)企业采用加速折旧办法的,主营业务收入能否达到行业标准,进而满足税法规定的行业条件?

_____

_____

注:

①此处为官方文件原文引用,未作更改,对应应为《国民经济行业分类》(GB/T 4754—2017)

⑫ 非此即彼

——股权收购对价支付方式巧选择

业税分析

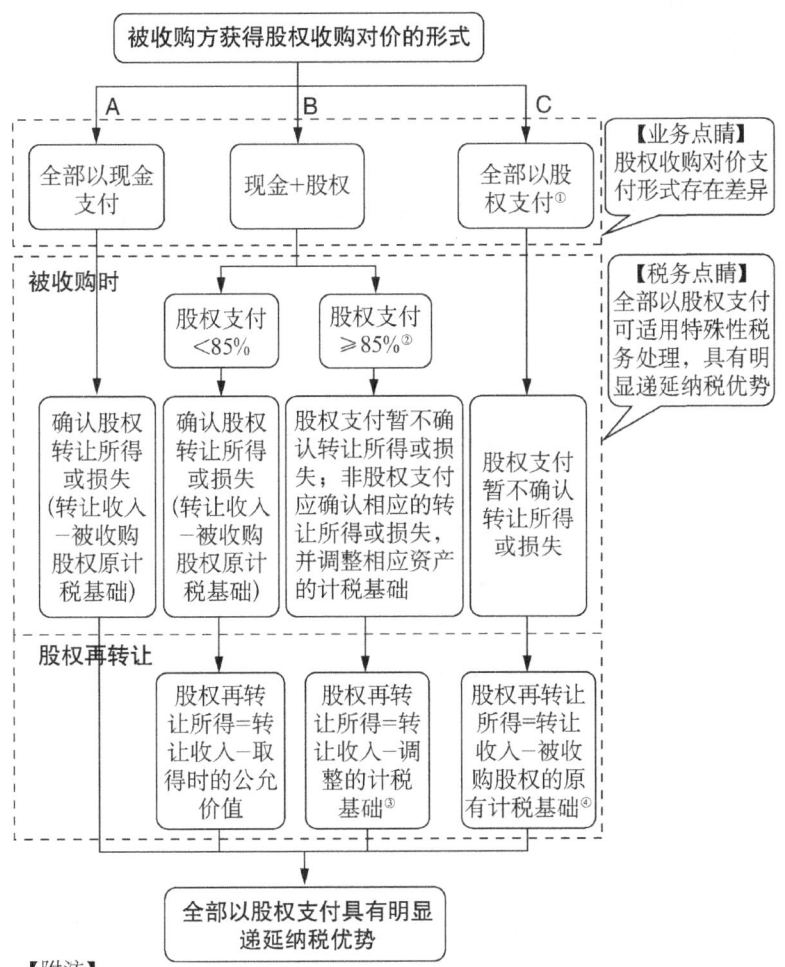

【附注】

注①：此处假定股权收购还满足其他适用特殊性税务处理的条件，详见财税〔2009〕59号第五条、第六条。

注②：同注①。

注③：税法未明确应如何调整相应资产的计税基础。按照所得税对等理论，此处以被收购企业股权的原计税基础+非股权支付额对应的股权转让所得－非股权支付的公允价值。

注④：对于收购方取得收购企业股权的计税基础，适用特殊性税务处理时以被收购股权的原有计税基础确定，一般税务处理时以公允价值为基础确定。

实战案例

梅松公司持有 A 公司 100% 的股权,计税基础为 3 000 万元,公允价值 6 000 万元。税台公司欲收购其持有的 A 公司全部股权,关于对价的支付形式,税台公司提出既可以以现金支付,也可以其公司的股权进行支付。

对于接受哪种对价支付方式,梅松公司管理层召开会议进行了讨论,财务部梅经理也出席了此次会议,她从不同支付方式企业所得税的税负角度出发,对支付方式的选择提出了建议。

【备选方案】

方案一:税台公司全部以现金进行收购,共支付现金 6 000 万元。

方案二:税台公司全部以股权支付。假设梅松公司向税台公司支付本公司 10% 的股权(公允价值为 6 000 万元),梅松公司在股权解禁后,转让其持有的甲公司股权,取得转让收入 6 000 元。

【分析】

两种方案企业所得税的缴纳情况如表 2-38 所示。

表 2-38 两种方案企业所得税的缴纳情况

单位:万元

方案		梅松公司企业所得税应纳税额
方案一		(6 000－3 000)×25%＝750
方案二	收购时	股权支付额占交易总额的比例为100%,适用特殊性税务处理;暂不确认转让所得
	再转让时	(6 000－3 000)×25%＝750

注:方案二梅松公司取得收购企业股权的计税基础,以被收购股权的原有计税基础确定。

采用方案二,全部以股权支付,可以起到递延纳税的效果。

政策依据

一、《中华人民共和国企业所得税法》第六条

第六条 企业以货币形式和非货币形式从各种来源取得的收入,为收入总额。包括:

（一）销售货物收入；
（二）提供劳务收入；
（三）转让财产收入；
（四）股息、红利等权益性投资收益；
（五）利息收入；
（六）租金收入；
（七）特许权使用费收入；
（八）接受捐赠收入；
（九）其他收入。

二、《中华人民共和国企业所得税法实施条例》第十六条

第十六条　企业所得税法第六条第（三）项所称转让财产收入，是指企业转让固定资产、生物资产、无形资产、股权、债权等财产取得的收入。

三、《财政部 国家税务总局关于企业重组业务企业所得税处理若干问题的通知》（财税〔2009〕59号）第一条第三款、第二条、第三条、第四条第三款、第五条、第六条第二款和第六款

一、本通知所称企业重组，是指企业在日常经营活动以外发生的法律结构或经济结构重大改变的交易，包括企业法律形式改变、债务重组、股权收购、资产收购、合并、分立等。

……

（三）股权收购，是指一家企业（以下称为收购企业）购买另一家企业（以下称为被收购企业）的股权，以实现对被收购企业控制的交易。收购企业支付对价的形式包括股权支付、非股权支付或两者的组合。

二、本通知所称股权支付，是指企业重组中购买、换取资产的一方支付的对价中，以本企业或其控股企业的股权、股份作为支付的形式；所称非股权支付，是指以本企业的现金、银行存款、应收款项、本企业或其控股企业股权和股份以外的有价证券、存货、固定资产、其他资产以及承担债务等作为支付的形式。

三、企业重组的税务处理区分不同条件分别适用一般性税务处理规定和特殊性税务处理规定。

四、企业重组，除符合本通知规定适用特殊性税务处理规定的外，按以下规定进行税务处理：

……

（三）企业股权收购、资产收购重组交易，相关交易应按以下规定处理：

1. 被收购方应确认股权、资产转让所得或损失。
2. 收购方取得股权或资产的计税基础应以公允价值为基础确定。
3. 被收购企业的相关所得税事项原则上保持不变。

五、企业重组同时符合下列条件的，适用特殊性税务处理规定：

（一）具有合理的商业目的，且不以减少、免除或者推迟缴纳税款为主要目的。

（二）被收购、合并或分立部分的资产或股权比例符合本通知规定的比例。

（三）企业重组后的连续12个月内不改变重组资产原来的实质性经营活动。

（四）重组交易对价中涉及股权支付金额符合本通知规定比例。

（五）企业重组中取得股权支付的原主要股东，在重组后连续12个月内，不得转让所取得的股权。

六、企业重组符合本通知第五条规定条件的，交易各方对其交易中的股权支付部分，可以按以下规定进行特殊性税务处理：

……

（二）股权收购，收购企业购买的股权不低于被收购企业全部股权的75%，且收购企业在该股权收购发生时的股权支付金额不低于其交易支付总额的85%，可以选择按以下规定处理：

1. 被收购企业的股东取得收购企业股权的计税基础，以被收购股权的原有计税基础确定。

2. 收购企业取得被收购企业股权的计税基础，以被收购股权的原有计税基础确定。

3. 收购企业、被收购企业的原有各项资产和负债的计税基础和其他相关所得税事项保持不变。

……

（六）重组交易各方按本条（一）至（五）项规定对交易中股权支付暂不确认有关资产的转让所得或损失的，其非股权支付仍应在交易当期确认相应的资产转让所得或损失，并调整相应资产的计税基础。

非股权支付对应的资产转让所得或损失＝（被转让资产的公允价值－被转让资产的计税基础）×（非股权支付金额÷被转让资产的公允价值）

二、《财政部 国家税务总局关于促进企业重组有关企业所得税处理问题的通知》（财税〔2014〕109号）第一条

一、关于股权收购

将《财政部 国家税务总局关于企业重组业务企业所得税处理若干问题的通知》（财税〔2009〕59号）第六条第（二）项中有关"股权收购，收购企业购买的股权不低于被收购企业全部股权的75%"规定调整为"股权收购，收购企业购买的股权不低于被收购企业全部股权的50%"。

小贴士

1. 风险提示

（1）被收购企业进行对价支付方式选择时，还需注意是否符合适用特殊性税务

处理的其他条件,如是否具有合理的商业目的,是否连续 12 个月内不改变重组资产原来的实质性经营活动。

(2) 取得股权支付的原主要股东,在重组后连续 12 个月内,不得转让所取得的股权,企业进行股权再转让时应注意时间限制。

2. 对照自检

(1) 企业是否存在被收购股权的业务?

_____

_____

(2) 股权收购中是否可以自由选择对价的支付方式?

_____

_____

(3) 股权收购中企业是否符合适用特殊税务处理的所有条件?

_____

_____

第3章

个人所得税税务筹划

个人所得税与我们每个人息息相关,根据我国《个人所得税法》及其实施条例相关规定,个人所得税共有9个税目,分别为工资薪金、劳务报酬、稿酬、特许权使用费、经营所得、利息股息、财产租赁、财产转让、偶然所得。其中,前四项称为综合所得,后四项称为分类所得。我国对个人综合所得,实行七级超额累进税率;对经营所得,实行五级超额累进税率;分类所得,法定税率统一为20%。

依法纳税是每个公民及企业的义务,因此,对个人和企业来说,除了最常见的工资薪金和劳务报酬,对其他所得项目也需要依法缴纳或代扣代缴个人所得税。而国家为了降低个人所得税税负,出台了一系列的优惠政策,这就为个人所得税的筹划提供了空间。

本章内容围绕个人所得税的税制及优惠政策,列举了筹划方法共计20招(第63招至第82招),主要包括计税项目筹划(第63招至第64招)、计税方法筹划(第65招至第68招)、应纳税所得额筹划(第69招至第79招)、税收优惠筹划(第80招至第82招)等4个方面的内容。

扫码听课

63 独一无二

—— 一人有限公司和个人独资企业巧选择

业税分析

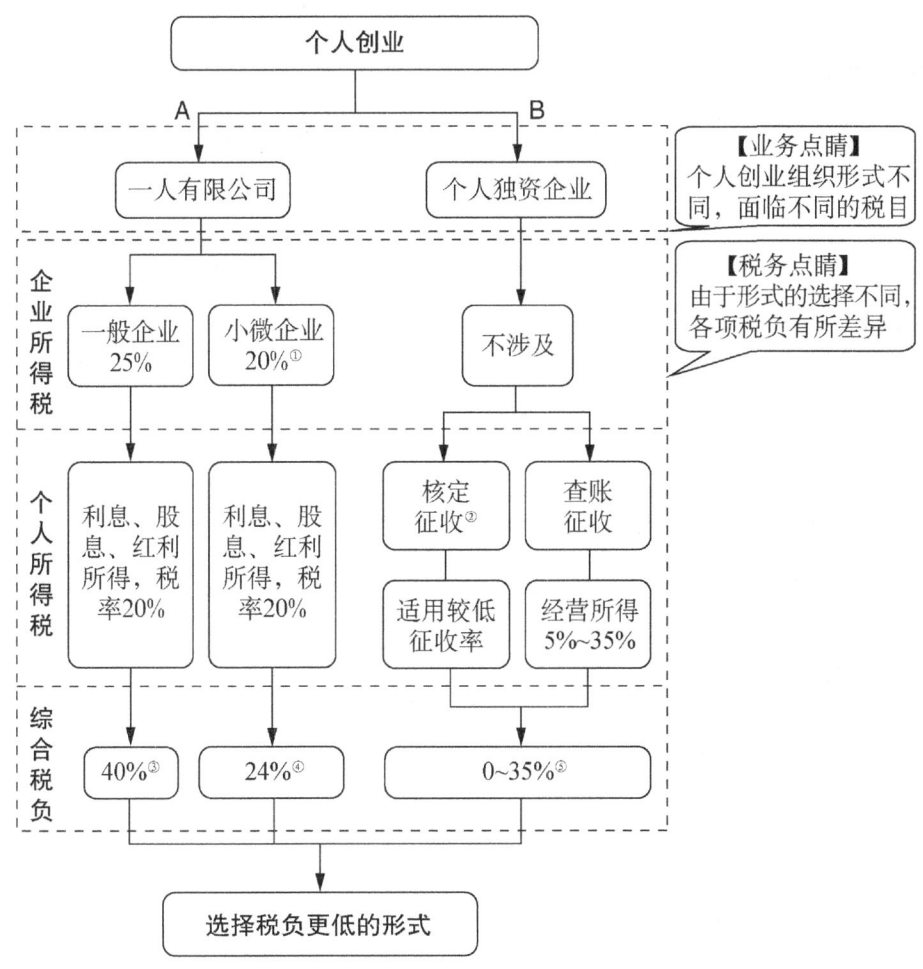

【附注】

注①~⑤：具体说明详见小贴士。

实战案例

赵总是梅松公司的高管,最近有自己创业的想法。由于对税法的问题知之甚少,赵总在选择新公司的形式上犯了难,不知用怎样的公司形式可以帮自己节省税款。在朋友的帮助下,赵总找到了税务专家梅经理,向她请教设立新公司的相关税务问题。梅经理在了解情况后列出了方案并帮赵总做了分析。

赵总预测新公司的年销售收入为100万元,成本费用为70万元,利润为30万元。

【备选方案】

方案一:成立一人有限责任公司,符合小型微利的条件,当年对全部利润部进行分配。

方案二:成立个人独资企业,采用查账征收方式。

方案三:成立个人独资企业,采用核定征收方式,核定所得率10%。

【分析】

三种方案纳税情况如表3-1所示。

表3-1 两种方案的纳税情况

单位:万元

方案	企业所得税	个人所得税	税后总收益
方案一	$30\times 5\%=1.5$ (注:小型微利企业应纳税所得额不超过300万元的部分实际税负为5%)	$(30-1.5)\times 20\%=5.7$	$30-1.5-5.7=22.8$
方案二	—	$30\times 20\%-1.05=4.95$	$30-4.95=25.05$
方案三	—	$100\times 10\%\times 20\%-1.05=0.95$	$30-0.95=29.05$

结论

(1)与方案一相比,方案二节约税款2.25(25.05−22.8)万元,方案三节约税款6.25(29.05−22.8)万元。

(2)成立个人独资企业是税务上的最优选择。

政策依据

一、《中华人民共和国个人所得税法》第二条、第三条

第二条 下列各项个人所得，应当缴纳个人所得税：

（一）工资、薪金所得；

……

（五）经营所得；

……

第三条 个人所得税的税率：

（一）综合所得，适用百分之三至百分之四十五的超额累进税率（税率表附后）；

（二）经营所得，适用百分之五至百分之三十五的超额累进税率（税率表附后）；

（三）利息、股息、红利所得，财产租赁所得，财产转让所得和偶然所得，适用比例税率，税率为百分之二十。偶然所得和其他所得，适用比例税率，税率为百分之二十。

二、《财政部 税务总局关于进一步支持小微企业和个体工商户发展有关税费政策的公告》（财政部 税务总局公告 2023 年第 12 号）第三条、第五条

三、对小型微利企业减按 25% 计算应纳税所得额，按 20% 的税率缴纳企业所得税政策，延续执行至 2027 年 12 月 31 日。

五、本公告所称小型微利企业，是指从事国家非限制和禁止行业，且同时符合年度应纳税所得额不超过 300 万元、从业人数不超过 300 人、资产总额不超过 5000 万元等三个条件的企业。

从业人数，包括与企业建立劳动关系的职工人数和企业接受的劳务派遣用工人数。所称从业人数和资产总额指标，应按企业全年的季度平均值确定。具体计算公式如下：

季度平均值＝（季初值＋季末值）÷2

全年季度平均值＝全年各季度平均值之和÷4

年度中间开业或者终止经营活动的，以其实际经营期作为一个纳税年度确定上述相关指标。

小型微利企业的判定以企业所得税年度汇算清缴结果为准。登记为增值税一般纳税人的新设立的企业，从事国家非限制和禁止行业，且同时符合申报期上月末从业人数不超过 300 人、资产总额不超过 5000 万元等两个条件的，可在首次办理汇算清缴前按照小型微利企业申报享受第二条规定的优惠政策。

三、《财政部 国家税务总局关于印发〈关于个人独资企业和合伙企业投资者征收个人所得税的规定〉的通知》（财税〔2000〕91 号）第四条及该文附件 1《关于个人独资企业和合伙企业投资者征收个人所得税的规定》第四条、第九条

四、做好所得税优惠的衔接工作。个人独资企业和合伙企业停止征收企业所得

税后,原有按照企业所得税有关规定享受的税收优惠、尚未执行到期的,可在2000年12月31日前继续执行。从2001年1月1日起,停止执行企业所得税优惠政策,统一按照个人所得税法的有关规定执行。

附件1:关于个人独资企业和合伙企业投资者征收个人所得税的规定

第四条 个人独资企业和合伙企业(以下简称企业)每一纳税年度的收入总额减除成本、费用以及损失后的余额,作为投资者个人的生产经营所得,比照个人所得税法的"个体工商户的生产经营所得"应税项目,适用5%~35%的五级超额累进税率,计算征收个人所得税。

第九条 实行核定应税所得率征收方式的,应纳所得税额的计算公式如下:

应纳所得税额=应纳税所得额×适用税率

应纳税所得额=收入总额×应税所得率

或=成本费用支出额÷(1-应税所得率)×应税所得率

应税所得率应按下表规定的标准执行:

应税所得率表	
行　业	应税所得率(%)
工业、交通运输业、商业	5~20
建筑业、房地产开发业	7~20
饮食服务业	7~25
娱乐业	20~40
其他行业	10~30

企业经营多业的,无论其经营项目是否单独核算,均应根据其主营项目确定其适用的应税所得率。

小贴士

1. 流程图附注

注①:2024年1月1日至2027年12月31日期间,小型微利企业年应纳税所得额不超过300万元的部分,实际税负5%。

注②:核定征收分为核定所得率和核定所得额,具体规定详见政策依据。

注③:综合税负:1-(1-25%)×(1-20%)=40%。

注④:综合税负:1-(1-5%)×(1-20%)=24%

注⑤:按照核定征收应税所得率表(见政策依据),综合测算所得。

2. 其他影响税收结果事项

以上两种形式的对比都假设一人有限责任公司获得的利润在当年直接向投资者分配。实际上，一人有限责任公司的利润可以延迟分配，具有递延纳税的效果，而个人独资企业无论是否分配利润，其投资者都应该在当期缴纳个人所得税，不具有递延纳税的效果，这也是做出优化选择时需要考虑的一点。

3. 其他考虑事项

设立公司时，对于公司形式的选择，需要考虑的因素较多。除税收方面，还需结合自身情况考虑法律等方面因素，如：个人独资企业的投资人以其个人财产对企业债务承担无限责任，一人有限责任公司的股东以认缴的出资额为限，承担有限责任。

4. 对照自检

（1）是否存在初设公司的业务？拟成立的公司应采用何种形式？

（2）此筹划方法，对您有什么启发，您还有什么建议？

❻❹ 移花接木

——高管纳税注意转换方式

业税分析

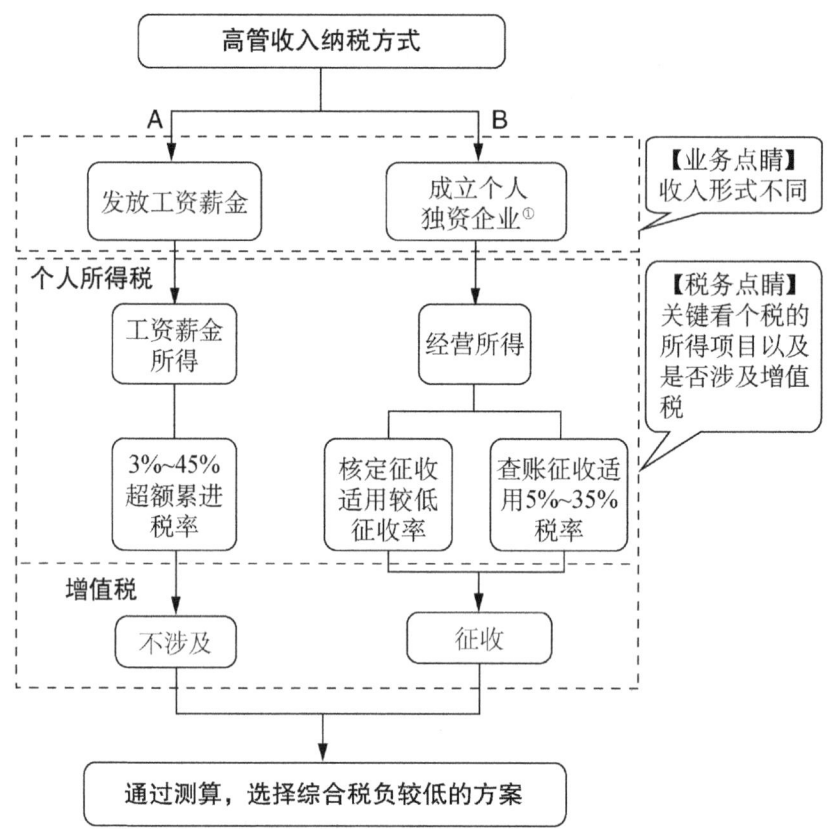

【附注】

注①：成立个人独资企业，需要有真实业务作为前提，否则有偷税漏税、虚开发票的嫌疑。

📊 实战案例

居民小松是梅松公司的高管,预计 2023 年的工资薪金是 300 万元,附加扣除和专项附加扣除共 14 万元。小松知道,收入过高对应的个税税额也高,因此,他找来了公司的财务部梅经理帮他出出主意,看看能不能节省税款。梅经理知道后,帮小松提出了方案并做了分析。

【备选方案】

方案一:由梅松公司按照工资薪金发放,代扣代缴个税。

方案二:在市区成立个人独资企业(增值税小规模纳税人),以公司的名义为梅松公司提供服务,收取服务费 300 万元。个人独资企业核定所得税率 10%。

【分析】

假设小松除此之外无其他所得,其中城市建设维护费、教育费附加、地方教育附加的税率依次为 7%、3%、2%。

针对上述两种方案,小松个人所得税纳税情况如表 3-2 所示。

表 3-2 两种方案个人所得税纳税情况

单位:万元

方案	个税所得项目	个人所得税	增值税	附加税
方案一	工资薪金所得	(300−6−14)×45%−18.19=107.81	0	0
方案二	经营所得	300÷(1+1%)×10%×20%−1.05=4.89	300÷(1+1%)×1%=2.97	2.97×12%=0.36

(1)方案一最终税后收入 192.19(300−107.81)万元。

(2)方案二最终税后收入 291.78(300−4.89−2.97−0.36)万元。

(3)方案二比方案一节税 99.59(291.78−192.19)万元。

📄 政策依据

一、《中华人民共和国个人所得税法》第二条、第三条、第六条第一款

第二条 下列各项个人所得,应当缴纳个人所得税:

(一)工资、薪金所得;

……

居民个人取得前款第一项至第四项所得(以下称综合所得),按纳税年度合并计算个人所得税;……

第三条 个人所得税的税率:

综合所得,适用百分之三至百分之四十五的超额累进税率……

第六条 应纳税所得额的计算:

(一)居民个人的综合所得,以每一纳税年度的收入额减除费用六万元以及专项扣除、专项附加扣除和依法确定的其他扣除后的余额,为应纳税所得额。

二、《关于个人独资企业和合伙企业投资者征收个人所得税的规定》(财税〔2000〕91号)第四条、第七条、第九条

第四条 个人独资企业和合伙企业(以下简称企业)每一纳税年度的收入总额减除成本、费用以及损失后的余额,作为投资者个人的生产经营所得,比照中华人民共和国个人所得税法的"个体工商户的生产经营所得"应税项目,适用5%～35%的五级超额累进税率,计算征收个人所得税。

前款所称收入总额,是指企业从事生产经营以及与生产经营有关的活动所取得的各项收入,包括商品(产品)销售收入、营运收入、劳务服务收入、工程价款收入、财产出租或转让收入、利息收入、其他业务收入和营业外收入。

第七条 有下列情形之一的,主管税务机关应采取核定征收方式征收个人所得税:

(一)企业依照国家有关规定应当设置但未设置账簿的;

(二)企业虽设置账簿,但账目混乱或者成本资料、收入凭证、费用凭证残缺不全,难以查账的;

(三)纳税人发生纳税义务,未按照规定的期限办理纳税申报,经税务机关责令限期申报,逾期仍不申报的。

第九条 实行核定应税所得率征收方式的,应纳所得税额的计算公式如下:

应纳所得税额=应纳税所得额×适用税率

应纳税所得额=收入总额×应税所得率

或=成本费用支出额÷(1-应税所得率)×应税所得率

应税所得率应按下表规定的标准执行:

应税所得率表	
行 业	应税所得率(%)
工业、交通运输业、商业	5～20
建筑业、房地产开发业	7～20
饮食服务业	7～25
娱乐业	20～40
其他行业	10～30

企业经营多业的,无论其经营项目是否单独核算,均应根据其主营项目确定其适用的应税所得率。

二、《财政部 税务总局关于增值税小规模纳税人减免增值税政策的公告》(财政部 税务总局公告2023年第19号)

一、对月销售额10万元以下(含本数)的增值税小规模纳税人,免征增值税。

二、增值税小规模纳税人适用3%征收率的应税销售收入,减按1%征收率征收增值税;适用3%预征率的预缴增值税项目,减按1%预征率预缴增值税。

三、本公告执行至2027年12月31日。

小贴士

1. 风险提示

成立个人独资企业并选择核定征收,必须有合理的业务作为基础,若虚构业务暴力筹划则将面临主管税务机关补缴税款及滞纳金的惩罚。

2. 对照自检

高管是否存在利用个人独资企业、个体工商户核定征收或灵活用工等形式的税务筹划行为?其是否有合法、合规、合理的业务作为基础?

⑥⑤ 比权量力

——巧选计税方法降低财产所得税负

业税分析

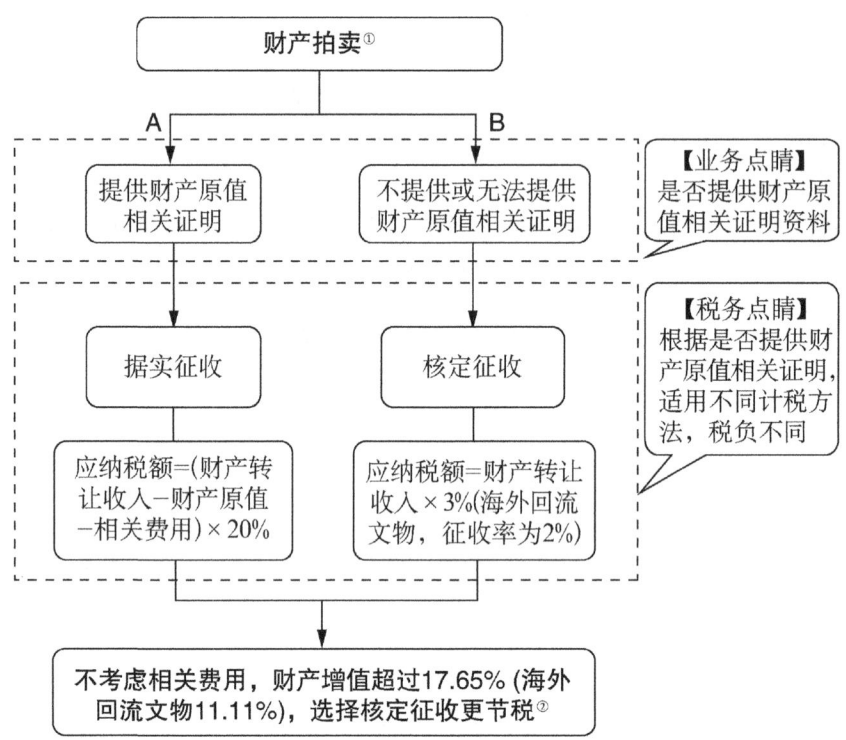

【附注】
注①：拍卖自己的文字作品手稿原件或复印件取得的收入，不属于财产转让所得。
注②：考虑费用，拍卖收入超过原值与费用之和的1.18倍（海外回流文物的1.11倍）时，选择核定征收更节税。

实战案例

赵总是一位知名的收藏家。新冠肺炎疫情暴发后,赵总想通过拍卖字画的形式将所得收入捐赠给疫情严重的地区。

2022年2月20日,赵总通过拍卖行将一幅珍藏多年的名人字画拍卖。赵总在购入这幅画时花费了10万元,拍卖后取得收入20万元,拍卖过程中缴纳相关税费2万元。由于拍卖所得涉及个人所得税的问题,赵总想通过有效的筹划减少税款,于是他请来了在大公司担任财务经理的梅经理,让他帮忙出谋划策。

梅经理得知情况后,为赵总出具了方案并进行了分析。

【备选方案】

方案一:提供字画原值凭证。

方案二:无法提供完整的字画原值凭证。经文物部门鉴定,该字画为海外回流文物。

【分析】

针对上述两种方案,赵总个人所得税的纳税情况如表3-3所示。

表3-3 两种方案的个人所得税纳税情况

单位:万元

方案	个人所得税	税后收益
方案一	(20-10-2)×20%=1.6	20-1.6=18.4
方案二	20×2%=0.4	20-0.4=19.6

结论

方案二比方案一少缴个人所得税1.2(1.6-0.4)万元,是最佳选择。

政策依据

《国家税务总局关于加强和规范个人取得拍卖收入征收个人所得税有关问题的通知》(国税发〔2007〕38号)第一条至第五条

一、个人通过拍卖市场拍卖个人财产,对其取得所得按以下规定征税:

(一)根据《国家税务总局关于印发〈征收个人所得税若干问题的规定〉的通知》

(国税发〔1994〕89号),作者将自己的文字作品手稿原件或复印件拍卖取得的所得,应以其转让收入额减除800元(转让收入额4 000元以下)或者20%(转让收入额4 000元以上)后的余额为应纳税所得额,按照"特许权使用费"所得项目适用20%税率缴纳个人所得税。

(二)个人拍卖除文字作品原稿及复印件外的其他财产,应以其转让收入额减除财产原值和合理费用后的余额为应纳税所得额,按照"财产转让所得"项目适用20%税率缴纳个人所得税。

二、对个人财产拍卖所得征收个人所得税时,以该项财产最终拍卖成交价格为其转让收入额。

三、个人财产拍卖所得适用"财产转让所得"项目计算应纳税所得额时,纳税人凭合法有效凭证(税务机关监制的正式发票、相关境外交易单据或海关报关单据、完税证明等),从其转让收入额中减除相应的财产原值、拍卖财产过程中缴纳的税金及有关合理费用。

(一)财产原值,是指售出方个人取得该拍卖品的价格(以合法有效凭证为准)。具体为:

1. 通过商店、画廊等途径购买的,为购买该拍卖品时实际支付的价款;
2. 通过拍卖行拍得的,为拍得该拍卖品实际支付的价款及交纳的相关税费;
3. 通过祖传收藏的,为其收藏该拍卖品而发生的费用;
4. 通过赠送取得的,为其受赠该拍卖品时发生的相关税费;
5. 通过其他形式取得的,参照以上原则确定财产原值。

(二)拍卖财产过程中缴纳的税金,是指在拍卖财产时纳税人实际缴纳的相关税金及附加。

(三)有关合理费用,是指拍卖财产时纳税人按照规定实际支付的拍卖费(佣金)、鉴定费、评估费、图录费、证书费等费用。

四、纳税人如不能提供合法、完整、准确的财产原值凭证,不能正确计算财产原值的,按转让收入额的3%征收率计算缴纳个人所得税;拍卖品为经文物部门认定是海外回流文物的,按转让收入额的2%征收率计算缴纳个人所得税。

五、纳税人的财产原值凭证内容填写不规范,或者一份财产原值凭证包括多件拍卖品且无法确认每件拍卖品一一对应的原值的,不得将其作为扣除财产原值的计算依据,应视为不能提供合法、完整、准确的财产原值凭证,并按上述规定的征收率计算缴纳个人所得税。

小贴士

1. 纳税提示

纳税人确实无法提供原值证明的,须进行核定征收,不能伪造证明。

2. 对照自检

拟转让的财产是否增值较多？若该财产增值较少，选择据实征收的，是否能够提供真实准确的原值证明？

_____

_____

66 必居其一

——优选征税方式降低限售股转让税负

业税分析

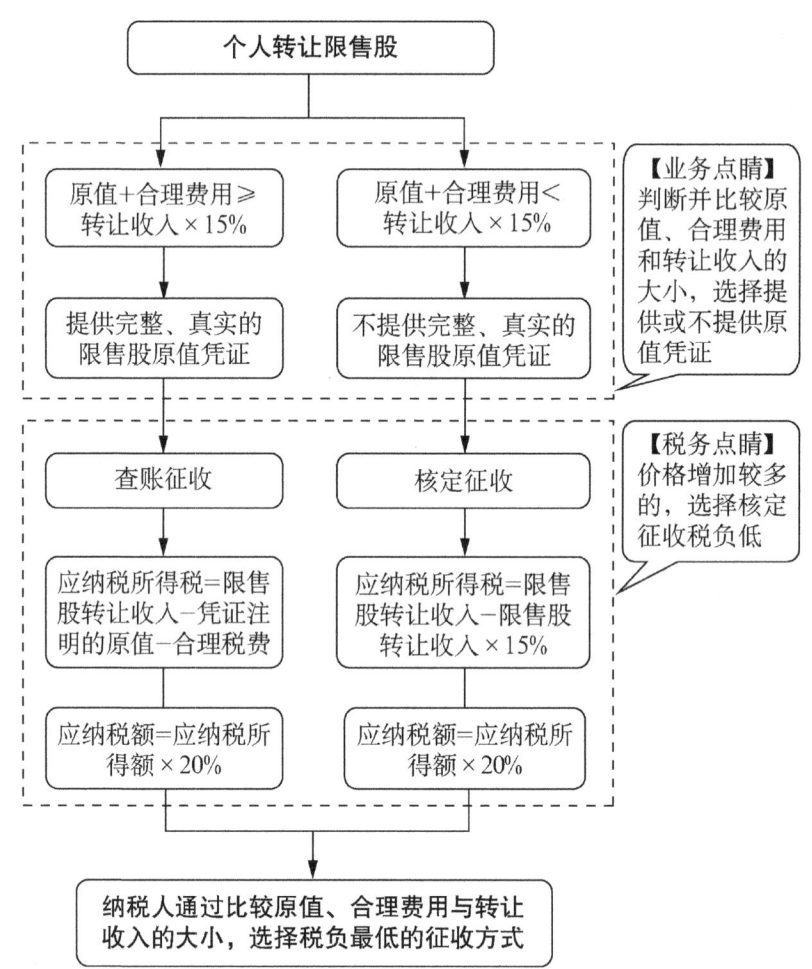

实战案例

小松是一名投资者,他手中持有梅松公司的限售股 100 万股,原始取得成本为 200 万元,购入时支付了相关税费 5 万元。

最近恰逢限售股解禁,小松便想将股票全部出售。预计股票全部出售可以获得收入 1 500 万元。但由于个人转让股票会涉及个人所得税的问题,小松请来了在大公司担任财务经理的梅经理,请她出谋划策。梅经理了解具体情况后,从转让所得申报的角度提出了筹划方案,并帮他做了分析。

【备选方案】

方案一:提供完整、真实的限售股原值凭证。

方案二:不提供完整、真实的限售股原值凭证。

【分析】

以上两种的方案个人所得税的纳税情况如表 3-4 所示。

表 3-4　两种方案个人所得税纳税情况

单位:万元

项目	应纳税额	税后总收益
方案一	应纳税所得额＝限售股转让收入－凭证上注明原值－合理税费	1 500－200－5－259＝1 036
	（1 500－200－5）×20％＝259	
方案二	应纳税所得额＝限售股转让收入×（1－15％）	1 500－200－5－255＝1 040
	1 500×（1－15％）×20％＝255	

方案二比方案一少缴纳个人所得税 4(259－255)万元,是税收上的最优选择。

政策依据

一、《中华人民共和国个人所得税法》第三条第三款、第六条第四款、第六款

第三条　个人所得税税率:

……

(三)利息、股息、红利所得,适用比例税率,税率为百分之二十。

第六条　应纳税所得额的计算:

……

(四)财产租赁所得,每次收入不超过四千元的,减除费用八百元;四千元以上的,减除百分之二十的费用,其余额为应纳税所得额。

……

(六)利息、股息、红利和偶然所得,以每次收入额为应纳税所得额。

二、《中华人民共和国个人所得税法实施条例》第六条第六款

利息、股息、红利所得,是指个人拥有债权、股权等而取得的利息、股息、红利所得。

三、《关于个人转让上市公司限售股所得征收个人所得税有关问题的通知》(财税〔2009〕167号)第三条

个人转让限售股,以每次限售股转让收入,减除股票原值和合理税费后的余额,为应纳税所得额。即:

应纳税所得额＝限售股转让收入－(限售股原值＋合理税费)

应纳税额＝应纳税所得额×20％

本通知所称的限售股转让收入,是指转让限售股股票实际取得的收入。限售股原值,是指限售股买入时的买入价及按照规定缴纳的有关费用。合理税费,是指转让限售股过程中发生的印花税、佣金、过户费等与交易相关的税费。

如果纳税人未能提供完整、真实的限售股原值凭证的,不能准确计算限售股原

值的,主管税务机关一律按限售股转让收入的15%核定限售股原值及合理税费。

> 💬 **小贴士**

对照自检

(1) 您是否存在限售股转让的业务?

_____

_____

(2) 目前拟转让限售股的个人所得税税负如何?

_____

_____

❻❼ 锦上添花

——年终奖计税方法要选好

📚 业税分析

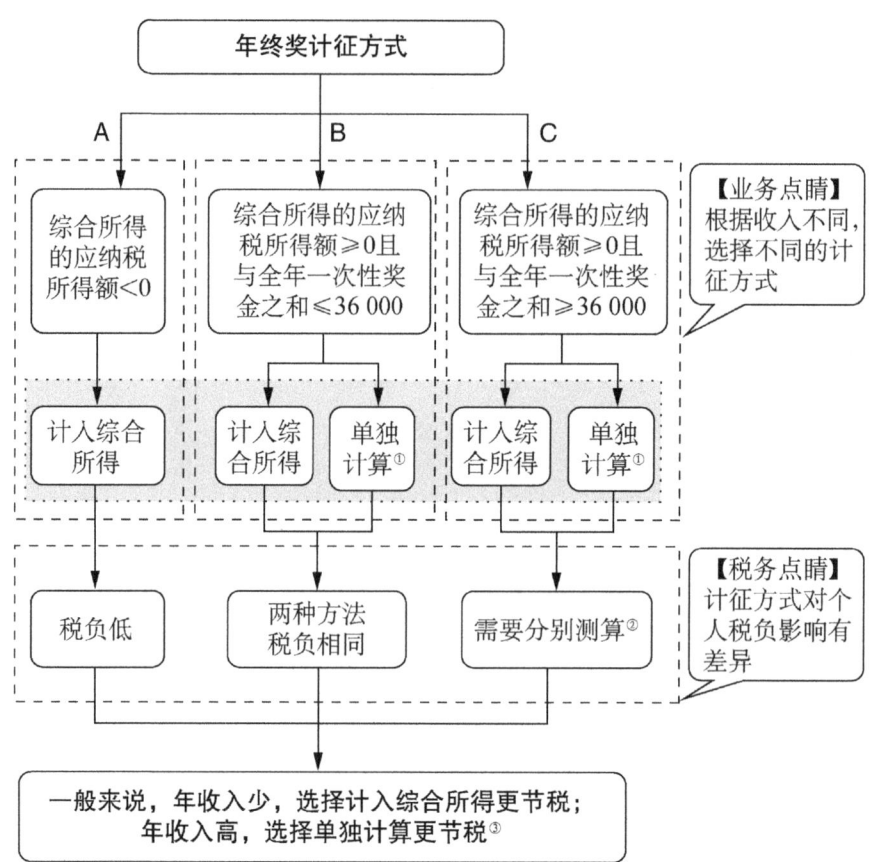

【附注】

注①：依据现行法律法规，单独计算政策截至2027年12月31日。

注②：若未提前规划，此处无法定量。可以通过个人所得税App，查看两种方式的应纳税额，选择缴税最低的方法。

注③：单独计算年终奖存在雷区，需提前规划，规划内容详见小贴士。

实战案例

居民个人小松是梅松公司的员工,临近2021年年底,公司开始派发个人的年终奖。在进行年终奖的纳税申报时,小松却犯了难,不知怎样申报更节税。公司的财务部梅经理知道了他的难处,提出了两种方案并帮他做了分析。

【备选方案】

方案一:全年一次性奖金单独计税。

方案二:全年一次性奖金并入全年综合所得,合并计税。

【分析】

假设小松2021年工资收入为36万元,小松全年可扣除的三险一金及专项附加扣除是6万元,12月收到年终奖6万元,针对上述两种方案,小松的个人所得税纳税情况如表3-5所示。

表3-5 两种方案的纳税情况

单位:元

项目		应纳税所得额	税率	速算扣除数	应纳税额	
方案一	工资	240 000	20%	16 920	31 080	36 870
	年终奖	60 000	10%	210	5 790	
方案二		300 000	20%	16 920	43 080	

假设小松2021年的工资收入为12万元,全年可扣除的三险一金及专项附加扣除4万元,12月收到年终奖1万元,针对上述情形,方案不变,则小松的个人所得税纳税情况如表3-6所示。

表 3-6　两种方案的纳税情况

单位:元

项目		应纳税所得额	税率	速算扣除数	应纳税额	
方案一	工资	20 000	3%	0	600	900
	年终奖	10 000	3%	0	300	
方案二		30 000	3%	0	900	

假设小松 2021 年的工资收入为 8 万元,全年可扣除的三险一金及专项附加扣除为 4 万元,12 月收到年终奖 1 万元,针对上述情形,方案不变,则小松的个人所得税纳税情况如表 3-7 所示。

表 3-7　两种方案的纳税情况

单位:元

项目		应纳税所得额	税率	速算扣除数	应纳税额	
方案一	工资	−20 000	—	—	0	300
	年终奖	10 000	3%	0	300	
方案二		−10 000	—	—	0	

由表 3-5 可知,方案一比方案二少缴个人所得税 6 210(43 080−36 870)元。
由表 3-6 可知,两个方案没有差别。
由表 3-7 可知,方案二比方案一少缴个人所得税 300 元。

政策依据

《财政部 税务总局关于延续实施全年一次性奖金个人所得税政策的公告》(财政部 税务总局公告 2023 年第 30 号)

为进一步减轻纳税人负担,现将全年一次性奖金个人所得税政策公告如下:

一、居民个人取得全年一次性奖金,符合《国家税务总局关于调整个人取得全年一次性奖金等计算征收个人所得税方法问题的通知》(国税发〔2005〕9 号)规定的,不并入当年综合所得,以全年一次性奖金收入除以 12 个月得到的数额,按照本公告所附按月换算后的综合所得税率表,确定适用税率和速算扣除数,单独计算纳税。计算公式为:

应纳税额＝全年一次性奖金收入×适用税率－速算扣除数

二、居民个人取得全年一次性奖金，也可以选择并入当年综合所得计算纳税。

三、本公告执行至 2027 年 12 月 31 日。

> 小贴士

1. 年终奖发放雷区

全年应纳税额（含年终奖）在不同的水平下适用不同的申报方式。

(1) 当全年应纳税所得额小于等于 36 000 元时，适用的申报方式如表 3-8 所示。

表 3-8 年终奖适用申报方式

序号	全年应纳税所得额的区间（X）	情形	适用的申报方式
1	X≤0	年终奖与综合所得合并计算，可以分摊一部分费用，减少总应纳税额	合并计算
2	0＜X≤36 000	综合所得和年终奖都适用 3% 税率	单独申报和合并计算无差异

(2) 当含年终奖的全年应纳税所得额大于 36 000 时，由于年终奖单独申报存在雷区等原因，为使税负最低，可在年终奖和工资之间进行分配，分配的年终奖按照全年一次性奖金单独申报。其具体拆分方法如表 3-9 所示。

表 3-9 工资和年终奖的分配表

序号	全年应纳税所得额的区间（X）	分配年终奖（Y）	分配工资应纳税所得额
1	36 000＜X＜72 000	X－36 000	X－Y
2	72 000	36 000	X－Y
3	72 000＜X＜203 100	36 000	X－Y
4	203 100	36 000 或 X－144 000	X－Y
5	203 100＜X＜288 000	X－144 000 到 144 000 之间	X－Y
6	288 000	144 000	X－Y
7	288 000＜X＜672 000	144 000	X－Y
8	67 2000	144 000 或 300 000	X－Y
9	672 000＜X＜1 277 500	300 000	X－Y
10	1 277 500	300 000 或 420 000	X－Y

续 表

序号	全年应纳税所得额的区间(X)	分配年终奖(Y)	分配工资应纳税所得额
11	1 277 500＜X＜1 452 500	420 000	$X-Y$
12	1 452 500	420 000 或 660 000	
13	1 452 500＜X	660 000	

2. 申报提示

个人年终汇算清缴时,可在"个人所得税 App"尝试用两种方案分别申报,选择税负低的方案进行申报。

3. 对照自检

企业发放年终奖的行为是否符合规定？企业是否存在变相发放年终奖而未进行个人所得税代扣代缴的行为？

❽ 公私兼顾

——巧用实物分配股利省个税

业税分析

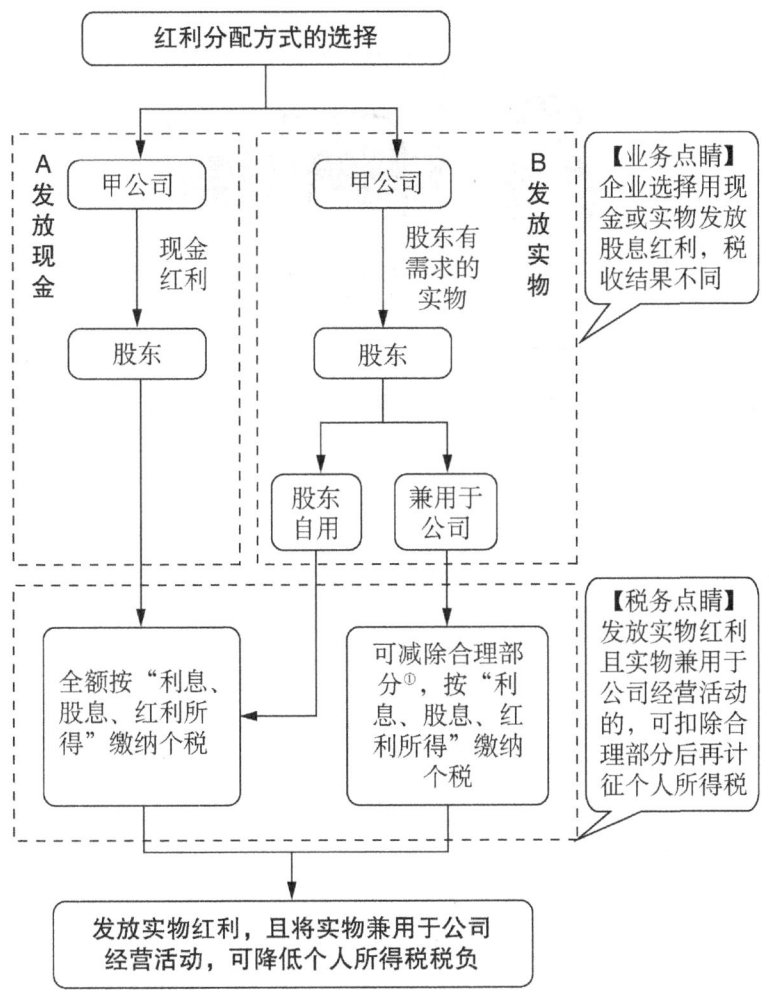

【附注】

注①：减除的具体数额由主管税务机关根据实际使用情况合理确定。

实战案例

小松是一名自由职业者,他的好友梅经理是梅松公司的财务经理。两人于1年前合伙成立了一家公司,最近公司正在研究分红的问题。通过计算,两人今年每人可分红20万元。但他们也知道,20万元的分红也意味着承担了较多的个人所得税。

恰巧小松最近有购车的计划。梅经理得知后,给小松提供了分红方案并做了分析。

以车代替股息发放。

【备选方案】

方案一:直接发放20万元的股利。

方案二:公司购买一辆20万元的汽车登记在小松的名下,这辆汽车同时也会用于公司的生产经营,主管税务机关允许从所得中减除的合理部分的比例是20%。

【分析】

以上两种方案的纳税情况如表3-10所示。

表3-10 两种方案纳税情况

单位:万元

项目	应纳税额	税后总收益
方案一	20×20%=4	20-4=16
方案二	20×(1-20%)×20%=3.2	20-3.2=16.8

方案二比方案一少缴个人所得税0.8(16.8-16)万元,为最佳方案。

政策依据

一、《中华人民共和国个人所得税法》第二条

下列各项个人所得,应当缴纳个人所得税:

(一)工资、薪金所得;

(二)劳务报酬所得;

(三)稿酬所得;

(四)特许权使用费所得;

(五)经营所得;

(六)利息、股息、红利所得;

(七)财产租赁所得;

(八)财产转让所得;

(九)偶然所得

二、《中华人民共和国个人所得税法》第三条第三款、第六条第六款

第三条 个人所得税的税率:

……

(三)利息、股息、红利所得,适用比例税率,税率为百分之二十。

第六条 应纳税所得额的计算:

……

(六)利息、股息、红利所得,以每次收入额为应纳税所得额。

三、《中华人民共和国个人所得税法实施条例》第六条第六款

第六条 个人所得税法规定的各项个人所得的范围:

(六)利息、股息、红利所得,是指个人拥有债权、股权等而取得的利息、股息、红利所得。

四、《国家税务总局关于企业为股东个人购买汽车征收个人所得税的批复》(国税函〔2005〕364号)第一条

依据《中华人民共和国个人所得税法》以及有关规定,企业购买车辆并将车辆所有权办到股东个人名下,其实质为企业对股东进行了红利性质的实物分配,应按照"利息、股息、红利所得"项目征收个人所得税。考虑到该股东个人名下的车辆同时也为企业经营使用的实际情况,允许合理减除部分所得;减除的具体数额由主管税务机关根据车辆的实际使用情况合理确定。

小贴士

1. 风险提示

(1) 如果实物分红不能用于企业的经营,税务机关可能无法核定费用扣除比例,从而无法达到节税效果。

(2) 若股东分红时并无购物计划,则会导致筹划失败。

2. 对照自检

股东是否有购物意向,且购买的资产能够兼用于公司?

❻❾ 能者多劳

——夫妻双方专项附加扣除的分摊要选好

◆ 业税分析

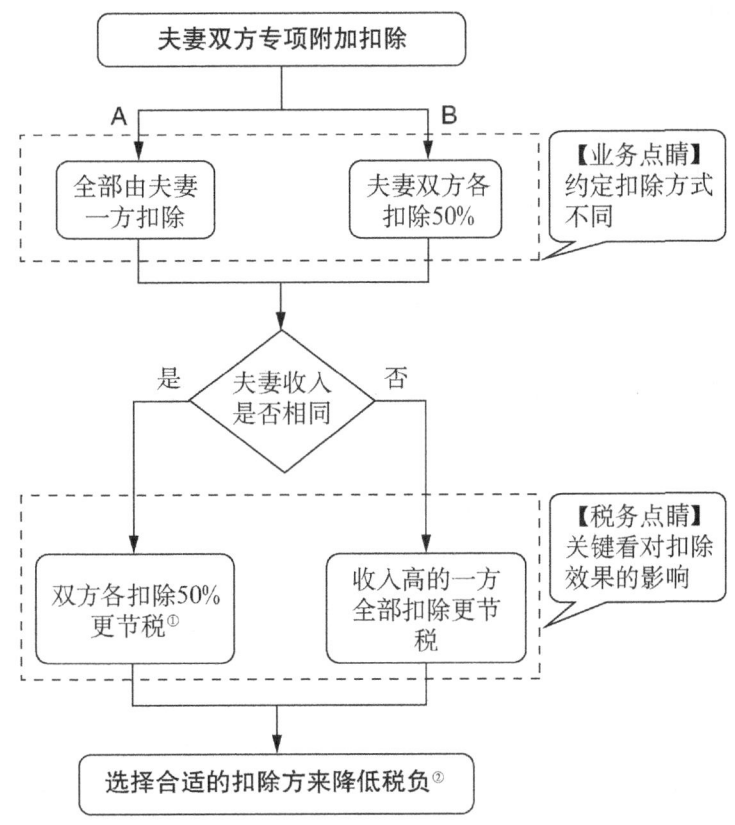

【附注】

注①：夫妻收入相同时，也会出现全部一方扣除和各扣除50%税负相同的情况，在做选择时要根据实际收入做测算。

注②：对于税法中规定可由夫妻双方自由选择扣除比例的项目，如子女教育、住房贷款利息等，由收入高的一方选择全部扣除可有效降低整个家庭的个税负担。

实战案例

小松和他的妻子小竹都是梅松公司的员工,国家关于专项附加扣除的新政策一出,两人便面临着如何进行专项附加扣除的问题。他们有一个正在读小学的孩子,关于对子女教育的专项附加扣除,小松不知如何在两人之间分配,于是找到了公司的财务部梅经理,让她帮忙出出主意。

梅经理了解了基本的情况后,提出了3个方案并进行了分析。

【备选方案】

方案一:小松全部扣除2 000元。

方案二:小竹全部扣除2 000元。

方案三:小松和小竹每人各扣除1 000元。

【分析】

假设小松和小竹工资薪金收入分别是45万元和25万元,符合条件的三险一金分别是8万元和4万元,则小松和他的妻子小竹具体纳税情况分析如表3-11所示。

表3-11 三种方案个人所得税纳税情况

单位:元

方案	应纳税所得额	税率	扣除系数	应纳税额	合计
方案一	小松:450 000-60 000-80 000-24 000=286 000	20%	16 920	40 280	53 360
	小竹:250 000-60 000-40 000=150 000	20%	16 920	13 080	
方案二	小松:450 000-60 000-80 000=310 000	25%	31 920	45 580	55 660
	小竹:250 000-60 000-40 000-24 000=126 000	10%	2 520	10 080	
方案三	小松:450 000-60 000-80 000-12 000=298 000	20%	16 920	42 680	53 960
	小竹:250 000-60 000-40 000-12 000=138 000	10%	2 520	11 280	

结论

选择方案一,两人承担的税负最低。

政策依据

一、《国务院关于印发个人所得税专项附加扣除暂行办法的通知》(国发〔2018〕41号)第二章至第七章

本办法所称个人所得税专项附加扣除,是指中华人民共和国个人所得税法规定

的子女教育、继续教育、大病医疗、住房贷款利息或者住房租金、赡养老人等6项专项附加扣除。

第二章 子女教育

第五条 纳税人的子女接受全日制学历教育的相关支出，按照每个子女每月1 000元的标准定额扣除。

学历教育包括义务教育（小学、初中教育）、高中阶段教育（普通高中、中等职业、技工教育）、高等教育（大学专科、大学本科、硕士研究生、博士研究生教育）。

年满3岁至小学入学前处于学前教育阶段的子女，按本条第一款规定执行。

第六条 父母可以选择由其中一方按扣除标准的100%扣除，也可以选择由双方分别按扣除标准的50%扣除，具体扣除方式在一个纳税年度内不能变更。

第七条 纳税人子女在中国境外接受教育的，纳税人应当留存境外学校录取通知书、留学签证等相关教育的证明资料备查。

第三章 继续教育

第八条 纳税人在中国境内接受学历（学位）继续教育的支出，在学历（学位）教育期间按照每月400元定额扣除。同一学历（学位）继续教育的扣除期限不能超过48个月。纳税人接受技能人员职业资格继续教育、专业技术人员职业资格继续教育的支出，在取得相关证书的当年，按照3 600元定额扣除。

第九条 个人接受本科及以下学历（学位）继续教育，符合本办法规定扣除条件的，可以选择由其父母扣除，也可以选择由本人扣除。

第十条 纳税人接受技能人员职业资格继续教育、专业技术人员职业资格继续教育的，应当留存相关证书等资料备查。

第四章 大病医疗

第十一条 在一个纳税年度内，纳税人发生的与基本医保相关的医药费用支出，扣除医保报销后个人负担（指医保目录范围内的自付部分）累计超过15 000元的部分，由纳税人在办理年度汇算清缴时，在80 000元限额内据实扣除。

第十二条 纳税人发生的医药费用支出可以选择由本人或者其配偶扣除；未成年子女发生的医药费用支出可以选择由其父母一方扣除。

纳税人及其配偶、未成年子女发生的医药费用支出，按本办法第十一条规定分别计算扣除额。

第十三条 纳税人应当留存医药服务收费及医保报销相关票据原件（或者复印件）等资料备查。医疗保障部门应当向患者提供在医疗保障信息系统记录的本人年度医药费用信息查询服务。

第五章 住房贷款利息

第十四条 纳税人本人或者配偶单独或者共同使用商业银行或者住房公积金个人住房贷款为本人或者其配偶购买中国境内住房，发生的首套住房贷款利息支出，在实际发生贷款利息的年度，按照每月1 000元的标准定额扣除，扣除期限最长不超过240个月。纳税人只能享受一次首套住房贷款的利息扣除。

本办法所称首套住房贷款是指购买住房享受首套住房贷款利率的住房贷款。

第十五条　经夫妻双方约定，可以选择由其中一方扣除，具体扣除方式在一个纳税年度内不能变更。

夫妻双方婚前分别购买住房发生的首套住房贷款，其贷款利息支出，婚后可以选择其中一套购买的住房，由购买方按扣除标准的100%扣除，也可以由夫妻双方对各自购买的住房分别按扣除标准的50%扣除，具体扣除方式在一个纳税年度内不能变更。

第十六条　纳税人应当留存住房贷款合同、贷款还款支出凭证备查。

第六章　住房租金

第十七条　纳税人在主要工作城市没有自有住房而发生的住房租金支出，可以按照以下标准定额扣除：

（一）直辖市、省会（首府）城市、计划单列市以及国务院确定的其他城市，扣除标准为每月1 500元；

（二）除第一项所列城市以外，市辖区户籍人口超过100万的城市，扣除标准为每月1 100元；市辖区户籍人口不超过100万的城市，扣除标准为每月800元。

纳税人的配偶在纳税人的主要工作城市有自有住房的，视同纳税人在主要工作城市有自有住房。

市辖区户籍人口，以国家统计局公布的数据为准。

第十八条　本办法所称主要工作城市是指纳税人任职受雇的直辖市、计划单列市、副省级城市、地级市（地区、州、盟）全部行政区域范围；纳税人无任职受雇单位的，为受理其综合所得汇算清缴的税务机关所在城市。

夫妻双方主要工作城市相同的，只能由一方扣除住房租金支出。

第十九条　住房租金支出由签订租赁住房合同的承租人扣除。

第二十条　纳税人及其配偶在一个纳税年度内不能同时分别享受住房贷款利息和住房租金专项附加扣除。

第二十一条　纳税人应当留存住房租赁合同、协议等有关资料备查。

第七章　赡养老人

第二十二条　纳税人赡养一位及以上被赡养人的赡养支出，统一按照以下标准定额扣除：

（一）纳税人为独生子女的，按照每月2 000元的标准定额扣除；

（二）纳税人为非独生子女的，由其与兄弟姐妹分摊每月2 000元的扣除额度，每人分摊的额度不能超过每月1 000元。可以由赡养人均摊或者约定分摊，也可以由被赡养人指定分摊。约定或者指定分摊的须签订书面分摊协议，指定分摊优先于约定分摊。具体分摊方式和额度在一个纳税年度内不能变更。

第二十三条　本办法所称被赡养人是指年满60岁的父母，以及子女均已去世的年满60岁的祖父母、外祖父母。

二、《国务院关于设立3岁以下婴幼儿照护个人所得税专项附加扣除的通知》（国发〔2022〕8号）

一、纳税人照护3岁以下婴幼儿子女的相关支出，按照每个婴幼儿每月1000元的标准定额扣除。

二、父母可以选择由其中一方按扣除标准的100%扣除，也可以选择由双方分别按扣除标准的50%扣除。具体扣除方式在一个纳税年度内不能变更。

三、3岁以下婴幼儿照护个人所得税专项附加扣除涉及的保障措施和其他事项，参照《个人所得税专项附加扣除暂行办法》有关规定执行。

四、3岁以下婴幼儿照护个人所得税专项附加扣除自2022年1月1日起实施。

三、《国务院关于提高个人所得税有关专项附加扣除标准的通知》（国发〔2023〕13号）

一、3岁以下婴幼儿照护专项附加扣除标准，由每个婴幼儿每月1000元提高到2000元。

二、子女教育专项附加扣除标准，由每个子女每月1000元提高到2000元。

三、赡养老人专项附加扣除标准，由每月2000元提高到3000元。其中，独生子女按照每月3000元的标准定额扣除；非独生子女与兄弟姐妹分摊每月3000元的扣除额度，每人分摊的额度不能超过每月1500元。

四、3岁以下婴幼儿照护、子女教育、赡养老人专项附加扣除涉及的其他事项，按照《个人所得税专项附加扣除暂行办法》有关规定执行。

五、上述调整后的扣除标准自2023年1月1日起实施。

小贴士

1. 纳税提示

夫妻双方利用专项附加扣除进行筹划时，还应该注意：扣除方式一旦选定，在一个纳税年度内不能变更。

2. 对照自检

夫妻双方是否能够准确预计当年工资薪金所得？双方所得是否适用不同税率？

⑩ 各得其所

——合同签订有讲究，灵活费用巧约定

◆ 业税分析

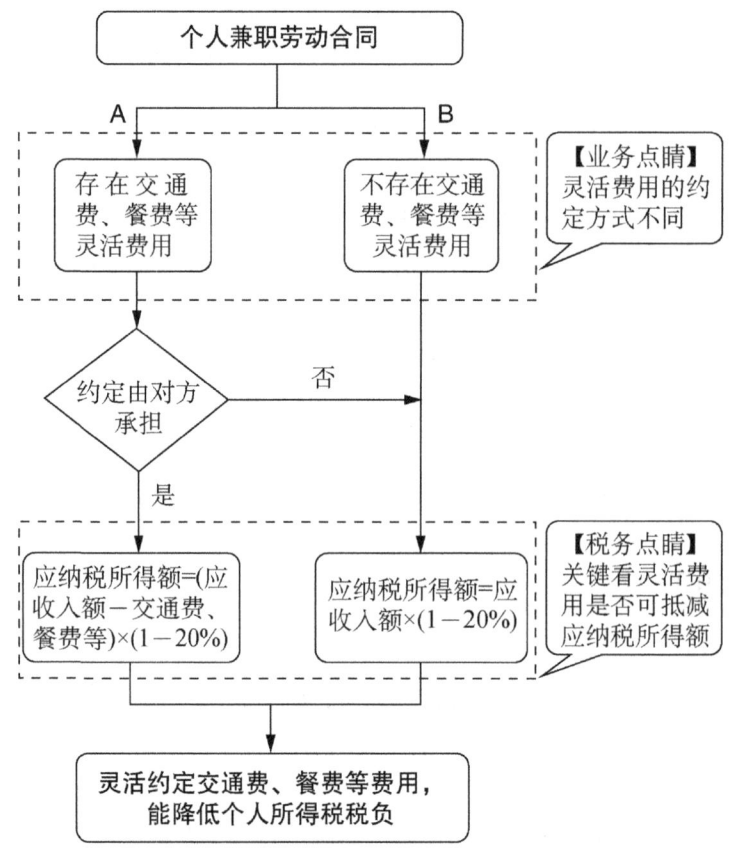

实战案例

小松是一名自由职业者,因为有较好的设计才能,最近被梅松公司选中,为该公司设计新办公室的装修风格。在与梅松公司协商服务价格时,小松指出,由于设计图纸要随时去建材市场考察装修材料的样式和质量,可能会额外花费交通费及设备费用2万元。梅松公司给小松提供了两种劳务合同的签订方案,让他自行选择。

【备选方案】

方案一:梅松公司一次性支付设计费20万元,交通、设备费用由小松自理。

方案二:梅松公司一次性支付设计费18万元,并承担因该项目发生的交通、设备费用2万元。

【分析】

假设小松当年无其他所得,符合条件的三险一金及专项附加扣除2万元,则两种方案下小松的纳税情况如表3-12所示。

表3-12 两种方案纳税情况

单位:元

方案	应纳税额	税后收益
方案一	[200 000×(1−20%)−60 000−20 000]×10%−2 520=5 480	200 000−20 000−5 480=174 520
方案二	[180 000×(1−20%)−60 000−20 000]×10%−2 520=3 880	180 000−3 880=176 120

结论

方案二比方案一节税1 600(5 480−3 880)元,为最佳方案。

政策依据

一、《中华人民共和国个人所得税法》第二条、第三条第一款、第六条第一款

第二条 下列各项个人所得,应当缴纳个人所得税:

(一)工资、薪金所得;

(二)劳务报酬所得;

(三)稿酬所得;

（四）特许权使用费所得；

（五）经营所得；

（六）利息、股息、红利所得；

（七）财产租赁所得；

（八）财产转让所得；

（九）偶然所得。

居民个人取得前款第一项至第四项所得（以下称综合所得），按纳税年度合并计算个人所得税；非居民个人取得前款第一项至第四项所得，按月或者按次分项计算个人所得税。纳税人取得前款第五项至第九项所得，依照本法规定分别计算个人所得税。

第三条 个人所得税的税率：

（一）综合所得，适用百分之三至百分之四十五的超额累进税率（税率表附后）；

……

第六条 应纳税所得额的计算：

（一）居民个人的综合所得，以每一纳税年度的收入额减除费用六万元以及专项扣除、专项附加扣除和依法确定的其他扣除后的余额，为应纳税所得额。

劳务报酬所得、稿酬所得、特许权使用费所得以收入减除百分之二十的费用后的余额为收入额。稿酬所得的收入额减按百分之七十计算。

二、《中华人民共和国个人所得税法实施条例》第六条第二款、第十四条第一款

第六条

……

（二）劳务报酬所得，是指个人从事劳务取得的所得，包括从事设计、装潢、安装、制图、化验、测试、医疗、法律、会计、咨询、讲学、翻译、审稿、书画、雕刻、影视、录音、录像、演出、表演、广告、展览、技术服务、介绍服务、经纪服务、代办服务以及其他劳务取得的所得。

第十四条

……

（一）劳务报酬所得、稿酬所得、特许权使用费所得，属于一次性收入的，以取得该项收入为一次；属于同一项目连续性收入的，以一个月内取得的收入为一次。

……

💬 小贴士

1. 风险提示

由支付方承担的费用，必须与提供的劳务相关，否则企业可能会面临被税务局罚款的风险。

2. 对照自检

(1) 个人在签订劳务合同时,是否能够自主选择费用承担方?

___

___

(2) 提供劳务的一方应当自己承担的费用,是否能够由接受劳务的一方承担,从而降低提供劳务方名义收入?

___

___

❼¹ 善择时机

——巧选房屋修缮时间降低个人所得税

◇ 业税分析

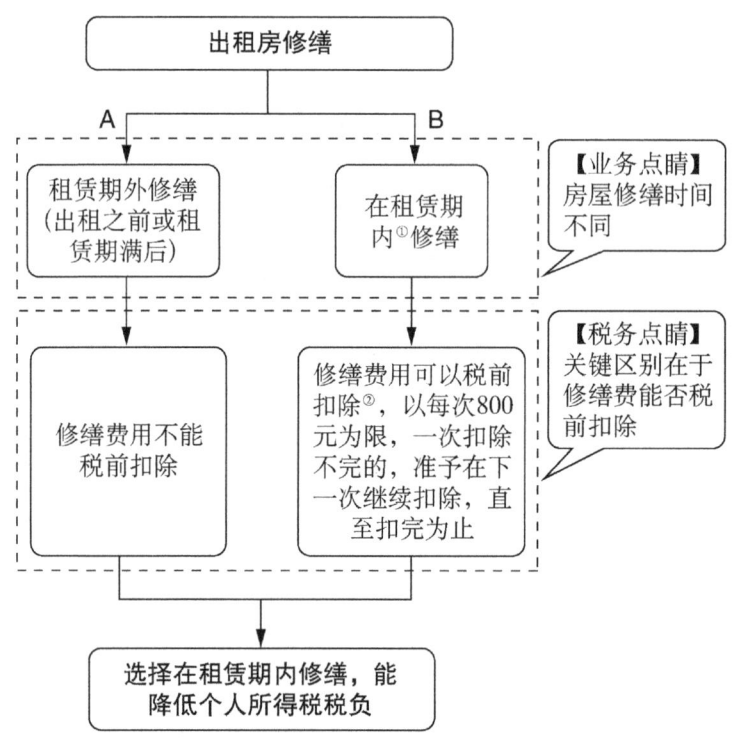

【附注】

注①：租赁期指租赁合同约定的租赁期限。

注②：房屋修缮费需要提供有效、准确的凭证才能够税前扣除。

实战案例

梅松公司的赵总在 A 市有一套闲置住宅,最近准备出租,已经确定好了租住人,但尚未签订合同。赵总的妻子想对该房屋进行修缮,但是不知赵总已经将该房子出租的事。双方沟通后,赵总对妻子想修缮房屋的想法表示认同,但是对房屋修缮的时间却迟迟没有做出决定。

这天赵总和财务部梅经理在办公室闲聊,提到了房屋出租的事情,赵总趁机询问梅经理有没有合适的处理方法。梅经理听后,提出了以下两种方案并做了分析。

【备选方案】

方案一:选择在房屋出租期满后进行修缮。

方案二:签订合同后,在租赁期内对房屋进行修缮。

【分析】

假设每月租金为 30 000 元(不含税),租期 1 年,修缮费用 8 000 元,不考虑其他税费,则两种方案的个人所得税纳税情况如表 3-13 所示。

表 3-13　两种方案的个人所得税纳税情况

单位:元

方案	年应纳税额
方案一	30 000×12×(1−20%)×10%=28 800
方案二	(30 000×12−8 000)×(1−20%)×10%=28 160

注:
1. 对个人出租住房取得的所得减按 10% 的税率征收个人所得税。
2. 修缮费用扣除限额 800 元/月,当月扣除不完的,可结转下月继续扣除,因此修缮费用每年可扣除限额 800×12=9 600 元。

方案二比方案一可少缴纳个人所得税 640(28 800−28 160)元,更节税。

政策依据

一、《中华人民共和国个人所得税法》第三条第三款、第六条第四款

第三条 个人所得税的税率：

……

（三）利息、股息、红利所得，财产租赁所得，财产转让所得和偶然所得，适用比例税率，税率为百分之二十。

第六条 应纳税所得额的计算：

……

（四）财产租赁所得，每次收入不超过四千元的，减除费用八百元；四千元以上的，减除百分之二十的费用，其余额为应纳税所得额。

二、《中华人民共和国个人所得税法实施条例》第六条第七项

财产租赁所得，是指个人出租不动产、机器设备、车船以及其他财产取得的所得。

三、《财政部 国家税务总局关于廉租住房、经济适用住房和住房租赁有关税收政策的通知》（财税〔2008〕24号）第二条第一款

对个人出租住房取得的所得减按10%的税率征收个人所得税。

四、《国家税务总局关于个人转租房屋取得收入征收个人所得税问题的通知》（国税函〔2009〕639号）第三条

《国家税务总局关于个人所得税若干业务问题的批复》（国税函〔2002〕146号）有关财产租赁所得个人所得税前扣除税费的扣除次序调整为：

（一）财产租赁过程中缴纳的税费；

（二）向出租方支付的租金；

（三）由纳税人负担的租赁财产实际开支的修缮费用；

（四）税法规定的费用扣除标准。

五、《国家税务总局关于印发〈征收个人所得税若干问题的规定〉的通知》（国税发〔1994〕89号）第六条第二项

第六条 关于财产租赁所得的征税问题

……

纳税义务人出租财产取得财产租赁收入，在计算征税时，除可依法减除规定费用和有关税、费外，还准予扣除能够提供有效、准确凭证，证明由纳税义务人负担的该出租财产实际开支的修缮费用。允许扣除的修缮费用，以每次800元为限，一次扣除不完的，准予在下一次继续扣除，直至扣完为止。

💬 **小贴士**

1. 风险提示

（1）纳税人实际开支的修缮费用需取得有效、准确的凭证，并及时报经当地主管税务机关核实，经税务机关确认后才能税前扣除。

（2）纳税人选择修缮时间时，还需要兼顾承租方利益，如修缮工程量较大、工期较长，会影响承租方入住，由此可能得不偿失。

2. 对照自检

（1）个人进行房屋修缮是否能够取得有效合规的票据？

_____

_____

（2）选择在租赁期内进行房屋修缮，出租方能否与承租方协商好维修时间及租赁价格？

_____

_____

⑫ 来日方长

——跨年支付劳务报酬降个税

业税分析

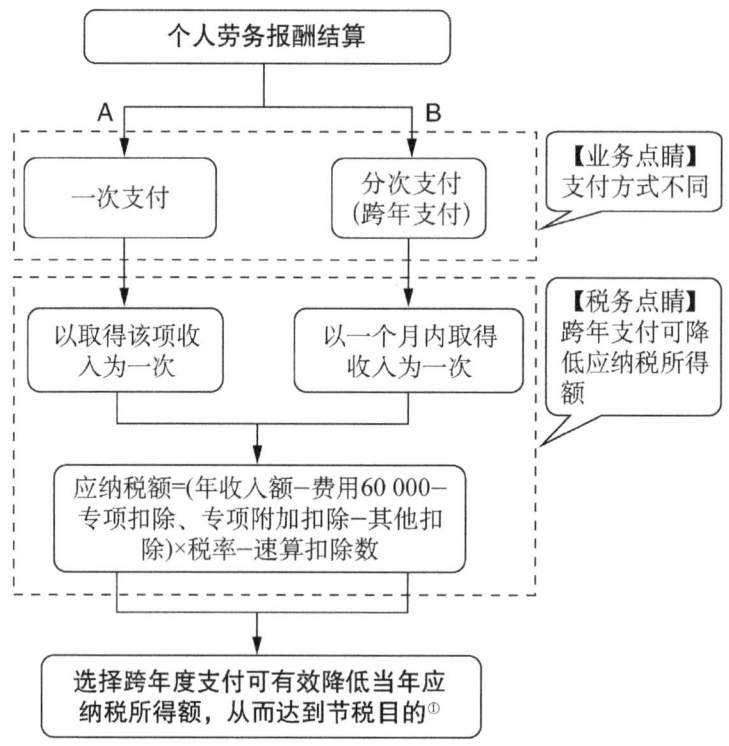

【附注】

注①：选择跨年支付的还需结合次年的综合所得情况，考虑整体税负，不能跨年支付的，按月分次支付也可减少预扣预缴税款时对资金的占用。

实战案例

小松是一名自由职业者,因为有较好的设计才能,他最近的一些设计作品被梅松公司看中,于是梅松公司聘请小松为该公司设计新办公室的装修风格,设计款20万元。在与梅松公司协商签订合同的时候,梅松公司给小松提供了两种支付方案,让他自行选择。

面对两种支付方式,小松不清楚它们会不会对自己的个税产生影响,于是找来了在大公司担任财务经理的好友梅经理帮他做了分析。

【备选方案】

方案一:一次性支付 20 万元。

方案二:分两次支付,当年 12 月支付 10 万元,次年 1 月支付 10 万元。

【分析】

假设小松无其他综合所得,每年符合条件的三险一金及专项附加扣除为 2 万元,则两种方案的个人所得税纳税情况如表 3-14 所示。

表 3-14 两种方案的个人所得税纳税情况

单位:元

方案		应纳税额	税后总收益
方案一		$[200\,000 \times (1-20\%) - 60\,000 - 20\,000] \times 10\% - 2\,520 = 5\,480$	$200\,000 - 5\,480 = 194\,520$
方案二	当年收入	$[100\,000 \times (1-20\%) - 60\,000 - 20\,000] \times 3\% = 0$	200 000
	次年收入	$[100\,000 \times (1-20\%) - 60\,000 - 20\,000] \times 3\% = 0$	

结论

方案二比方案一可少缴纳个人所得税 5 480(200 000−194 520)元,更节税。

政策依据

一、《中华人民共和国个人所得税法》第二条、第三条第一款、第六条第一款、第六条第二款

第二条 下列各项个人所得,应当缴纳个人所得税:

(一)工资、薪金所得;

(二)劳务报酬所得;

（三）稿酬所得；

（四）特许权使用费所得；

……

居民个人取得前款第一项至第四项所得（以下称综合所得），按纳税年度合并计算个人所得税；非居民个人取得前款第一项至第四项所得，按月或者按次分项计算个人所得税。纳税人取得前款第五项至第九项所得，依照本法规定分别计算个人所得税。

第三条 个人所得税的税率：

（一）综合所得，适用百分之三至百分之四十五的超额累进税率（税率表附后）；

第六条 应纳税所得额的计算：

（一）居民个人的综合所得，以每一纳税年度的收入额减除费用六万元以及专项扣除、专项附加扣除和依法确定的其他扣除后的余额，为应纳税所得额。

……

劳务报酬所得、稿酬所得、特许权使用费所得以收入减除百分之二十的费用后的余额为收入额。稿酬所得的收入额减按百分之七十计算。

二、《中华人民共和国个人所得税法实施条例》第六条第二款、第十四条第一款

第六条 个人所得税法规定的各项个人所得的范围：

……

（二）劳务报酬所得，是指个人从事劳务取得的所得，包括从事设计、装潢、安装、制图、化验、测试、医疗、法律、会计、咨询、讲学、翻译、审稿、书画、雕刻、影视、录音、录像、演出、表演、广告、展览、技术服务、介绍服务、经纪服务、代办服务以及其他劳务取得的所得。

第十四条 个人所得税法第六条第一款第二项、第四项、第六项所称每次，分别按照下列方法确定：

（一）劳务报酬所得、稿酬所得、特许权使用费所得，属于一次性收入的，以取得该项收入为一次；属于同一项目连续性收入的，以一个月内取得的收入为一次。

小贴士

1. 风险提示

（1）纳税人利用分次支付劳动报酬进行筹划时，还应考虑支付方资金状况、信用等因素，以免面临对方延迟支付或不支付的风险。

（2）劳务费支付方需要按时代扣代缴，若代扣代缴不及时，则可能面临主管税务机关的罚款。

2. 对照自检

（1）个人在签订劳务协议时，是否能自主选择劳务费支付方式？

（2）选择跨年度支付时，不同年度的整体税负如何？

73 六亲不认

——房屋赠与变销售省个税

业税分析

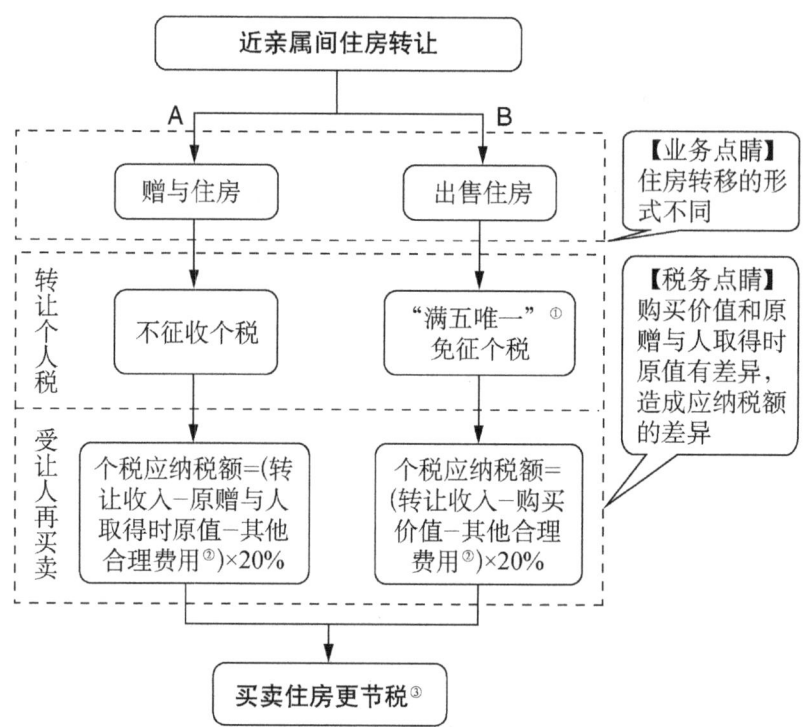

【附注】

注①：指个人转让的住房自用达五年以上、并且是唯一的家庭生活用房。

注②：指赠与或买卖过程中发生的各项税费等。

注③：个人赠与住房时转让方可免征增值税、土增税、减半征收印花税，受让方需缴纳契税、减半征收印花税；个人销售住房时可免征增值税（购买满两年）、土增税、印花税；受让方需缴纳契税、免征印花税；故出售住房更节税。相关政策参见财税〔2016〕36号、财税字〔1995〕48号、财税〔2008〕137号、财政部 税务总局公告2022年第10号、契税法、印花税法。

实战案例

梅松公司的赵总是家中的独子,赵总的父亲已去世多年。最近母亲想把自己名下唯一的一套住房转给他。该住房是赵总的母亲在2010年购入的,至今(2022年)已有12年。由于房屋年限较长,赵总与妻子商量后,决定受让后过几年再卖出。赵总母亲是知名大学的教授,她了解到个人转让住房会涉及税务问题,于是她让赵总咨询一下身边亲友,看看能不能想个办法节省税费。

赵总立马想到了财务部的梅经理,当即给梅经理打电话说明了情况,梅经理了解了基本情况以后,给赵总列出了两个方案并做了分析。

【备选方案】

方案一:赵总的母亲将房屋赠与赵总。
方案二:赵总的母亲按当前市价将房屋卖给赵总。

【分析】

假设赵总母亲购入该房屋的价格为100万元,当前市场价值为500万元,赵总再转让的价格为600万元,不考虑其他税费,则两种方案的个税纳税情况如表3-15所示。

表3-15 两种方案个税纳税情况

单位:万元

方案	赵总母亲个税应纳税额	赵总再买卖个税应纳税额	合计
方案一	0	(600−100)×20%=100	100
方案二	0 (符合"满五唯一"条件,免征个税)	(600−500)×20%=20	20

结论

方案二比方案一少缴纳个税80(100−20)万元,更节税。

政策依据

一、《中华人民共和国个人所得税法》第六条第五款
第六条 应纳税所得额的计算:
……
(五)财产转让所得,以转让财产的收入额减除财产原值和合理费用后的余额,

为应纳税所得额,使用比例税率,税率为百分之二十。

二、《财政部 税务总局关于个人取得有关收入适用个人所得税应税所得项目的公告》(财政部 税务总局公告2019年第74号)第二条

二、房屋产权所有人将房屋产权无偿赠与他人的,受赠人因无偿受赠房屋取得的受赠收入,按照"偶然所得"项目计算缴纳个人所得税。按照《财政部 国家税务总局关于个人无偿受赠房屋有关个人所得税问题的通知》(财税〔2009〕78号)第一条规定,符合以下情形的,对当事双方不征收个人所得税:

(一)房屋产权所有人将房屋产权无偿赠与配偶、父母、子女、祖父母、外祖父母、孙子女、外孙子女、兄弟姐妹;

(二)房屋产权所有人将房屋产权无偿赠与对其承担直接抚养或者赡养义务的抚养人或者赡养人;

(三)房屋产权所有人死亡,依法取得房屋产权的法定继承人、遗嘱继承人或者受遗赠人。

前款所称受赠收入的应纳税所得额按照《财政部 国家税务总局关于个人无偿受赠房屋有关个人所得税问题的通知》(财税〔2009〕78号)第四条规定计算。

三、《财政部 国家税务总局关于个人无偿受赠房屋有关个人所得税问题的通知》(财税〔2009〕78号)第一条、第五条

一、以下情形的房屋产权无偿赠与,对当事双方不征收个人所得税:

(一)房屋产权所有人将房屋产权无偿赠与配偶、父母、子女、祖父母、外祖父母、孙子女、外孙子女、兄弟姐妹;

(二)房屋产权所有人将房屋产权无偿赠与对其承担直接抚养或者赡养义务的抚养人或者赡养人;

(三)房屋产权所有人死亡,依法取得房屋产权的法定继承人、遗嘱继承人或者受遗赠人。

五、受赠人转让受赠房屋的,以其转让受赠房屋的收入减除原捐赠人取得该房屋的实际购置成本以及赠与和转让过程中受赠人支付的相关税费后的余额,为受赠人的应纳税所得额,依法计征个人所得税。受赠人转让受赠房屋价格明显偏低且无正当理由的,税务机关可以依据该房屋的市场评估价格或其他合理方式确定的价格核定其转让收入。

四、《财政部 国家税务总局关于个人所得税若干政策问题的通知》(财税〔1994〕20号)第二条第六款

第二条 下列所得,暂免征收个人所得税:

……

(六)个人转让自用达五年以上、并且是唯一的家庭生活用房取得的所得。

> 💬 **小贴士**

1. 风险提示

受赠人将受赠房屋再转让,价格不能明显偏低,否则会被税务机关重新核定转让收入。

2. 对照自检

您最近是否有在亲属间做房屋过户的打算？该房屋是否是您自用5年以上且唯一的家庭生活用房？

_____
_____

⑭ 分文不取

——亲属间股权转让巧定价

业税分析

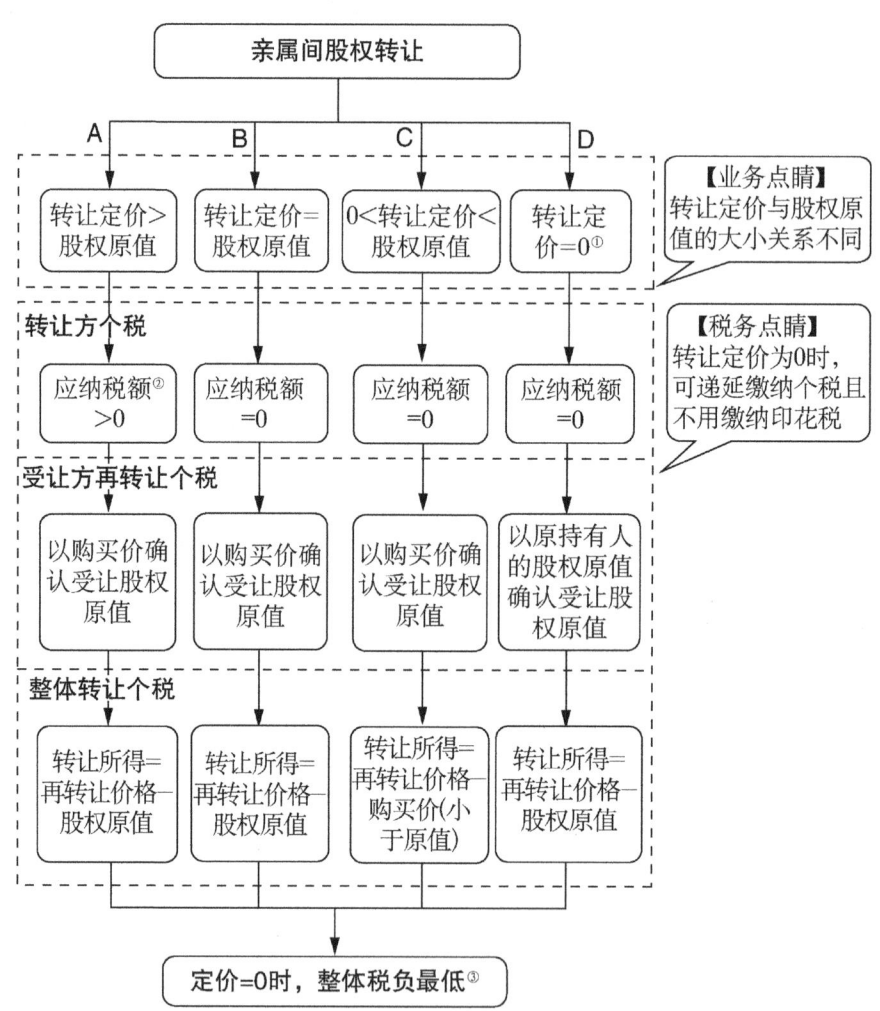

【附注】

注①：亲属间股权转让定价明显偏低，视为有正常理由。

注②：应纳税额=应纳税所得额×20%=（股权转让收入-股权原值-合理税费）×20%，假设不考虑转让其他相关税费。

注③：方案ABD，股权整体转让个税应纳税额相等，均小于方案C；其中方案BD具有递延纳税优势，但方案B还需缴纳印花税，故方案D更节税。

实战案例

梅经理和小松是亲兄妹,合伙成立了一家有限责任公司,实缴资本 2 000 万元,持股比例分别是 90%、10%。至 2022 年 3 月 31 日,公司账面无房产、土地、无形资产及对外投资,账面"未分配利润"科目余额为 1 800 万元,"法定盈余公积"科目余额为 200 万元,"资本公积"科目余额为 40 万元,资产净值为 4 040 万元。

因梅经理是大公司的财务经理,平时工作繁忙,无暇顾及公司的经营管理,因此,计划将自己持有的 10% 的股份转让给小松,梅经理与小松商量后,小松接受了股权受让的提议,并表示自己会在 3 年后将这部分股权再次转让。

梅经理发挥自己财务经理的优势,对股权转让的定价出具了方案并进行了税负分析。

【备选方案】

方案一:以高于股权原值的价格转让,转让价格为 450 万元。

方案二:以等于股权原值的价格转让,转让价格为 200 万元。

方案三:以低于股权原值的价格转让,转让价格为 150 万元。

方案四:以零元转让。

【分析】

假设 3 年后小松将本次取得的股份以 500 万元的价格转让,则四种方案个税的纳税情况如表 3-16 所示。

表 3-16 四种方案的纳税情况

单位:万元

项目	股权原值	转让价格	梅经理缴纳个税	小松取得的股权原值	小松缴纳个税	个税合计
方案一	200	450	(450−200)×20%=50	450	(500−450)×20%=10	50+10=60
方案二	200	200	(200−200)×20%=0	200	(500−200)×20%=60	0+60=60
方案三	200	150	0	150	(500−150)×20%=70	70
方案四	200	0	0	200	(500−200)×20%=60	60

注:通过无偿让渡方式取得股权,按取得股权发生的合理税费与原持有人的股权原值之和确认股权原值,故方案四小松持有股权的原值为 200(2 000×10%)万元。

(1)方案一、二、四缴纳个税相同,均比方案三少缴纳个税 10(70−60)万元。

(2)方案二、四与方案一相比,均具有递延纳税优势,但方案二还需按转让价格缴纳印花税,故方案四更有利。

政策依据

《国家税务总局关于发布〈股权转让所得个人所得税管理办法（试行）〉的公告》（国家税务总局公告 2014 年第 67 号）第四条、第十三条、第十五条第三项

第四条　个人转让股权，以股权转让收入减除股权原值和合理费用后的余额为应纳税所得额，按"财产转让所得"缴纳个人所得税。

合理费用是指股权转让时按照规定支付的有关税费。

第十三条　符合下列条件之一的股权转让收入明显偏低，视为有正当理由：

（一）能出具有效文件，证明被投资企业因国家政策调整，生产经营受到重大影响，导致低价转让股权；

（二）继承或将股权转让给其能提供具有法律效力身份关系证明的配偶、父母、子女、祖父母、外祖父母、孙子女、外孙子女、兄弟姐妹以及对转让人承担直接抚养或者赡养义务的抚养人或者赡养人；

（三）相关法律、政府文件或企业章程规定，并有相关资料充分证明转让价格合理且真实的本企业员工持有的不能对外转让股权的内部转让；

（四）股权转让双方能够提供有效证据证明其合理性的其他合理情形。

第十五条　个人转让股权的原值依照以下方法确认：

……

（三）通过无偿让渡方式取得股权，具备本办法第十三条第二项所列情形的，按取得股权发生的合理税费与原持有人的股权原值之和确认股权原值；

小贴士

1. 特别提示

亲属之间股权转让股权的，确定定价时不能仅考虑本次股权转让的税负，还应结合整体股权转让的纳税情况综合考虑。

2. 对照自检

（1）您是否存在亲属之间转让股权的情形，拟如何定价？

_____

_____

（2）拟转让的股权亲属后续是否会继续转让股权？

_____

_____

⑦ 整齐划一

——巧用企业名义处理通讯费

业税分析

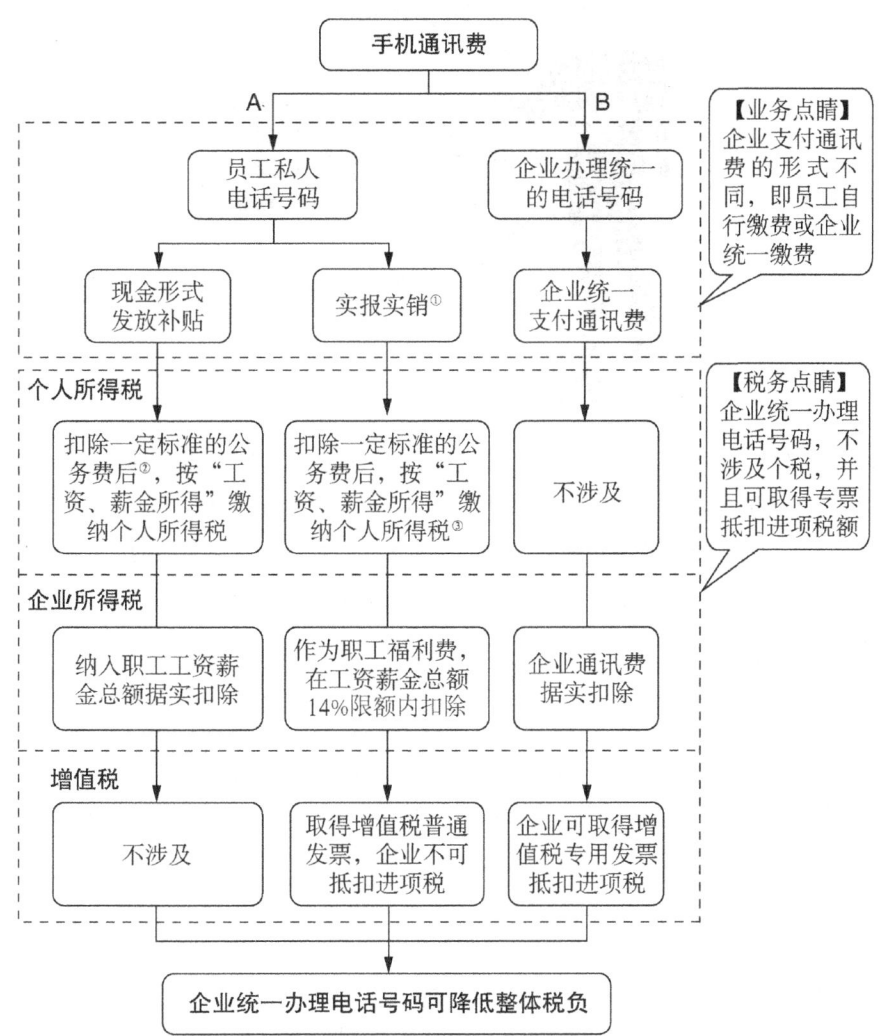

【附注】

注①：发票抬头应当为公司。
注②：公务费用的扣除标准，由省税务局根据纳税人公务通讯费用的实际发生情况调查测算，各地标准不统一。
注③：需参照当地政策，如北京市税务局规定，单位为个人通讯工具（因公需要）负担通讯费采取金额实报实销或限额实报实销部分的，可不并入当月工资、薪金征收个人所得税。

实战案例

梅松集团下属的税台公司,主要负责销售业务。近几年来,由于市场的不断扩大以及品牌效应,税台公司的收入也水涨船高。税台公司的赵总清楚地知道,高收入必然对应着高税负,于是便找来财务部梅经理商量有什么办法可以降低企业的税负。

梅经理对赵总说:"我们这种模式的公司,主要成本就是人工成本,想要节税,还是得从人身上想办法。咱们现在每个月给销售人员报销的通信费,都是以工资形式发的,如果我们能够改变一下模式,统一给他们办理手机卡,这样对公司和员工来说,都能够减轻一定的税负"。赵总听后深受启发,第二天便召开了管理层会议,并重新制定了公司通信费发放方案。

【备选方案】

方案一:员工个人支付通信费,企业给员工发放通信费补贴。

方案二:以公司名义为员工统一办理手机卡,由公司支付通信费并取得电信公司开具的增值税专用发票。

【分析】

假设税台公司共有销售人员50人,月均工资20 000元/人(包含1 000元/人的通信费补贴),当地通信费补贴标准为500元/人/月,每人每月可扣除的社保公积金及专项附加扣除共4 500元。预计公司当年的利润总额为500万元,正常情况下缴纳增值税50万元,无其他调整事项。

税台公司每年的通信费为60(1 000×50×12)万元,两种方案的税负分析如表3-17所示。

表 3-17　两种方案税负对比

单位：万元

税种	方案一	方案二
增值税	50	50－60÷(1＋6％)×6％＝46.6
企业所得税	500×25％＝125	[500＋60－60÷(1＋6％)]×25％＝125.85
个人所得税	[(20 000－5 000－4 500－500)×12×10％－2 520]×50÷10 000＝47.4	[(20 000－1 000－5 000－4 500)×12×10％－2 520]×50÷10 000＝44.4
总税负	50＋125＋47.4＝222.4	46.6＋125.85＋44.4＝216.85

方案二比方案一总体税负降低了 5.55(222.4－216.85)万元。其中，对企业来说，降低税负 2.55(125＋50－125.85－46.6)万元，对个人来说，降低税负 3(47.4－44.4)万元。

政策依据

一、《中华人民共和国企业所得税法》第八条

企业实际发生的与取得收入有关的、合理的支出，包括成本、费用、税金、损失和其他支出，准予在计算应纳税所得额时扣除。

二、《中华人民共和国企业所得税法实施条例》第二十七条

企业所得税法第八条所称有关的支出，是指与取得收入直接相关的支出。

企业所得税法第八条所称合理的支出，是指符合生产经营活动常规，应当计入当期损益或者有关资产成本的必要和正常的支出。

三、《国家税务总局关于个人所得税有关政策问题的通知》(国税发〔1999〕58号)第二条

个人因公务用车和通讯制度改革而取得的公务用车、通讯补贴收入，扣除一定标准的公务费用后，按照"工资、薪金"所得项目计征个人所得税。按月发放的，并入当月"工资、薪金"所得计征个人所得税；不按月发放的，分解到所属月份并与该月份"工资、薪金"所得合并后计征个人所得税。

公务费用的扣除标准，由省级地方税务局根据纳税人公务交通、通讯费用的实际发生情况调查测算，报经省级人民政府批准后确定，并报国家税务总局备案。

四、《财政部关于企业加强职工福利费财务管理的通知》(财企〔2009〕242号)第二条

企业为职工提供的交通、住房、通讯待遇，已经实行货币化改革的，按月按标准发放或支付的住房补贴、交通补贴或者车改补贴、通讯补贴，应当纳入职工工资总额，不再纳入职工福利费管理；尚未实行货币化改革的，企业发生的相关支出作为职

工福利费管理,但根据国家有关企业住房制度改革政策的统一规定,不得再为职工购建住房。……

五、《北京市地方税务局关于对公司员工报销手机费征收个人所得税问题的批复》(京地税个〔2002〕116号)第一条、第二条

一、单位为个人通讯工具(因公需要)负担通讯费采取金额实报实销或限额实报实销部分的,可不并入当月工资、薪金征收个人所得税。

二、单位为个人通讯工具负担通讯费采取发放补贴形式的,应并入当月工资、薪金计征个人所得税。

小贴士

1. 特别提示

(1) 企业为员工统一配置手机号,应建立相关的管理制度,确保符合企业生产经营需要且用于本公司员工。

(2) 企业统一办理手机卡的,应当统一结算并支付费用;取得发票时,发票抬头应为公司,取得专用发票的,按不含税金额进行税前扣除。

2. 部分省(自治区、直辖市)公务费用扣除标准如表3-18所示。

表3-18 部分省(自治区、直辖市)公务费用扣除标准

地区	人员		公务交通补贴	公务通信补贴	政策依据
西藏	个人		4 000元/人/月	1 000元/人/月	藏政发〔2018〕38号
广西	公务人员	厅级	1 950元/人/月	—	广西壮族自治区税务局公告〔2018〕12号
		处级	1 200元/人/月	—	
		科级	750元/人/月	—	
		科员及以下	650元/人/月	—	
	各级各类事业单位符合条件的		参照公务员标准	—	
	企业职工	高级管理人员	1 950元/人/月	—	
		其他人员	1 200元/人/月	—	
海南	海口、三亚、三沙、儋州、洋浦	企事业单位员工	高级管理人员 1 690元/人/月	100元/人/月	海南省地方税务局公告〔2017〕2号
			其他人员 1 040元/人/月		
	其他市县	企事业单位员工	高级管理人员 1 000元/人/月		
			其他人员 600元/人/月		

续 表

地区	人员	公务交通补贴	公务通信补贴	政策依据
天津	个人	—	500元/人/月	天津市地方税务局公告〔2017〕72号
陕西	个人	—	300元/人/月	陕西省地方税务局公告〔2017〕2号
河北	企业单位	实际发生额×70%	当地有规定标准的参照规定且≤500元/人/月	河北省地方税务局公告〔2009〕46号
			当地无规定标准的 实际发生额×80%	

3. 对照自检

(1) 企业通信费是否为必要支出,即与企业生产经营相关?

_____

_____

(2) 企业员工能否接受并使用单位统一配备的电话卡?

_____

_____

(3) 企业是否存在相关且完善的手机管理制度?

_____

_____

⑦ 面面俱到

——午餐福利要慎重，各项税费要考虑

业税分析

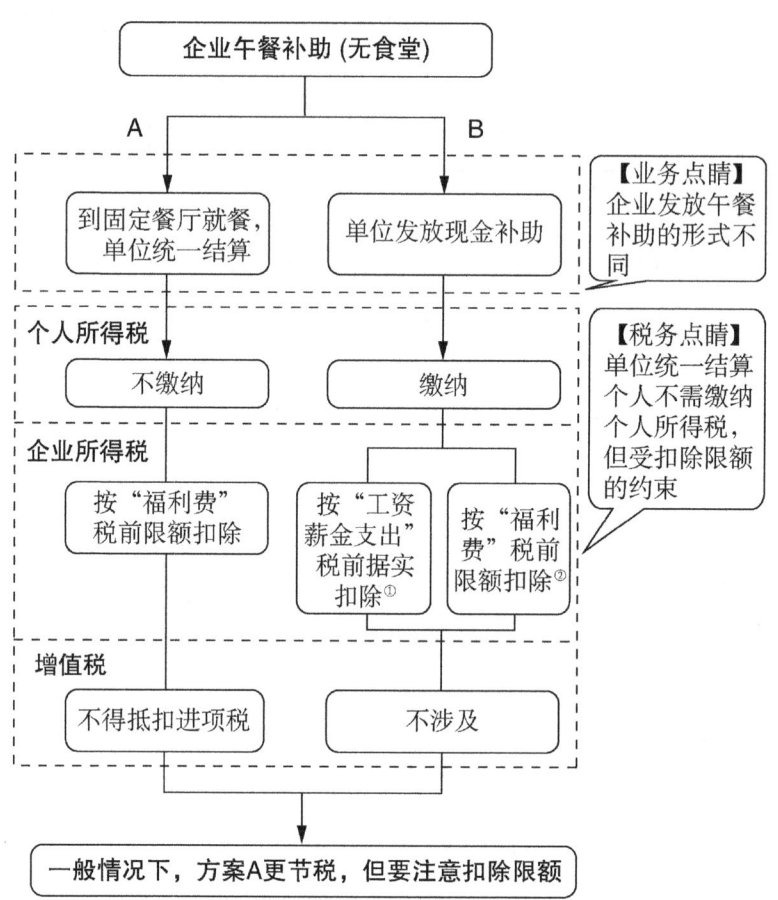

【附注】

注①：根据河南省税务局的答疑，企业发放的午餐现金补贴，列入企业员工工资薪金制度、固定与工资薪金一起发放的福利性补贴，符合《国家税务总局关于企业工资薪金及职工福利费扣除问题的通知》（国税函〔2009〕3号）第一条规定的，可作为企业发生的工资薪金支出，按规定在税前扣除。不能同时符合上述条件的，按福利费限额扣除。

注②：企业有食堂，参照方案A的处理方式。

实战案例

梅松公司是一家新成立的公司,目前有员工30人。由于公司地处郊区,位置相对较为偏僻,大部分员工离家较远,午餐成了大家的难题。

在公司管理层会议上,大家着重讨论了员工的午餐问题。大家众说纷纭,有人觉得应该承包食堂,有人认为应该发放补贴,有人认为公司应该报销……一时之间难以抉择。这时,有人建议从税收角度出发,找一个对企业和员工最有利的方式,于是,大家把目光投向了坐在角落里的梅经理。梅经理说:"新建食堂是很大的一笔支出,所以我建议不要食堂。"紧接着,梅经理提出了以下两种方案并进行了分析。

【备选方案】

方案一:给每人每月发放500元的午餐补贴。

方案二:与附近的酒店签订协议,由他们每天提供送餐服务,月末由公司统一结算餐款,预计每月费用15 000元。

【分析】

假设梅松公司每年未考虑职工薪酬的税前利润为800万元,职工薪酬每年200万元,不考虑其他纳税调整事项,则两种方案的纳税情况如表3-19所示。

表3-19 两种方案纳税情况

单位:万元

方案	企业所得税	个人所得税
方案一	$(800-200-500\times30\times12\div10\,000)\times25\%=145.5$	按照工资薪金缴纳个税
方案二	$(800-200-15\,000\times12\div10\,000)\times25\%=145.5$	不缴纳个税

注:方案一作为福利费在企业所得税税前扣除,限额28(200×14%)万元,不考虑其他福利费,则该午餐补助18(500×30×12÷10 000)万元,未超过限额,可以全部扣除。

【结论】

(1)方案一和方案二企业所得税税负相同。

(2)方案二不缴纳个人所得税。

(3)方案二总体税负低于方案一。

政策依据

一、《中华人民共和国个人所得税法实施条例》第六条第一项、第十一条

第六条 个人所得税法规定的各项个人所得的范围：

（一）工资、薪金所得，是指个人因任职或者受雇取得的工资、薪金、奖金、年终加薪、劳动分红、津贴、补贴以及与任职或者受雇有关的其他所得。

……

第十一条 个人所得税法第四条第一款第四项所称福利费，是指根据国家有关规定，从企业、事业单位、国家机关、社会组织提留的福利费或者工会经费中支付给个人的生活补助费。

二、《国家税务总局关于企业工资薪金及职工福利费扣除问题的通知》（国税函〔2009〕号）第三条

《实施条例》第四十条规定的企业职工福利费，包括以下内容：

（一）尚未实行分离办社会职能的企业，其内设福利部门所发生的设备、设施和人员费用，包括职工食堂、职工浴室、理发室、医务所、托儿所、疗养院等集体福利部门的设备、设施及维修保养费用和福利部门工作人员的工资薪金、社会保险费、住房公积金、劳务费等。

（二）为职工卫生保健、生活、住房、交通等所发放的各项补贴和非货币性福利，包括企业向职工发放的因公外地就医费用、未实行医疗统筹企业职工医疗费用、职工供养直系亲属医疗补贴、供暖费补贴、职工防暑降温费、职工困难补贴、救济费、职工食堂经费补贴、职工交通补贴等。

（三）按照其他规定发生的其他职工福利费，包括丧葬补助费、抚恤费、安家费、探亲假路费等。

三、《国家税务总局2018年第三季度政策解读》

根据现行个人所得税法规定，工资薪金所得，是指个人因任职或者受雇而取得的工资、薪金、奖金、年终加薪、劳动分红、津贴、补贴以及与任职或者受雇有关的其他所得。

对于任职受雇单位发给个人的福利，不论是现金还是实物，依法均应缴纳个人所得税。但对于集体享受的、不可分割的、未向个人量化的非现金方式的福利，原则上不征收个人所得税。

小贴士

1. 风险提示

（1）企业福利费有扣除限额，要注意在所得税前扣除时不要超过限额。

（2）企业与供餐单位之间的定价要合理，否则将面临税收风险。

2. 对照自检

（1）除餐费补贴外，企业是否每年发生其他大额的福利费？

（2）企业是否能够找到合作的酒店并统一结算？

77 公私分明
——巧选经营费用核算方式降低税负

业税分析

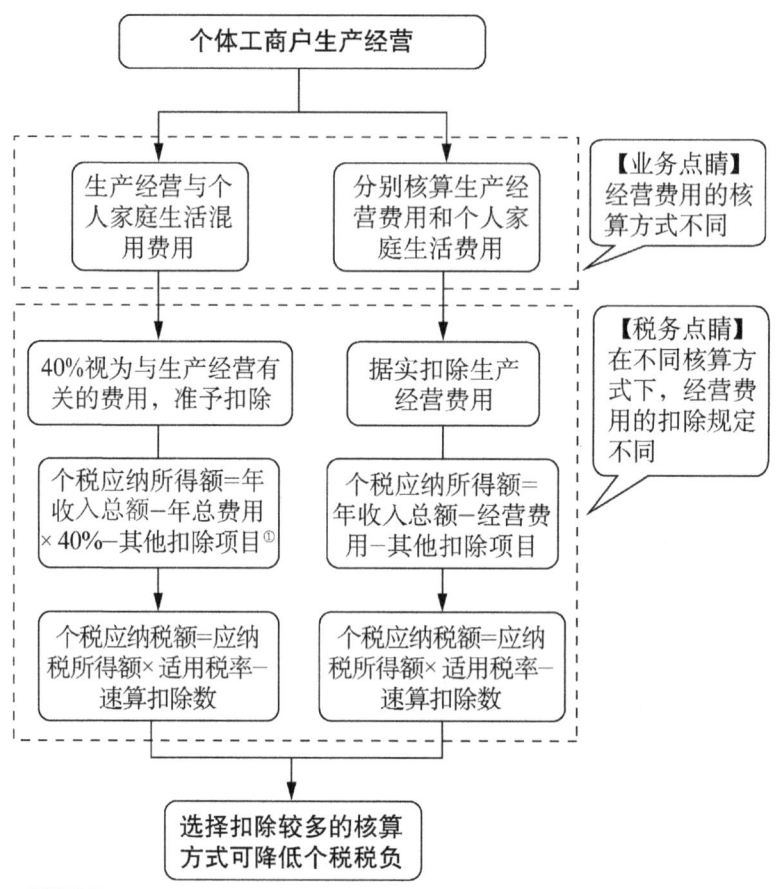

【附注】

注①：其他扣除项目包括生产经营活动中发生的税金、损失、其他合理支出；业主不存在综合所得的，还可扣除6万元费用、专项附加等。

实战案例

近几年,随着大众养生观念的增强,乡村旅游蓬勃发展。梅经理的家乡因为山清水秀、远离城市喧嚣而吸引越来越多的人前来旅游,梅经理的父母看准这一商机,最近正计划申请成立个体工商户从事餐饮服务。为降低经营餐饮的税负,梅经理决定帮父母筹划一番。

在查阅个体工商户计税办法时,梅经理发现税法对个体工商户生产经营费用扣除存在特殊规定,于是结合自身家庭情况对不同情形的税负进行了分析测算。

【备选方案】

方案一:生产经营费用与个人家庭费用混用费用。
方案二:分别核算生产经营费用与个人家庭费用。

【分析】

假设从事餐饮服务的预计年不含税收入为50万元,允许扣除的生产经营费用为20万元,年家庭支出为10万元,小梅父母不存在综合所得,则两种方案个人所得税纳税情况如表3-20所示。

表3-20 两种方案的个人所得税纳税情况

单位:万元

方案	经营费用扣除	经营所得应纳个税
方案一	$(10+20)\times40\%=12$	$[(50-12-6)\times30\%-4.05]\times50\%=2.78$
方案二	20	$[(50-20-6)\times20\%-1.05]\times50\%=1.88$

> **结论**
> 方案二比方案一可少缴纳个税 0.9(2.78－1.88)万元,故分别核算生产经营费用与个人家庭费用更节税。

政策依据

一、《中华人民共和国个人所得税法》第三条第二项

经营所得,适用百分之五至百分之三十五的超额累进税率。

二、《中华人民共和国个人所得税法实施条例》第六条第五项、第十五条

第六条 个人所得税法规定的各项个人所得的范围:

……

(五)经营所得,是指:

1. 个体工商户从事生产、经营活动取得的所得,个人独资企业投资人、合伙企业的个人合伙人来源于境内注册的个人独资企业、合伙企业生产、经营的所得;

2. 个人依法从事办学、医疗、咨询以及其他有偿服务活动取得的所得;

3. 个人对企业、事业单位承包经营、承租经营以及转包、转租取得的所得;

4. 个人从事其他生产、经营活动取得的所得。

……

第十五条 个人所得税法第六条第一款第三项所称成本、费用,是指生产、经营活动中发生的各项直接支出和分配计入成本的间接费用以及销售费用、管理费用、财务费用;所称损失,是指生产、经营活动中发生的固定资产和存货的盘亏、毁损、报废损失、转让财产损失、坏账损失、自然灾害等不可抗力因素造成的损失以及其他损失。

取得经营所得的个人,没有综合所得的,计算其每一纳税年度的应纳税所得额时,应当减除费用 6 万元、专项扣除、专项附加扣除以及依法确定的其他扣除。专项附加扣除在办理汇算清缴时减除。

从事生产、经营活动,未提供完整、准确的纳税资料,不能正确计算应纳税所得额的,由主管税务机关核定应纳税所得额或者应纳税额。

三、《国家税务总局个体工商户个人所得税计税办法》(国家税务总局令第 35 号)第七条、第十六条

第七条 个体工商户的生产、经营所得,以每一纳税年度的收入总额,减除成本、费用、税金、损失、其他支出以及允许弥补的以前年度亏损后的余额,为应纳税所得额。

第十六条 个体工商户生产经营活动中,应当分别核算生产经营费用和个人、家庭费用。对于生产经营与个人、家庭生活混用难以分清的费用,其 40% 视为与生产经营有关费用,准予扣除。

四、《国家税务总局关于进一步落实支持个体工商户发展个人所得税优惠政策有关事项的公告》(国家税务总局公告 2023 年第 12 号)第一条、第三条、第七条

一、对个体工商户年应纳税所得额不超过 200 万元的部分,减半征收个人所得税。个体工商户在享受现行其他个人所得税优惠政策的基础上,可叠加享受本条优惠政策。个体工商户不区分征收方式,均可享受。

三、个体工商户按照以下方法计算减免税额:

减免税额＝(经营所得应纳税所得额不超过 200 万元部分的应纳税额－其他政策减免税额×经营所得应纳税所得额不超过 200 万元部分÷经营所得应纳税所得额)×50%。

七、本公告自 2023 年 1 月 1 日起施行,2027 年 12 月 31 日终止执行。《国家税务总局关于落实支持个体工商户发展个人所得税优惠政策有关事项的公告》(2023 年第 5 号)同时废止。

小贴士

1. 对照自检

(1) 您是否存在个体经营业务？生产经营费用与个人家庭生活费用的支出占比如何？

(2) 分别核算时,个体生产经营与个人家庭生活混用的费用能否分清？

78 应势而谋

——巧选费用扣除项目降个税

业税分析

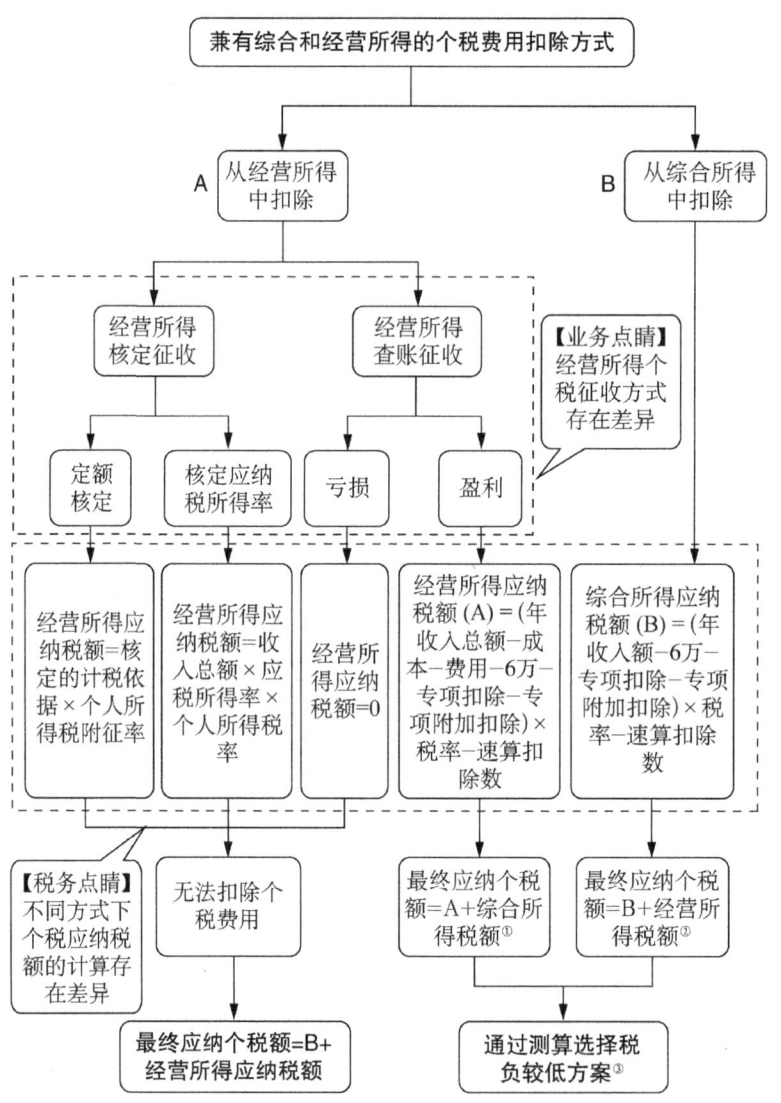

【附注】

注①：此时计算综合所得应纳税额，以收入额作为应纳税所得额，不扣除任何费用。

注②：此时计算经营所得应纳税额，只需扣除经营活动发生的成本费用即可。

注③：经营所得适用税率5%~35%，综合所得适用税率3%~45%，计算时需考虑税率的影响。

实战案例

小松在是任职于某大型公司的高级设计师,2021年全年共取得工资薪金收入35万元,符合条件的三险一金专项扣除及专项附加扣除共计5万元。其综合所得由单位预扣预缴、个人自行进行年度汇算清缴。

此外,2021年1月,小松还注册了一家个体工商户,从事动漫设计,2021年共取得动漫设计服务收入100万元。准予税前扣除的成本费用共计40万元。

2022年小松进行个人所得税的汇算清缴申报时,对于6万元基本费用、专项扣除和专项附加扣除在哪项所得里面扣除最省税拿不定主意,于是请来从事税务咨询的好友梅经理帮他进行分析。

【备选方案】

方案一:从综合所得中扣除。
方案二:从经营所得中扣除。

【分析】

两种方案个人所得税的缴纳情况如表3-21所示。

表3-21 两种方案个人所得税的缴纳情况

单位:万元

方案	综合所得应纳税额	经营所得应纳税额	合计
方案一	(35−6−5)×20%−1.692=3.11	[(100−40)×35%−6.55]×50%=7.23	3.11+7.23=10.34
方案二	35×25%−3.192=5.56	[(100−40−6−5)×30%−4.05]×50%=5.33	5.56+5.33=10.89

结论

采用方案一(在综合所得中扣除)可少缴纳个人所得税0.64(10.98−10.34)万元。

政策依据

一、《中华人民共和国个人所得税法》第六条第一款、第六条第三款

第六条 应纳税所得额的计算:

(一)居民个人的综合所得,以每一纳税年度的收入额减除费用六万元以及专项

扣除、专项附加扣除和依法确定的其他扣除后的余额,为应纳税所得额。

……

(三)经营所得,以每一纳税年度的收入总额减除成本、费用以及损失后的余额,为应纳税所得额。

二、《国家税务总局关于办理 2021 年度个人所得税综合所得汇算清缴事项的公告》(国家税务总局公告 2022 年第 1 号)第四条

四、可享受的税前扣除

……

同时取得综合所得和经营所得的纳税人,可在综合所得或经营所得中申报减除费用 6 万元、专项扣除、专项附加扣除以及依法确定的其他扣除,但不得重复申报减除。

三、《个体工商户税收定期定额征收管理办法》(国家税务总局令第 16 号)第二条

第二条 本办法所称个体工商户税收定期定额征收,是指税务机关依照法律、行政法规及本办法的规定,对个体工商户在一定经营地点、一定经营时期、一定经营范围内的应纳税经营额(包括经营数量)或所得额(以下简称定额)进行核定,并以此为计税依据,确定其应纳税额的一种征收方式。

四、《财政部 国家税务总局关于印发〈关于个人独资企业和合伙企业投资者征收个人所得税的规定〉的通知》(财税〔2000〕91 号)附件 1《关于个人独资企业和合伙企业投资者征收个人所得税的规定》第九条

第九条 实行核定应税所得率征收方式的,应纳所得税额的计算公式如下:

应纳所得税额＝应纳税所得额×适用税率

应纳税所得额＝收入总额×应税所得率

或 ＝成本费用支出额÷(1－应税所得率)×应税所得率

应税所得率应按下表规定的标准执行:

应税所得率表	
行　业	应税所得率(%)
工业、交通运输业、商业	5～20
建筑业、房地产开发业	7～20
饮食服务业	7～25
娱乐业	20～40
其他行业	10～30

企业经营多业的,无论其经营项目是否单独核算,均应根据其主营项目确定其适用的应税所得率。

五、《国家税务总局关于进一步落实支持个体工商户发展个人所得税优惠政策

有关事项的公告》(国家税务总局公告 2023 年第 12 号)第一条、第三条、第七条

一、对个体工商户年应纳税所得额不超过 200 万元的部分,减半征收个人所得税。个体工商户在享受现行其他个人所得税优惠政策的基础上,可叠加享受本条优惠政策。个体工商户不区分征收方式,均可享受。

三、个体工商户按照以下方法计算减免税额:

减免税额=(经营所得应纳税所得额不超过 200 万元部分的应纳税额－其他政策减免税额×经营所得应纳税所得额不超过 200 万元部分÷经营所得应纳税所得额)×50%。

八、本公告自 2023 年 1 月 1 日起施行,2027 年 12 月 31 日终止执行。《国家税务总局关于落实支持个体工商户发展个人所得税优惠政策有关事项的公告》(2023 年第 5 号)同时废止。

小贴士

1. 风险提示

个人既有综合所得和经营所得时,如果经营所得适用的是核定征收,那么费用扣除只能在综合所得中减除,不能在经营所得中减除,则不适用该筹划方法。

2. 对照自检

(1) 个人取得的所得项目是否既有综合所得又有经营所得?

_____

_____

(2) 经营所得个人所得税的征收方式是否为查账征收?

_____

_____

⑲ 独善其身

——技术成果投资选择递延纳税可减轻个税负担

◇ 业税分析

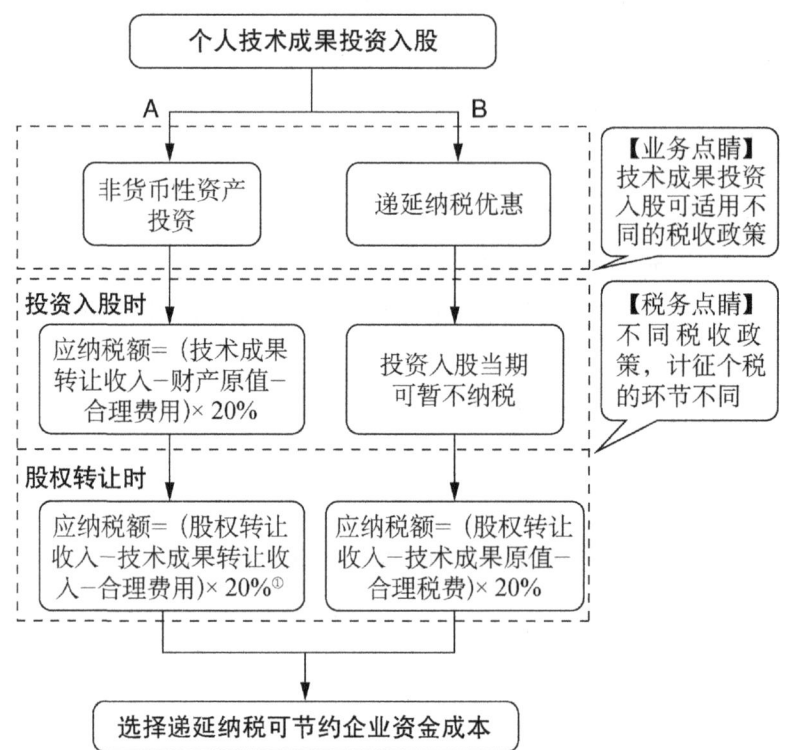

【附注】

注①：纳税人一次性缴税有困难的，可合理确定分期缴纳计划并报主管税务机关备案后，自发生应税行为之日起不超过5个公历年度内（含）分期缴纳个人所得税。

实战案例

小松是一名科研人员，最近他新发明了一项技术，并获得了专利权。处于当地科研行业领头地位的梅松公司得知后，非常欣赏该项技术，想从小松手中购得该项技术。小松提出，自己不准备把该项技术卖给梅松公司，而是想通过以技术成果投资入股的形式，获得梅松公司的股权。梅松公司股东会讨论后，同意了小松的提议，并允诺，小松以该项技术投资入股后，可以拥有梅松公司2%的股权。

因以技术成果投资入股会涉及个人所得税问题，因此，小松找到了公司的财务部梅经理，请她给出谋划策，梅经理给小松提出了方案并做了分析。

【备选方案】

方案一：选择适用非货币性资产投资政策。
方案二：选择适用递延纳税优惠政策。

【分析】

假设该项专利权的研发成本为5万元，评估作价20万元，小松计划5年后以22万元将股权转让，则两种方案的个人所得税纳税情况如表3-22所示。

表 3-22 两种方案的个人所得税纳税情况

单位：万元

方案		缴纳个税情况	税后收益
方案一	以技术成果投资时	(20−5)×20%=3，可在5年内分期缴纳	20−5−3+(22−20)−0.4=13.6
	股权转让时	(22−20)×20%=0.4	
方案二	以技术成果投资时	不纳税	22−5−3.4=13.6
	股权转让时	(22−5)×20%=3.4	

结论

虽然两种方案的税后收益相同，但方案二具有递延纳税的效果。

政策依据

一、《中华人民共和国个人所得税法》第三条第三款、第六条第五款

第三条　个人所得税的税率：

……

（三）利息、股息、红利所得，财产租赁所得，财产转让所得和偶然所得，适用比例税率，税率为百分之二十。

……

第六条 应纳税所得额的计算：

……

（五）财产转让所得，以转让财产的收入额减除财产原值和合理费用后的余额，为应纳税所得额。

二、《财政部 国家税务总局关于个人非货币性资产投资有关个人所得税政策的通》(财税〔2015〕41号)第一条至第三条

一、个人以非货币性资产投资，属于个人转让非货币性资产和投资同时发生。对个人转让非货币性资产的所得，应按照"财产转让所得"项目，依法计算缴纳个人所得税。

二、个人以非货币性资产投资，应按评估后的公允价值确认非货币性资产转让收入。非货币性资产转让收入减除该资产原值及合理税费后的余额为应纳税所得额。

个人以非货币性资产投资，应于非货币性资产转让、取得被投资企业股权时，确认非货币性资产转让收入的实现。

三、个人应在发生上述应税行为的次月15日内向主管税务机关申报纳税。纳税人一次性缴税有困难的，可合理确定分期缴纳计划并报主管税务机关备案后，自发生上述应税行为之日起不超过5个公历年度内(含)分期缴纳个人所得税。

三、《财政部 国家税务总局关于完善股权激励和技术入股有关所得税政策的通知》(财税〔2016〕101号)第三条

三、对技术成果投资入股实施选择性税收优惠政策

（一）企业或个人以技术成果投资入股到境内居民企业，被投资企业支付的对价全部为股票(权)的，企业或个人可选择继续按现行有关税收政策执行，也可选择适用递延纳税优惠政策。

选择技术成果投资入股递延纳税政策的，经向主管税务机关备案，投资入股当期可暂不纳税，允许递延至转让股权时，按股权转让收入减去技术成果原值和合理税费后的差额计算缴纳所得税。

（二）企业或个人选择适用上述任一项政策，均允许被投资企业按技术成果投资入股时的评估值入账并在企业所得税前摊销扣除。

（三）技术成果是指专利技术(含国防专利)、计算机软件著作权、集成电路布图设计专有权、植物新品种权、生物医药新品种，以及科技部、财政部、国家税务总局确定的其他技术成果。

（四）技术成果投资入股，是指纳税人将技术成果所有权让渡给被投资企业、取得该企业股票(权)的行为。

> 💬 **小贴士**

1. 特别提示

以技术成果投资入股时,还需要考虑所投公司是否有投资价值等因素,以免造成投资损失;技术评估价格也要合理合规,不能恶意高估价格。

2. 对照自检

公司是否存在以技术成果投资入股的情形?用于投资的技术成果评估价格是否合理?

⑧⓪ 不二之选

——优选持股期限降税负

业税分析

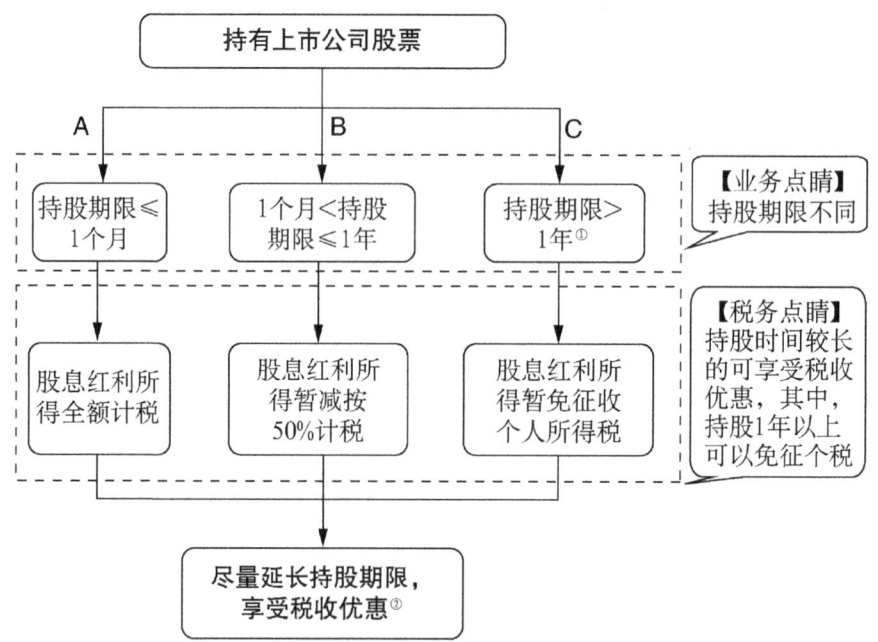

【附注】

注①：股权登记日在2015年9月8日之前的股票，若持股超过1年，股息红得所得减按25%计征个人所得税。

注②：投资人不仅要考虑持股时间，还应该综合考虑股票的价格及市价行情等因素，避免因股票价格波动，造成投资损失。

实战案例

赵总是梅松公司的高管,最近想通过购入股票的方式来进行理财。他经过多日的研究,了解到税台上市公司所从事的业务是国家重点扶持的朝阳产业。赵总认为,该公司的股票有很大的持有价值。于是想购入税台公司的股票50万元。

梅经理了解到赵总的投资计划后,提醒赵总,持股期限的不同会对个人所得税有影响,于是他给赵总列出了两种投资方案并帮他做了分析。

【备选方案】

方案一:持股时间为一年零一个月,取得股息所得30 000元。

方案二:持股时间为半年,取得股息所得12 000元。

【分析】

两种方案的个人所得税缴纳情况如表3-23所示。

表3-23 两种方案的个人所得税缴纳情况

单位:元

方案	个人所得税务处理	个人所得税应纳税额
方案一	持股期限超过1年,暂免征收个人所得税	0
方案二	持股期限在1个月以上至1年(含1年),暂减按50%计入应纳税所得额	12 000×50%×20%=1 200

结论

采用方案一比方案二可少缴纳个人所得税1 200(1 200−0)元,更节税。

政策依据

一、《财政部 国家税务总局 证监会关于实施上市公司股息红利差别化个人所得税政策有关问题的通知》(财税〔2012〕85号)第一条

个人从公开发行和转让市场取得的上市公司股票,持股期限在1个月以内(含1个月)的,其股息红利所得全额计入应纳税所得额;持股期限在1个月以上至1年(含1年)的,暂减按50%计入应纳税所得额;持股期限超过1年的,暂减按25%计入应纳税所得额。上述所得统一适用20%的税率计征个人所得税。

前款所称上市公司是指在上海证券交易所、深圳证券交易所挂牌交易的上市公司;持股期限是指个人从公开发行和转让市场取得上市公司股票之日至转让交割该

股票之日前一日的持有时间。

二、《财政部 国家税务总局 证监会关于上市公司股息红利差别化个人所得税政策有关问题的通知》(财税〔2015〕101号)第一条、第五条

一、个人从公开发行和转让市场取得的上市公司股票,持股期限超过1年的,股息红利所得暂免征收个人所得税。个人从公开发行和转让市场取得的上市公司股票,持股期限在1个月以内(含1个月)的,其股息红利所得全额计入应纳税所得额;持股期限在1个月以上至1年(含1年)的,暂减按50%计入应纳税所得额;上述所得统一适用20%的税率计征个人所得税。

五、本通知自2015年9月8日起施行。

上市公司派发股息红利,股权登记日在2015年9月8日之后的,股息红利所得按照本通知的规定执行。本通知实施之日个人投资者证券账户已持有的上市公司股票,其持股时间自取得之日起计算。

三、《关于延续实施全国中小企业股份转让系统挂牌公司股息红利差别化个人所得税政策的公告》(财政部 税务总局公告2024年第8号)第一条、第五条、第十条

一、个人持有挂牌公司的股票,持股期限超过1年的,对股息红利所得暂免征收个人所得税。

个人持有挂牌公司的股票,持股期限在1个月以内(含1个月)的,其股息红利所得全额计入应纳税所得额;持股期限在1个月以上至1年(含1年)的,其股息红利所得暂减按50%计入应纳税所得额;上述所得统一适用20%的税率计征个人所得税。

本公告所称挂牌公司是指股票在全国中小企业股份转让系统公开转让的非上市公众公司;持股期限是指个人取得挂牌公司股票之日至转让交割该股票之日前一日的持有时间。

五、本公告所称个人持有挂牌公司的股票包括:

(一)在全国中小企业股份转让系统挂牌前取得的股票;

(二)通过全国中小企业股份转让系统转让取得的股票;

(三)因司法扣划取得的股票;

(四)因依法继承或家庭财产分割取得的股票;

(五)通过收购取得的股票;

(六)权证行权取得的股票;

(七)使用附认股权、可转换成股份条款的公司债券认购或者转换的股票;

(八)取得发行的股票、配股、股票股利及公积金转增股本;

(九)挂牌公司合并,个人持有的被合并公司股票转换的合并后公司股票;

(十)挂牌公司分立,个人持有的被分立公司股票转换的分立后公司股票;

其他从全国中小企业股份转让系统取得的股票。

十、本公告自2024年7月1日起至2027年12月31日执行,挂牌公司、两网公

司、退市公司派发股息红利,股权登记日在 2024 年 7 月 1 日起至 2027 年 12 月 31 日的,股息红利所得按照本公告的规定执行。本公告实施之日个人投资者证券账户已持有的挂牌公司、两网公司、退市公司股票,其持股时间自取得之日起计算。

💬 小贴士

1. 特别提示

(1) 纳税人需结合股市行情等其他因素来确定持股期限。

(2) 个人持有的挂牌公司(股票在全国中小企业股份转让系统公开转让的非上市公众公司)股票,取得的股息红利也可通过持股期限进行纳税筹划,但应注意在优惠期限内实施,目前的优惠期限为 2024 年 7 月 1 日至 2027 年 6 月 30 日。

2. 对照自检

(1) 您目前是否有股票投资计划?
_____
_____

(2) 目标公司的股价行情如何?
_____
_____

⑧ 高低有致
——巧选捐赠扣除顺序

业税分析

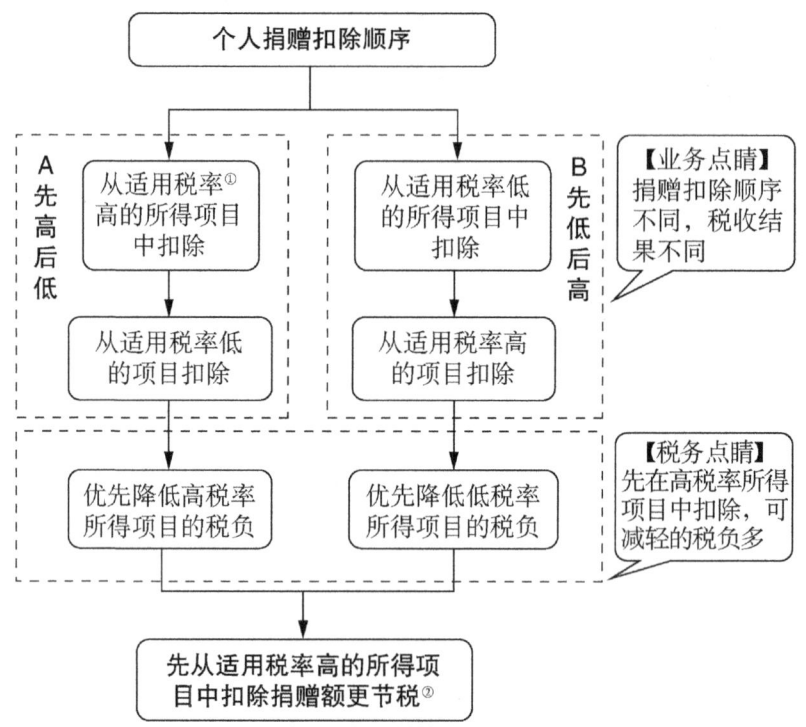

【附注】

注①：综合所得适用税率3%~45%；经营所得适用税率5%~35%；利息、股息、红利所得，财产租赁所得，财产转让所得，偶然所得适用税率20%。

注②：实际捐赠额大于等于多项所得扣除限额合计时，扣除顺序不影响税额，纳税人可自由选择。

实战案例

梅松公司的财务部梅经理最近鸿运当头,她晚上出去跑步时随手买了一张彩票,居然中了10万元。她最近比较关注家乡的脱贫事业,于是便通过县级以上政府向家乡贫困地区(不属于目标脱贫地区)捐赠了5万元。

在领取奖金扣缴税款时,对于捐赠额要不要从奖金所得中扣除,梅经理结合自己的工资薪金所得情况进行了测算分析,很快便有了答案。

【备选方案】

方案一:先从工资薪金中扣除,后从偶然所得中扣除。
方案二:先从偶然所得中扣除,后从工资薪金中扣除。

【分析】

假设梅经理当年的工资薪金所得为25万元,可扣除的三险一金及专项附加扣除共计5万元,无其他所得,则两种方案个税的缴纳情况如表3-24所示。

表3-24 两种方案个税缴纳情况

单位:元

方案	可扣除捐赠额		应纳税额
方案一	工资薪金	偶然所得	$(250\ 000 - 60\ 000 - 50\ 000 - 42\ 000) \times 10\% - 2\ 520 + (100\ 000 - 8\ 000) \times 20\% = 25\ 680$
	42 000	8 000	
方案二	偶然所得	工资薪金	$(100\ 000 - 30\ 000) \times 20\% + (250\ 000 - 60\ 000 - 50\ 000 - 20\ 000) \times 10\% - 2\ 520 = 23\ 480$
	30 000	20 000	

注:
工资薪金和偶然所得两种所得的扣除限额如下:
(1) 捐赠从工资薪金所得中扣除的扣除限额 $=(250\ 000 - 60\ 000 - 50\ 000) \times 30\% = 42\ 000$ 元;
(2) 捐赠从偶然所得中扣除的扣除限额 $=100\ 000 \times 30\% = 30\ 000$ 元。
捐赠额50 000元少于两项捐赠限额的合计72 000元,因此不同的扣除顺序会影响个税的缴纳。

方案二比方案一节省个人所得税2 200(25 680-23 480)元。

政策依据

一、《中华人民共和国个人所得税法》第三条、第六条第三款

第三条 个人所得税的税率:

（一）综合所得，适用百分之三至百分之四十五的超额累进税率（税率表附后）；

（二）经营所得，适用百分之五至百分之三十五的超额累进税率（税率表附后）；

（三）利息、股息、红利所得，财产租赁所得，财产转让所得和偶然所得，适用比例税率，税率为百分之二十。

……

第六条 应纳税所得额的计算：

个人将其所得对教育、扶贫、济困等公益慈善事业进行捐赠，捐赠额未超过纳税人申报的应纳税所得额百分之三十的部分，可以从其应纳税所得额中扣除；国务院规定对公益慈善事业捐赠实行全额税前扣除的，从其规定。

二、《财政部 税务总局关于公益慈善事业捐赠个人所得税政策的公告》（财政部 税务总局公告2019年第99号）第三条、第四条第一项、第五条

三、居民个人按照以下规定扣除公益捐赠支出：

（一）居民个人发生的公益捐赠支出可以在财产租赁所得、财产转让所得、利息股息红利所得、偶然所得（以下统称分类所得）、综合所得或者经营所得中扣除。在当期一个所得项目扣除不完的公益捐赠支出，可以按规定在其他所得项目中继续扣除；

（二）居民个人发生的公益捐赠支出，在综合所得、经营所得中扣除的，扣除限额分别为当年综合所得、当年经营所得应纳税所得额的百分之三十；在分类所得中扣除的，扣除限额为当月分类所得应纳税所得额的百分之三十；

（三）居民个人根据各项所得的收入、公益捐赠支出、适用税率等情况，自行决定在综合所得、分类所得、经营所得中扣除的公益捐赠支出的顺序。

四、居民个人在综合所得中扣除公益捐赠支出的，应按照以下规定处理：

（一）居民个人取得工资薪金所得的，可以选择在预扣预缴时扣除，也可以选择在年度汇算清缴时扣除。

居民个人选择在预扣预缴时扣除的，应按照累计预扣法计算扣除限额，其捐赠当月的扣除限额为截止当月累计应纳税所得额的百分之三十（全额扣除的从其规定，下同）。个人从两处以上取得工资薪金所得，选择其中一处扣除，选择后当年不得变更。

五、居民个人发生的公益捐赠支出，可在捐赠当月取得的分类所得中扣除。当月分类所得应扣除未扣除的公益捐赠支出，可以按照以下规定追补扣除：

……

居民个人捐赠当月有多项多次分类所得的，应先在其中一项一次分类所得中扣除。已经在分类所得中扣除的公益捐赠支出，不再调整到其他所得中扣除。

小贴士

1. 适用情形

该筹划方法的适用情形为实际捐赠额小于多项所得扣除限额合计，对于实际捐

赠额大于等于多项所得扣除限额合计的,扣除顺序不影响税额,纳税人可自由选择。

2. 对照自检

(1) 您个人在当年是否有多种所得项目？其适用的税率是否不同？
_____
_____

(2) 您个人是否有捐赠意向？捐赠的金额是否超过了法律规定的限额？
_____
_____

82 百里挑一

——善选捐赠途径省个税

◇ 业税分析

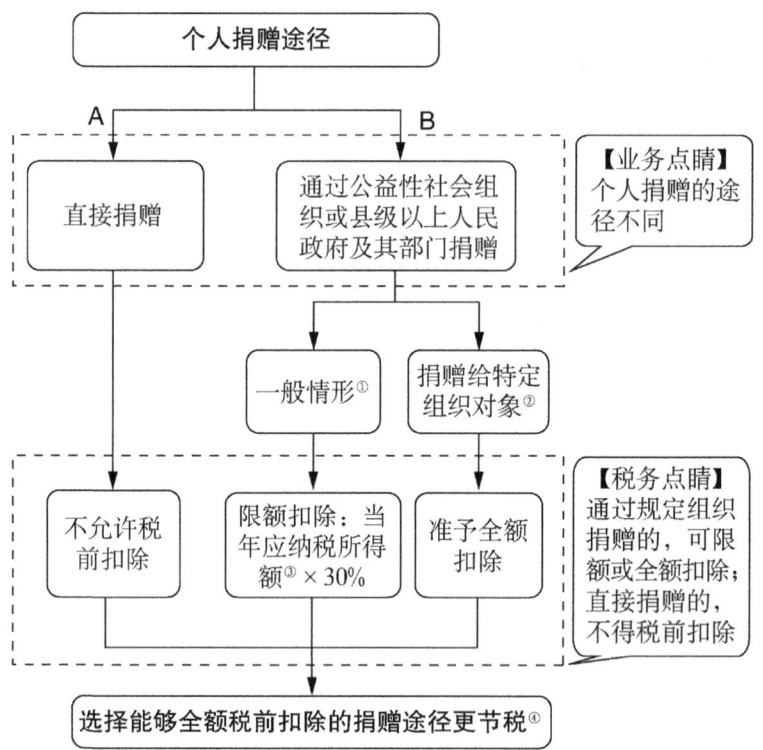

【附注】

注①：见各省公益性社会组织公益性捐赠税前扣除资格名单。
注②：准予全额扣除的捐赠途径详见小贴士。
注③：扣除限额的基数为扣除捐赠额前的应纳税所得额。
注④：居民个人可以自行决定在综合所得、分类所得、经营所得中扣除的公益捐赠支出的顺序，在当期一个所得项目扣除不完的公益捐赠支出，可以按规定在其他所得项目中继续扣除。

实战案例

梅松公司的赵总近日将自己闲置的一套住房出租,取得了租金收入 50 000 元。他一直比较关心贫困地区的教育事业,于是决定将其中的 15 000 元拿出来进行捐赠。

赵总是第一次进行捐赠,一时间不知道该如何进行处理,便打电话询问公司的财务部梅经理。"赵总,没想到您还是个慈善家。您可以联系下红十字会或者当地县级以上政府,通过他们进行捐赠,可千万不要自己直接捐赠啊,可能会遇到骗子不说,还不能进行税前扣除。"赵总听完,接着问,"那通过红十字会和县级以上政府捐赠,都是一样的吗?""对教育事业的捐赠,都是可以全额扣除的"。赵总听完,马上联系了自己在政府的朋友,咨询了关于捐赠的流程。

【备选方案】

方案一:直接捐赠给一名贫困学生 15 000 元。
方案二:通过县级以上政府向希望小学捐赠 15 000 元。

【分析】

假设赵总选择捐赠从财产租赁所得中扣除,三种方案的税负比较如表 3-25 所示。

表 3-25 捐赠方案税负对比

单位:元

方案	捐赠扣除规定	应纳税额
方案一	不允许税前扣除	50 000×(1−20%)×10%=4 000
方案二	准予全额扣除	[50 000×(1−20%)−15 000]×10%=2 500

注:个人出租住房减按 10% 的税率征收个人所得税。

方案二比方案一少缴纳个人所得税 1 500(4 000−2 500)元,更节税。

政策依据

一、《中华人民共和国个人所得税法》第六条第三款

个人将其所得对教育、扶贫、济困等公益慈善事业进行捐赠,捐赠额未超过纳税人申报的应纳税所得额百分之三十的部分,可以从其应纳税所得额中扣除;国务院规定对公益慈善事业捐赠实行全额税前扣除的,从其规定。

二、《关于公益慈善事业捐赠个人所得税政策的公告》(财政部税务总局公告 2019 年第 99 号)第一条

个人通过中华人民共和国境内公益性社会组织、县级以上人民政府及其部门等国家机关,向教育、扶贫、济困等公益慈善事业的捐赠(以下简称公益捐赠),发生的公益捐赠支出,可以按照个人所得税法有关规定在计算应纳税所得额时扣除。

前款所称境内公益性社会组织,包括依法设立或登记并按规定条件和程序取得公益性捐赠税前扣除资格的慈善组织、其他社会组织和群众团体。

小贴士

1. 特别提示

选择间接捐赠时,可能出现捐赠资金到位不及时、捐赠资金被挪用等风险,纳税人应综合考虑选择最优的方案。

2. 捐赠途径与个税处理

个人通过不同途径捐赠及捐赠事项的个税处理如表 3-26 所示。

表 3-26 个人不同途径及捐赠事项扣除标准

序号	捐赠途径	个税处理	政策依据
1	直接捐赠	不允许税前扣除	《中华人民共和国个人所得税法》
2	境内公益性社会组织(慈善组织、其他社会组织、群众团体)	捐赠扣除限额:当年应纳税所得额×30% 注:国务院规定对公益慈善事业捐赠实行全额税前扣除的从其规定	
3	县级以上人民政府及其部门等国家机关		
4	通过公益性社会组织或者县级以上人民政府及其部门等国家机关,捐赠用于应对新型冠状病毒感染的肺炎疫情的现金和物品	准于全额扣除	财政部 税务总局公告 2021 年第 9 号
5	通过公益性社会组织或者县级(含县级)以上人民政府及其组成部门和直属机构,用于目标脱贫地区的扶贫捐赠支出(自 2019 年 1 月 1 日至 2025 年 12 月 31 日)		财政部 税务总局 国务院扶贫办公告 2019 年第 49 号 财政部 税务总局 人力资源社会保障部 国家乡村振兴局公告 2021 年第 18 号
6	捐赠北京 2022 年冬奥会、冬残奥会、测试赛的资金和物资支出		财税〔2017〕60 号

续　表

序号	捐赠途径		个税处理	政策依据
7	中国老龄事业发展基金会、中国华文教育基金会、中国绿化基金会、中国妇女发展基金会、中国关心下一代健康体育基金会、中国生物多样性保护基金会、中国儿童少年基金会和中国光彩事业基金会		准予全额扣除	财税〔2006〕66号
8	通过中国医药卫生事业发展基金会用于公益救济性捐赠			财税〔2006〕67号
9	通过中国教育发展基金会用于公益救济性捐赠			财税〔2006〕68号
10	通过中国境内非营利的社会团体、国家机关向教育事业的捐赠			财税〔2004〕39号
11	宋庆龄基金会、中国福利会、中国残疾人福利基金会、中国扶贫基金会、中国煤矿尘肺病治疗基金会、中华环境保护基金会			财税〔2004〕172号
12	向中华健康快车基金会和孙冶方经济科学基金会、中华慈善总会、中国法律援助基金会和中华见义勇为基金会的捐赠			财税〔2003〕204号
13	通过非营利的社会团体和国家机关向农村义务教育的捐赠			财税〔2001〕103号
14	向慈善机构、基金会等非营利机构的公益、救济性捐赠			财税〔2001〕9号
15	通过非营利性的社会团体和政府部门向福利性、非营利性的老年服务机构的捐赠			财税〔2000〕97号
16	通过非营利性的社会团体和国家机关对公益性青少年活动场所的捐赠			财税〔2000〕21号
17	通过非营利性的社会团体和国家机关（包括中国红十字会）向红十字事业的捐赠			财税〔2000〕30号
18	个人直接通过政府机关、非营利组织向灾区的捐赠	个人自行申报纳税	税务机关凭政府机关、非营利组织开具的接受捐赠凭据，依法据实扣除	国税发〔2008〕55号
		扣缴方式纳税	扣缴单位在代扣代缴税款时，依法据实扣除	
19	通过扣缴单位统一向灾区的捐赠			

3. 对照自检

(1) 您个人是否有捐赠意向？

(2) 您能否自行选择捐赠途径？

(3) 您拟选择的捐赠途径能否确保资金到位？

第4章

土地增值税税务筹划

转让国有土地使用权、地上的建筑物及其附着物并取得收入的单位和个人,为土地增值税的纳税义务人。土地增值税主要与房地产开发企业相关。根据《中华人民共和国土地增值税暂行条例》规定,土地增值税实行四级超率累进税率。

一般而言,土地和房产价值相对较高,其计税基数较大,产生的税费也相对较高,对企业来说是不小的负担。因此,合理规划土地增值税,能够有效地降低企业的税收负担,尤其对房地产企业来说,土地增值税筹划的重要性甚至远远超过了增值税和企业所得税筹划的重要性。

土地增值税的筹划重点主要集中于业务模式、扣除项目、税收优惠三个方面,合理布局业务模式,适当增加扣除项目,充分利用税收优惠,可以为土地增值税的筹划提供广泛的空间。

本章内容围绕土地增值税的税制及优惠政策,列举了筹划方法共计10招(第83招至第92招),主要包括征税范围筹划(第83招至第84招)、销售收入筹划(第85招至第86招)、扣除项目筹划(第87招至第91招)、税收优惠筹划(第92招)等4个方面的内容。

扫码听课

❽❸ 灵活变通

——巧用代建协议定向开发降税负

业税分析

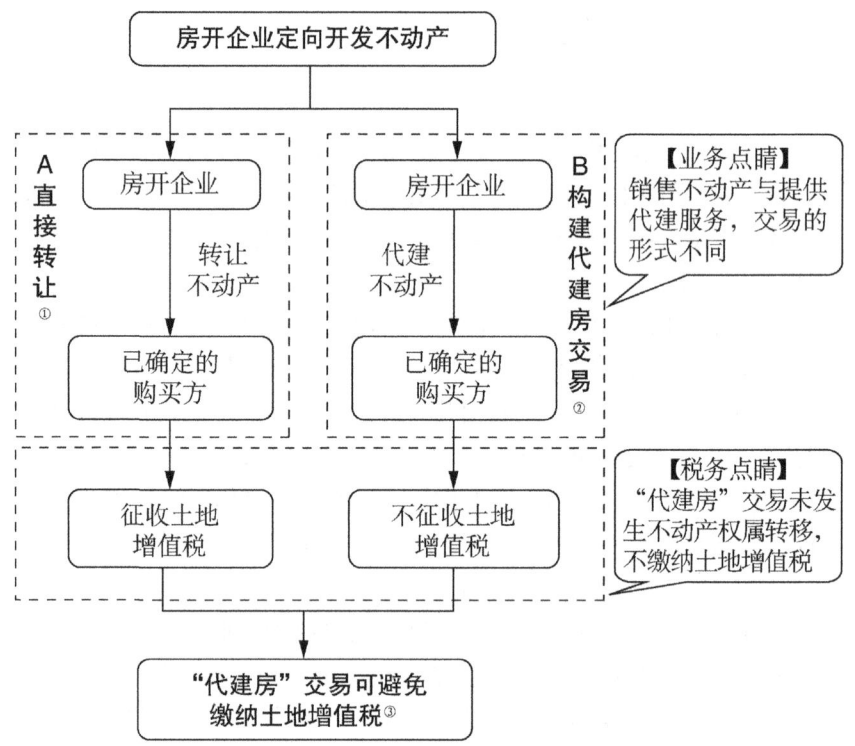

【附注】

注①：直接转让指房开企业按照目标业主要求开发不动产，开发完成后转让该不动产。

注②：构建"代建房"交易指房地产开发企业与业主签订"代建协议"，以业主为建造主体并提供项目资金，房开企业代为进行房地产的开发并收取代建收入。

注③：构建"代建房"交易需要目标业主、建筑公司等项目主要参与方共同配合才能实现，实践中存在一定的风险，详见小贴士。

实战案例

梅松公司为一家房地产开发公司(以下简称"梅松开发公司"),当地的税台酒店管理公司(以下简称"税台酒店公司")拟向其购买一栋高层建筑作为经济型酒店用楼,双方决定在下周签订定向开发协议。梅松公司管理层就该合作项目召开了讨论会,财务部梅经理也参加了本次会议,并就双方合作方式,从税收角度提出了自己的意见。

【备选方案】

方案一:由梅松房开公司按照税台酒店公司的要求购入土地、施工、建造,以满足税台酒店公司的经营需要。建造完成并办理竣工决算手续、验收完毕后,税台公司以协议价款购买该房产。

方案二:梅松房开公司与税台酒店公司构建"代建房"交易,税台酒店公司作为建造主体,提供项目资金,梅松房开公司代建不动产,收取手续费。

【分析】

项目相关数据如表 4-1 所示。

表 4-1 项目相关数据

单位:万元

序号	项目	不含税金额
1	不动产销售收入	50 000
2	土地出让金	3 000
3	取得土地缴纳的其他费用	100
4	开发成本	10 000
5	管理费用	200
6	销售费用	300
7	财务费用	500
8	其中:金融机构借款利息(利息费用能够按项目准确划分,已获取金融机构证明)	400
9	项目决算预计总造价	15 000
10	代建手续费	项目决算总造价的 5%
11	适用税率	增值税 9%,城建税 7%,教育费附加 3%

两种方案,梅松公司土地增值税的具体测算如表 4-2 所示。

表 4-2　土地增值税缴纳情况对比

单位:万元

序号	项目		方案一	方案二
①		销售收入/手续费收入	50 000	代建房地产的权属关系没有发生转移,不征收土地增值税
②		取得土地使用权所支付的金额	3 100	
③		开发成本	10 000	
④	减	开发费用	(②+③)×5%+400=1 055	
⑤		转让房产相关的税金	①×9%×(7%+3%)=450	
⑥		加计扣除	(②+③)×20%=2 620	
⑦		扣除项目合计	17 225	
⑧		项目增值额	①−⑦=32 775	
⑨		项目增值率	⑧÷⑦=190.28%	
⑩		适用税率/速算扣除率	50%/15%	
⑪		应纳税额	⑧×50%−⑦×15%=13 803.75	

注:因"转让不动产"与收取"手续费"属于两种不同的业务模式,应税收入、成本费用口径不同,故本例未对不同方案对于项目整体净利润的影响进行测算。

结论

方案二不缴纳土地增值税,比方案一节税 13 803.75 万元。

政策依据

一、《中华人民共和国土地增值税暂行条例》第二条、第四条

第二条　转让国有土地使用权、地上的建筑物及其附着物(以下简称转让房地产)并取得收入的单位和个人,为土地增值税的纳税义务人(以下简称纳税人),应当依照本条例缴纳土地增值税。

第四条　纳税人转让房地产所取得的收入减除本条例第六条规定扣除项目金额后的余额,为增值额。

二、《中华人民共和国土地增值税暂行条例实施细则》第二条

《条例》第二条所称的转让国有土地使用权、地上的建筑物及其附着物取得收入,是指以出售或者其他方式有偿转让房地产的行为。不包括以继承、赠与方式无偿转让房地产的行为。

三、《河北省地方税务局　河北省国家税务局关于印发土地增值税几个具体问题

的暂行规定的通知》(冀地税函〔1995〕53号)第二条

对于房地产开发公司代建房行为是否征收土地增值税

这种情况是指房地产开发公司代客户进行房地产开发,待项目全部竣工以后收取一定的代建收入。这种收入属于一种劳务收入,所建房地产的权属关系没有发生转移,因此,不构成土地增值税的纳税义务人。

小贴士

1. 风险提示

(1) 代建行为是否真实?"代建协议"要依托真实存在的"代建"行为,不得以"代建协议"来掩盖不动产转让行为,逃避缴纳税款。

(2) 代建过程是否合规?代建方不是项目建设主体,须在"代建协议"约定的工作范围内开展项目的组织、管理及协调工作,否则代建行为会被税务机关认定为"非代建行为",按照"转让不动产"征收相关税款。

(3) 代建行为是否经济?销售不动产与"代建"不动产的收入、成本费用口径截然不同,企业需要结合项目实际情况对整体净利润进行测算。

2. 对照自检

企业是否存在定向开发不动产的业务?运用该筹划方法是否存在上述风险?

❽❹ 他山之石

——巧用经纪公司降税负

业税分析

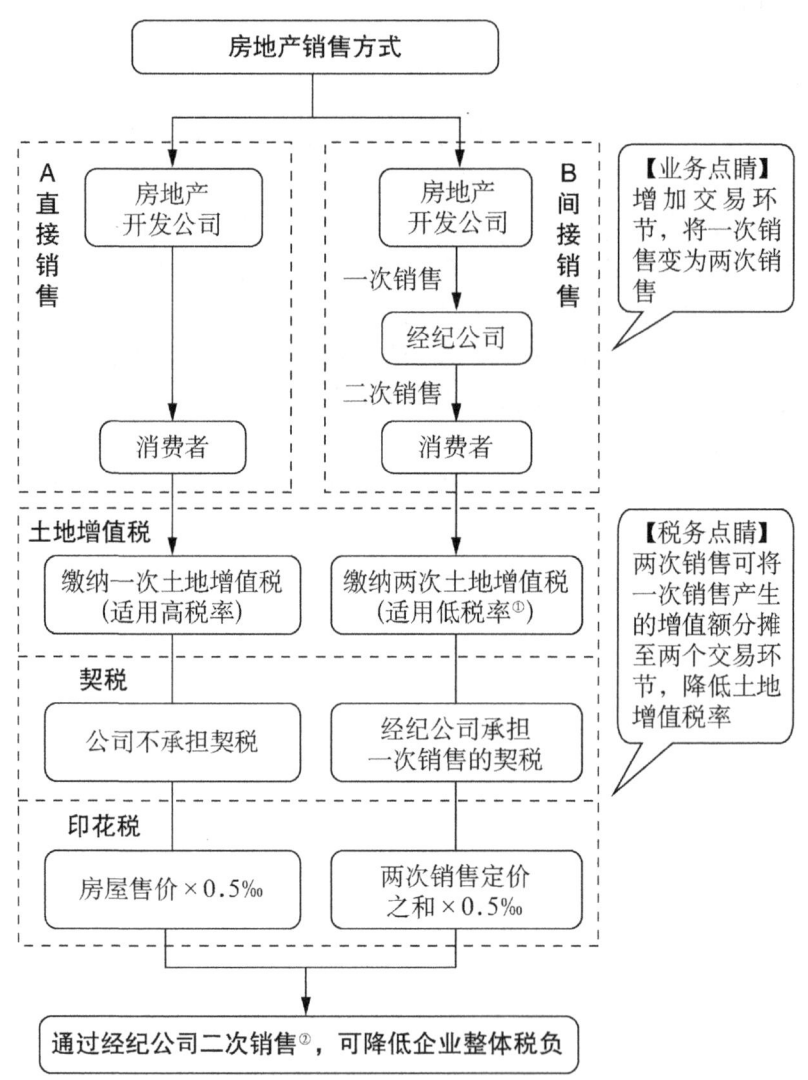

【附注】

注①：房地产开发企业选择通过经纪公司进行间接销售时，需要进行合理定价，最好能将增值率控制在20%以内以享受土地增值税免征优惠。

注②：二次销售的交易流程与购买新房有很大的不同，需要考虑潜在的风险，详见小贴士。

实战案例

梅松公司是当地一家知名的房地产开发公司，近几年盈利状况良好，资金充足。2021年底，经董事会决议，公司拟在当地开发一住宅小区，该小区共有住宅楼10栋，均为普通标准住宅。为充分享受开发普通标准住宅的土地增值税优惠，梅松公司决定咨询当地的税务专家梅总，梅总在了解了公司的业务情况后，出具了筹划方案并做了分析。

【备选方案】

方案一：梅松公司将开发的住宅作为新房直接出售。

方案二：梅松公司新设一家全资子公司税台不动产经纪公司（以下简称"税台经纪公司"），先将开发的住宅销售给税台经纪公司，再由税台经纪公司加价后出售。

【分析】

假设税台经纪公司的新房出售价格与梅松公司直接出售的价格相同，项目相关数据如表4-3所示。

表4-3 项目相关数据

单位：万元

序号	项目	不含税金额
1	销售收入	40 000
2	土地出让金	5 000
3	取得土地缴纳的其他费用	150
4	开发成本	13 000
5	管理费用	200
6	销售费用	300
7	财务费用	500
8	其中：民间借款利息（利息费用能够按项目准确划分，无法获取金融机构证明）	400
9	适用税率	增值税税率9%、城建税7%、教育费附加3%、地方教育附加2%、契税3%、印花税0.05%、企业所得税税率25%

两种方案下，土地增值税及税后净利润的测算如表4-4和表4-5所示。

表 4-4　土地增值税缴纳情况对比

单位：万元

序号	项目		方案一	方案二	
				梅松房开公司	税台经纪公司
①	销售收入		40 000	28 000	40 000
②	减	取得土地使用权所支付的金额	5 150	5 150	
③		开发成本/购入房产发票金额	13 000	13 000	28 000
④		开发费用	(②+③)×10%=1 815	(②+③)×10%=1 815	
⑤		转让房产相关的税金	①×9%×(7%+3%)=360	①×9%×(7%+3%)=252	①×9%×(7%+3%)+①×0.05%+③×3%=1 220
⑥		加计扣除	(②+③)×20%=3 630	(②+③)×20%=3 630	
⑦	扣除项目合计		23 955	23 847	29 220
⑧	项目增值额		①-⑦=16 045	①-⑦=4 153	①-⑦=10 780
⑨	项目增值率		⑧÷⑦=66.98%	⑧÷⑦=17.42%	⑧÷⑦=36.89%
⑩	适用税率/速算扣除率		40%/5%	免征	30%
⑪	应纳税额		⑧×40%-⑦×5%=5 220.25	0	⑧×30%=3 234

注：假设当地地方教育附加不得在土地增值税前扣除。

表 4-5　项目税后净利润对比

单位：万元

序号	项目		方案一	方案二	
				梅松房开公司	税台经纪公司
①	销售收入		40 000	28 000	40 000
②	减	取得土地使用权所支付的金额	5 150	5 150	
③		开发成本/购入房产发票金额	13 000	13 000	28 000
④		税金及附加	①×9%×(7%+3%+2%)+①×0.05%=452	①×9%×(7%+3%+2%)+①×0.05%=316.4	①×9%×(7%+3%+2%)+①×0.05%+③×3%=1 292
⑤		期间费用	1 000	1 000	
⑥		土地增值税	5 220.25	0	3 234

续 表

序号	项目	方案一	方案二	
			梅松房开公司	税台经纪公司
⑦	成本费用合计	24 822.25	19 466.4	32 526
⑧	利润总额	①−⑦=15 177.75	①−⑦=8 533.6	①−⑦=7 474
⑨	应纳税额	⑧×25%=3 794.44	⑧×25%=2 133.4	1 868.5
⑩	项目税后净利润	⑧−⑨=11 383.31	⑧−⑨=(8 533.6−2 133.4)+(7 474−1 868.5)=12 005.7	

结论

(1) 方案二比方案一少缴纳土地增值税 1 986.25(5 220.25−3 234)万元。

(2) 方案二比方案一增加税后净利润 622.39(12 005.7−11 383.31)万元。

政策依据

一、《中华人民共和国土地增值税暂行条例》第三条至第七条、第八条第一款

第三条 土地增值税按照纳税人转让房地产所取得的增值额和本条例第七条规定的税率计算征收。

第四条 纳税人转让房地产所取得的收入减除本条例第六条规定扣除项目金额后的余额,为增值额。

第五条 纳税人转让房地产所取得的收入,包括货币收入、实物收入和其他收入。

第六条 计算增值额的扣除项目:

(一) 取得土地使用权所支付的金额;

(二) 开发土地的成本、费用;

(三) 新建房及配套设施的成本、费用,或者旧房及建筑物的评估价格;

(四) 与转让房地产有关的税金;

(五) 财政部规定的其他扣除项目。

第七条 土地增值税实行四级超率累进税率:

增值额未超过扣除项目金额50%的部分,税率为30%。

增值额超过扣除项目金额50%、未超过扣除项目金额100%的部分,税率为40%。

增值额超过扣除项目金额100%、未超过扣除项目金额200%的部分,税率为50%。

增值额超过扣除项目金额200%的部分,税率为60%。

第八条 有下列情形之一的,免征土地增值税:

(一)纳税人建造普通标准住宅出售,增值额未超过扣除项目金额20%的;

二、《财政部 国家税务总局关于土地增值税若干问题的通知》(财税〔2006〕21号)第一条

关于纳税人建造普通标准住宅出售和居民个人转让普通住宅的征免税问题

《条例》第八条中"普通标准住宅"和《财政部 国家税务总局关于调整房地产市场若干税收政策的通知》(财税字〔1999〕210号)第三条中"普通住宅"的认定,一律按各省、自治区、直辖市人民政府根据《国务院办公厅转发建设部等部门关于做好稳定住房价格工作意见的通知》(国办发〔2005〕26号)制定并对社会公布的"中小套型、中低价位普通住房"的标准执行。纳税人既建造普通住宅,又建造其他商品房的,应分别核算土地增值额。

……

三、《国务院办公厅转发建设部等部门关于做好稳定住房价格工作意见的通知》(国办发〔2005〕26号)第五条

明确享受优惠政策普通住房标准,合理引导住房建设与消费

为了合理引导住房建设与消费,大力发展省地型住房,在规划审批、土地供应以及信贷、税收等方面,对中小套型、中低价位普通住房给予优惠政策支持。享受优惠政策的住房原则上应同时满足以下条件:住宅小区建筑容积率在1.0以上、单套建筑面积在120平方米以下、实际成交价格低于同级别土地上住房平均交易价格1.2倍以下。各省、自治区、直辖市要根据实际情况,制定本地区享受优惠政策普通住房的具体标准。允许单套建筑面积和价格标准适当浮动,但向上浮动的比例不得超过上述标准的20%。各直辖市和省会城市的具体标准要报建设部、财政部、税务总局备案后,在2005年5月31日前公布。

小贴士

1. 风险提示

(1)交易价格是否明显偏低。房地产开发企业构建"二次交易"时,销售给关联不动产经纪公司的价格是根据已有的筹划目标制定的,要注意该价格的制定是否符合独立交易原则,以免因为交易价格明显偏低被税务机关重新核定售价,导致筹划的失败。

(2)不一定符合购房者心理预期。对于同一房产构建"二次交易",购房者购买的是"二手房",购房者能否接受这一交易方式存在较大的不确定性。

(3)项目整体利润不易把控。成立不动产经纪公司会增加企业成本,其经营活动对整体净利润的影响具有不确定性,需综合考量。

2. 对照自检

(1) 企业是否可以成立一家子公司或利用已有的经纪公司构建合作关系?

(2) 运用该筹划方法时,企业与经纪公司的销售定价是否合理?

(3) 运用该筹划方法能否提高企业整体收益?

⑧⑤ 分劳赴功

——巧用装修公司精装销售节税多

业税分析

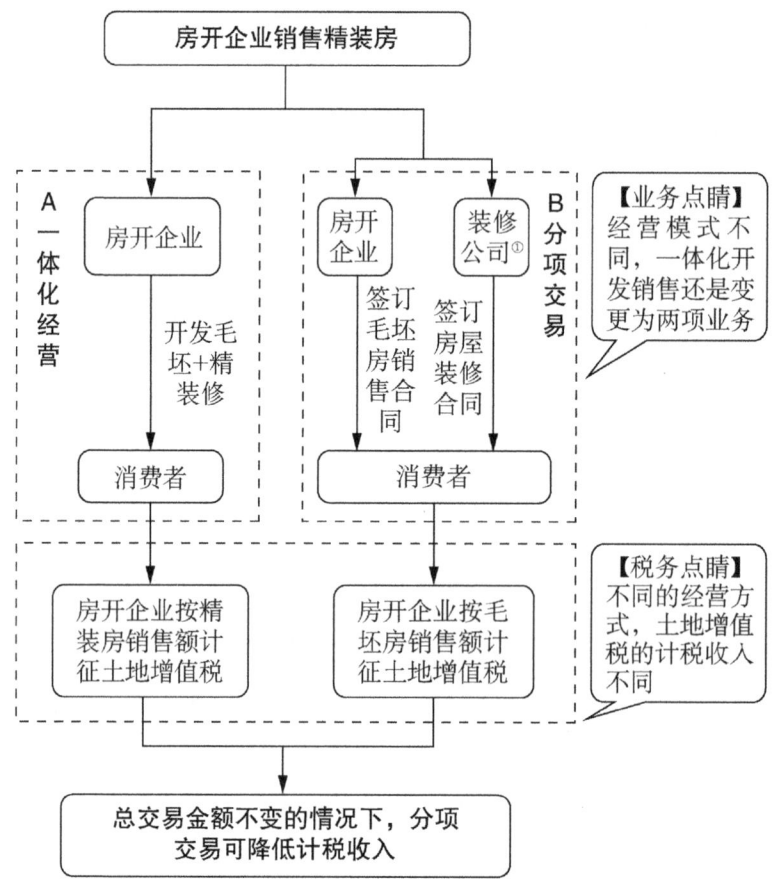

【附注】

注①：房开企业可以设立一家子公司（主营装修并具有相关资质）或利用已有的关联装修公司构建合作关系。

第4章 土地增值税税务筹划

实战案例

梅松房地产开发公司(以下简称"梅松房开公司")是当地房地产开发的龙头企业,2021年准备开发一个住宅小区,规划建设住宅楼10栋。市场部通过调查发现,随着城乡居民收入的增长,人们对居住条件、环境的要求越来越"苛刻","精装房"也不再是"奢侈品",而是成了一种较为常见的楼盘营销模式。经过董事会决议,梅松公司决定开发精装房销售,以满足客户的需求,同时,为降低该项目的土地增值税税负,董事会要求财务部的梅经理出具筹划方案。

【备选方案】

方案一:梅松房开公司直接开发精装房销售。

方案二:梅松房开公司新设一家全资子公司税台装修公司,梅松房开公司仅负责开发毛坯房,开发好之后由税台装修公司对房屋进行精装修,然后销售给购房者。

【分析】

该项目相关数据如表4-6所示。

表4-6 项目相关数据

单位:万元

序号	项目	不含税金额
1	精装房销售收入	55 000
2	土地出让金	5 000
3	取得土地缴纳的其他费用	150
4	开发成本	15 000
5	其中:装修费	3 000
6	管理费用	300
7	销售费用	300
8	财务费用	450
9	其中:金融机构借款利息(利息费用能够按项目准确划分,已获取金融机构证明)	430
10	装修收入	15 000
11	适用税率	增值税9%、城建税7%、教育费附加3%、地方教育附加2%、产权转移印花税0.05%、建筑工程合同印花税0.03%、企业所得税25%

351

两种方案下,梅松房开公司的土地增值税及税后净利润情况如表4-7、表4-8所示。

表4-7 土地增值税情况比较

单位:万元

序号	项目		方案一	方案二
①	销售收入		55 000	40 000
②	减	取得土地使用权所支付的金额	5 150	5 150
③		开发成本	15 000	12 000
④		开发费用	(②+③)×5%+430=1 437.5	(②+③)×5%+430=1 287.5
⑤		转让房产相关的税金	①×9%×(7%+3%)=495	①×9%×(7%+3%)=360
⑥		加计扣除	(②+③)×20%=4 030	(②+③)×20%=3 430
⑦	扣除项目合计		26 112.5	22 227.5
⑧	项目增值额		①-⑦=28 887.5	①-⑦=17 772.5
⑨	项目增值率		⑧÷⑦=110.63%	⑧÷⑦=79.96%
⑩	适用税率/速算扣除率		50%/15%	40%/5%
⑪	应纳税额		⑧×50%-⑦×15%=10 526.88	⑧×40%-⑦×5%=5 997.63

注:假设当地地方教育附加不得在土地增值税前扣除。

表4-8 项目税后净利润比较

单位:万元

序号	项目		方案一	方案二	
				梅松房开公司	税台装修公司
①	销售收入/装修收入		55 000	40 000	15 000
②	减	取得土地使用权支付的金额	5 150	5 150	
③		开发成本/装修成本	15 000	12 000	3 000
④		税金及附加	①×9%×(7%+3%+2%)+①×0.05%=621.5	①×9%×(7%+3%+2%)+①×0.05%=452	①×9%×(7%+3%+2%)+①×0.03%=166.5
⑤		期间费用	1 050	1 050	
⑥		土地增值税	10 526.88	5 997.63	
⑦	成本费用合计		32 348.38	24 649.63	3 166.5

续 表

序号	项目	方案一	方案二	
			梅松房开公司	税台装修公司
⑧	利润总额	①－⑦＝22 651.62	①－⑦＝15 350.37	①－⑦＝11 833.5
⑨	应纳税额	⑧×25％＝5 662.91	⑧×25％＝3 837.59	⑧×25％＝2 958.38
⑩	项目税后净利润	⑧－⑨＝16 988.71	⑧－⑨＝(15 350.37－3 837.59)＋(11 833.5－2 958.38)＝20 387.9	

结 论

（1）方案二比方案一可少缴纳土地增值税 4 529.25（10 526.88－5 997.63）万元。

（2）方案二比方案一增加整体税后净利润 3 399.19（20 387.9－16 988.71）万元。

政策依据

一、《中华人民共和国土地增值税暂行条例》第六条

计算增值额的扣除项目：

（一）取得土地使用权所支付的金额；

（二）开发土地的成本、费用；

（三）新建房及配套设施的成本、费用，或者旧房及建筑物的评估价格；

（四）与转让房地产有关的税金；

（五）财政部规定的其他扣除项目。

二、《国家税务总局关于房地产开发企业土地增值税清算管理有关问题的通知》（国税发〔2006〕187号）第四条

房地产开发企业销售已装修的房屋，其装修费用可以计入房地产开发成本。

小贴士

1. 风险提示

（1）毛坯房装修合同定价要符合当地市场行情，否则很容易被税务机关认定为"利润转移"进而需要进行纳税调整，导致筹划失败。

（2）以毛坯房销售合同、装修合同代替精装房销售合同的形式，不一定符合购房者心理预期，未必能得到购买者的认可。

（3）选择成立装修公司时，还需结合项目的整体收益进行综合考虑。

2. 对照自检

企业是否能成立一家子公司（主营装修并具有相关资质），或与其他装修公司构建合作关系？在运用该筹划方法时，是否存在上述风险？

_____

_____

86 群分类聚

——普通住宅和豪华住宅的博弈

◇ 业税分析

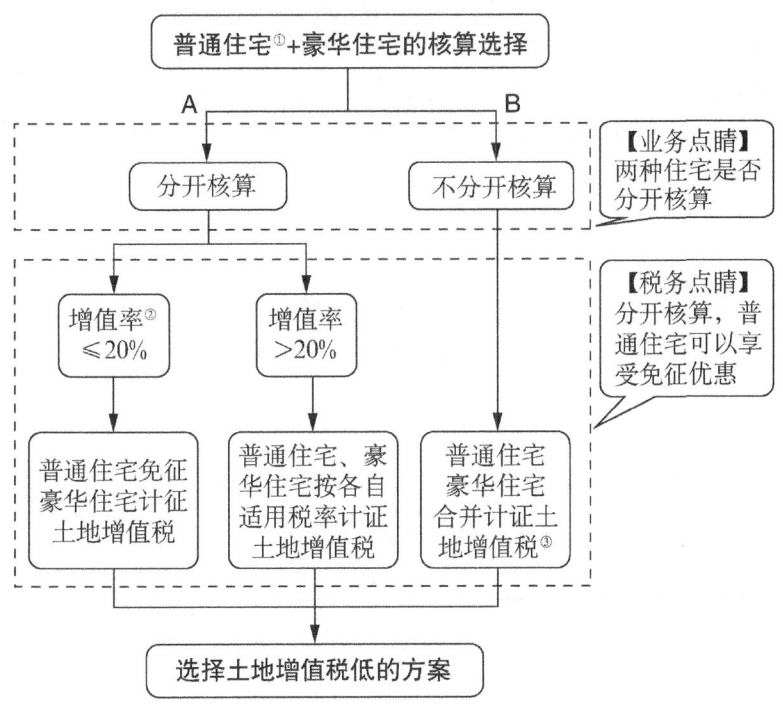

【附注】

注①：普通住宅指符合国办发〔2005〕26号规定的普通标准住宅。
注②：增值率=（销售收入−总扣除项目金额）/总扣除项目金额。
注③：不分开核算的，即使增值率小于20%也无法享受土地增值税免征优惠。

实战案例

梅松房地产有限公司是业内一家大型的房地产开发公司,公司开发的楼盘遍布A省各地市。在B市的一块地皮上,梅松公司开发了两种住宅形式:一是普通住宅,主要受众群体为工薪阶层;二是豪华住宅,主要面向B市的高收入群体进行销售。公司目前已将全部住宅销售完毕。在公司季度会议上,销售部将销售情况向总经理赵总做了汇报:普通住宅的销售额为50 000万元,豪华住宅的销售额为30 000万元,共计80 000万元。

工程已经进入验收阶段,梅松公司马上要缴纳土地增值税,赵总询问财务部的梅经理:"两种住宅土地增值税的总扣除项目金额是多少?"梅经理回答:"普通住宅42 000万元,豪华住宅15 000万元。"赵总听后,安排梅经理带领财务部进行土地增值税的纳税筹划,并随时向他汇报。梅经理接到指示后,立即带领财务部众人进行了测算,出具方案并做了分析。

【备选方案】

方案一:普通住宅和豪华住宅分开核算土地增值税。
方案二:普通住宅和豪华住宅不分开核算土地增值税。

【分析】

假设不考虑其他因素,两种方案的土地增值税纳税情况如表4-9所示。

表4-9 两种方案纳税情况比较

单位:万元

方案	类型	增值额	增值率	适用税率	速算扣除系数	土地增值税纳税额	合计
方案一	普通住宅	50 000−42 000 =8 000	8 000÷42 000× 100%=19.05%	免征	—	0	5 250
	豪华住宅	30 000−15 000 =15 000	15 000÷15 000 ×100%=100%	40%	5%	15 000×40%− 15 000×5%= 5 250	
方案二	普通住宅+豪华住宅	50 000+30 000 −(42 000+ 15 000)=23 000	23 000÷(42 000 +15 000)× 100%=40.35%	30%	0	23 000×30%= 6 900	6 900

结论

方案一比方案二少缴纳土地增值税1 650(6 900−5 250)万元,故分开核算更节税。

政策依据

一、《中华人民共和国土地增值税暂行条例》第三条至第八条

第三条　土地增值税按照纳税人转让房地产所取得的增值额和本条例第七条规定的税率计算征收。

第四条　纳税人转让房地产所取得的收入减除本条例第六条规定扣除项目金额后的余额，为增值额。

第五条　纳税人转让房地产所取得的收入，包括货币收入、实物收入和其他收入。

第六条　计算增值额的扣除项目：
（一）取得土地使用权所支付的金额；
（二）开发土地的成本、费用；
（三）新建房及配套设施的成本、费用，或者旧房及建筑物的评估价格；
（四）与转让房地产有关的税金；
（五）财政部规定的其他扣除项目。

第七条　土地增值税实行四级超率累进税率：

增值额未超过扣除项目金额50%的部分，税率为30%。

增值额超过扣除项目金额50%、未超过扣除项目金额100%的部分，税率为40%。

增值额超过扣除项目金额100%、未超过扣除项目金额200%的部分，税率为50%。

增值额超过扣除项目金额200%的部分，税率为60%。

第八条　有下列情形之一的，免征土地增值税：
（一）纳税人建造普通标准住宅出售，增值额未超过扣除项目金额20%的；
（二）因国家建设需要依法征收、收回的房地产。

二、《财政部、国家税务总局关于土地增值税一些具体问题规定的通知》（财税字〔1995〕48号）第十三条

关于既建普通标准住宅又搞其他类型房地产开发的如何计税的问题

对纳税人既建普通标准住宅又搞其他房地产开发的，应分别核算增值额。不分别核算增值额或不能准确核算增值额的，其建造的普通标准住宅不能适用条例第八条（一）项的免税规定。

小贴士

1. 对照自检

（1）企业是否开发了不同类型的住宅销售？

(2) 选择分开核算时,企业能否对不同住宅的扣除费用进行准确划分?

(3) 选择分开核算时,普通住宅的增值率能否控制在20%以下?

87 大絜长度

——巧选利息扣除方式降税负

业税分析

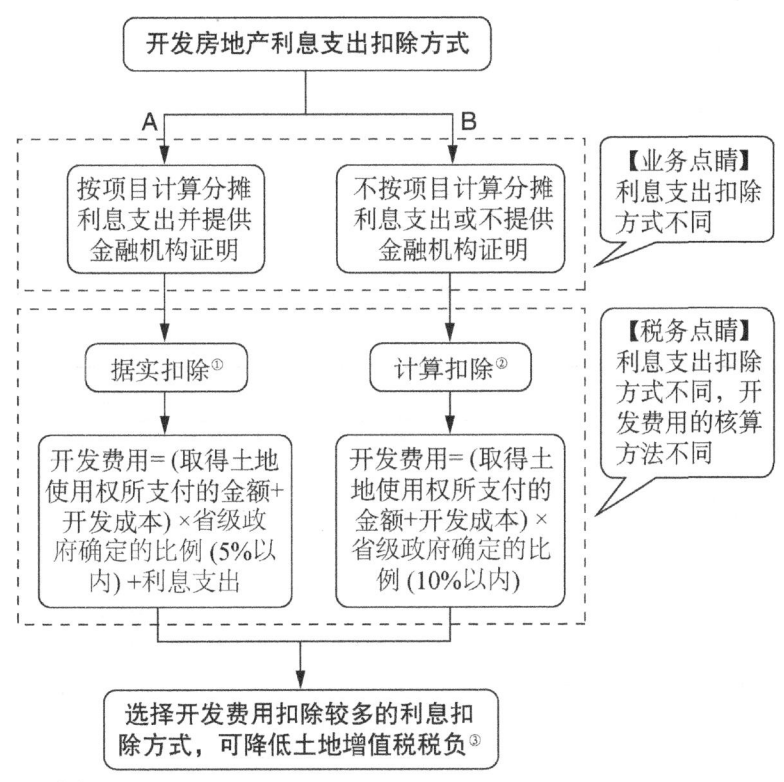

【附注】

注①：据实扣除指利息支出单独计算，但最高不超过按商业银行同类同期贷款利率计算的金额。

注②：计算扣除指利息支出不单独计算，与其他开发费用一并按规定计算扣除。

注③：企业还可通过测算项目利息支出平衡点进行选择，详见小贴士。

实战案例

梅松公司是一家房地产开发公司,2021年公司拟开发一普通标准住宅小区,因存在资金缺口,拟向当地金融机构进行了借款融资。因了解到利息支出的扣除方式会影响项目开发费用的核算,对于该选择哪种方式,公司负责人赵总要求财务部梅经理出具意见。

【备选方案】

方案一:利息支出据实扣除。

方案二:利息支出计算扣除。

【分析】

项目相关数据如表4-10所示。

表4-10 项目相关数据

单位:万元

序号	项目	不含税金额
1	销售收入	65 000
2	土地出让金	5 000
3	取得土地缴纳的其他费用	150
4	开发成本	13 000
5	管理费用	300
6	销售费用	300
7	财务费用	800
8	其中:利息支出	800
9	适用税率	增值税9%、城建税7%、教育费附加3%、地方教育附加2%、印花税0.05%、企业所得税25%

结合项目相关数据,梅经理测算出利息支出平衡点金额为907.5万元(详见小贴士),因利息支出800万元小于907.5万元,应选择计算扣除利息支出,从而增加开发费用扣除金额。

两种方案下,土地增值税的缴纳情况如表4-11所示。

表 4-11 土地增值税纳税情况对比

单位:万元

序号	项目		方案一	方案二
①	销售收入		65 000	65 000
②	减	取得土地使用权所支付的金额	5 150	5 150
③		开发成本/购入房产发票金额	13 000	13 000
④		开发费用	(②+③)×5%+800=1 707.5	(②+③)×10%=1 815
⑤		转让房产相关的税金	①×9%×(7%+3%)=585	①×9%×(7%+3%)=585
⑥		加计扣除	(②+③)×20%=3 630	(②+③)×20%=3 630
⑦	扣除项目合计		24 072.5	24 180
⑧	项目增值额		①-⑦=40 927.5	①-⑦=40 820
⑨	项目增值率		⑧÷⑦=170.02%	⑧÷⑦=168.82%
⑩	适用税率/速算扣除率		50%/15%	50%/15%
⑪	应纳税额		⑧×50%-⑦×15%=16 852.88	⑧×50%-⑦×15%=16 783

结论

方案二比方案一可少缴纳土地增值税 69.88(16 852.88-16 783)万元,更节税。

政策依据

一、《中华人民共和国土地增值税暂行条例》第六条

计算增值额的扣除项目:

(一)取得土地使用权所支付的金额;

(二)开发土地的成本、费用;

(三)新建房及配套设施的成本、费用,或者旧房及建筑物的评估价格;

(四)与转让房地产有关的税金;

(五)财政部规定的其他扣除项目。

二、《中华人民共和国土地增值税暂行条例实施细则》第七条

开发土地和新建房及配套设施的费用(以下简称房地产开发费用),是指与房地产开发项目有关的销售费用、管理费用、财务费用。

财务费用中的利息支出,凡能够按转让房地产项目计算分摊并提供金融机构证明

的,允许据实扣除,但最高不能超过按商业银行同类同期贷款利率计算的金额。其他房地产开发费用,按本条一、二项规定计算的金额之和的百分之五以内计算扣除;

凡不能按转让房地产项目计算分摊利息支出或不能提供金融机构证明的,房地产开发费用按本条(一)、(二)项规定计算的金额之和的百分之十以内计算扣除。

小贴士

1. 利息支出平衡点

企业进行利息扣除方式选择时,可以参考表 4-12 中列示的方法对利息支出平衡点进行测算。

表 4-12 利息支出平衡点测算表

步骤	操作要点	详细内容
1	测算利息支出	根据项目资金需求规模,测算项目利息支出金额
2	测算平衡点	①假设: 取得土地使用权所支付的金额$=X$,开发成本$=Y$,利息支出$=Z$ ②构建关系式: 当$(X+Y)\times 5\%+Z=(X+Y)\times 10\%$时,两种扣除方式无差别,整理后得到$Z=(X+Y)\times 5\%$,故利息支出平衡点为$(X+Y)\times 5\%$
3	选择利息扣除方式	①当$Z>(X+Y)\times 5\%$时,促成利息支出据实扣除 ②当$Z<(X+Y)\times 5\%$时,促成利息支出计算扣除 ③当$Z=(X+Y)\times 5\%$时,两种扣除方式无差别

2. 对照自检

(1) 企业开发项目的融资渠道是什么?其是否存在利息支出?

(2) 利息支出的核算方式是否为优化选择?请运用该方法对企业税负进行测算。

88 更进一步

——巧用生地开发增加扣除

业税分析

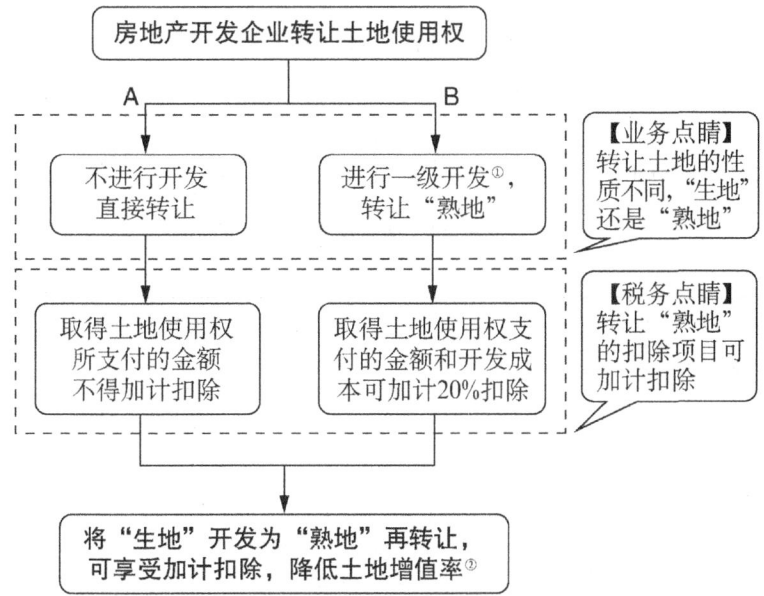

【附注】

注①：一级开发指对土地进行拆迁、安置、补偿及适当的市政配套设施建设，使土地达到一定的建设条件成为"熟地"，再进行转让。

注②：将"生地"进行一级开发，需要增加土地开发成本并占用企业资金，可能导致企业整体成本增加，企业进行方案选择时还需考虑整体的经济利益。

实战案例

梅松公司为一家房地产开发企业,其账面有一块2020年年末取得的"生地",未进行任何开发。2021年3月,梅松公司拟将该地块转让给税台房地产开发公司(以下简称"税台公司"),并按照规定用途开发写字楼,因转让该地块的土地增值税较高,赵总要求财务部梅经理出具筹划方案。

【备选方案】

方案一:直接转让"生地"。

方案二:先进行土地一级开发后再转让,即转让"熟地"。

【分析】

假设两种方案的土地转让收入相同,项目相关数据如表4-13所示。

表4-13 项目相关数据

单位:万元

序号	项目	不含税金额
1	土地转让收入	8 000
2	土地出让金	4 000
3	取得土地缴纳的其他费用	150
4	一级开发成本	500
4	适用税率	增值税9%、城建税7%、教育费附加3%、地方教育附加2%、印花税0.05%、企业所得税25%

两种方案,土地增值税及税后利润的测算如表4-14和表4-15所示。

表4-14 土地增值税纳税情况对比

单位:万元

序号	项目		方案一	方案二
①	销售收入		8 000	8 000
②	减	取得土地使用权支付的金额	4 150	4 150
③		开发成本	0	500
④		开发费用	0	0
⑤		转让房产相关的税金	①×9%×(7%+3%)+①×0.05%=76	①×9%×(7%+3%)+①×0.05%=76
⑥		加计扣除	0	(②+③)×20%=930

续表

序号	项目	方案一	方案二
⑦	扣除项目合计	4 226	5 656
⑧	项目增值额	①－⑦＝3 774	①－⑦＝2 344
⑨	项目增值率	⑧÷⑦＝89.3%	⑧÷⑦＝41.44%
⑩	税率/速算扣除率	40%/5%	30%
	应纳税额	⑧×40%－⑦×5%＝1 298.3	⑧×30%＝703.2

注：假设当地地方教育附加不得在土地增值税前扣除。

表 4-15　项目税后净利润对比

单位：万元

序号	项目		方案一	方案二
①	销售收入		8 000	8 000
②	减	取得土地使用权所支付的金额	4 150	4 150
③		开发成本	0	500
④		税金及附加	①×9%×(7%＋3%＋2%)＋①×0.05%＝90.4	①×9%×(7%＋3%＋2%)＋①×0.05%＝90.4
⑤		期间费用	0	0
⑥		土地增值税	1 298.3	703.2
⑦	成本费用合计		5 538.7	5 443.6
⑧	利润总额		①－⑦＝2 461.3	2 556.4
⑨	应纳税额		⑧×25%＝615.33	⑧×25%＝639.1
⑩	税后净利润		⑧－⑨＝1 845.97	⑧－⑨＝1 917.3

结论

(1) 方案二比方案一可少缴土地增值税 595.1(1 298.3－703.2)万元。

(2) 方案二比方案一增加税后净利润 71.33(1 917.3－1 845.97)万元。

政策依据

一、《中华人民共和国城镇国有土地使用权出让和转让暂行条例》第十九条第二款

未按土地使用权出让合同规定的期限和条件投资开发、利用土地的，土地使用

权不得转让。

二、《国家税务总局关于印发〈土地增值税宣传提纲〉的通知》(国税函发〔1995〕110号)第六条

六、具体计算增值额时应注意什么？

在具体计算增值额时，要区分以下几种情况进行处理：

（一）对取得土地或房地产使用权后，未进行开发即转让的，计算其增值额时，只允许扣除取得土地使用权时支付的地价款，交纳的有关费用，以及在转让环节缴纳的税金。……

（二）对取得土地使用权后投入资金，将生地变为熟地转让的，计算其增值额时，允许扣除取得土地使用权时支付的地价款、交纳的有关费用，和开发土地所需成本再加计开发成本的20%以及在转让环节缴纳的税金。……

三、《闲置土地处置办法》(中华人民共和国国土资源部令第53号)第十四条

（一）未动工开发满1年的，由市、县国土资源主管部门报经本级人民政府批准后，向国有建设用地使用权人下达《征缴土地闲置费决定书》，按照土地出让或者划拨价款的20%征缴土地闲置费。土地闲置费不得列入生产成本。

（二）未动工开发满两年的，由市、县国土资源主管部门按照《中华人民共和国土地管理法》第三十七条和《中华人民共和国城市房地产管理法》第二十六条的规定，报经有批准权的人民政府批准后，向国有建设用地使用权人下达《收回国有建设用地使用权决定书》，无偿收回国有建设用地使用权。……

💬 小贴士

1. 转让条件

转让的土地，应按照土地出让合同规定的期限和条件进行投资开发。转让后，需要改变规定用途的，应当征得出让方同意并经土地管理部门和城市规划部门批准，重新签订出让合同，调整土地使用权出让金，并办理登记。

2. 其他考虑事项

（1）将"生地"进行一级开发，会增加企业成本并占用企业资金，企业需结合整体经济利益全盘考虑。

（2）企业持有的土地应避免因形成"闲置土地"受到处罚。

2. 对照自检

企业是否存在拟转让的土地使用权，该土地使用权是否符合转让条件？运用该筹划方法时，企业的整体收益如何？

89 权衡利弊

——优选项目代收费核算方式增加扣除

业税分析

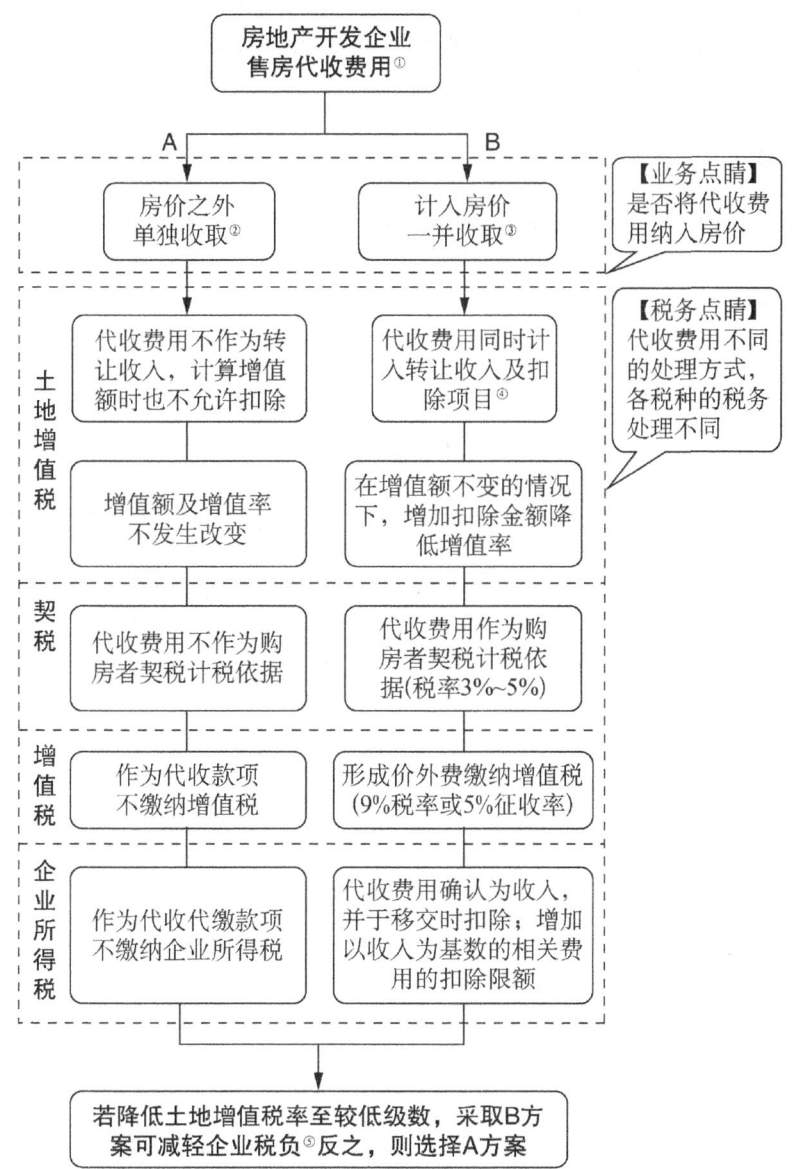

【附注】

注①~⑤：具体说明详见小贴士。

实战案例

这天,梅松房地产公司的赵总跟政府部门的几位领导喝茶,交流中了解到目前有一块土地准备出让,刚好赵总最近生意比较好,资金比较充足,想开发一普通标准住宅。梅松公司最终通过招投标,顺利拿到土地。

对于这个项目,政府部门要求梅松公司代为收取各种费用,共计 3 000 万元。由于第一次接触这种业务,赵总一头雾水,于是找来财务部梅经理,商讨一下如何处理代收的各种费用,梅经理提出了两种备选方案,并对不同方案的税负进行了测算分析。

【备选方案】

方案一:代收费用不计入项目销售收入,在账面计入往来科目。

方案二:代收费用计入项目销售收入,同时计入项目开发成本—代收费。

【分析】

项目相关数据如表 4-16 所示。

表 4-16 项目相关数据

单位:万元

序号	项目	不含税金额
1	销售收入	30 000
2	土地出让金	5 000
3	取得土地缴纳的其他费用	150
4	开发成本	13 000
5	管理费用	300
6	销售费用	300
7	财务费用	450
8	其中:借款利息(民间借贷利息,无法获取金融机构证明)	430
9	适用税率	增值税 9%、城建税 7%、教育费附加 3%、企业所得税 25%

两种方案下,土地增值税的纳税情况如表 4-17 所示。

表 4-17 土地增值税纳税情况比较

单位:万元

序号	项目		方案一	方案二
①	销售收入		30 000	30 000+1 500=31 500
②	减	取得土地使用权支付的金额	5 150	5 150
③		开发成本	13 000	13 000+1 500=14 500
④		开发费用	(②+③)×10%=1 815	(②+③)×10%=1 965
⑤		转让房产相关的税金	①×9%×(7%+3%)=270	①×9%×(7%+3%)=283.5
⑥		加计扣除	(②+③)×20%=3 630	(②+13 000)×20%=3 630
⑦	扣除项目合计		23 865	25 528.5
⑧	项目增值额		①-⑦=6 135	①-⑦=5 971.5
⑨	项目增值率		⑧÷⑦=25.71%	⑧÷⑦=23.39%
⑩	税率/速算扣除率		30%	30%
⑪	应纳税额		⑧×30%=1 840.5	⑧×30%=1 791.45

结论

(1) 方案二比方案一少缴纳土地增值税 49.05(1 840.5−1 791.45)万元。

(2) 但采用方案二时,梅松公司还需多缴纳增值税 135(1 500×9%)万元,客户需多缴纳契税 45(1 500×3%)万元,故综合来看,采用方案一更节税。

政策依据

一、《中华人民共和国土地增值税暂行条例》第八条第一款

第八条 有下列情形之一的,免征土地增值税:

(一)纳税人建造普通标准住宅出售,增值额未超过扣除项目金额 20%的;

二、《财政部、国家税务总局关于土地增值税一些具体问题规定的通知》(财税字〔1995〕48号)第六条

对于县级及县级以上人民政府要求房地产开发企业在售房时代收的各项费用,如果代收费用是计入房价中向购买方一并收取的,可作为转让房地产所取得的收入计税;如果代收费用未计入房价中,而是在房价之外单独收取的,可以不作为转让房地产的收入;

对于代收费用作为转让收入计税的,在计算扣除项目金额时,可予以扣除,但不允许作为加计 20%扣除的基数;对于代收费用未作为转让房地产的收入计税的,在

计算增值额时不允许扣除代收费用；

小贴士

1. 风险提示

项目代收费用计入房价时，虽然可以少缴纳一部分土地增值税，但还会增加企业的增值税税负、购房者的契税税负。因此，企业应结合整体税负进行选择。

2. 流程图附注

注①：代收费用指县级以上人民政府要求房地产开发企业在售房时代收的各项费用。

注②：代收费用由企业之外其他单位开具发票。

注③：代收费用由企业开具发票，可与房价合并开具也可单独开具，参照当地税务机关具体规定。

注④：代收费用扣除时，不得作为房地产开发费用及 20% 加计扣除的计算基数。

注⑤：计入房价一并收取，可降低土地增值税税负，降低全部销售额（房价＋代收费用）的 30%（免征）或 10%（税率级差）；降低企业所得税税负（限额提升多扣除费用的 25%）；增加增值税税负（代收费用的 9% 或 5%）；增加购房者契税税负（代收费用的 3%－5%）。

3. 对照自检

（1）企业项目开发中是否存在代收费用？目前的核算方式是否为优化选择？

（2）选择将代收费用计入房价时，企业的整体税负如何？购房者能够接受此代收费用？能否兼顾购房者利益？

⑨ 分门别类

——辅助人员费用多,编入项目增扣除

◇ 业税分析

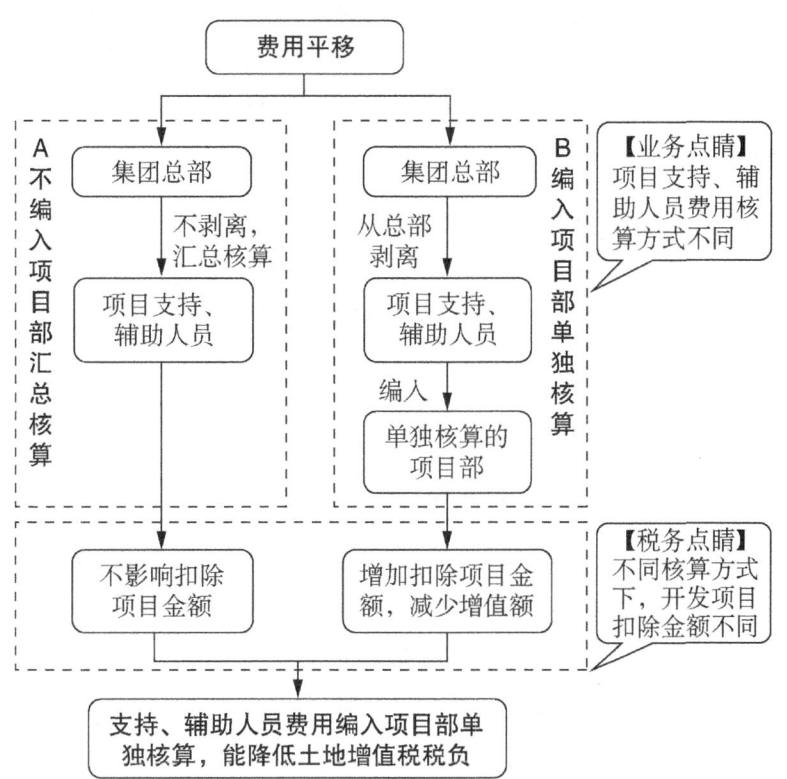

实战案例

梅松房产公司开发的一个小区(普通标准住宅)今日封顶,晚上,公司董事长赵总请项目骨干人员吃饭。酒桌上,大家推杯换盏,大家都开心不已,只有财务部的小松面带愁容。坐在旁边的梅经理看出了他的烦恼,便问他发生了什么事。原来,项目封顶了,就意味着可能马上就要竣工清算了,但目前测算的该项目的增值率稍微有点高,可能无法享受开发普通标准住宅的优惠。梅经理听罢,说:"明天带上项目的资料,我们一起开会讨论。"

第二天会议上,梅经理问道:"项目上配备的提供项目支持、辅助的总部人员的薪酬和支出是如何核算的?"小松想了想说:"放在集团统一核算了,大约有2 000万元。"梅经理听罢,说道:"原来突破点在这里!"随即出具了筹划方案。

【备选方案】

方案一:由梅松公司总部对该部分管理人员进行统一管理。

方案二:将提供项目支持、辅助的总部人员编入项目部进行管理,并将前述人员薪酬、福利费、办公费等调整至项目"开发间接费用"核算。

【分析】

项目相关数据如表4-18所示。

表4-18 项目相关数据

单位:万元

序号	项目	不含税金额
1	销售收入	30 000
2	土地出让金	5 000
3	取得土地缴纳的其他费用	150
4	开发成本	13 000
5	管理费用	300
6	销售费用	300
7	财务费用	450
8	其中:金融机构借款利息(利息费用能够按项目准确划分,已获取金融机构证明)	430
9	总部人员相关费用	2 000
10	适用税率	增值税9%,城建税7%,教育费附加3%,企业所得税25%

两种方案应缴纳的土地增值税如表4-19所示。

表 4-19 土地增值税缴纳情况比较

单位:万元

序号	项目		方案一	方案二
①	销售收入		30 000	30 000
②	减	取得土地使用权支付的金额	5 150	5 150
③		开发成本	13 000	13 000+2 000=15 000
④		开发费用	(②+③)×5%+430=1 337.5	(②+③)×5%+430=1 437.5
⑤		转让房产相关的税金	①×9%×(7%+3%)=270	①×9%×(7%+3%)=270
⑥		加计扣除	(②+③)×20%=3 630	(②+③)×20%=4 030
⑦	扣除项目合计		23 387.5	25 887.5
⑧	项目增值额		①-⑦=6 612.5	①-⑦=4 112.5
⑨	项目增值率		⑧÷⑦=28.27%	⑧÷⑦=15.89%
⑩	税率/速算扣除率		30%	免征
	应纳税额		⑧×30%=1 983.75	0

方案二可免征土地增值税,比方案一节税 1 983.75 万元。

政策依据

一、《中华人民共和国土地增值税暂行条例》第四条、第六条、第八条第一款

第四条 纳税人转让房地产所取得的收入减除本条例第六条规定扣除项目金额后的余额,为增值额。

第六条 计算增值额的扣除项目:

(一) 取得土地使用权所支付的金额;

(二) 开发土地的成本、费用;

(三) 新建房及配套设施的成本、费用,或者旧房及建筑物的评估价格;

(四) 与转让房地产有关的税金;

(五) 财政部规定的其他扣除项目。

……

第八条 有下列情形之一的,免征土地增值税:

(一) 纳税人建造普通标准住宅出售,增值额未超过扣除项目金额 20% 的;

二、《中华人民共和国土地增值税暂行条例实施细则》第七条第二款

开发间接费用，是指直接组织、管理开发项目发生的费用，包括工资、职工福利费、折旧费、修理费、办公费、水电费、劳动保护费、周转房摊销等。

小贴士

1. 风险提示

（1）项目管理主体是否适用？如通过设立项目公司的方式对开发项目进行管理，因项目公司具备独立的法人资格，不同法人主体间转移费用较为复杂，不完全适用上述方法。

（2）要确保扣除凭证的合法真实。成本费用的扣除以真实合法的原始凭证为依据，企业要保留好项目辅助人员的工资表、费用审批单、发票等原始凭证，务必以客观事实为依据。

2. 对照自检

（1）企业项目开发的管理形式是什么？企业是否存在项目支持、辅助人员？

_____
_____

（2）项目支持、辅助人员的费用是如何核算的，是否为优化选择？

_____
_____

⑨ 吃亏是福

——适当增加公共配套设施降税负

业税分析

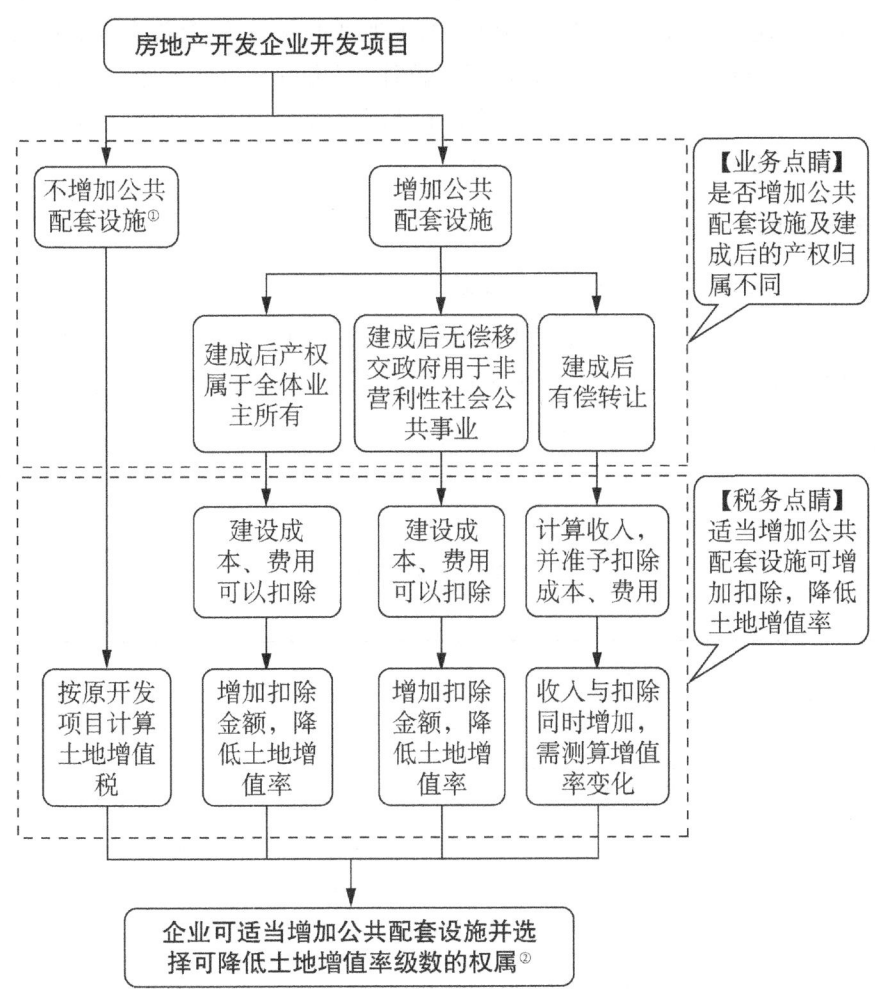

【附注】

注①：公共配套设施是指与清算项目配套的居委会和派出所用房、会所、停车场(库)、物业管理场所、变电站、热力站、水厂、文体场馆、学校、幼儿园、托儿所、医院、邮电通讯等公共设施。

注②：增加公共配套设施会增加项目投入，占用企业资金，企业进行方案选择时，还需结合整体利益综合考虑。

实战案例

这天,梅松房地产开发公司的赵总正在为企业一块空闲的土地发愁,突然接到了市场部经理钱经理的电话,电话那头,钱经理兴奋地说:"赵总,好消息啊!我们闲置的那块地旁边,政府准备规划一个办公园区!"听罢,赵总一拍桌子:"那我们正好规划一个住宅小区,目标客户就是园区内的公职人员及企业的白领。"

第2天,梅松公司组织了管理层会议,就该住宅小区事项进行了讨论。会上,赵总提道:"我们这个开发项目,会面临较高的土地增值税税负,有没有什么办法能降低税负呢?"财务部梅经理结合项目的目标群体,提出可以增加一些公共配套设施,这样既能增加小区的竞争优势,也能降低土地增值税的税负,并在会后对公共设施的投入金额和企业税负进行了测算分析。

【备选方案】

方案一:将开发的住宅项目直接出售。

方案二:增加配套设施投入,将增值率降低至20%以下,达到免征土地增值税的条件,并且建成后产权属于全体业主所有。

【分析】

项目相关数据如表4-20所示。

表4-20 项目相关数据

单位:万元

序号	项目	不含税金额
1	销售收入	30 000
2	土地出让金	5 000
3	取得土地缴纳的其他费用	150
4	开发成本	13 000
5	拟增加公共配套设施费	1 500
6	管理费用	300
7	销售费用	300
8	财务费用	450
9	其中:金融机构借款利息(利息费用能够按项目准确划分,已获取金融机构证明)	400
10	适用税率	增值税9%、城建税7%、教育费附加3%、地方教育附加2%、契税3%、印花税0.05%、企业所得税25%

两种方案的土地增值税及整体税后净利润的情况如表 4-21 和表 4-22 所示。

表 4-21 土地增值税缴纳情况比较

单位：万元

序号	项目		方案一	方案二
①	销售收入		30 000	30 000
②	减	取得土地使用权支付的金额	5 150	5 150
③		开发成本	13 000	13 000+1 500=14 500
④		开发费用	(②+③)×5%+400=1 307.5	(②+③)×5%+400=1 382.5
⑤		转让房产相关的税金	①×9%×(7%+3%)=270	①×9%×(7%+3%)=270
⑥		加计扣除	(②+③)×20%=3 630	(②+③)×20%=3 930
⑦	扣除项目合计		23 357.5	25 232.5
⑧	项目增值额		①-⑦=6 642.5	①-⑦=4 767.5
⑨	项目增值率		⑧÷⑦=28.44%	⑧÷⑦=18.89%
⑩	税率/速算扣除率		30%	免征
⑪	应纳税额		⑧×30%=1 992.75	0

注：假设当地地方教育附加不得在土地增值税前扣除。

表 4-22 项目税后净利润比较

单位：万元

序号	项目		方案一	方案二
①	销售收入		30 000	30 000
②	减	取得土地使用权支付的金额	5 150	5 150
③		开发成本	13 000	14 500
④		税金及附加	①×9%×(7%+3%+2%)+①×0.05%=339	①×9%×(7%+3%+2%)+①×0.05%=339
⑤		期间费用	1 050	1 050
⑥		土地增值税	1 992.75	0
⑦	成本费用合计		21 531.75	21 039
⑧	利润总额		①-⑦=8 468.25	①-⑦=8 961
⑨	应纳税额		⑧×25%=2 117.06	⑧×25%=2 240.25
⑩	项目税后净利润		⑧-⑨=6 351.19	6 720.75

> **结论**
> （1）方案二可免征土地增值税，比方案一节税1 992.75万元。
> （2）方案二比方案一增加税后净利润369.56(6 720.75－6 351.19)万元。

政策依据

一、《中华人民共和国土地增值税暂行条例》第三条至第七条、第八条第一项

第三条　土地增值税按照纳税人转让房地产所取得的增值额和本条例第七条规定的税率计算征收。

第四条　纳税人转让房地产所取得的收入减除本条例第六条规定扣除项目金额后的余额，为增值额。

第五条　纳税人转让房地产所取得的收入，包括货币收入、实物收入和其他收入。

第六条　计算增值额的扣除项目：

（一）取得土地使用权所支付的金额；

（二）开发土地的成本、费用；

（三）新建房及配套设施的成本、费用，或者旧房及建筑物的评估价格；

（四）与转让房地产有关的税金；

（五）财政部规定的其他扣除项目。

第七条　土地增值税实行四级超率累进税率：

增值额未超过扣除项目金额50%的部分，税率为30%。

增值额超过扣除项目金额50%、未超过扣除项目金额100%的部分，税率为40%。

增值额超过扣除项目金额100%、未超过扣除项目金额200%的部分，税率为50%。

增值额超过扣除项目金额200%的部分，税率为60%。

第八条　有下列情形之一的，免征土地增值税：

（一）纳税人建造普通标准住宅出售，增值额未超过扣除项目金额20%的；

二、《国家税务总局关于房地产开发企业土地增值税清算管理有关问题的通知》（国税发〔2006〕187号）第四条第三款

（三）房地产开发企业开发建造的与清算项目配套的居委会和派出所用房、会所、停车场(库)、物业管理场所、变电站、热力站、水厂、文体场馆、学校、幼儿园、托儿所、医院、邮电通讯等公共设施，按以下原则处理：

1. 建成后产权属于全体业主所有的，其成本、费用可以扣；

2. 建成后无偿移交给政府、公用事业单位用于非营利性社会公共事业的，其成

本、费用可以扣除；

3. 建成后有偿转让的，应计算收入，并准予扣除成本、费用。

💬 小贴士

1. 风险提示

（1）对公共配套设施的界定，各地税务机关执行口径存在一定差异，企业在筹划过程中务必要明确主管税务机关的具体执行口径。

（2）公共配套设施建成后的权属若不符合（国税发〔2006〕187号）第四条第三项的规定，会导致公共配套设施费不得扣除，导致筹划失败。

（3）增加公共配套设施，势必会增加项目投入，占用企业资金，采用该种筹划方式是否经济需全盘考虑。

2. 对照自检

（1）企业目前开发项目的土地增值税税负如何？

（2）开发的项目是否具备建设公共配套设施的条件？

（3）公共配套设施的权属是如何规定的，成本费用是否可以扣除，运用此筹划方法时，企业的整体收益如何？

⑫ 合作共赢

——巧用分立免土地增值税

业务分析

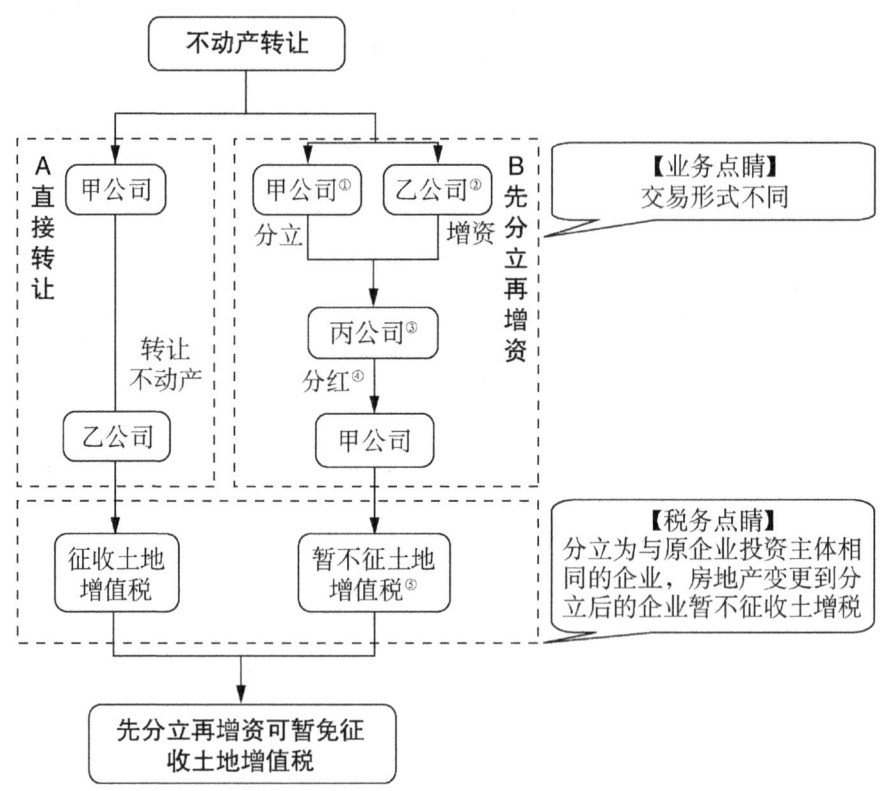

【附注】

注①：甲公司不能为房地产开发企业，分立后甲公司与丙公司的投资主体相同且将房地产变更到丙公司。

注②：甲公司分设丙公司后，乙公司再以货币增资。

注③：丙公司不能为房地产开发企业。

注④：甲公司未来可通过分红的方式取得不动产收益。

注⑤：优惠期限为2021年1月1日至2027年12月31日。

实战案例

梅松酒店管理公司(以下简称"梅松公司")见当地旅游业发展良好,便新购进了一栋经济型酒店用楼。经营了2年之后,由于当地各大连锁酒店的崛起,梅松公司的酒店业务开始入不敷出。这天,梅松公司的赵总去参加同学聚会,恰好了解到他一个老同学的老公钱总是当地知名酒店管理公司税台公司的董事长,最近正想拓展自己的酒店领域。于是提出了转让自己的酒店的想法,两人一拍即合。

钱总对赵总说:"听说直接转让会面临相当高的土地增值税税负,我公司的梅经理可是筹划的专家,让他给出出主意。"事后梅经理通过查阅相关的税收文件,很快出具了筹划方案。

【备选方案】

方案一:梅松公司直接将酒店转让给税台公司。

方案二:梅松公司与税台公司协商构建特殊交易。首先,梅松公司分设出一家公司W酒店管理公司(以下简称"W公司"),梅松公司将拟转让不动产转移变更到W公司;其次,税台公司对W公司以货币增资;最后,梅松公司按照持有的W公司股权取得分红,最终分红收入与直接转让酒店的收入相同。

【分析】

假设该酒店目前的评估价为35 000万元,转让价格40 000万元;适用的税率增值税税率为9%、城建税税率为7%、教育费附加为3%、产权转移书据印花税税率为0.05%,两种方案下,梅松公司土地增值税的缴纳情况如表4-23所示。

表4-23 土地增值税缴纳情况比较

单位:万元

序号	项目		方案一	方案二
①	不动产销售收入		40 000	分立为与原企业投资主体相同的企业,房地产变更到分立后的企业暂不征收土地增值税
②	减	旧房评估价格	30 000	
③		转让房产相关的税金	①×9%×(7%+3%)+①×0.05%=380	
④	扣除项目合计		30 380	
⑤	项目增值额		①-④=9 620	
⑥	项目增值率		⑤÷④=31.67%	
⑦	适用税率/速算扣除率		30%	
⑧	应纳税额		⑤×30%=2 886	

> **结论**
> 方案二,梅松公司可暂免征土地增值税,比方案一节税 2 886 万元。

政策依据

一、《中华人民共和国土地增值税暂行条例》第六条

计算增值额的扣除项目:

(一)取得土地使用权所支付的金额;

(二)开发土地的成本、费用;

(三)新建房及配套设施的成本、费用,或者旧房及建筑物的评估价格;

(四)与转让房地产有关的税金;

(五)财政部规定的其他扣除项目。

二、《中华人民共和国土地增值税暂行条例实施细则》第七条第四项、第五项

第七条 条例第六条所列的计算增值额的扣除项目,具体为:

……

(四)旧房及建筑物的评估价格,是指在转让已使用的房屋及建筑物时,由政府批准设立的房地产评估机构评定的重置成本价乘以成新度折扣率后的价格。评估价格须经当地税务机关确认。

(五)与转让房地产有关的税金,是指在转让房地产时缴纳的营业税、城市维护建设税、印花税。因转让房地产交纳的教育费附加,也可视同税金予以扣除。

三、《关于继续实施企业、事业单位改制重组有关契税政策的公告》(财政部 税务总局公告 2023 年第 49 号)第四条、第九条、第十一条

四、公司分立

公司依照法律规定、合同约定分立为两个或两个以上与原公司投资主体相同的公司,对分立后公司承受原公司土地、房屋权属,免征契税。

九、公司股权(股份)转让

在股权(股份)转让中,单位、个人承受公司股权(股份),公司土地、房屋权属不发生转移,不征收契税。

十一、本公告执行期限为 2024 年 1 月 1 日至 2027 年 12 月 31 日。

四、《关于继续实施企业改制重组有关土地增值税政策的公告》(财政部 税务总局公告 2023 年第 51 号)第三条、第五条、第九条

三、按照法律规定或者合同约定,企业分设为两个或两个以上与原企业投资主体相同的企业,对原企业将房地产转移、变更到分立后的企业,暂不征收土地增值税。

五、上述改制重组有关土地增值税政策不适用于房地产转移任意一方为房地产开发企业的情形。

九、本公告执行至 2027 年 12 月 31 日。

小贴士

1. 风险提示

（1）企业选择分立时，需满足分立后的投资主体与原公司相同的条件，若多个投资主体之间不能达成一致意见，则会导致筹划失败。

（2）运用该筹划方法时，甲企业应注意不能以股权转让方式取得不动产收益，以股权转让方式取得土地使用权，实质是房地产交易行为，需征收土地增值税。

（3）企业要注意优惠的执行期限，确保在优惠期内执行筹划方案。

2. 对照自检

（1）企业是否为非房地产开发企业，是否存在拟转让的不动产？

_____

_____

（2）该筹划方法能否获得所有投资主体的一致认同？分立后的公司是否为非房地产开发企业，投资主体是否与原公司相同？

_____

_____

第5章

其他税种税务筹划

我国现行税种共有18个,除前述4章内容所介绍的增值税、企业所得税、个人所得税和土地增值税外,还包括消费税、资源税、房产税、城镇土地使用税、契税、耕地占用税、印花税、车船税、车辆购置税、城市建设维护税、烟叶税、环境保护税、船位吨税、关税等。

其中,消费税以消费品的流转额为征税对象,我国消费税的征税对象包括烟(含电子烟)、酒及酒精、高档化妆品、贵重首饰及珠宝玉石、鞭炮、焰火、成品油、摩托车小汽车、高尔夫球及球具、高档手表、游艇、木制一次性筷子、实木地板、涂料、电池15个税目。

关税,是企业或个人引进出口商品经过一国关境时,由政府所设置的海关向其引进出口商所征收的税收。

契税,是在我国境内转移土地、房屋权属,承受的单位和个人需要缴纳的税种,是一个由买方为纳税主体的税种。

房产税,是以房屋为征税对象,以房屋的计税余值或租金收入为计税依据,向产权所有人征收的一种财产税。

印花税,是对在经济活动和经济交往中书立、领受具有法律效力的凭证的行为征收的一种税。

这几个所列举的税种,在企业日常的经营业务中也较为常见,也需要我们做提前的筹划。虽然这些税种所涉及的金额相对于增值税和所得税来说较低,但这些税种也是不可忽视的一部分。我们可以利用税法规定的优惠政策,进行此类税种的筹划。

本章内容围绕其他税种的相关政策,列举了筹划方法共计16招(第93招至第108招),主要包括消费税筹划(第93招至第98招)、关税筹划(第99招)、印花税筹划(第100招至第101招)、契税筹划(第102招至第105招)、房产税筹划(第106招至第107招)、城镇土地使用税(第108招)等6个方面的内容。

扫码听课

93 自力更生

——自行加工应税消费品减轻税负

业税分析

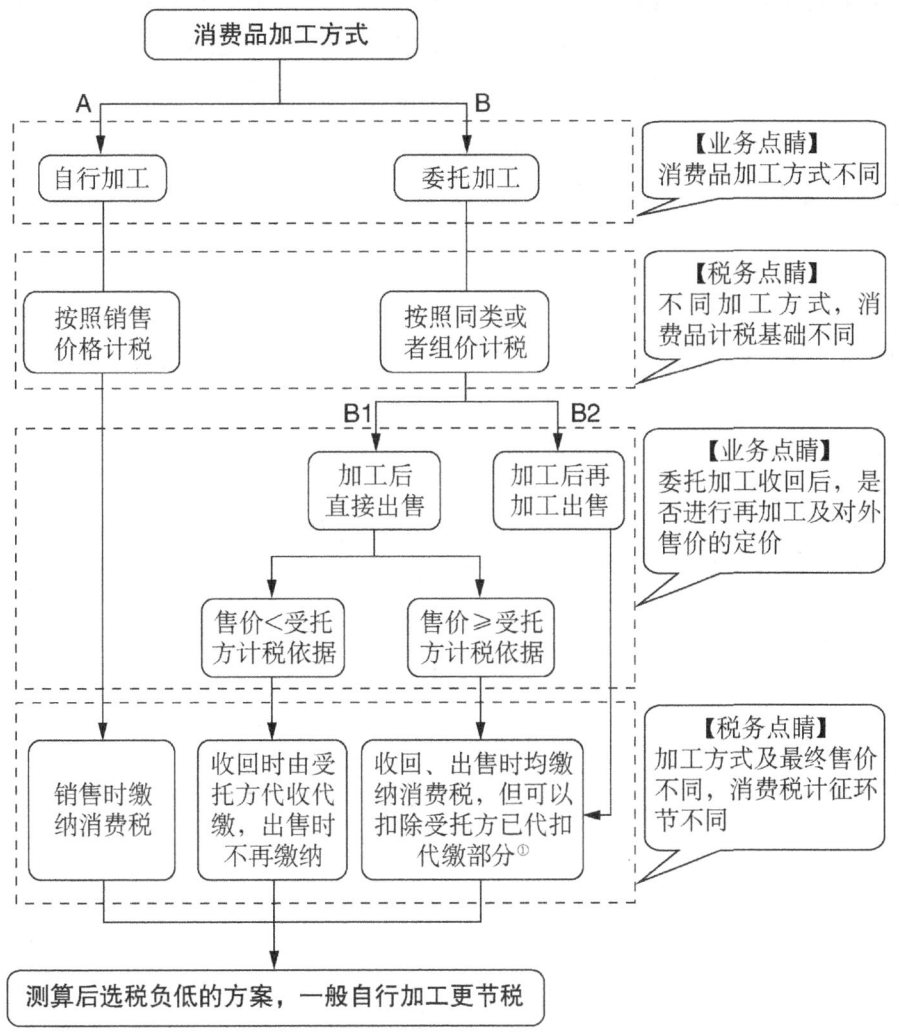

【附注】

注①：准予从消费税应纳税额中扣除原料已纳消费税税款的应税消费品范围，见政策财税〔2006〕33号。

实战案例

这一天,税台卷烟厂的赵总跟其他几个卷烟厂的总经理吃饭,餐桌上,赵总说道:"今年的雨水比较充沛,烟叶大丰收,市场上的烟叶价格较往年都要低,是入手原材料的好时机啊。"这对梅松公司的钱总可算是一个好消息,因为他打算收购500万元的烟叶并加工成甲类卷烟销售。

钱总趁这个机会,也向赵总讨教了一些经验,钱总说:"赵总,像我们这种小厂,每年交的消费税可真不少,应该怎么样加工才能降低消费税呢?"听完钱总的问题,赵总缓缓说道:"像我们这个行业,最好能自行加工,这在消费税缴纳方面是有利的。"钱总听完后,若有所思,准备对这次的卷烟生产项目先进行税负测算再生产。

【备选方案】

方案一:自行加工成甲类卷烟,发生加工费60万元。

方案二:委托其他公司加工成烟丝,支付加工费40万元,收回后继续加工成甲类卷烟,发生加工费用20万元。

方案三:委托其他公司直接加工成甲类卷烟,支付加工费60万元。

【分析】

假设梅松公司该批烟叶可加工成甲类卷烟10万条,对外售价预计为800万元(不含税),被委托公司无同类应税消费品销售,三种方案的消费税纳税情况如表5-1所示。

表5-1 三种方案的消费税纳税情况

单位:万元

方案	应纳消费税			纳税时间
	委托加工代收代缴	对外销售	合计	
方案一	—	$800 \times 56\% + 10 \times 0.6 = 454$	454	对外销售时纳税
方案二	$(500+40) \div (1-30\%) \times 30\% = 231.43$	$800 \times 56\% + 10 \times 0.6 - 231.43 = 222.57$	454	231.43万元在收回委托加工应税消费品时缴纳,其余对外销售时纳税
方案三	$(500+60+10 \times 0.6) \div (1-56\%) \times 56\% + 10 \times 0.6 = 726.36$	售价小于委托方组成计税价格,无须纳税	726.36	收回委托加工应税消费品时纳税

结论

(1) 方案一和方案二缴纳的消费税一致,均比方案三节税272.36(726.36－454)万元。

(2) 与方案二相比,方案一可递延纳税,故选择自行加工更有利。

政策依据

一、《中华人民共和国消费税暂行条例》第四条、第八条

第四条 纳税人生产的应税消费品,于纳税人销售时纳税。纳税人自产自用的应税消费品,用于连续生产应税消费品的,不纳税;用于其他方面的,于移送使用时纳税。

委托加工的应税消费品,除受托方为个人外,由受托方在向委托方交货时代收代缴税款。委托加工的应税消费品,委托方用于连续生产应税消费品的,所纳税款准予按规定抵扣。

第八条 委托加工的应税消费品,按照受托方的同类消费品的销售价格计算纳税;没有同类消费品销售价格的,按照组成计税价格计算纳税。

实行从价定率办法计算纳税的组成计税价格计算公式:

组成计税价格＝(材料成本＋加工费)÷(1－比例税率)

实行复合计税办法计算纳税的组成计税价格计算公式:

组成计税价格＝(材料成本＋加工费＋委托加工数量×定额税率)÷(1－比例税率)

二、《中华人民共和国消费税暂行条例实施细则》第七条第二款、第三款

……

委托加工的应税消费品直接出售的,不再缴纳消费税。

委托个人加工的应税消费品,由委托方收回后缴纳消费税。

三、《财政部 国家税务总局关于调整和完善消费税政策的通知》(财税〔2006〕33号)第七条

下列应税消费品准予从消费税应纳税额中扣除原料已纳的消费税税款:

(一) 以外购或委托加工收回的已税杆头、杆身和握把为原料生产的高尔夫球杆。

(二) 以外购或委托加工收回的已税木制一次性筷子为原料生产的木制一次性筷子。

(三) 以外购或委托加工收回的已税实木地板为原料生产的实木地板。

(四) 以外购或委托加工收回的已税石脑油为原料生产的应税消费品。

(五) 以外购或委托加工收回的已税润滑油为原料生产的润滑油。

已纳消费税税款抵扣的管理办法由国家税务总局另行制定。

四、《财政部 国家税务总局关于〈中华人民共和国消费税暂行条例实施细则〉有关条款解释的通知》(财法〔2012〕8号)

委托方将收回的应税消费品,以不高于受托方的计税价格出售的,为直接出售,不再缴纳消费税;委托方以高于受托方的计税价格出售的,不属于直接出售,需按照规定申报缴纳消费税,在计税时准予扣除受托方已代收代缴的消费税。

小贴士

1. 风险提示

企业选择自行加工时,往往需要增加厂房、设备、聘请专业的技术人员等,其加工成本可能高于委托加工,引发经营等风险。

2. 对照自检

(1) 企业是否存在应税消费品的生产销售业务?目前该消费品加工方式是什么?

_____

_____

(2) 企业是否具备自行加工应税消费品的条件?

_____

_____

94 另请高明

——巧选委托加工对象降税负

业税分析

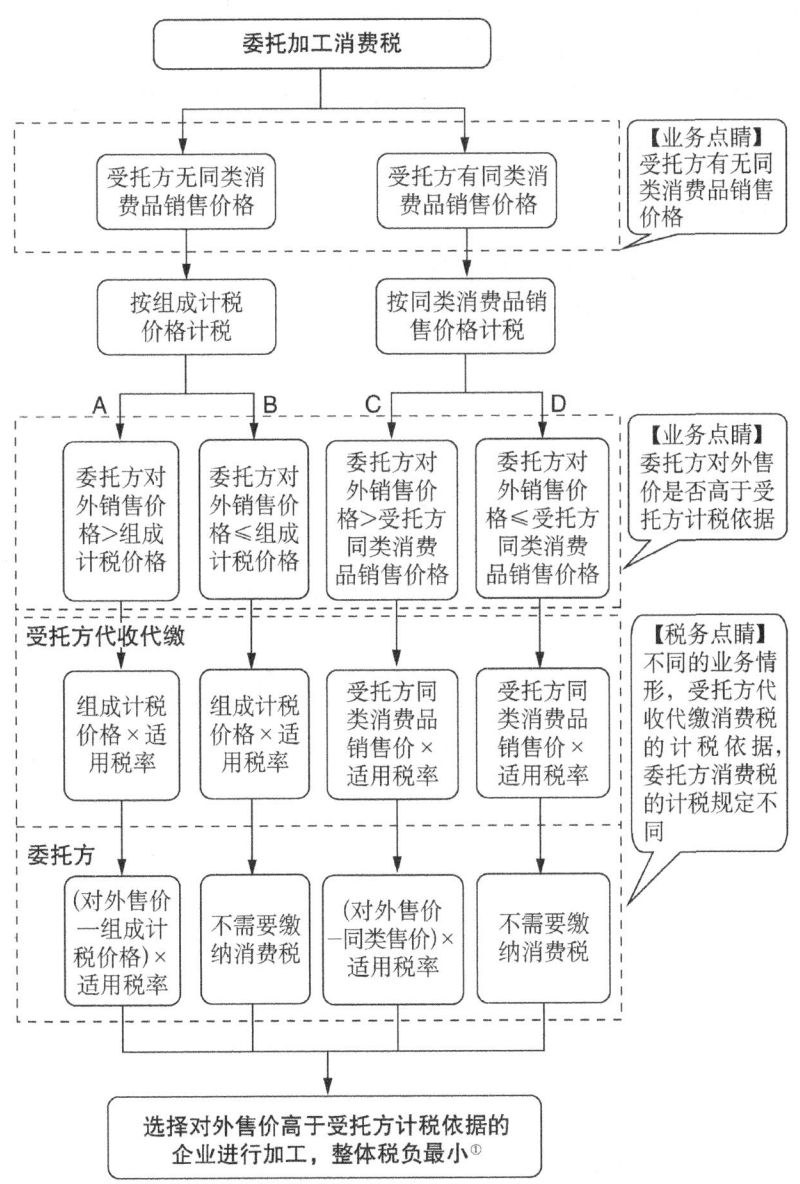

【附注】

注①：对外售价高于受托方计税依据的，选择计税依据较低的企业进行加工，可减少收回时代收代缴的税款，具有递延纳税优势。

实战案例

赵总在化妆品这个行业打拼多年,最近,应客户要求,赵总的公司采购了500万元的原材料准备加工成高档化妆品。但由于公司生产线已经饱和,而客户催得又急,因此,赵总只能找别人代为加工生产。正在犯难时,赵总瞥见了桌子上的一张照片,赵总这才想起来在去年行业年会上,他认识了几家工厂的老总。说干就干,赵总立马安排了市场部的张经理去做调研,发现这3家工厂均能满足自己的生产需要,但究竟该选择哪一家赵总又一次犯了难。

第二天管理层大会上,针对这3家加工厂,财务部的梅经理从消费税税收角度上,提供了自己的建议。

【备选方案】

方案一:A工厂,没有同类应税消费品的销售。

方案二:B工厂,有同类应税消费品的销售价格,不含税价格800万元。

方案三:C工厂,有同类应税消费品的销售价格,不含税价格700万元。

【分析】

假设市场加工费为100万元,该批化妆品直接对外销售价格为750万元,则三种方案的消费税纳税情况如表5-2所示。

表5-2 三种方案的消费税纳税情况

单位:万元

方案	具体情况	受托方代收代缴消费税	对外销售时应纳消费税	合计
方案一	A工厂无同类消费品的销售价格,按组成价格计税	(500+100)÷(1-15%)×15%=105.88	750×15%-105.88=6.62	112.5
方案二	B工厂有同类应税消费品的销售价格,按同类消费品的销售价格计税	800×15%=120	委托加工的应税消费品直接出售的价格750万元小于受托方同类消费品的销售价格800万元,不再缴纳消费税	120
方案三	C工厂有同类应税消费品的销售价格,按同类消费品的销售价格计税	700×15%=105	750×15%-105=7.5	112.5

> **结论**
> （1）方案一和方案三的消费税应纳税额一致，均比方案二节税 7.5（120－112.5）万元。
> （2）与方案一相比，方案三中受托方代收代缴的税额更少，具有递延纳税的优势，故方案三是税收上的最优选择。

政策依据

一、《中华人民共和国消费税暂行条例》第四条、第八条

第四条　纳税人生产的应税消费品，于纳税人销售时纳税。纳税人自产自用的应税消费品，用于连续生产应税消费品的，不纳税；用于其他方面的，于移送使用时纳税。

委托加工的应税消费品，除受托方为个人外，由受托方在向委托方交货时代收代缴税款。委托加工的应税消费品，委托方用于连续生产应税消费品的，所纳税款准予按规定抵扣。

第八条　委托加工的应税消费品，按照受托方的同类消费品的销售价格计算纳税；没有同类消费品销售价格的，按照组成计税价格计算纳税。

实行从价定率办法计算纳税的组成计税价格计算公式：

组成计税价格＝（材料成本＋加工费）×（1－比例税率）

实行复合计税办法计算纳税的组成计税价格计算公式：

组成计税价格＝（材料成本＋加工费＋委托加工数量×定额税率）×（1－比例税率）

二、《中华人民共和国消费税暂行条例实施细则》第七条

条例第四条第二款所称委托加工的应税消费品，是指由委托方提供原料和主要材料，受托方只收取加工费和代垫部分辅助材料加工的应税消费品。对于由受托方提供原材料生产的应税消费品，或者受托方先将原材料卖给委托方，然后再接受加工的应税消费品，以及由受托方以委托方名义购进原材料生产的应税消费品，不论在财务上是否作销售处理，都不得作为委托加工应税消费品，而应当按照销售自制应税消费品缴纳消费税。

委托加工的应税消费品直接出售的，不再缴纳消费税。

委托个人加工的应税消费品，由委托方收回后缴纳消费税。

三、《财政部　国家税务总局关于〈中华人民共和国消费税暂行条例实施细则〉有关条款解释的通知》（财法〔2012〕8号）

委托方将收回的应税消费品，以不高于受托方的计税价格出售的，为直接出售，不再缴纳消费税；委托方以高于受托方的计税价格出售的，不属于直接出售，需按照

规定申报缴纳消费税,在计税时准予扣除受托方已代收代缴的消费税。

💬 小贴士

1. 同类消费品销售价格

(1) 通常为受托方当月销售的同类消费品的销售价格,如果当月同类消费品各期销售价格高低不同,应按销售数量加权平均计算。

(2) 如同类消费品当月无销售或者当月未完结,应按照同类消费品上月或者最近月份的销售价格确定。

2. 对照自检

(1) 企业是否有委托加工应税消费品的业务需求?

_____

_____

(2) 受托方是否具有同类应税消费品的销售价格?

_____

_____

(3) 受托方的计税依据是否低于企业的对外售价?

_____

_____

⑮ 别具一格

——以应税消费品出资,先售后投更节税

◇ 业税分析

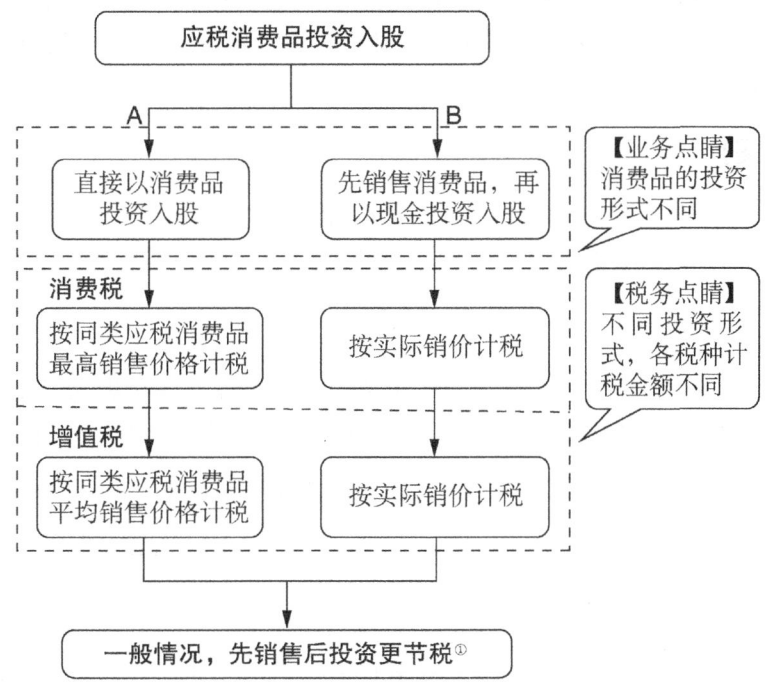

【附注】

注①:企业用应税消费品换取生产资料和消费资料,投资入股和抵偿债务时,如果双方协议的价格或评估的价格大于当月同类应税消费品的最高销售价格,则企业可以直接以消费品投资入股,从而达到降低消费税的目的。

实战案例

梅松公司是一家汽车生产企业,最近几年经济效益良好,公司总经理赵总想要再投资一些下游企业。经过市场调查,赵总瞄准了一家4S店税台公司,准备投资2 000万元以取得税台公司1 000万股的股权。

经过不断洽谈,双方达成了投资入股协议,梅松公司决定以自产的小汽车进行投资,但具体如何进行投资,双方并没有达成一致意见。赵总认为可以先把小汽车进行销售,再将取得的收入投资入股,而税台公司的钱总认为应该将小汽车直接评估作价进行投资。双方争执不下,最终,梅松公司财务部梅经理从税收角度出发,解决了这个争议。

【备选方案】

方案一:将生产的100辆汽车按20万元/辆的价格向税台公司投资。

方案二:先将100辆汽车以20万元/辆的价格销售,再用销售的价款向税台公司投资。

【分析】

假设梅松公司生产的小汽车当月均价20万元/辆,最高售价为22万元/辆,小汽车适用的消费税税率为12%,则两种方案的消费税纳税情况如表5-3所示。

表5-3 两种方案的消费税纳税情况

单位:万元

方案	计税规定	应纳税额
方案一	以同类应税消费品的最高销售价格作为计税依据	100×22×12%=264
方案二	以实际销售价格作为计税依据	100×20×12%=240

方案二比方案一少缴纳消费税24(264-240)万元,更节税。

政策依据

一、《中华人民共和国增值税暂行条例实施细则》第四条、第十六条

第四条 单位或者个体工商户的下列行为,视同销售货物:

(一)将货物交付其他单位或者个人代销;

(二)销售代销货物;

(三)设有两个以上机构并实行统一核算的纳税人,将货物从一个机构移送其他

机构用于销售,但相关机构设在同一县(市)的除外;

(四)将自产或者委托加工的货物用于非增值税应税项目;

(六)将自产、委托加工或者购进的货物作为投资,提供给其他单位或者个体工商户;

(七)将自产、委托加工或者购进的货物分配给股东或者投资者;

(八)将自产、委托加工或者购进的货物无偿赠送其他单位或者个人。

第十六条　纳税人有条例第七条所称价格明显偏低并无正当理由或者有本细则第四条所列视同销售货物行为而无销售额者,按下列顺序确定销售额:

(一)按纳税人最近时期同类货物的平均销售价格确定。

(二)按其他纳税人最近时期同类货物的平均销售价格确定。

(三)按组成计税价格确定。组成计税价格的公式为:

组成计税价格＝成本×(1＋成本利润率)

属于应征消费税的货物,其组成计税价格中应加计消费税额。

公式中的成本是指:销售自产货物的为实际生产成本,销售外购货物的为实际采购成本。公式中的成本利润率由国家税务总局确定。

二、《国家税务总局关于印发〈消费税若干具体问题的规定〉的通知》(国税发〔1993〕156号)第三条第六项

纳税人用于换取生产资料和消费资料,投资入股和抵偿债务等方面的应税消费品,应当以纳税人同类应税消费品的最高销售价格作为计税依据计算消费税。

小贴士

1. 风险提示

选择先销售后投资或抵债,虽然可以少缴一部分消费税,但可能会增加企业的时间成本、销售成本、仓储成本等。企业应综合考虑各种因素,选择最佳方案。

2. 对照自检

(1)企业是否存在以实物投资入股的业务?

_____
_____

(2)企业用于投资入股的产品是否是应税消费品?

_____
_____

(3)运用该筹划方法时,企业发生的其他成本是否低于节省的消费税?

_____
_____

⑨⑥ 隔山打牛

——巧用经销商销售降税负

业税分析

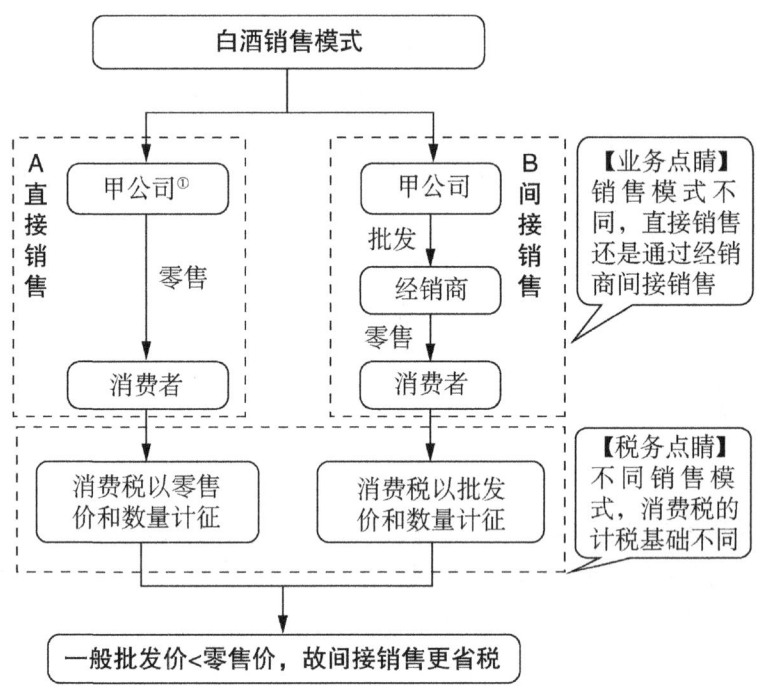

【附注】

注①：白酒生产企业销售白酒，价格低于对外销售价格70%以下的，税务机关暂不核定最低计税价格。

实战案例

这天风和日丽,阳光正好,梅松公司的赵总载着一家人出去郊游。车上,赵总的媳妇见他愁眉苦脸的,便问他最近是不是遇到了什么困难。原来,赵总的公司最近经济效益不是很好,资金流不太充裕。赵总媳妇说:"明天给你引荐一下我们公司的财务大咖梅经理,让他帮你筹划筹划,今天就好好玩,放松一下。"赵总听后,心里的愁消散了不少,迫不及待地想见见这位财务大咖。

第二天,赵总如愿以偿地见到了梅经理,简单寒暄了几句后,赵总开门见山说明了来意,并详细地介绍了自己公司的情况。梅经理听了,思忖一番后说:"赵总,我建议你们成立一个销售公司来进行销售,这样就能大大减少你们现在所面临的高额的消费税。"赵总听后,紧锁的眉头终于舒展开了,连忙向梅经理追问具体的操作。梅经理给出了两个方案。

【备选方案】

方案一:将生产的应税消费品直接销售给零售户及零散消费者。

方案二:成立独立核算的销售公司,先将消费品批发给销售公司,再由销售公司对外销售。

【分析】

假设梅松公司预计当年生产 1 000 吨白酒(约 16 万箱),不含税销售单价为 600 元/箱;梅松公司成立独立核算的销售公司后,以 480 元/箱的价格将白酒先批发给销售公司,销售公司再按 600 元/箱的价格对外销售,两种方案的消费税纳税情况如表 5-4 所示。

表 5-4 两种方案的消费税纳税情况

单位:万元

方案	企业	消费税		印花税应纳税额
		税务处理	应纳税额	
方案一	梅松公司	生产销售白酒,复合计征消费税	16×600×20%+1 000×2 000×0.5÷10 000=2 020	600×16×0.03%=2.88
方案二	梅松公司	生产销售白酒,复合计征消费税	16×480×20%+1 000×2 000×0.5÷10 000=1 636	480×16×0.03%=2.3
	经销商	零售白酒,不需要缴纳消费税	0	480×16×0.03%+600×16×0.03%=5.18

注:因两种方案需缴纳的增值税、企业所得税等,整体来看并无差别,本表并未进行计算。

> **结论**
> （1）方案二比方案一少缴纳消费税384(2 020－1 636)万元。
> （2）方案二比方案一需要多缴纳印花税4.6(2.3＋5.18－2.88)万元。
> （3）综上,使用方案二可比方案一降低税负379.4(2 020－1 636－4.6)万元。

政策依据

一、《中华人民共和国消费税暂行条例》第四条、第五条

第四条 纳税人生产的应税消费品,于纳税人销售时纳税。纳税人自产自用的应税消费品,用于连续生产应税消费品的,不纳税；用于其他方面的,于移送使用时纳税。

委托加工的应税消费品,除受托方为个人外,由受托方在向委托方交货时代收代缴税款。委托加工的应税消费品,委托方用于连续生产应税消费品的,所纳税款准予按规定抵扣。

进口的应税消费品,于报关进口时纳税。

第五条 消费税实行从价定率、从量定额,或者从价定率和从量定额复合计税（以下简称复合计税）的办法计算应纳税额。应纳税额计算公式：

实行从价定率办法计算的应纳税额＝销售额×比例税率

实行从量定额办法计算的应纳税额＝销售数量×定额税率

实行复合计税办法计算的应纳税额＝销售额×比例税率＋销售数量×定额税率

二、《国家税务总局关于进一步加强白酒消费税征收管理工作的通知》（税总函〔2017〕144号）第三条

自2017年5月1日起,白酒消费税最低计税价格核定比例由50%至70%统一调整为60%。已核定最低计税价格的白酒,国税机关应按照调整后的比例重新核定。

三、《国家税务总局关于印发〈消费税若干具体问题的规定〉的通知》（国税发〔1993〕156号）第三条第五项

纳税人通过自设非独立核算门市部销售的自产应税消费品,应当按照门市部对外销售额或者销售数量征收消费税。

小贴士

1. 风险提示

（1）对在批发环节（如卷烟）和零售环节（如金银首饰）需要缴纳消费税的应税消费品,不适用该方法。

(2) 企业设立销售公司时需要成本,设立的成本可能高于降低的消费税。

(3) 企业还需要考虑其他税种的税负,如企业所得税、增值税、印花税等。

(4) 企业将应税消费品批发销售给设立的销售公司时,销售价格并不是越低越好,价格过低时有被税务机关核定计税价格的风险。例如,白酒生产企业销售给销售单位的白酒,生产企业消费税计税价格低于销售单位对外销售价格70%以下的,税务机关应核定消费税最低计税价格。

2. 对照自检:

(1) 企业生产的应税消费品的消费税纳税环节是什么?
_____
_____

(2) 企业设立销售公司的成本是否低于降低的消费税税负?企业与销售公司之间的交易,是否符合独立交易原则?
_____
_____

⑨ 田忌赛马

——先销后包降低成套销售税负

业税分析

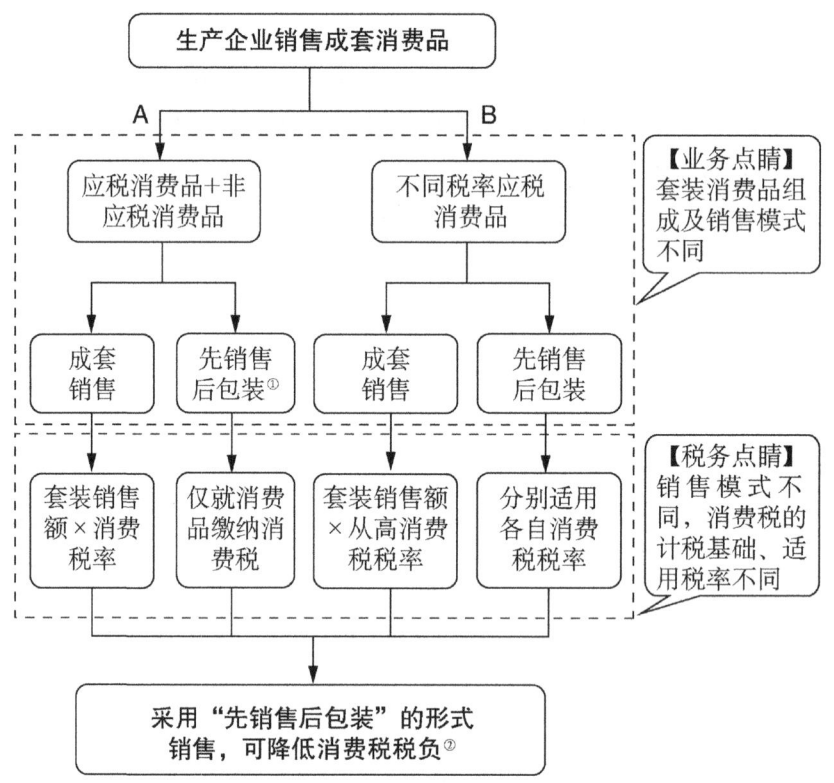

【附注】

注①：先将应税消费品销售给批发商等下游企业，再由批发商等下游企业包装成成套消费品对外销售。

注②：销售给批发商等下游企业的定价要在合理范围内，否则有被税务机关核定计税价格的风险。

实战案例

最近几天,梅松公司的赵总有些犯愁,客户突然取消了说好的葡萄酒订单,让他有点措手不及,并且也没有找到合适的买家。这天陪孩子逛超市,他看见超市卖的海鲜大礼包,突然灵机一动:"能不能把这批葡萄酒和白酒打包做成礼盒销售呢?"过了几周,公司终于找到了相应的客户,愿意采购一批葡萄酒和白酒的礼盒。

在某一天的管理层会议上,财务部门的梅经理说道:"葡萄酒和白酒打包成礼盒销售,可是要从高适用税率缴纳消费税的呀。"赵总听了,连忙说:"那可有什么办法能够解决这个问题?"梅经理缓缓说道:"想解决很简单,只要'先销售后包装'就可以节省一部分消费税了。"

【备选方案】

方案一:将1瓶白酒和1瓶葡萄酒组成礼品套装销售,从高适用消费税税率。

方案二:将白酒和葡萄酒分开单独销售给批发商,由批发商包装成套再销售,各自适用不同税率。

【分析】

假设梅松公司组成的礼盒装预计销售数量为1万套,销售单价不含增值税600元/套;单独销售,白酒售价为500元/瓶,葡萄酒售价为100元/瓶,均为500克装,则两种方案,消费税的缴纳情况如表5-5所示。

表5-5 两种方案的消费税对比

单位:万元

方案	计税规定	消费税应纳税额
方案一	从高适用税率缴纳消费税	600×10 000×20%÷10 000+10 000×1×0.5÷10 000=120.5
方案二	分别核算缴纳消费税	500×10 000×20%÷10 000+10 000×1×0.5÷10 000+100×10 000×10%÷10 000=110.5

方案二比方案一少缴纳消费税10(120.5-110.5)万元,更节税。

政策依据

一、《中华人民共和国消费税暂行条例》第三条、第六条

第三条 纳税人兼营不同税率的应当缴纳消费税的消费品(以下简称应税消费

品),应当分别核算不同税率应税消费品的销售额、销售数量;未分别核算销售额、销售数量,或者将不同税率的应税消费品组成成套消费品销售的,从高适用税率。

第六条 销售额为纳税人销售应税消费品向购买方收取的全部价款和价外费用。

二、《中华人民共和国消费税暂行条例实施细则》第十四条

条例第六条所称价外费用,是指价外向购买方收取的手续费、补贴、基金、集资费、返还利润、奖励费、违约金、滞纳金、延期付款利息、赔偿金、代收款项、代垫款项、包装费、包装物租金、储备费、优质费、运输装卸费以及其他各种性质的价外收费。但下列项目不包括在内:

(一)同时符合以下条件的代垫运输费用:

1. 承运部门的运输费用发票开具给购买方的;

2. 纳税人将该项发票转交给购买方的。

(二)同时符合以下条件代为收取的政府性基金或者行政事业性收费:

1. 由国务院或者财政部批准设立的政府性基金,由国务院或者省级人民政府及其财政、价格主管部门批准设立的行政事业性收费;

2. 收取时开具省级以上财政部门印制的财政票据;

3. 所收款项全额上缴财政。

三、《财政部 国家税务总局关于调整和完善消费税政策的通知》(财税〔2006〕33 号)第五条

关于组成套装销售的计税依据

纳税人将自产的应税消费品与外购或自产的非应税消费品组成套装销售的,以套装产品的销售额(不含增值税)为计税依据。

四、《国家税务总局关于进一步加强白酒消费税征收管理工作的通知》(税总函〔2017〕144 号)第三条

自 2017 年 5 月 1 日起,白酒消费税最低计税价格核定比例由 50% 至 70% 统一调整为 60%。已核定最低计税价格的白酒,国税机关应按照调整后的比例重新核定。

小贴士

1. 风险提示

采取"先销售后包装"的模式销售给批发商的价格过低,有被税务机关核定计税价格的风险。例如:白酒生产企业销售给销售单位的白酒,生产企业消费税计税价格低于销售单位对外销售价格 70% 以下的,税务机关需要核定消费税最低计税价格。

2. 对照自检:

(1)企业是否存在确有必要组成套装销售的消费品?

(2) 企业是否存在可以合作的下游企业？

_____

_____

(3) 运用该筹划方法时,销售给下游企业的价格是否合理？

_____

_____

⓽⓼ 大相径庭

——把握税率临界巧定价

◇ 业税分析

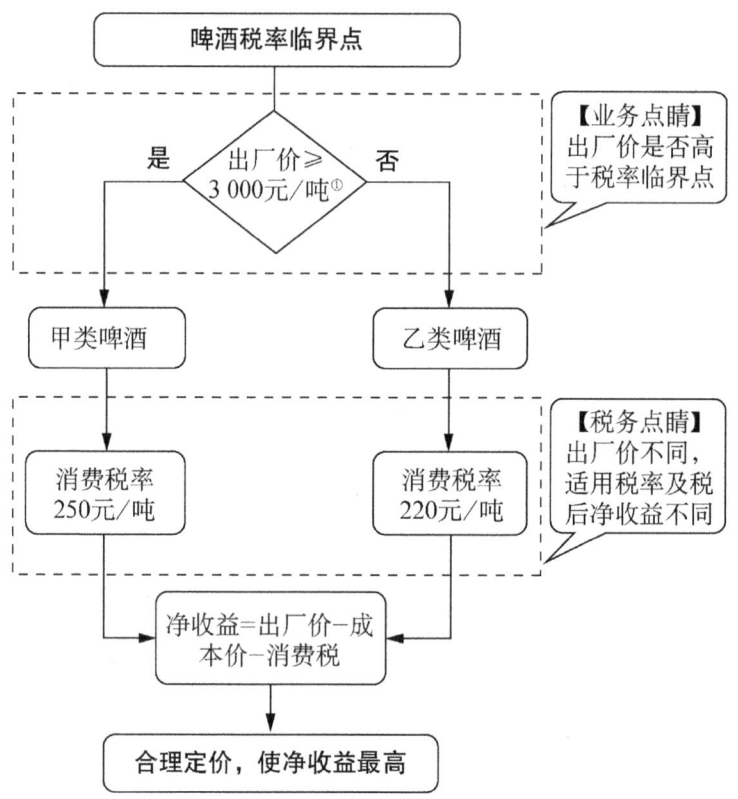

【附注】

注①：出厂价中含包装物及包装物押金，可通过调整包装物及押金的金额，合理定价。

实战案例

梅松公司的赵总今天受邀参加居民企业家晚会,他在会上结识了一群年轻有为的企业家。临近晚会结束,赵总发现一群人围在一起,也好奇地走过去。原来是税台公司的梅总在传经送宝,大家都围在一起向他讨教税收问题。正好赵总最近也有一些疑问,便也凑上前去,问道:"梅总,我们是一家啤酒生产企业,最近的消费税税负很高啊,有没有什么建议能帮助我们减轻一点消费税的税负?"梅总听了,跟他说:"你可以试试把出厂价处于3 000元/吨以上的调整到3 000元/吨以下,这样就能降低消费税了。"听完梅总一席话,赵总若有所思。

刚好,最近梅松公司出厂了啤酒10 000吨,每吨成本2 000元,公司经过市场调查发现,合理定价区间为每吨2 995元至3 018元。赵总想到了梅总的话,于是对最高价和最低价分别进行了测算,从而选择最优方案。

【备选方案】

方案一:每吨出厂价格为3 018元(不含增值税)。
方案二:每吨出厂价格为2 995元(不含增值税)。

【分析】

已知啤酒出厂价超过3 000元,从量计税税额为250元/吨;出厂价在3 000元以下,从量计税税额为220元/吨。假定不考虑增值税及其他税费,则两种方案的消费税应纳税额及税后收益如表5-6所示。

表5-6 两种方案的对比

单位:万元

序号	项目	方案一	方案二
1	销售收入	3 018×10 000÷10 000=3 018	2 995×10 000÷10 000=2 995
2	消费税应纳税额	10 000×250÷10 000=250	10 000×220÷10 000=220
3	税后收益(1−2)	(3 018−2 000)×10 000÷10 000−250=768	(2 995−2 000)×10 000÷10 000−220=775

【结论】

(1)方案二比方案一每吨定价降低23(3 018−2 995)元,销售收入减少23万元。
(2)方案二比方案一少缴纳消费税30(250−220)万元。
(3)综上,方案二比方案一增加税后收益7(775−768)万元,对企业更有利。

政策依据

《财政部 国家税务总局关于调整酒类产品消费税政策的通知》(财税〔2001〕84号)第四条

调整啤酒消费税单位税额。

(一)每吨啤酒出厂价格(含包装物及包装物押金)在3 000元(含3 000元,不含增值税)以上的,单位税额250元/吨;

(二)每吨啤酒出厂价格在3 000元(不含3 000元,不含增值税)以下的,单位税额220元/吨。

(三)娱乐业、饮食业自制啤酒,单位税额250元/吨。

(四)每吨啤酒出厂价格以2000年全年销售的每一牌号、规格啤酒产品平均出厂价格为准。2000年每一牌号、规格啤酒的平均出厂价格确定之后即作为确定各牌号、规格啤酒2001年适用单位税额的依据,无论2001年啤酒的出厂价格是否变动,当年适用单位税额原则上不再进行调整。

啤酒计税价格管理办法另行制定。

小贴士

1. 风险提示

利用税率临界点进行税务筹划需要遵守企业整体收益最大化的原则,即不要过分地强调某一方面收益的增加,而忽略了方案实施所引起的其他相关收益或费用的变动,导致纳税人的综合收益减少。

2. 其他消费品相关临界点

企业对其他存在税率临界点的消费品也可参考此办法进行筹划,相关临界点如表5-7所示。

表5-7 应税消费品税率临界点

税目		临界点划分标准	税率
卷烟	甲类卷烟	每标准条(10包200支)调拨价格≥70元(不含增值税)的	生产环节:56%税率加0.003元/支
			批发环节(加征):税率11%加0.005元/支
	乙类卷烟	每标准条(10包200支)调拨价格<70元(不含增值税)的	生产环节:36%税率加0.003元/支
			批发环节(加征):税率11%加0.005元/支

续　表

税目		临界点划分标准	税率
啤酒	甲类啤酒	每吨出厂价(含包装物及包装物押金)≥3 000元(不含增值税)的	250元/吨
	乙类啤酒	每吨出厂价(含包装物及包装物押金)＜3 000元(不含增值税)的	220元/吨
摩托车		气缸容量(排气量)250毫升的	3%
		气缸容量(排气量)＞250毫升的	10%
乘用车	气缸容量(排气量)	在1.0升(含1.0升)以下的	1%
		在1.0升以上至1.5升(含1.5升)的	3%
		在1.5升以上至2.0升(含2.0升)的	5%
		在2.0升以上至2.5升(含2.5升)的	9%
		在2.5升以上至3.0升(含3.0升)的	12%
		在3.0升以上至4.0升(含4.0升)的	25%
		在4.0升以上的	40%

3. 对照自检

企业运用该筹划方法时,整体收益如何?

⑨ 借风使船

——巧用国际转移定价降关税

业税分析

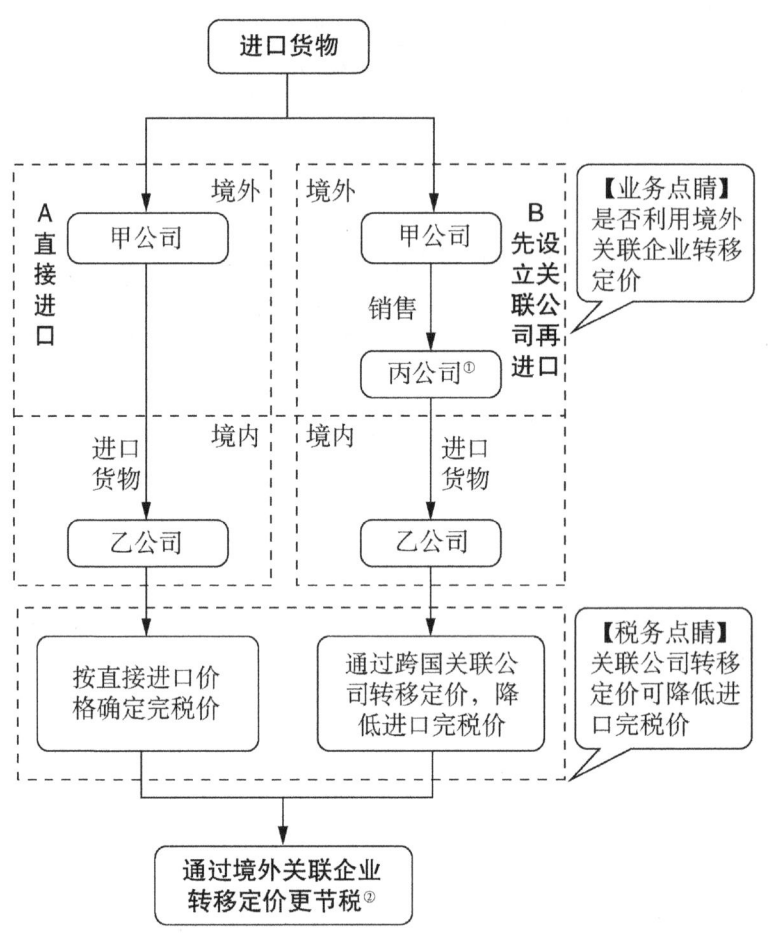

【附注】

注①：丙公司为乙公司在境外设立的子公司。

注②：丙企业应注意采用合理的国际转让定价方法，否则税务机关有权进行纳税调整。

实战案例

梅松公司是一家汽车零售公司,由于最近国内消费者需求有显著变化,对新能源汽车趋之若鹜,公司便想从国外进口几款新能源汽车来吸引消费者的眼球。其中,一款名叫扬帆的小汽车引起了总经理赵总的注意,他决定从B国进口这款小汽车,但是对于怎么具体操作,他目前没有思路,于是他找来了财务部梅经理,让梅经理帮忙出谋划策。梅经理在了解情况后,出具了方案并做了分析。

【备选方案】

方案一:以市场价每台10万美元的直接进口。

方案二:在B国境内设立一家公司,通过国际转移定价,降低汽车进口价格,以8万美元从B国进口小汽车。

【分析】

假设,从B国进口小汽车的关税税率为15%。美元兑人民币的汇率为1:6.3,则两种方案的关税纳税情况如表5-8所示。

表5-8 两种方案的关税纳税情况

单位:万元

方案		关税完税价格	应缴纳关税
方案一	直接进口	10×6.38=63.8	63.8×15%=9.57
方案二	通过国际转移定价,降低进口价格	8×6.38=51.04	51.04×15%=7.66

结论

方案二比方案一少缴纳关税1.91(9.57-7.66)万元,更节税。

政策依据

一、《中华人民共和国进出口关税条例》第三十六条

进出口货物关税,以从价计征、从量计征或者国家规定的其他方式征收。

从价计征的计算公式为:应纳税额=完税价格×关税税率

从量计征的计算公式为:应纳税额=货物数量×单位税额

二、《中华人民共和国企业所得税法》第四十一条

企业与其关联方之间的业务往来,不符合独立交易原则而减少企业或者其关联方应纳税收入或者所得额的,税务机关有权按照合理方法调整。

企业与其关联方共同开发、受让无形资产，或者共同提供、接受劳务发生的成本，在计算应纳税所得额时应当按照独立交易原则进行分摊。

三、《国家税务总局一般反避税管理办法（试行）》（国家税务总局令第 32 号）第五条、第六条

第五条　税务机关应当以具有合理商业目的和经济实质的类似安排为基准，按照实质重于形式的原则实施特别纳税调整。调整方法包括：

（一）对安排的全部或者部分交易重新定性；

（二）在税收上否定交易方的存在，或者将该交易方与其他交易方视为同一实体；

（三）对相关所得、扣除、税收优惠、境外税收抵免等重新定性或者在交易各方间重新分配；

（四）其他合理方法。

第六条　企业的安排属于转让定价、成本分摊、受控外国企业、资本弱化等其他特别纳税调整范围的，应当首先适用其他特别纳税调整相关规定。

企业的安排属于受益所有人、利益限制等税收协定执行范围的，应当首先适用税收协定执行的相关规定。

小贴士

1. 风险提示

（1）在境外设立子公司是否符合国家的政策及法律要求。

（2）国际转让定价或关联方交易价格是否公允，若不符合独立交易原则，境内税务机关有权调整企业所得税应纳税所得额，进而增加应纳税额。

（3）境内外是否存在反避税措施限制关联企业之间通过转让价格进行避税。

2. 对照自检

（1）企业是否存在进口业务？

_____

_____

（2）企业在境外是否存在关联企业？

_____

_____

（3）企业与关联企业之间的交易是否符合独立交易原则？

_____

_____

100 一分为二

——分别记载节省印花税

业税分析

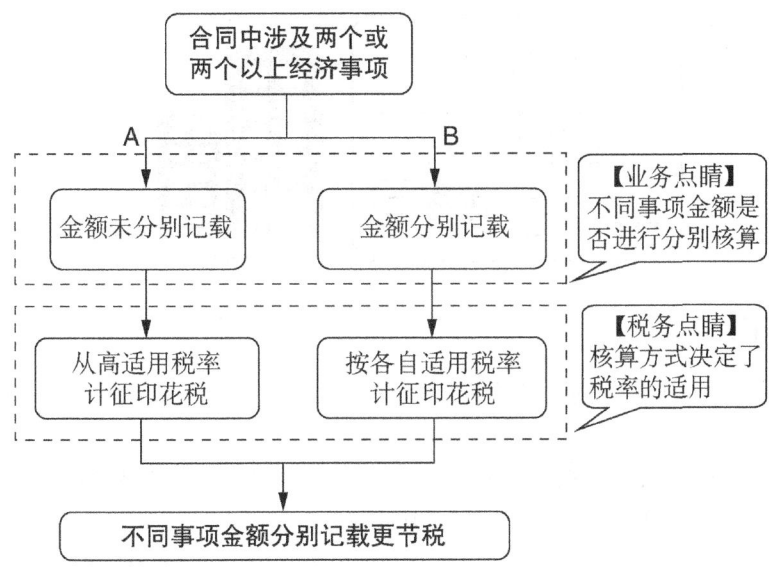

实战案例

梅松公司由于在业内的良好口碑及提供的优质的务,最近业务势头发展迅猛,许多公司慕名前来寻求合作。近一个月,梅松公司的合同订单量大涨,公司总经理赵总盯着业务部门送呈的两份合同陷入了沉思。

两份合同的委托方都是税台公司,合同约定梅松公司承接该公司货物的运输、仓储业务。双方约定货物运输费为200万元,仓储保管费用为100万元,但合同的签订方式却不同,面对两份合同,公司的财务部梅经理叫来了财务部门的人员,让他们测算一下两份合同的涉税事项。

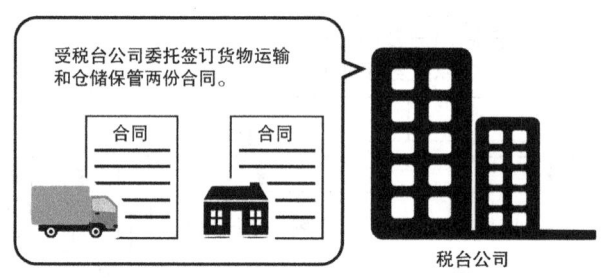

【备选方案】

方案一:合同中不分别记载不同业务的金额,约定梅松公司共收取大包干费用300万元。

方案二:合同中分别记载不同业务的金额,约定梅松公司提供运输服务,收取200万元,提供仓储保管服务,收取100万元。

【分析】

两种方案的印花税的税务处理如表5-9所示。

表5-9 两种方案的印花税税务处理

单位:元

方案	印花税税务处理	应纳印花税
方案一	未分别记载金额的,按税率高的计税贴花;适用税率千分之一	3 000 000×1‰=3 000
方案二	分别记载金额,分别计算应纳税额;运输合同适用税率万分之三,仓储合同适用税率千分之一	2 000 000×0.3‰+1 000 000×1‰=1 600

结 论

方案二比方案一可少缴纳印花税 1 400(3 000－1 600)元,更节税。

政策依据

《中华人民共和国印花税法》第五条、第九条、第十六条、第二十条、附件《印花税税目税率表》

第五条 印花税的计税依据如下:

(一)应税合同的计税依据,为合同所列的金额,不包括列明的增值税税款;

(二)应税产权转移书据的计税依据,为产权转移书据所列的金额,不包括列明的增值税税款;

(三)应税营业账簿的计税依据,为账簿记载的实收资本(股本)、资本公积合计金额;

(四)证券交易的计税依据,为成交金额。

第九条 同一应税凭证载有两个以上税目事项并分别列明金额的,按照各自适用的税目税率分别计算应纳税额;未分别列明金额的,从高适用税率。

第十六条 印花税按季、按年或者按次计征。实行按季、按年计征的,纳税人应当自季度、年度终了之日起十五日内申报缴纳税款;实行按次计征的,纳税人应当自纳税义务发生之日起十五日内申报缴纳税款。

证券交易印花税按周解缴。证券交易印花税扣缴义务人应当自每周终了之日起五日内申报解缴税款以及银行结算的利息。

第二十条 本法自2022年7月1日起施行。1988年8月6日国务院发布的《中华人民共和国印花税暂行条例》同时废止。

附:印花税税目税率表

税目		税率	备注
合同(指书面合同)	借款合同	借款金额的万分之零点五	指银行业金融机构、经国务院银行业监督管理机构批准设立的其他金融机构与借款人(不包括同业拆借)的借款合同
	融资租赁合同	租金的万分之零点五	
	买卖合同	价款的万分之三	指动产买卖合同(不包括个人书立的动产买卖合同)
	承揽合同	报酬的万分之三	
	建设工程合同	价款的万分之三	
	运输合同	运输费用的万分之三	指货运合同和多式联运合同(不包括管道运输合同)

(续表)

税目		税率	备注
合同（指书面合同）	技术合同	价款、报酬或者使用费的万分之三	不包括专利权、专有技术使用权转让书据
	租赁合同	租金的千分之一	
	保管合同	保管费的千分之一	
	仓储合同	仓储费的千分之一	
	财产保险合同	保险费的千分之一	不包括再保险合同
产权转移书据	土地使用权出让书据	价款的万分之五	转让包括买卖（出售）、继承、赠与、互换、分割
	土地使用权、房屋等建筑物和构筑物所有权转让书据（不包括土地承包经营权和土地经营权转移）	价款的万分之五	
	股权转让书据（不包括应缴纳证券交易印花税的）	价款的万分之五	
	商标专用权、著作权、专利权、专有技术使用权转让书据	价款的万分之三	
营业账簿		实收资本（股本）、资本公积合计金额的万分之二点五	
证券交易		成交金额的千分之一	

💬 小贴士

1. 特别提示

签订合同时，需注意金额中是否将增值税税款分别列明，如果没有单独列明，增值税包括在合同所列金额中，就需要作为应税合同的计税依据。

2. 对照自检

（1）企业的各项交易是否签订了业务合同？

（2）企业签订的合同是否涉及税率不同的事项？

101 化整为零

——巧签承包合同省印花税

业税分析

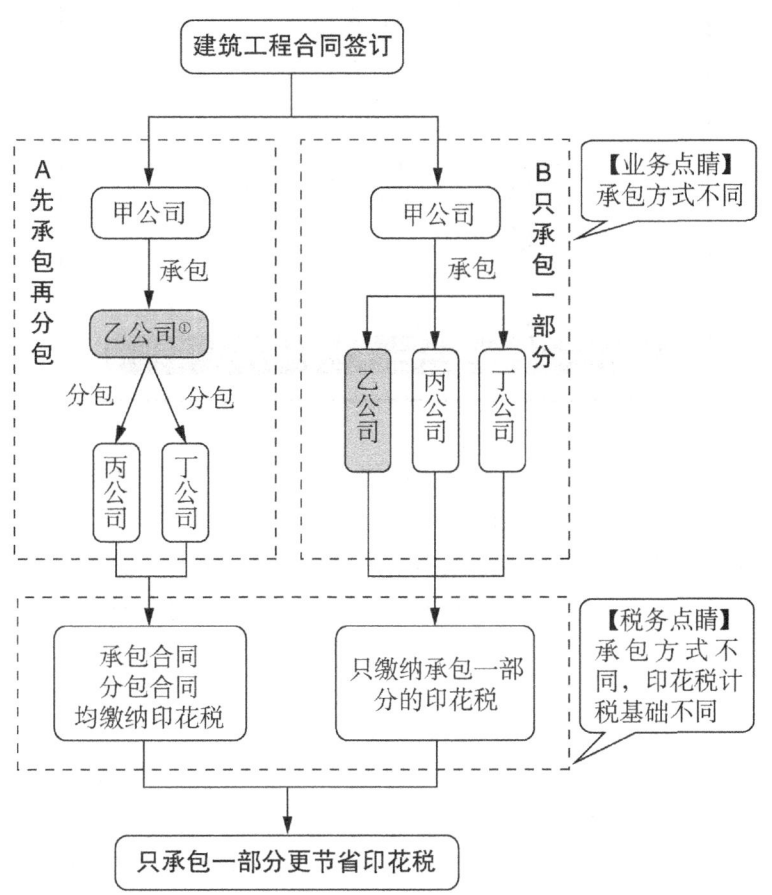

【附注】

注①：本图以乙公司作为分析对象。

实战案例

梅松公司是行业内新兴的一家建筑公司,由于自身的战略规划比较贴合公司的实际发展状况,近年来发展迅猛,逐渐形成了规模并在资本市场上获得了良好的口碑。

近日,梅松公司与一家建设办公楼的税台公司接触,双方准备合作,由梅松公司承揽税台公司的办公楼建设业务,总计金额为1亿元。在谈判过程中,税台公司提出,考虑到梅松公司自身规模的限制,独自完成项目建设可能存在困难,现拟定了两个方案,针对两种不同方案,梅松公司管理层要求财务部梅经理进行税务测算。

【备选方案】

方案一:先由税台公司与梅松公司签订承包合同,金额为1亿元。然后梅松公司再与另外两家公司签订分包合同,合同金额分别为2 000万元和3 000万元。

方案二:税台公司分别与梅松公司和另外两家公司订承包合同,金额分别为5 000万元、2 000万元和3 000万元。

【分析】

两种方案的印花税的缴纳情况如表5-10所示。

表 5-10　两种方案的印花税的缴纳情况

单位:万元

方案	承包合同税额	分包合同税额	最终应纳税额
方案一	10 000×0.3‰=3	(2 000+3 000)×0.3‰=1.5	3+1.5=4.5
方案二	5 000×0.3‰=1.5	0	1.5

结　论

方案二比方案一可少缴纳印花税 3(4.5－1.5)万元,更节税。

政策依据

一、《中华人民共和国印花税法》第一条、第二条、第五条、第八条、第十条

第一条　在中华人民共和国境内书立应税凭证、进行证券交易的单位和个人,为印花税的纳税人,应当依照本法规定缴纳印花税。

在中华人民共和国境外书立在境内使用的应税凭证的单位和个人,应当依照本法规定缴纳印花税。

第二条　本法所称应税凭证,是指本法所附《印花税税目税率表》列明的合同、产权转移书据和营业账簿。

第五条　印花税的计税依据如下:

(一) 应税合同的计税依据,为合同所列的金额,不包括列明的增值税税款;

(二) 应税产权转移书据的计税依据,为产权转移书据所列的金额,不包括列明的增值税税款;

(三) 应税营业账簿的计税依据,为账簿记载的实收资本(股本)、资本公积合计金额;

(四) 证券交易的计税依据,为成交金额。

第八条　印花税的应纳税额按照计税依据乘以适用税率计算。

第十条　同一应税凭证由两方以上当事人书立的,按照各自涉及的金额分别计算应纳税额。

二、《财政部　税务总局关于印花税若干事项政策执行口径的公告》(财政部　税务总局公告 2022 年第 22 号)第三条第一项

关于计税依据、补税和退税的具体情形

(一) 同一应税合同、应税产权转移书据中涉及两方以上纳税人,且未列明纳税人各自涉及金额的,以纳税人平均分摊的应税凭证所列金额(不包括列明的增值税税款)确定计税依据。

小贴士

1. 风险提示

选择只承包一部分时,需要考虑客户的需求,如客户可能会担心分别和不同的公司签订承包合同时,如果承包方互相扯皮或承包方质量参差不齐将导致工程质量得不到保障。此外,和不同的公司签合同的程序也更加复杂。

2. 对照自检

(1) 企业是否存在建筑工程承包业务?

(2) 企业自身的承揽规模如何,是否需要转包或分包?

(3) 客户能否接受只承包一部分的业务形式?

⑩ 以简驭繁

——巧用穿透抵债省契税

◆ 业税分析

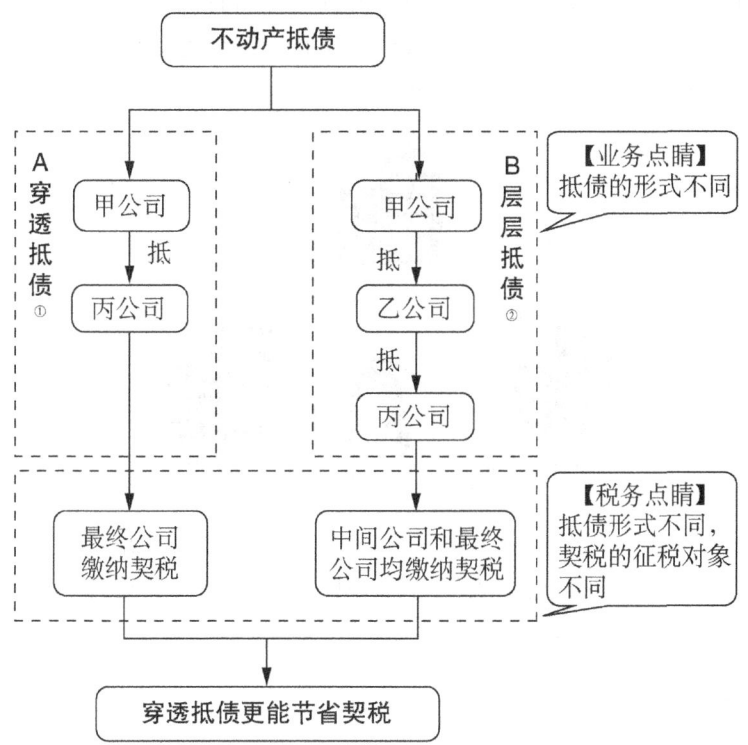

【附注】

注①：穿透抵债是指三方签署协议，甲公司直接将不动产抵偿给丙公司，适用于甲公司欠乙公司债，乙公司欠丙公司债，且两者金额相同的情形。

注②：层层抵债是指甲公司将不动产抵偿给乙公司，乙公司又将改不动产抵偿给丙公司。

实战案例

最近,A市举办了房地产行业的论坛会议,邀请了行业内比较有名的几家公司的负责人出席。梅松税公司的赵总、税台公司的钱总和财春公司的孙总都受邀在列。

因3人是多年好友又久未见面,会议结束后,3人便约在一起吃饭叙旧。席上,钱总说起,税台公司最近所欠梅松公司的货款要到期了,准备用同等价值的厂房进行抵债偿还,孙总一听,说:"正好梅松公司最近也要向我们公司偿还欠款,也准备以资产抵债,不如我们3家公司协商,由税台公司直接以厂房向财春公司偿还债务,我们三家公司之间的债务一笔勾销怎么样?"

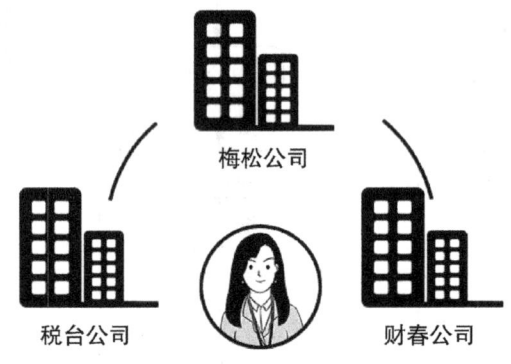

赵总和钱总一分析,觉得此事有可操作的空间,但是对此事的涉税问题不是很清楚。面对两人的疑问,赵总请来了公司的财务部梅经理,梅经理在了解基本情况后,对不同方案的税负进行了分析。

【备选方案】

方案一:税台公司以厂房向梅松公司抵债,梅松公司再抵给财春公司。

方案二:税台公司与梅松公司、财春公司签订债务偿还协议,由税台公司直接以厂房向财春公司抵债。

【分析】

假设税台公司准备以公司原价值1 000万元的厂房,偿还所欠梅松公司1 000万元货款;梅松公司准备以税台公司抵债的厂房,偿还所欠财春公司1 000万债务。当地契税适用税率为4%,则两种方案契税的缴纳情况如表5-11所示。

表 5-11　两种方案的契税缴纳情况

单位：万元

方案	方案概述	应纳税额	
方案一	厂房实际抵债流程：税台—梅松—财春	税台公司：0	
		梅松公司：1 000×4‰＝40	
		财春公司：1 000×4‰＝40	
方案二	厂房实际抵债流程：税台—财春	税台公司：0	
		梅松公司：0	
		财春公司：1 000×4‰＝40	

采用方案二，梅松公司可避免缴纳 40 万元的契税，更节税。

政策依据

一、《中华人民共和国契税法》第一条、第二条、第四条

第一条　在中华人民共和国境内转移土地、房屋权属，承受的单位和个人为契税的纳税人，应当依照本法规定缴纳契税。

第二条　本法所称转移土地、房屋权属，是指下列行为：

（一）土地使用权出让；

（二）土地使用权转让，包括出售、赠与、互换；

（三）房屋买卖、赠与、互换。

前款第二项土地使用权转让，不包括土地承包经营权和土地经营权的转移。

以作价投资（入股）、偿还债务、划转、奖励等方式转移土地、房屋权属的，应当依照本法规定征收契税。

第四条　契税的计税依据：

（一）土地使用权出让、出售，房屋买卖，为土地、房屋权属转移合同确定的成交价格，包括应交付的货币以及实物、其他经济利益对应的价款；

（二）土地使用权互换、房屋互换，为所互换的土地使用权、房屋价格的差额；

（三）土地使用权赠与、房屋赠与以及其他没有价格的转移土地、房屋权属行为，为税务机关参照土地使用权出售、房屋买卖的市场价格依法核定的价格。

二、《国家税务总局关于契税纳税服务与征收管理若干事项的公告》（国家税务总局公告 2021 年第 25 号）第二条

以作价投资（入股）、偿还债务等应交付经济利益的方式转移土地、房屋权属的，参照土地使用权出让、出售或房屋买卖确定契税适用税率、计税依据等。

小贴士

1. 对照自检

(1) 企业是否存在以房产或土地抵债的情形?

_____

_____

(2) 企业是否可以找到相关的愿意以资产抵债的企业?

_____

_____

(3) 企业是否充分了解多方抵债资产的价值?

_____

_____

⑩ 以物易物
——巧用房产互换降税负

业税分析

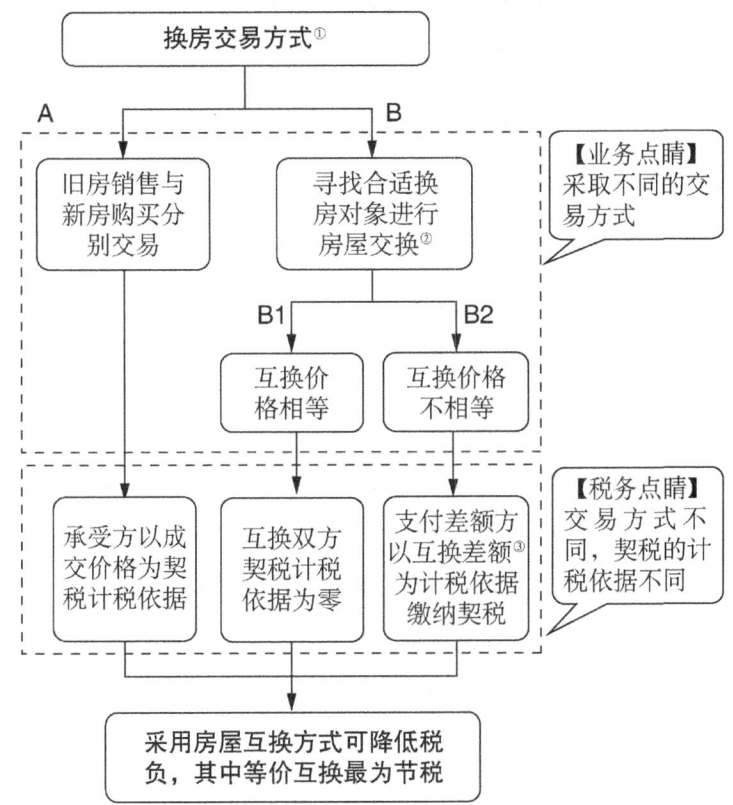

【附注】

注①：交易的房屋需满足转让的条件，详见《中华人民共和国城市房地产管理法》第四章。

注②：进行房屋互换的前提是找到合适的互换对象。

注③：房屋互换前双方当事人可按照对方要求对房屋进行改造，从而降低差价。

实战案例

梅松公司的赵总和税台公司的钱总是多年好友,最近在行业的论坛会议上相遇。两人许久未见,会议结束后一起吃了一顿便饭。

在吃饭期间,赵总说起,最近想在新购入的土地上新建办公楼,却因为土地的地址较偏僻,建成后员工每天的通勤时间变长,公司内部调研的时候很多员工表示都不愿意搬到新建成后的办公楼内。钱总询问土地地址后,眼前一亮,原来,最近税台公司也新购入了一块土地,离市中心较近,原本计划在土地上新建工厂,但却因污染问题未获政府批准,他最近也因为此事而头疼。

于是,赵总提出,两家公司能不能将土地对调,这样就可以满足各自公司的需求。钱总觉得此事可行,但因为对此事的涉税问题不是很清楚,因此,找来了财务部梅经理,让他来出谋划策。

【备选方案】

方案一:双方签订房屋买卖合同。

方案二:双方签订房屋互换合同。

【分析】

假设梅松公司和税台公司的房屋价值一致,均为2 000万元,契税适用税率均为4%,则两种方案契税的缴纳情况如表5-12所示。

表5-12 两种方案的契税缴纳情况

单位:万元

方案	交易性质	计税依据	应纳税额	
			梅松公司	税台公司
方案一	房屋买卖	房屋权属转移合同确定的成交价格,包括应交付的货币以及实物、其他经济利益对应的价款	2 000×4%=80	2 000×4%=80
方案二	房屋等价互换	所互换房屋价格的差额	0	0

方案二互换双方契税的计税依据为0,分别比方案一节税80万元。

政策依据

一、《中华人民共和国契税法》第一条、第二条、第四条

第一条 在中华人民共和国境内转移土地、房屋权属，承受的单位和个人为契税的纳税人，应当依照本法规定缴纳契税。

第二条 本法所称转移土地、房屋权属，是指下列行为：

（一）土地使用权出让；

（二）土地使用权转让，包括出售、赠与、互换；

（三）房屋买卖、赠与、互换。

第四条 契税的计税依据：

（一）土地使用权出让、出售，房屋买卖，为土地、房屋权属转移合同确定的成交价格，包括应交付的货币以及实物、其他经济利益对应的价款；

（二）土地使用权互换、房屋互换，为所互换的土地使用权、房屋价格的差额；

（三）土地使用权赠与、房屋赠与以及其他没有价格的转移土地、房屋权属行为，为税务机关参照土地使用权出售、房屋买卖的市场价格依法核定的价格。

纳税人申报的成交价格、互换价格差额明显偏低且无正当理由的，由税务机关依照《中华人民共和国税收征收管理法》的规定核定。

二、《中华人民共和国城市房地产管理法》第三十七条至三十九条

第三十七条 房地产转让，是指房地产权利人通过买卖、赠与或者其他合法方式将其房地产转移给他人的行为。

第三十八条 下列房地产，不得转让：

（一）以出让方式取得土地使用权的，不符合本法第三十九条规定的条件的；

（二）司法机关和行政机关依法裁定、决定查封或者以其他形式限制房地产权利的；

（三）依法收回土地使用权的；

（四）共有房地产，未经其他共有人书面同意的；

（五）权属有争议的；

（六）未依法登记领取权属证书的；

（七）法律、行政法规规定禁止转让的其他情形。

第三十九条 以出让方式取得土地使用权的，转让房地产时，应当符合下列条件：

（一）按照出让合同约定已经支付全部土地使用权出让金，并取得土地使用权证书；

（二）按照出让合同约定进行投资开发，属于房屋建设工程的，完成开发投资总额的百分之二十五以上，属于成片开发土地的，形成工业用地或者其他建设用地条件。

转让房地产时房屋已经建成的,还应当持有房屋所有权证书。

小贴士

1. 风险提示

企业进行房地产互换时,应确认房地产是否符合转让条件、互换价格是否合理等以确保互换的顺利实施。

2. 对照自检

(1)您是否存在房屋置换需求,能否找到适合的互换对象?

_____

_____

(2)您是否充分了解了互换房产的详细情况,如资产的价值、是否允许转让、是否存在抵押行为等?

_____

_____

⑭ 事缓则圆

——巧选公司分立方式降税负

业税分析

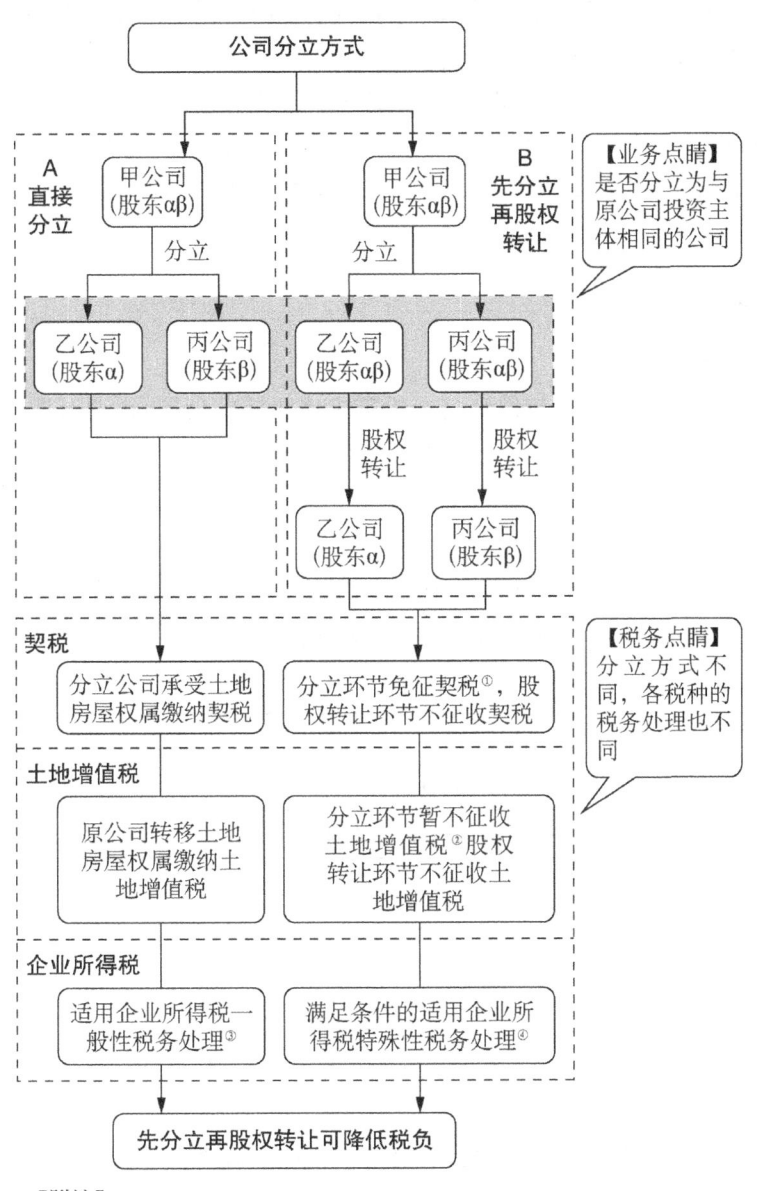

【附注】

注①~④：具体说明详见小贴士。

实战案例

梅松公司是一家商贸公司,近几年由于公司发展迅猛,业务量日渐增大,现有公司的规模已经很难满足业务量扩张的需要。2021年年度股东会会议结束后,公司总经理赵总向大家宣布,梅松公司计划分立为梅公司和松公司,两家公司分别承载税台公司一半的业务量。

同时还宣布,梅松公司原有甲、乙、丙、丁四家投资主体,计划分立后梅公司股东为甲、乙,松公司股东为丙、丁。

税台公司原有房产、土地的评估价值为4 000万元,分立后梅公司和松公司计划各取得房产、土地2 000万元。面对如此大额的房产土地,赵总在如何划拨给新公司上犯了难,于是找来了公司的财务部梅经理,让他帮忙筹划划拨的涉税问题。

【备选方案】

方案一:直接分立。

方案二:先分立成两家与税台公司投资主体相同的公司,再通过股权转让的方式完成投资主体的变更。

【分析】

假设当地契税适用税率为4%,则两种方案的契税缴纳情况如表5-13所示。

表5-13 两种方案的契税缴纳情况

单位:万元

方案	步骤		契税应纳税额
方案一	步骤:直接分立	梅公司(投资主体甲、乙)	2 000×4%=80
		松公司(投资主体丙、丁)	2 000×4%=80
方案二	步骤一:公司分立	梅公司(投资主体甲、乙、丙、丁)	0
		松公司(投资主体甲、乙、丙、丁)	0
	步骤二:股权转让	梅公司 丙、丁转让给甲、乙	0
		松公司 甲、乙转让给丙、丁	0

方案二,分立环节可免征契税,股权转让环节不需要缴纳契税,实现了和方案一一样的分立结果,但是减轻了企业的税负。

政策依据

一、《关于继续实施企业、事业单位改制重组有关契税政策的公告》(财政部 税务总局公告 2023 年第 49 号)第四条、第九条、第十一条

四、公司分立

公司依照法律规定、合同约定分立为两个或两个以上与原公司投资主体相同的公司,对分立后公司承受原公司土地、房屋权属,免征契税。

九、公司股权(股份)转让

在股权(股份)转让中,单位、个人承受公司股权(股份),公司土地、房屋权属不发生转移,不征收契税。

十一、本公告执行期限为 2024 年 1 月 1 日至 2027 年 12 月 31 日。

二、《关于继续实施企业改制重组有关土地增值税政策的公告》(财政部 税务总局公告 2023 年第 51 号)第三条、第五条、第九条

三、按照法律规定或者合同约定,企业分设为两个或两个以上与原企业投资主体相同的企业,对原企业将房地产转移、变更到分立后的企业,暂不征收土地增值税。

五、上述改制重组有关土地增值税政策不适用于房地产转移任意一方为房地产开发企业的情形。

九、本公告执行至 2027 年 12 月 31 日。

小贴士

1. 风险提示

(1) 企业选择先分立后股权转让时,需多个投资主体之间达成一致意见,否则将导致筹划失败。

(2) 企业要注意优惠的执行期限,确保在优惠期内执行筹划方案。

2. 流程图附注

注①:免征契税的优惠期限为 2021 年 1 月 1 日至 2027 年 12 月 31 日。

注②:暂不征收土地增值税的优惠期限为 2021 年 1 月 1 日至 2027 年 12 月 31 日。

注③:企业所得税一般性税务处理规定详见财税〔2009〕59 号第四条。

注④:适用企业所得税特殊性处理应满足的条件及处理规定详见财税〔2009〕59 号第五、第六条。

3. 对照自检

(1) 企业是否存在公司分立业务?分立过程是否涉及房产、土地的变更?

（2）该筹划方法能征得投资者的一致同意？

⑩ 不拘常次

——巧用资产划转省契税

◆ 业税分析

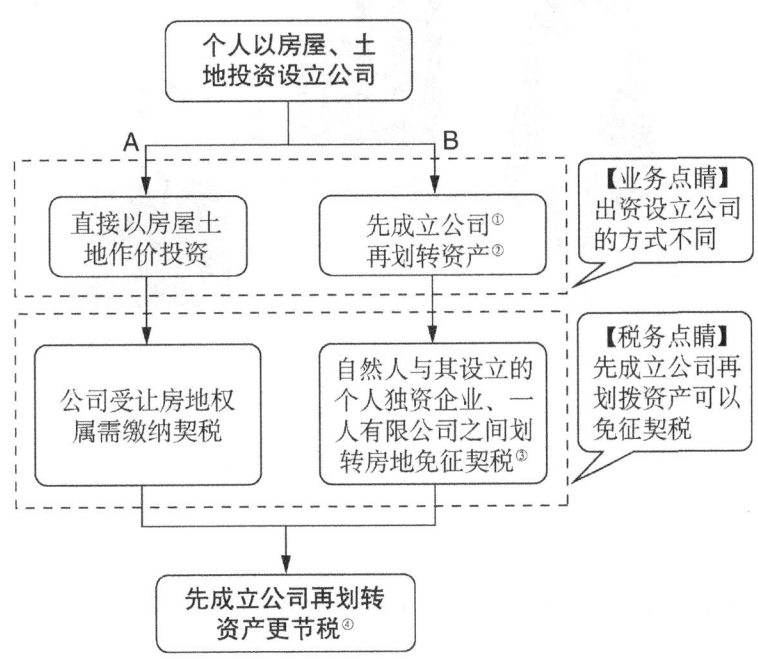

【附注】

注①：成立的公司应为个人独资企业或一人有限公司。
注②：资产划拨指个人将自己名下的房地划转至公司。
注③：免征优惠的执行期限为2021年1月1日起至2027年12月31日。
注④：对于个人以购买2年以上的普通住房对外投资可免征增值税。

实战案例

赵总经过一番考察后,准备成立一家教育公司,公司组织形式为一人有限责任公司,名称为梅松教育科技有限公司(以下简称"梅松公司"),并且计划使用自己名下的一处商用房进行投资。因了解到公司需要承担较高的契税,赵总开始犯难。于是找来了税务专家梅总,让他给出出主意。梅总了解了具体的情况后,为赵总出具了筹划方案。

"先设后转"省契税

【备选方案】

方案一:直接以房产投资成立公司。

方案二:先成立公司,再将自己名下的房产划转至该一人有限责任公司。

【分析】

假设,该商品房价值1 000万元,当地契税适用税率为4%,则两种方案契税的缴纳情况如表5-14所示。

表5-14 两种方案契税缴纳情况

单位:万元

方案		应纳税额
方案一	直接投资设立	1 000×4%=40
方案二	先成立一人有限责任公司,再划转资产	0

方案二,可享受契税免征优惠,比方案一少缴纳契税40(40-0)万元。

政策依据

一、《中华人民共和国契税法》第四条

第四条 契税的计税依据：

（一）土地使用权出让、出售，房屋买卖，为土地、房屋权属转移合同确定的成交价格，包括应交付的货币以及实物、其他经济利益对应的价款；

（二）土地使用权互换、房屋互换，为所互换的土地使用权、房屋价格的差额；

（三）土地使用权赠与、房屋赠与以及其他没有价格的转移土地、房屋权属行为，为税务机关参照土地使用权出售、房屋买卖的市场价格依法核定的价格。

二、《国家税务总局关于契税纳税服务与征收管理若干事项的公告》（国家税务总局公告2021年第25号）第二条

以作价投资（入股）、偿还债务等应交付经济利益的方式转移土地、房屋权属的，参照土地使用权出让、出售或房屋买卖确定契税适用税率、计税依据等。

三、《关于继续实施企业、事业单位改制重组有关契税政策的公告》（财政部 税务总局公告2023年第49号）第六条、第十一条

六、资产划转

对承受县级以上人民政府或国有资产管理部门按规定进行行政性调整、划转国有土地、房屋权属的单位，免征契税。

同一投资主体内部所属企业之间土地、房屋权属的划转，包括母公司与其全资子公司之间，同一公司所属全资子公司之间，同一自然人与其设立的个人独资企业、一人有限公司之间土地、房屋权属的划转，免征契税。

母公司以土地、房屋权属向其全资子公司增资，视同划转，免征契税。

十一、本公告执行期限为2024年1月1日至2027年12月31日。

小贴士

1. 风险提示

运用该筹划方法时，企业应注意该优惠的执行期限，确保在优惠期内实施；目前的优惠期限为2021年1月1日起至2027年12月31日。

2. 举一反三

同一投资主体内部所属企业之间土地、房屋权属的划转均可享受免征契税的优惠，如母公司与其全资子公司之间、同一公司所属全资子公司之间。因此，以土地、房屋出资设立子公司时也可运用该方法进行筹划。

3. 对照自检

（1）您是否存在以房产、土地出资设立公司的情形？

（2）成立的公司形式是否为个人独资企业或一人有限公司？

106 混为一谈

——出租房屋减除水电费更节税

业税分析

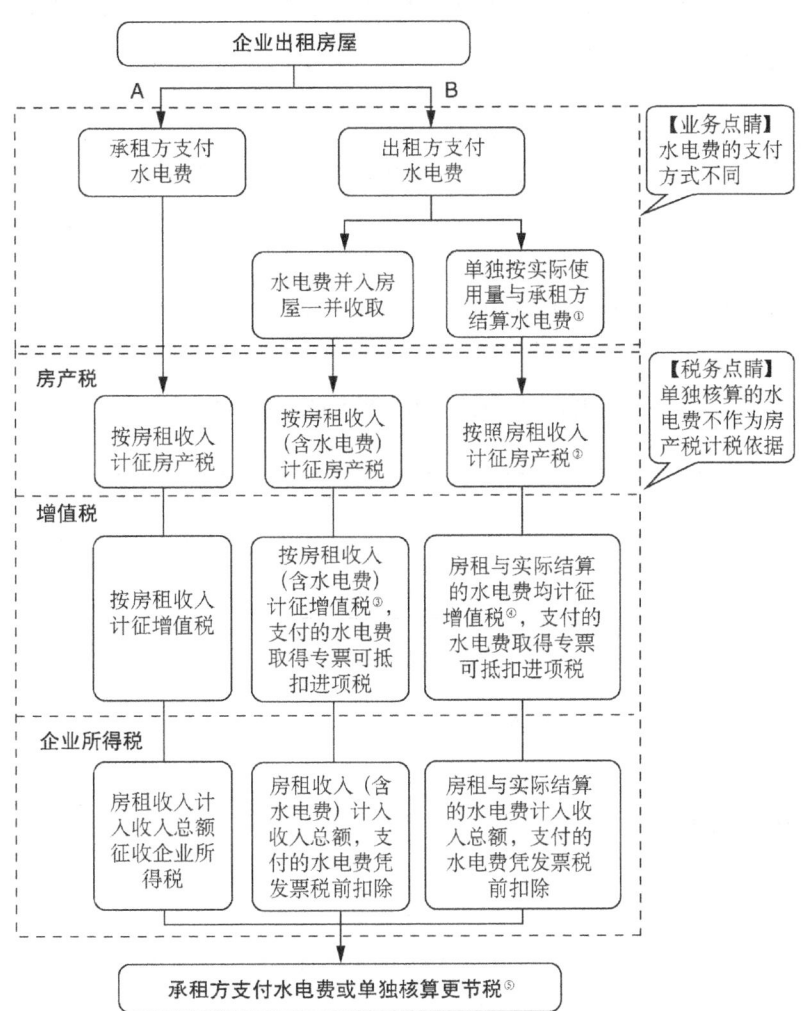

【附注】

注①：出租方需按承租方水电实际使用量结算价款的，属于货物转售，应开具增值税专用发票，承租方可据此计算抵扣进项税额，并作为企业所得税前的扣除凭证。

注②：房产出租，以租金收入为房产税的计税依据，不包括单独收取的水电费。

注③：水电费计入房租一并收取时，按照9%税率计征增值税。

注④：水电费单独核算时，水费适用9%税率，电费适用13%税率。

注⑤：出租方为小规模纳税人时，不能抵扣进项税，由承租方支付水电费更节税。

实战案例

赵总和税务专家梅总是多年好友,并且都是登山俱乐部的成员,这天两人趁着休息日外出爬山。休息之余,赵总谈起了自己最近的困惑。原来赵总经营的梅松公司,最近有一处闲房屋打算出租给税台公司,对方提出由梅松公司向水电供应部门支付水电费,但对于以什么形式收取该笔水电费,赵总拿不定主意。梅总知道了赵总的困惑后,建议赵总在房租之外单独与税台公司结算水电费,并做了具体分析。

【备选方案】

方案一:水电费计入房租一并收取。

方案二:水电费单独核算,按照实际使用量与税台公司单独结算。

【分析】

假设出租房屋每月租金为30 000元,水电费为3 000元,两种方案下,梅松公司房产税纳税情况如表5-15所示。

表5-15 两种方案的房产税纳税情况

单位:元

方案	房产税年应纳税额
方案一	(30 000+30 000)×12%×12=47 520
方案二	30 000×12%×12=43 200

 结 论

方案二比方案一可少缴纳房产税4 320(47 520-43 200)元,更节税。

 政策依据

一、《中华人民共和国企业所得税法实施条例》第六条

企业以货币形式和非货币形式从各种来源取得的收入,为收入总额。包括:

(一)销售货物收入;

(二)提供劳务收入;

(三)转让财产收入;

(四)股息、红利等权益性投资收益;

(五)利息收入;

(六)租金收入;

（七）特许权使用费收入；

（八）接受捐赠收入；

（九）其他收入。

二、《中华人民共和国企业所得税法实施条例》第十九条

企业所得税法第六条第(六)项所称租金收入，是指企业提供固定资产、包装物或者其他有形资产的使用权取得的收入。

三、《中华人民共和国房产税暂行条例》第三条、第四条

第三条　房产税依照房产原值一次减除10%至30%后的余值计算缴纳。具体减除幅度，由省、自治区、直辖市人民政府规定。

没有房产原值作为依据的，由房产所在地税务机关参考同类房产核定。

房产出租的，以房产租金收入为房产税的计税依据。

第四条　房产税的税率，依照房产余值计算缴纳的，税率为1.2%；依照房产租金收入计算缴纳的，税率为12%。

四、《国家税务总局关于发布〈企业所得税税前扣除凭证管理办法〉的公告》（国家税务总局公告2018年第28号）第十九条

企业租用（包括企业作为单一承租方租用）办公、生产用房等资产发生的水、电、燃气、冷气、暖气、通讯线路、有线电视、网络等费用，出租方作为应税项目开具发票的，企业以发票作为税前扣除凭证；出租方采取分摊方式的，企业以出租方开具的其他外部凭证作为税前扣除凭证。

五、《福建省国家税务局关于企业出租房屋中提供水电行为征收增值税问题的批复》（闽国税函〔2007〕232号）

企业在将一部分闲置房屋出租给其他企业进行生产经营的过程中，出租方向承租方提供水、电等，并按实际使用量与承租方结算价款的行为，应视为转售货物，应按规定征收增值税。在开具专用发票的问题上，双方可按以下方式处理：

一、当出租方与承租方均为增值税一般纳税人的，可由出租方按承租方水、电的实际使用量结算的价款开具增值税专用发票。承租方可据此计算抵扣进项税额。

二、当出租方为小规模纳税人，承租方为增值税一般纳税人的，可由出租方向主管税务机关申请，按承租方水、电的实际使用量结算的价款，由税务机关按规定的征收率代开增值税专用发票。承租方可据此计算抵扣进项税额。

六、国家税务总局答疑（https://zsdy-taxlaw-pc.shui12366.com）

问：出租房屋，租金收入中包含的水电费、电话费、煤气费等，能否从房产税计税依据中扣除？

答：出租房屋的租金应包括出租的房屋及其他不可分割、不单独计价的各种附属设施及配套设施的租金收入。对租金收入中包含的水电费、电话费、煤气费等，凡单独计价的可予以扣除；凡不能单独计价或者计价明显偏高及划分不清的，由税务部门核定扣除。

💬 **小贴士**

1. 风险提示

选择由出租方支付水电费的,应当取得相应的发票,否则不能进行税前扣除,会增加企业的税负。

2. 对照自检

出租方支付水电费时,能否取得相应的票据?

107 择优劣汰

——善选房屋出租优惠形式降低税负

业税分析

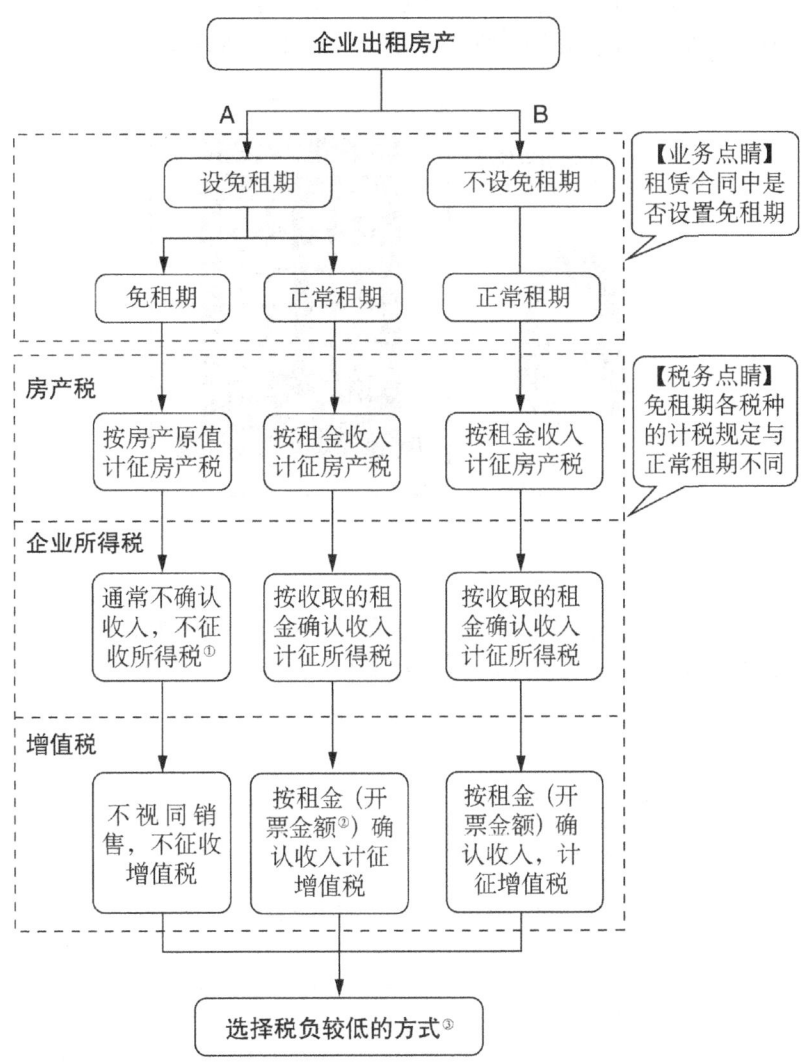

【附注】

注①：如果租赁期限跨年度且租金提前一次性支付，整个租赁期的租金收入，需在租赁期内（含免租期）分期均匀计入相关年度。

注②：实务中，一般以开票金额作为收入纳税。

注③：在房租收入相同时，不设免租期更节税。

实战案例

梅松公司是业内有名的房地产公司,公司房产遍布A省各地市,针对一些闲置房产,公司总经理赵总最近在思考,是否要将其出租赚取租金以增强公司的现金流。

根据业务部门统计的闲置房产情况,赵总注意到,B市的一栋商业建筑,因地理位置较好,很多企业都来询价,想要租用作为办公楼。赵总随即找来业务部门开会,讨论该建筑对外出租的相关事宜,公司财务部梅经理也参加了这次会议。业务部门出具了两种出租方案,对于采取哪种形式,赵总要求梅经理出具意见。

善选房屋出租优惠形式降低税负。

【备选方案】

方案一:出租价格为月租金20万元,与承租方协定免租期为3个月。

方案二:出租价格为月租金15万元,不约定免租期。

【分析】

假设梅松公司该建筑物原值为8 000万元,当地房产原值的扣除比例为30%,租期为一年,两种方案的房产税缴纳情况如表5-16所示。

表5-16 两种方案的房产税缴纳情况

单位:万元

方案	租赁期间	房产税应纳税额
方案一	免租期(前3个月)	$8\,000 \times (1-30\%) \times 1.2\% \times 3 \div 12 = 16.8$
	租赁期(后9个月)	$20 \times 9 \times 12\% = 21.6$
	整个租赁期	$16.8 + 21.6 = 38.4$
方案二	整个租赁期	$15 \times 12 \times 12\% = 21.6$

> **结 论**
>
> 两种方案的房租收入相同,均为180万元。但方案二比方案一少缴纳房产税 16.8(38.4-21.6)万元,故方案二不约定免租期更有利。

政策依据

一、《中华人民共和国房产税暂行条例》第三条、第四条

第三条 房产税依照房产原值一次减除10%至30%后的余值计算缴纳。具体减除幅度,由省、自治区、直辖市人民政府规定。

没有房产原值作为依据的,由房产所在地税务机关参考同类房产核定。

房产出租的,以房产租金收入为房产税的计税依据。

第四条 房产税的税率,依照房产余值计算缴纳的,税率的1.2%;依照房产租金收入计算缴纳的,税率为12%。

二、《中华人民共和国企业所得税法实施条例》第十九条

企业所得税法第六条第(六)项所称租金收入,是指企业提供固定资产、包装物或者其他有形资产的使用权取得的收入。

租金收入,按照合同约定的承租人应付租金的日期确认收入的实现。

三、《中华人民共和国税收征收管理法》第三十五条

纳税人有下列情形之一的,税务机关有权核定其应纳税额:

(一)依照法律、行政法规的规定可以不设置帐簿的;

(二)依照法律、行政法规的规定应当设置帐簿但未设置的;

(三)擅自销毁帐簿或者拒不提供纳税资料的;

(四)虽设置帐簿,但帐目混乱或者成本资料、收入凭证、费用凭证残缺不全,难以查帐的;

(五)发生纳税义务,未按照规定的期限办理纳税申报,经税务机关责令限期申报,逾期仍不申报的;

(六)纳税人申报的计税依据明显偏低,又无正当理由的。

税务机关核定应纳税额的具体程序和方法由国务院税务主管部门规定。

四、《财政部 国家税务总局关于安置残疾人就业单位城镇土地使用税等政策的通知》(财税〔2010〕121号)第二条

对出租房产,租赁双方签订的租赁合同约定有免收租金期限的,免收租金期间由产权所有人按照房产原值缴纳房产税。

五、《国家税务总局关于土地价款扣除时间等增值税征管问题的公告》(国家税务总局公告2016年第86号)第七条

纳税人出租不动产,租赁合同中约定免租期的,不属于《营业税改征增值税试点

实施办法》(财税〔2016〕36号文件印发)第十四条规定的视同销售服务。

小贴士

1. 特别提示

在不改变总租金的情况下,出租方可以将给予承租方的免租期租金优惠,变为价格折扣,以避免在免租期按照房产原值缴纳房产税。

2. 对照自检

(1) 企业是否存在房产出租业务?

(2) 企业是否对出租的房产设置了免租期?

(3) 出租房屋的租金是否合理?

⑩ 有约在先

——事先约定交付时间递延纳税

业税分析

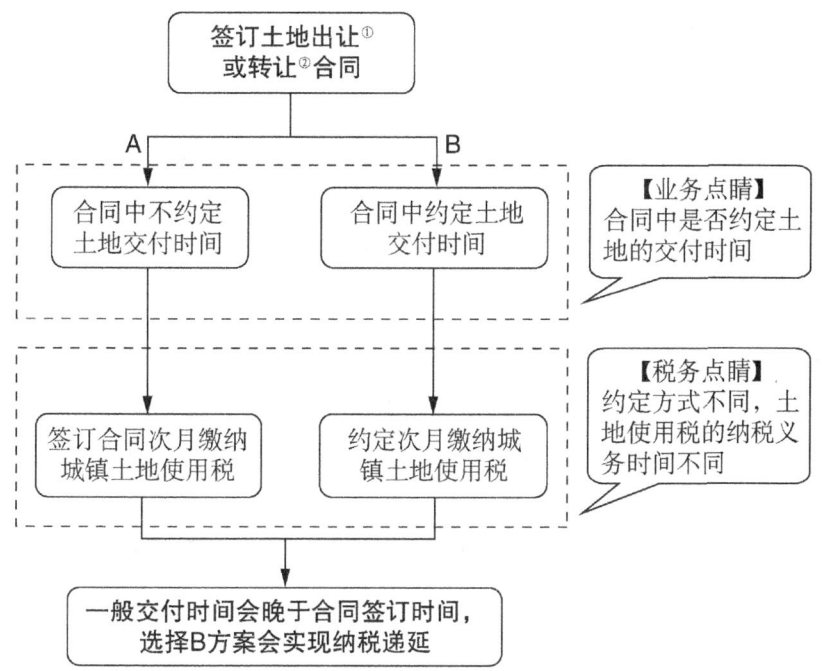

【附注】

注①：土地使用权出让指国家以土地所有者的身份将土地使用权在一定年限内让与土地使用者，并由土地使用者向国家支付土地使用权出让金的行为。

注②：土地使用权转让指土地使用者将土地使用权再转移的行为，包括出售、交换和赠与，土地使用权的转让需满足一定条件，详见《中华人民共和国城镇国有土地使用权出让和转让暂行条件》第三章。

实战案例

税台公司是一家房地产开发有限公司,因资金流出现问题,拟对其持有的一块土地转让使用权,该土地符合转让条件,并且经董事会决议定,计划将该土地转让给梅松公司。

2021年3月20日,在签订合同的时候,两家公司法务对于要不要在合同上约定土地交付时间的问题上无法达成一致。梅经理作为梅松公司的财务经理也出席了合同的签订。

面对双方的争执,梅经理提出,关于土地交付时间的约定会影响城镇土地使用税的税额,于是他提出了两个方案并做了分析。

【备选方案】

方案一:合同中不约定交付土地时间。假设税台公司最终于2021年6月20日向梅松公司交付土地。

方案二:合同中约定交付土地的时间。假设双方约定,税台公司于2021年6月20日向梅松公司交付土地。

【分析】

假设拟转让的土地面积为5 000平方米,当地城镇土地使用税的年适用税额为12元/平方米。两种方案中梅松公司2021年度城镇土地使用税的缴纳情况如表5-17所示。

表5-17 两种方案中梅松公司的城镇土地使用税缴纳情况

单位:元

方案	纳税义务发生时间	2021年度纳税期限	应纳税额
方案一	合同签订的次月起	4月—12月	5 000×12×9÷12=45 000
方案二	合同约定交付土地时间之次月起	7月—12月	5 000×12×6÷12=30 000

结论

2021年度,方案二比方案一少缴纳3个月的城镇土地使用税,即少缴纳15 000(45 000-30 000)元,更节税。

政策依据

一、《中华人民共和国城镇国有土地使用权出让和转让暂行条例》第八条、第十

九条至第二十一条

第八条 土地使用权出让是指国家以土地所有者的身份将土地使用权在一定年限内让与土地使用者,并由土地使用者向国家支付土地使用权出让金的行为。

土地使用权出让应当签订出让合同。

第十九条 土地使用权转让是指土地使用者将土地使用权再转移的行为,包括出售、交换和赠与。

未按土地使用权出让合同规定的期限和条件投资开发、利用土地的,土地使用权不得转让。

第二十条 土地使用权转让应当签订转让合同。

第二十一条 土地使用权转让时,土地使用权出让合同和登记文件中所载明的权利、义务随之转移。

二、《财政部 国家税务总局关于房产税、城镇土地使用税有关政策的通知》(财税〔2006〕186号)第二条

以出让或转让方式有偿取得土地使用权的,应由受让方从合同约定交付土地时间的次月起缴纳城镇土地使用税;合同未约定交付土地时间的,由受让方从合同签订的次月起缴纳城镇土地使用税。

三、《国家税务总局关于通过招拍挂方式取得土地缴纳城镇土地使用税问题的公告》(国家税务总局公告2014年第74号)

通过招标、拍卖、挂牌方式取得的建设用地,不属于新征用的耕地,纳税人应按照《财政部 国家税务总局关于房产税城镇土地使用税有关政策的通知》(财税〔2006〕186号)第二条规定,从合同约定交付土地时间的次月起缴纳城镇土地使用税;合同未约定交付土地时间的,从合同签订的次月起缴纳城镇土地使用税。

小贴士

1. 风险提示

(1) 土地使用权的转让,应符合相应的条件,如是否按照土地使用权出让合同规定的期限和条件进行投资开发、有无法律禁止转让的情形。

(2) 土地使用权转让后,需要改变土地使用权出让合同规定的土地用途的,应当征得出让方同意并经土地管理部门和城市规划部门批准,重新签订土地使用权出让合同,调整土地使用权出让金,并办理登记。

2. 对照自检

(1) 企业是否拟进行土地使用权的转让?

（2）拟转让的土地是否符合转让条件？

（3）双方关于土地交付时间是否可以达成一致，是否存在转让土地使用权的特殊要求？